▶ 交通运输类"十三五"创新教材
▶ 中华人民共和国内河船舶船员适任考试培训教材

U0650931

船舶操纵与引航

（二、三类）

中国海事服务中心组织编审

主编 ◎ 陈金福　张丹　乔前防

大连海事大学出版社

ⓒ 中国海事服务中心　2020

图书在版编目（CIP）数据

船舶操纵与引航 : 二、三类／陈金福，张丹，乔前
防主编. — 大连 : 大连海事大学出版社，2020.12

中华人民共和国内河船舶船员适任考试培训教材
ISBN 978-7-5632-4062-3

Ⅰ. ①船…　Ⅱ. ①陈…②张…③乔…　Ⅲ. ①船舶操
纵—职业培训—教材②船舶航行—领航—职业培训—教材
Ⅳ. ①U675.9

中国版本图书馆 CIP 数据核字（2020）第 263000 号

大连海事大学出版社出版

地址:大连市凌海路1号　邮编:116026　电话:0411-84728394　传真:0411-84727996
http://press.dlmu.edu.cn　E-mail:dmupress@dlmu.edu.cn

大连金华光彩色印刷有限公司印装　　　　**大连海事大学出版社发行**
2020 年 12 月第 1 版　　　　　　　　　　2020 年 12 月第 1 次印刷
幅面尺寸:184 mm×260 mm　　　　　　　　印张:22
字数:522 千　　　　　　　　　　　　　　印数:1~5000 册
出版人:余锡荣
责任编辑:于孝锋　　　　　　　　　　　　责任校对:李继凯
封面设计:解瑶瑶　　　　　　　　　　　　版式设计:解瑶瑶

ISBN 978-7-5632-4062-3　　　定价:63.00 元

中华人民共和国内河船舶船员适任考试培训教材
编委会

前　言

　　根据《内河船舶船员适任培训和考试大纲(2019版)》,中国海事服务中心组织在内河船舶运输领域有着丰富教学和培训经验的专家在2016年培训教材的基础上重新编写了"中华人民共和国内河船舶船员适任考试培训教材",并组织实践经验丰富的海事管理机构专家和船公司的指导船长、轮机长对教材进行了审定。

　　在本套教材编写前,中国海事服务中心组织参编专家对内河船舶运输现状进行了广泛的调研和深入的讨论,确保教材内容符合船上实际,反映最新航运技术和与航运相关的最新法律、法规、规范与标准,并在表达方式上通俗易懂,符合内河船舶船员业务学习和技能培训的需要。

　　本系列教材分驾驶专业和轮机专业两类:驾驶专业包括《船舶操纵》《船舶值班与避碰》《船舶引航》《船舶管理(驾驶专业一类)》《船舶操纵与引航(二、三类)》《船舶管理(驾驶专业二、三类)》;轮机专业包括《主推进动力装置》《船舶辅机》《船舶电气设备》《船舶管理(轮机专业一类)》《船舶机械设备操作与管理(二、三类)》《船舶电气设备操作与管理(二、三类)》《船舶管理(轮机专业二、三类)》。

　　《船舶操纵与引航(二、三类)》由江苏海事职业技术学院陈金福、重庆交通大学张丹、江苏航运职业技术学院乔前防主编,南京油运海员培训中心高级船长闫俊义、中国海事服务中心王建军主审。江苏海事职业技术学院臧继明、刘永泽参与了本书的编写。全书由陈金福负责统稿。

　　《船舶操纵与引航(二、三类)》全书内容共分四篇:第一篇为航道与引航;第二篇为助航设备;第三篇为船舶操纵;第四篇为船舶应变部署与应急处置。本书适用于内河船舶驾驶专业二、三类证书船员适任考试培训,也可供航运企业内部培训使用,还可作为大、中专院校内河船舶驾驶专业或同类专业的教学参考书。

　　在教材编写过程中得到了各海事机构、航运院校、船员培训机构、航运企业等相关单位的关心和大力支持,特致谢意! 由于时间仓促,书中难免存在错误和疏漏,欢迎广大读者和专家批评指正。

中国海事服务中心

2020年7月

目 录

第一篇　航道与引航

第一章　内河航道 ……………………………………………………………… 3
　第一节　内河航道概念及其分类 ……………………………………………… 3
　第二节　内河航道尺度 ………………………………………………………… 5
　第三节　水上跨河设施通航尺度 ……………………………………………… 10
　第四节　内河航区和航道等级的划分 ………………………………………… 12

第二章　水文要素 ……………………………………………………………… 15
　第一节　水位 …………………………………………………………………… 15
　第二节　流速与流向 …………………………………………………………… 20
　第三节　流态 …………………………………………………………………… 24
　第四节　河口潮汐 ……………………………………………………………… 36

第三章　气象常识 ……………………………………………………………… 43
　第一节　风 ……………………………………………………………………… 43
　第二节　能见度 ………………………………………………………………… 46
　第三节　雾 ……………………………………………………………………… 47
　第四节　雷暴与飑线 …………………………………………………………… 49
　第五节　龙卷 …………………………………………………………………… 50
　第六节　寒潮 …………………………………………………………………… 52
　第七节　热带气旋 ……………………………………………………………… 53
　第八节　灾害性天气预警信号 ………………………………………………… 58

第四章　内河助航标志与交通安全标志 ……………………………………… 61
　第一节　内河助航标志 ………………………………………………………… 61
　第二节　内河交通安全标志 …………………………………………………… 77

第五章　内河航行图 …………………………………………………………… 85
　第一节　航行图的基本要素 …………………………………………………… 85
　第二节　航行图的种类与特点 ………………………………………………… 90

第六章　引航基本要领 ………………………………………………………… 93
　第一节　航行条件的分析 ……………………………………………………… 93

第二节　航路的选择 ················· 94

第三节　内河船舶定线制 ················· 98

第四节　船位的控制 ················· 101

第七章　不同航行条件下的引航 ················· 105

第一节　顺直河段的引航 ················· 105

第二节　弯曲河段的引航 ················· 107

第三节　浅滩河段的引航 ················· 117

第四节　桥区河段的引航 ················· 125

第五节　船闸河段的引航 ················· 127

第六节　河口段的引航 ················· 131

第七节　湖泊、水库及运河的引航 ················· 140

第八节　急流滩河段的引航 ················· 142

第九节　险槽河段的引航 ················· 152

第十节　特殊情况下的引航 ················· 155

第二篇　助航设备

第八章　船用雷达 ················· 165

第一节　雷达测距与测方位原理 ················· 165

第二节　雷达装置的基本组成部分及其作用 ················· 166

第三节　雷达回波图像的识别 ················· 168

第四节　雷达引航 ················· 172

第五节　雷达避让 ················· 174

第六节　雷达基本操作 ················· 176

第九章　船舶自动识别系统(AIS) ················· 181

第一节　船载 AIS 设备基本操作与数据输入 ················· 181

第二节　AIS 的信息获取与使用 ················· 185

第十章　甚高频无线电话(VHF) ················· 189

第一节　甚高频无线电话基本性能与结构功能 ················· 189

第二节　船用甚高频无线电话(VHF)的操作 ················· 191

第十一章　回声测深仪 ················· 195

第一节　回声测深仪的工作原理 ················· 195

第二节　回声测深仪的操作与应用 ················· 196

第十二章　磁罗经 ················· 199

第一节　磁罗经基本结构 ················· 199

第二节　磁罗经的技术要求和应用 ················· 201

第三篇　船舶操纵

第十三章　舵设备及其运用 ················· 207

第一节　舵设备 ················· 207

第二节　舵压力及其影响因素 ……………………………………… 211

第三节　舵效及其影响因素 ………………………………………… 212

第四节　操舵与舵令 ………………………………………………… 214

◎ **第十四章　螺旋桨及其运用** ………………………………………… 217

第一节　螺旋桨推力与转速 ………………………………………… 217

第二节　船舶阻力 …………………………………………………… 219

第三节　螺旋桨性能 ………………………………………………… 220

◎ **第十五章　锚设备及其运用** ………………………………………… 223

第一节　锚设备 ……………………………………………………… 223

第二节　锚的用途 …………………………………………………… 228

第三节　锚泊力及其影响因素 ……………………………………… 229

◎ **第十六章　系泊设备及其运用** ……………………………………… 233

第一节　系船缆 ……………………………………………………… 233

第二节　系缆设备 …………………………………………………… 237

第三节　系解缆与车舵的配合及运用 ……………………………… 238

◎ **第十七章　船舶操纵性能及其影响因素** …………………………… 243

第一节　船舶变速性能 ……………………………………………… 243

第二节　船舶旋回性能 ……………………………………………… 245

第三节　船舶航向稳定性与保向性 ………………………………… 248

第四节　风对船舶操纵性能的影响 ………………………………… 250

第五节　流对船舶操纵性能的影响 ………………………………… 253

第六节　受限水域对船舶操纵性能的影响 ………………………… 255

第七节　船间效应 …………………………………………………… 259

◎ **第十八章　船舶掉头作业** …………………………………………… 263

第一节　船舶掉头地点及掉头时机的选择 ………………………… 263

第二节　船舶掉头方向的选择 ……………………………………… 264

第三节　常用掉头操纵方法 ………………………………………… 266

◎ **第十九章　船舶靠离泊作业** ………………………………………… 271

第一节　船舶靠泊作业 ……………………………………………… 271

第二节　船舶离泊作业 ……………………………………………… 278

◎ **第二十章　船舶抛起锚作业** ………………………………………… 283

第一节　锚地的选择 ………………………………………………… 283

第二节　锚泊的方式、适用条件及特点 …………………………… 284

第三节　抛锚操纵要领及注意事项 ………………………………… 286

第四节　起锚操纵要领及锚链绞缠清解 …………………………… 288

第五节　走锚与守锚 ………………………………………………… 292

◎ **第二十一章　大风浪中的船舶操纵** ………………………………… 295

第一节　大风浪中航行前准备工作 ………………………………… 295

第二节　内河风浪规律及其对船舶航行的影响 …………………… 296

第三节 大风浪中的船舶操纵 ·············· 298

第四篇 船舶应变部署与应急处置

第二十二章 船舶应变部署 ·············· 303

　第一节 船舶应变部署表的编制原则 ·············· 303

　第二节 船舶应变警报信号 ·············· 306

　第三节 各种应变部署要求 ·············· 307

　第四节 船舶应变部署演习规定及注意事项 ·············· 309

第二十三章 应急处置 ·············· 315

　第一节 船舶应变行动基本程序 ·············· 315

　第二节 船舶各种应急处置 ·············· 316

附录 ·············· 335

　附录一 内河助航标志 ·············· 335

　附录二 内河交通安全标志(摘选) ·············· 340

参考文献 ·············· 342

第一篇
航道与引航

　　本篇主要阐述了内河船舶引航的基本理论与引航基本方法,充分体现了理论与实践的有效结合,主要内容包括内河航道与水文要素、气象常识、内河助航和交通安全标志、航行图、引航基本要领、不同航行条件下的引航等。

第一章

内河航道

> 内河航道是内河运输最为基础的设施,对航运经济起着关键的支撑保障作用,是水运赖以发展的基础。本章主要介绍内河航道基本概念及分类、航道尺度及航道等级划分等基本理论知识。

第一节 ● 内河航道概念及其分类

一、内河航道

内河水道是指陆地上经常性或周期性集中下泄较大地表径流及地下水补给的水流通道。内河水道可分为天然水道和人工水道。天然水道包括河流和湖泊;人工水道包括运河(渠道)和水库。在内河水道中,具有一定深度、宽度、弯曲半径和净空高度,能供船舶安全航行的那一部分水域称为航道,通常用航标标示。

二、内河航道的分类

1.按航道形成原因划分

内河航道按航道形成原因可分为天然航道和人工航道。

(1)天然航道

天然航道是指自然形成的江、河、湖等水域中的航道,包括水网地区在原有较小通道上拓宽加深的那一部分航道。

天然航道受自然因素的影响和制约,航道内流态比较复杂,水位变化较大,有些河段冲淤变化较大,障碍物较多,航道也经常发生相应变化,有些河段必须经过疏浚才能满足通航要求。

（2）人工航道

人工航道包括渠化河流航道和人工开挖的运河、渠化航道。运河是指在陆地上人工开挖的航道,包括人工开辟或开凿的运河和其他通航渠道,如在平原地区开挖的运河,在山区、丘陵地区开凿的沟通水系的越岭运河;渠化航道是在天然河流上分段筑坝,壅高水位,以提高通航尺度,并在坝址处兴建过船建筑物,其中坝上回水范围内的河段称为水库。

人工航道一般水流较平稳,流速较小,水位变化也较小。

2.按航道的通航条件划分

（1）按通航时间长短可分为常年通航航道和季节通航航道。常年通航航道是指可供船舶全年通航的航道;季节通航航道是指只能在一定季节（如非封冻季节）或水位期（如中洪水期或中枯水期）内通航的航道。

（2）按通航限制条件可分为单向航道、双向航道和限制性航道。

单向航道是指在同一时间内,只能供船舶沿一个方向行驶的航道,包括单向单线航道和单向多线航道。

双向航道是指在同一时间内,允许船舶对驶、并行或追越的航道,包括双向双线航道和双向多线航道。

限制性航道是指因水面狭窄、断面系数小而对船舶航行有明显限制作用的航道,包括运河、通航渠道、狭窄的设闸航道、水网地区的狭窄航道,以及具有上述特征的滩险航道等。断面系数是指设计最低通航水位时,过水断面面积 F 与设计通航船舶或船队设计吃水时的舯横剖面浸水面积 f 之比,一般以 n 表示,即 $n = F/f$,如图 1-1 所示。航道断面系数与船舶航行阻力关系密切,n 值越小,航行阻力越大。n 值还应随船速的提高而增大。我国《内河通航标准》（GB 50139—2014）规定,限制性航道的 n 值不应小于 6,流速较大的航道不应小于 7。

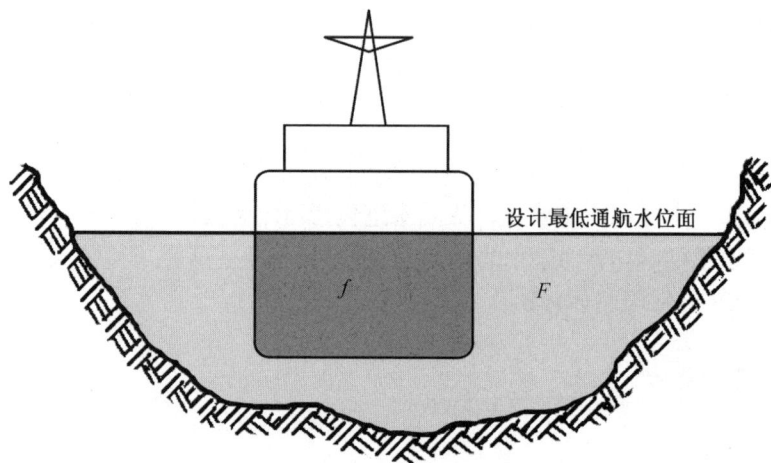

图 1-1　断面系数示意图

3.按运营经济效益划分

按运营经济效益可以分为经济航道和非经济航道。

能缩短船舶航程、减少航行时间、提高航速和船舶经济效益的航道为经济航道;反之,为非经济航道。经济航道有三种:上行船舶经常选择的流速较主流缓慢的缓流航道;航程较主航道短的短捷航道;航程虽较主航道长,但由于流速小,上行船舶仍能缩短航行时间的经济迂回航道,如图1-2所示。

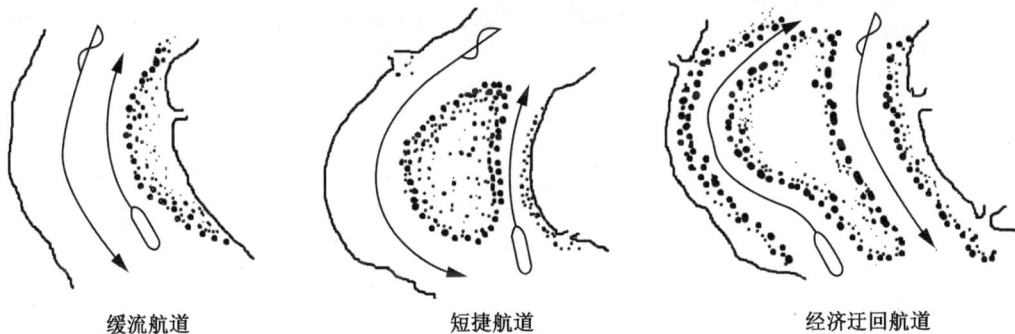

缓流航道　　　　　　　短捷航道　　　　　　　经济迂回航道

图1-2　经济航道

另外,内河船舶驾驶员习惯上将分汊河段中水深大、流量大的航道,称为主航道;将其他汊道或缓流航道,称为副航道。

第二节　内河航道尺度

一、航道尺度与航道标准尺度

航道尺度是指一定水位下的航道深度、航道宽度、航道弯曲半径的总称。航道尺度随着季节的不同,水位的涨落变化而变化。通常,洪水期航道尺度大,枯水期航道尺度小。航道尺度通常可分为维护尺度和标准尺度两种。

航道维护尺度是根据航道实际情况结合航道维护能力制定的维护计划值。

航道标准尺度是指航道设计时为满足标准船型或船队在设计最大吃水状态下安全航行所必须保证达到的最小航道尺度。它包括航道标准深度、航道标准宽度和最小弯曲半径。同一条河流,根据河段、船舶流量、密度等条件,可分段制定各自的航道标准尺度,通常下游河段航道标准尺度大于上游河段。我国建设部颁布的《内河通航标准》(GB 50139—2014)对天然和渠化河流航道、限制性航道等不同等级航道的航道标准尺度做出了明确规定。天然和渠化河流航道尺度标准如表1-1所示;限制性航道尺度标准如表1-2所示。

表 1-1　天然和渠化河流航道尺度标准

航道等级	船舶吨级（t）	代表船型尺度(m)（总长×型宽×设计吃水）	代表船舶、船队	船舶、船队尺度(m)（长×宽×设计吃水）	水深	直线段宽度 单线	直线段宽度 双线	弯曲半径
I	3 000	驳船 90.0×16.2×3.5 货船 95.0×16.2×3.2	(1)	406.0×64.8×3.5	3.5 ~ 4.0	125	250	1 200
			(2)	316.0×48.6×3.5		100	195	950
			(3)	223.0×32.4×3.5		70	135	670
II	2 000	驳船 75.0×16.2×2.6 货船 90.0×14.8×2.6	(1)	270.0×48.6×2.6	2.6 ~ 3.0	100	190	810
			(2)	186.0×32.4×2.6		70	130	560
			(3)	182.0×16.2×2.6		40	75	550
III	1 000	驳船 67.5×10.8×2.0 货船 85.0×10.8×2.0	(1)	238.0×21.6×2.0	2.0 ~ 2.4	55	110	720
			(2)	167.0×21.6×2.0		45	90	500
			(3)	160.0×10.8×2.0		30	60	480
IV	500	驳船 45.0×10.8×1.6 货船 67.5×10.8×1.6	(1)	167.0×21.6×1.6	1.6 ~ 1.9	45	90	500
			(2)	112.0×21.6×1.6		40	80	340
			(3)	111.0×10.8×1.6				
			(4)	67.5×10.8×1.6		30	50	330
V	300	驳船 35.0×9.2×1.3 货船 55.0×8.6×1.3	(1)	94.0×18.4×1.3	1.3 ~ 1.6	35	70	280
			(2)	91.0×9.2×1.3		22	40	270
			(3)	55.0×8.6×1.3				
VI	100	驳船 32.0×7.0×1.0 货船 45.0×5.5×1.0	(1)	188.0×7.0×1.0	1.0 ~ 1.2	15	30	180
			(2)	45.0×5.5×1.0				

(续表)

| 航道等级 | 船舶吨级(t) | 代表船型尺寸(m)(总长×型宽×设计吃水) | 代表船舶、船队 | 船舶、船队尺度(m)(长×宽×设计吃水) | 航道尺度(m) | | |
| | | | | | 水深 | 直线段宽度 | 弯曲半径 |
						单线 | 双线	
VII	50	驳船 24.0×5.5×0.7 货船 32.5×5.5×0.7	(1) 	145.0×5.5×0.7	0.7 ~ 0.9	12 | 24	130
			(2) 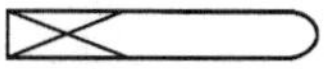	32.5×5.5×0.7			

表 1-2　限制性航道尺度标准

| 航道等级 | 船舶吨级(t) | 代表船型尺度(m)(总长×型宽×设计吃水) | 代表船舶、船队 | 船舶、船队尺度(m)(长×宽×设计吃水) | 航道尺度(m) | | |
					水深	直线段双线底宽	弯曲半径
II	2 000	驳船 75.0×14.0×2.6 货船 90.0×15.4×2.6	(1) 	180.0×14.0×2.6	4.0	60	540
III	1 000	驳船 67.5×10.8×2.0 货船 80.0×10.8×2.0	(1) 	160.0×10.8×2.0	3.2	45	480
IV	500	驳船 42.0×9.2×1.8 货船 47.0×8.8×1.9	(1) 	108.0×9.2×1.9	2.5	40	320
			(2) 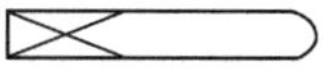	47.0×8.8×1.9			
V	300	驳船 30.0×8.0×1.8 货船 36.7×7.3×1.9	(1) 	210.0×8.0×1.9	2.5	35	250
			(2) 	82.0×8.0×1.9			
			(3) 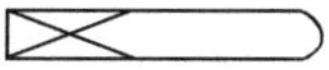	36.7×7.3×1.9			
VI	100	驳船 25.0×5.5×1.5 货船 26.0×5.0×1.5	(1) 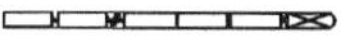	298.0×5.5×1.5	2.0	20	110
			(2) 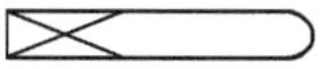	26.0×5.0×1.5			
VII	50	驳船 19.0×4.5×1.2 货船 25.0×5.5×1.2	(1) 	230.0×4.7×1.2	1.5	16	100
			(2) 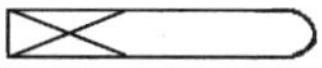	25.0×5.5×1.2			

二、航道标准深度(H)

航道标准深度又称最小保证水深，它是代表船型设计最大吃水状态下，在设计最低通航水位时，须保证船舶安全航行的航道最小水深。航道标准深度是通航标准的主要指标，其标准值为代表船型设计最大吃水加上富余水深，如图 1-3 所示。

$$H = T + \Delta h \tag{1-1}$$

式中：H——航道标准深度（m）；

　　　T——代表船型设计最大吃水（m）；

　　　Δh——富余水深（m）。

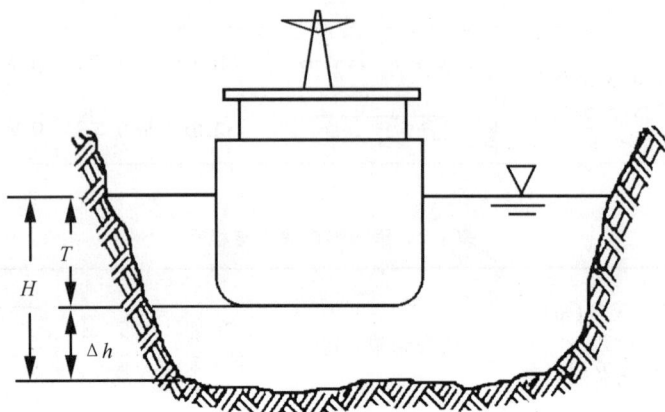

图 1-3　航道标准深度

Δh—富余水深；H—航道标准深度；T—代表船型设计最大吃水

1. 富余水深及其作用

富余水深或称剩余水深，是指船舶安全航行时船舶平板龙骨外缘最低点至相应河底所应保留的最小距离。富余水深的作用是保证船舶的航行安全。

2. 富余水深的确定依据

（1）船舶航行时，因船体下沉需增加的水深。

船舶在航行中，一般均有下沉量，有时它占富余水深的2/3。航行时影响船舶下沉的因素主要有航道深度、船舶对水速度、船舶吃水及船型等。

（2）为保证船舶推进器的安全而增加的吃水。

（3）为保证船舶舵效，以达到操纵灵活、安全而增加的吃水。

（4）为防止船舶因波浪或其他原因偶然触及河底需增加的水深。

（5）顶推船队编队后的吃水增值。

根据实船试验，山区河流大型顶推船队，编队后船舶吃水量略有增加，一般为0.06 m左右，中小型河流船队较小，可以不考虑。

3. 富余水深的有关规定

我国建设部颁布的《内河通航标准》（GB 50139—2014）规定的船舶富余水深值见表1-3。

表 1-3　富余水深值（m）

航道等级	I	II	III	IV	V	VI	VII
富余水深	0.4~0.5	0.3~0.4	0.3~0.4	0.2~0.3	0.2~0.3	0.2	0.2

注：①富余水深值主要包括船舶航行下沉量和触底安全富余量。

　　②流速或风浪较大的水域取大值，反之取小值。

　　③卵石和岩石质河床富余水深值应另加0.1~0.2。

三、航道标准宽度（*B*）

航道标准宽度是指在设计最低通航水位时，设计代表船型或船队满载吃水航行所需的航道最小宽度，即整个通航期内航道中应保证的最小宽度。

航道标准宽度是由有关部门经过综合分析、计算得出的，并以指令的形式颁布执行。在制定航道标准宽度时必须综合考虑代表船型或船队的尺度、代表船队的队形、船舶（队）的航行和操纵性能、航道条件、水流流态、气象要素等因素。

四、航道最小弯曲半径（*R*）

弯曲航道的弯曲程度通常用航道弯曲半径或弯曲系数来表示。航道弯曲半径是指航道弯曲处的轴线圆半径长度，又称为航道曲率半径或航道曲度半径；航道弯曲系数是指弯曲航道的实际长度与起止点之间的直线长度之比，用 *K* 表示。从理论上讲，弯曲航道的弯曲系数往往大于 1.5，若为 1.0~1.5，则称为微弯航道；近似于 1.0，称为顺直航道。弯曲系数越大，航道弯曲半径越小，航道条件越差，船舶航行越困难。

1.航道最小弯曲半径（R_{min}）的确定

航道最小弯曲半径是指在设计最低通航水位时，为保证航区代表船型或船队在满载吃水状态下下行安全通过弯曲河段所必需的航道弯曲半径。航道最小弯曲半径的确定除与船长有关外，还与航道条件、水流条件、船宽与航宽、航速与流速、船队尺度与系结方式、船舶操纵性能与引航技术等因素有关。按照我国内河通航标准规定，内河航道的最小弯曲半径，宜采用顶推船队长度的 3 倍，或货船长度、拖带船队最大单船长度的 4 倍。在特殊困难河段，航道最小弯曲半径不能达到上述要求时，在宽度加大和驾驶通视均能满足需要的前提下，弯曲半径可适当减小，但不得小于顶推船队长度的 2 倍，或货船长度、拖带船队最大单船长度的 3 倍。流速 3 m/s 以上、水势汹乱的山区性河流航道，最小弯曲半径宜采用顶推船队长度或货船长度的 5 倍。

2.航道弯曲半径求法

航道弯曲半径一般可以从资料中得知，也可以从航行图或航道图上采用几何作图法量取，其方法如下：

在航道中心线上的最弯曲部分截取一段线，从线上取上、下起止点和顶点 *A*、*B*、*C* 视作圆弧线上的三点；连接 *AC*、*BC*，分别作 *AC*、*BC* 两线段的垂直平分线交于 *O* 点；*OC* 即为弯曲半径，实际长度可从该图的比例尺上量取，如图 1-4 所示。

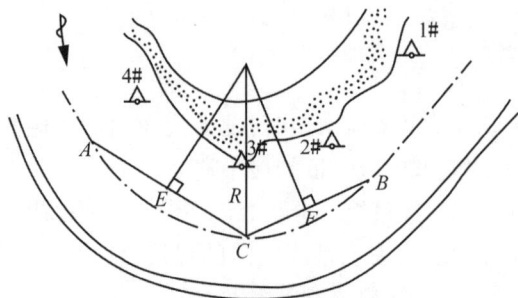

图 1-4 航道弯曲半径的求法

第三节 ◉ 水上跨河设施通航尺度

随着交通网络化发展和河流的综合开发利用,在河流上出现了越来越多的水上跨河设施,如桥梁、架空电缆和架空管道等。为保证船舶安全航行,就必须使这些碍航物下有一定的安全航行空间,即具有一定的通航净空尺度,它包括通航净空高度和通航净空宽度(简称为通航净高和通航净宽)。

一、通航净空高度

通航净空高度是船舶安全通过水上跨河设施的最低高度。航道部门和桥梁工程部门通常把水上跨河建筑物下缘最低点到设计最高通航水位面的垂直距离,作为通航净空高度。为了区别起见,我们将该净空高度特称为设计净空高度。航运部门为了便于驾驶员计算和掌握船舶通过跨河净空建筑物的安全高度,常把水上跨河建筑物的下缘最低点至当地零水位面(当地零点)的垂直距离,称为通航净空高度或净空高度。两个净空高度之间相差一个以当地零水位面起算的"设计最高通航水位",如图 1-5 所示。

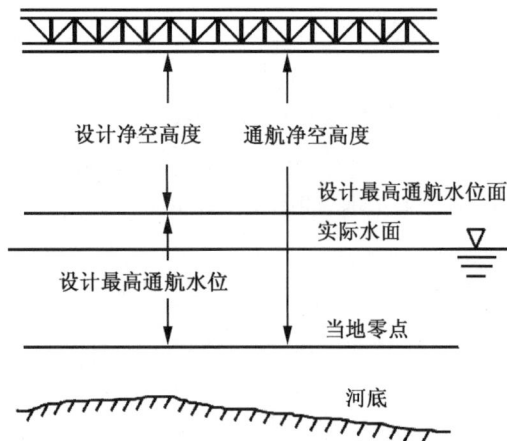

图 1-5 设计净空高度与通航净空高度的关系

例如,某大桥设计净空高度为 24 m,设计最高通航水位为 16.64 m(当地零点)。则按当地零点(当地基准面)起算的净空高度,也就是通航净空高度为:24+16.64＝40.64 m。

为保证船舶安全通过跨河建筑物,须留一定的富余高度。富余高度(ΔD)或称剩余高度,是指船舶在通过水上跨河建筑物时,其最高点至水上跨河建筑物的下缘最低点之间的最小安全距离。富余高度是为了保证水上跨河建筑物的安全及船舶的航行安全。富余高度的确定应考虑当地水位涨落变化的幅度、航区风浪的大小、船舶吃水的变化、跨河架空建筑物设计和安装的误差、热胀冷缩或下垂的幅度,电缆还要考虑不同等级电压电缆电磁场的强度和范围(如 50 万伏超高压电缆的富余高度应不小于 6 m)。富余高度是由航保部门制定的,一般为 1.0~1.5 m。

船舶安全通过跨河架空建筑物必须满足式(1-2),各种数据关系如图1-6所示。

$$H_C + \Delta D + W \leq D \tag{1-2}$$

式中:H_C——船舶最大水上高度(m);

ΔD——富余高度(m);

W——当地水位(m);

D——通航净空高度(m)。

例 已知某大桥通航净空高度为 30.03 m,富余高度 $\Delta D = 1.2$ m,当地水位为 8.2 m。根据船舶资料某船总高为 24.5 m,艏吃水为 4.5 m,艉吃水为 5.3 m。此船能否安全通过该大桥?

解 船舶水面上最大高度 $H_C = 24.5 - 4.5 = 20(\text{m})$

$$H_C + \Delta D + W = 20 + 1.2 + 8.2 = 29.4(\text{m}) < D$$

因此,船舶能安全通过大桥。

二、通航净空宽度

通航净空宽度是指水上跨河建筑物通航孔相邻两墩内侧可供设计船舶或船队安全航行的有效宽度。对于天然河流和渠化河流,通航净空宽度是按单向船舶或船队通过所需要的宽度来确定的。为了保证通航安全,须使船舶或船队宽度与水上跨河建筑物两墩内缘之间留有一定的富余宽度。船舶或船队的实际最大通航宽度必须小于净空宽度与富余宽度的差值。如果水上跨河建筑物轴线的法线与水流流向的交角大于5°(一般应小于5°),通航净空宽度还须相应增大;当水流横向流速大于 0.8 m/s 时,应一跨过河或在通航水域中不得设置墩柱。

三、船闸有效尺度

船闸有效尺度是指船闸闸室内能够满足设计通航标准的有效尺度。该尺度包括船闸有效长度、船闸有效宽度、门槛最小水深。

(1)船闸有效长度

船闸有效长度闸室内允许船舶(队)安全停泊的长度。船闸有效长度为设计最大船舶或船队长度加富余长度。当一闸次为两个或多个船舶或船队纵向排列过闸时,船闸有效长度为各设计船舶或船队长度之和加富余长度,还要加上各船舶或船队的停泊间隔长度。

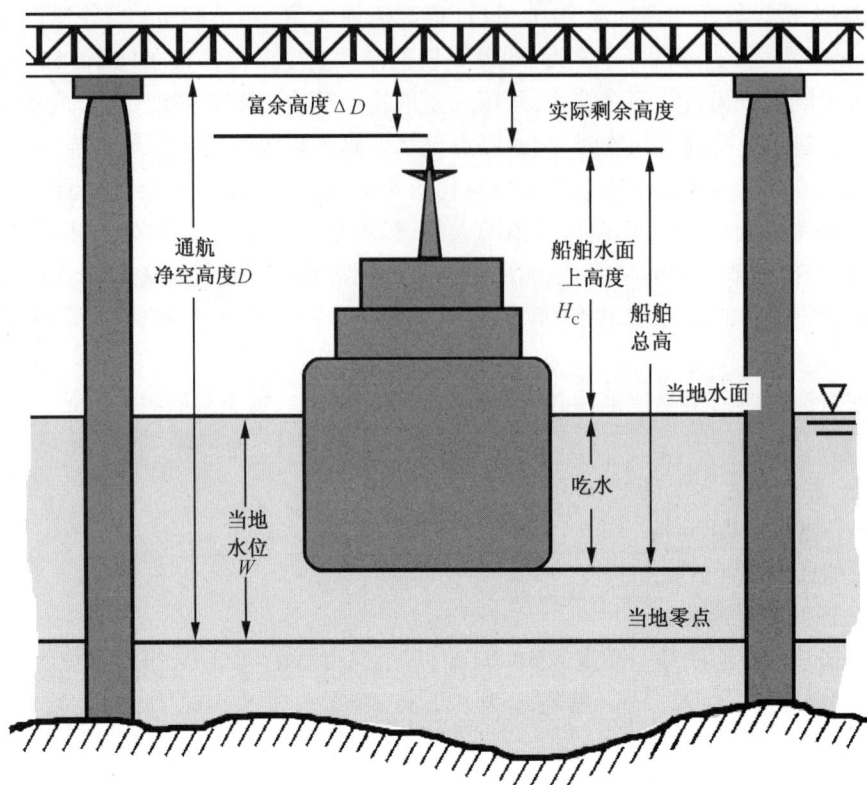

图 1-6　船舶通过跨河架空建筑物的计算示意图

（2）船闸有效宽度

船闸有效宽度闸室或闸首边墩墙迎水面最突出部分之间的最小距离。船闸有效宽度系列应为 34 m、23 m、18 m 或 16 m、12 m、8 m。

（3）门槛最小水深

门槛最小水深设计最低通航水位至门槛顶部的垂直距离。门槛最小水深不应小于设计船舶或船队满载时最大吃水的 1.6 倍。

第四节 ◎ 内河航区和航道等级的划分

一、内河航区分级标准

1. 内河航区级别

（1）根据水文和气象条件，将内河船舶航行区域划分为 A、B、C 三级，其中某些水域，依据水流情况，又划分为急流航段，即 J 级航段。

（2）航区级别按 A 级、B 级、C 级高低顺序排列，不同的 J 级航段分别从属于所在水域的航区级别。

2. 内河航区划分标准

（1）各级航区的有效波高（H_S）范围，见表 1-4。

表 1-4　内河航区划分标准

航区级别	有效波高范围（m）
A 级	$1.25<H_S\leq2$
B 级	$0.5<H_S\leq1.25$
C 级	$H_S\leq0.5$

（2）在峡谷河流中，滩上流速超过 3.5 m/s 的航段，定为急流航段，根据流速大小，分为 J_1、J_2 两级，如表 1-5 所示。

表 1-5　急流航段划分标准

航区级别	滩上流速（m/s）
J_1 级	$5<v\leq6.5$
J_2 级	$3.5<v\leq5$

3. 内河航区划分一般要求

（1）低等级航区的船舶不得在高等级航区内航行。各级航区的船舶，如不满足急流航段的特殊要求，不得航经该急流航段。

（2）当船舶需要航行于较原定航区为高的航区时，应符合有关规范的规定，申请临时检验。

（3）船舶在三峡库区及其他水库航行时，应注意坝前水位及回水范围的变化，在水库的蓄水、消落、泄水腾库、泄洪和冲沙期间以及洪水期，应采取适当措施保障航行安全，并遵守海事管理机构的有关规定。

（4）当运河或特定航线与某些水域相互连通时，其汇合区域的航区级别取为运河或特定航线或相关水域中较高的航区级别。

（5）当出现暴风、台风、潮汐及山洪暴发等特殊情况时，船长应注意航区水文和气象的变化，谨慎驾驶。

二、内河航道等级划分

《内河通航标准》（GB 50139—2014）将我国内河航道可通航船舶的吨级划分为 7 级，如表 1-6 所示。

表 1-6　内河航道等级划分

航道等级	I	II	III	IV	V	VI	VII
船舶吨级（t）	3 000	2 000	1 000	500	300	100	50

注：①船舶吨级按设计载重吨确定。
　　②通航 3 000 t 以上船舶的航道列入 I 级航道。

第二章
水文要素

水文条件是构成航道的最主要的要素,内河水域只有具备了一定的水文条件才能成为内河航道。本章主要介绍航道中的水流情况,包括水位与水深、流速与流向、流态及潮汐等基本知识。

第一节 ● 水位

一、水位

1. 水位基本概念

水道中某时某地的自由水面至某一水位基准面的垂直距离,称为水位,单位为“米(m)”。水位的高低表示水面的高低,水位是表征河槽水深的特征数值,水位越高,水深越大;水位越低,水深越小。水位随时间、地点和河水的涨落而变化,因此,水位是一个经常变化的值,具有方向性。

测量任何高度,都要有一定的基准面作为起算标准。水位以水位基准面作为起算零值,通常规定当实际水面高于水位基准面时水位值为正,反之为负,如图2-1所示。

观测水位的方法有水尺法、自动记录法等。

2. 水位基准面

用于起算水位值的基准面称为水位基准面。由于该基准面的水位值为零,故又称为水位零点。根据不同的需要,水位零点又分为基本零点和当地零点。

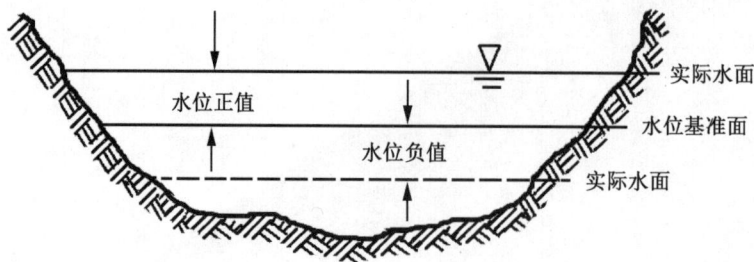

图 2-1　水位

（1）基本零点

以某一河口附近海域的某一较低的海平面作为零点，称为基本零点，又称绝对零点或绝对基准面。它是某流域（或河段）所有水位站（测站）的统一标准，是为了了解全流域或河段每个测站的水位高度，用于比较和分析整个河段的情况。如长江用的吴淞零点，珠江用的珠江零点，黄河用的大沽零点。

（2）当地零点

以当地历年来最低水位或接近于该水位的水平面作为零点，称为当地零点，又称测站零点或各港零点。它是根据各河流通航保证率的要求，通过各种方法如最低平均水位法、多年保证率法和频率法等测算出来的。它是为了通航的要求和航运部门应用上的方便而设立的。通常采用每隔一段距离设立一个用于起算当地附近水位的基准面，作为该地的当地零点。我国多数河流各地水位及航行图上所注的图示水深都以此面作为起算面。

（3）基本零点与当地零点的关系

以基本零点起算的水位称为绝对水位，以该零点确定的高程称为绝对高程。以当地零点起算的水位称为当地水位，以该零点确定的高程称为当地高程。基本零点与各个当地零点间的高程差，即为各当地零点高程，如图 2-2 所示。绝对水位（高程）与当地水位（高程）关系如下：

$$绝对水位＝当地水位＋当地零点水位$$
$$绝对高程＝当地高程＋当地零点高程$$

例　已知某日南京当地水位为 7.2 m，试求当日南京的绝对水位（吴淞零点）。

解　因为南京相对于吴淞的零点高程为 1.97 m

所以南京的绝对水位（吴淞零点）为 7.2+1.97＝9.17 m

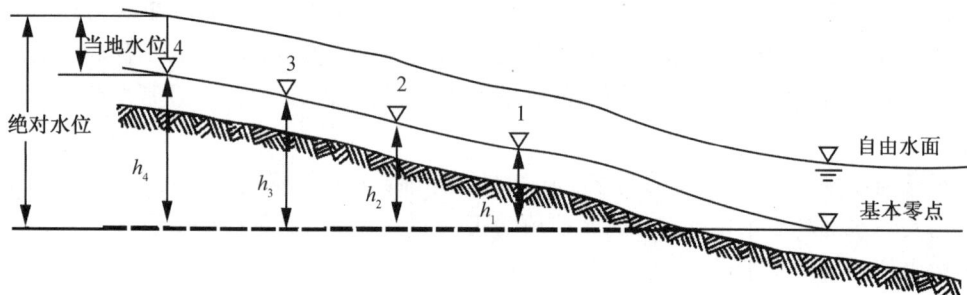

图 2-2　当地零点与基本零点关系图

1，2，3，4—当地零点；h_1，h_2，h_3，h_4—当地零点高程

（4）高程基准面

自 1987 年起,我国统一采用"1985 国家高程基准面"作为我国陆标高程的基准面,由该基准面起算得到的高程通常称为"海拔",例如世界上第一高峰珠穆朗玛峰,海拔为 8 848.86 m。国家高程基准面其实就是根据青岛验潮站 1952—1979 年的验潮资料统计确定的黄海平均海平面,在此之前我国的高程基准面为"1956 黄海平均海平面",是根据青岛验潮站 1950—1956年七年间的水文潮汐资料确定的黄海平均海平面。

二、水位与水深

1. 绘图基准面与图示水深

为了绘制航道图或航行参考图,标明某处的深度或礁石的高程不可能用实际水深,因此,绘图用的水深必须以某一基准面为标准起算,该基准面称为绘图基准面,又称为深度基准面。深度基准面至河底的距离,称为图示水深或图注水深。通常规定以基准面处为零值,河底在基准面下,图注水深取正值;河底高出基准面,图注水深取负值,一般称为干出高度,如图 2-3所示。

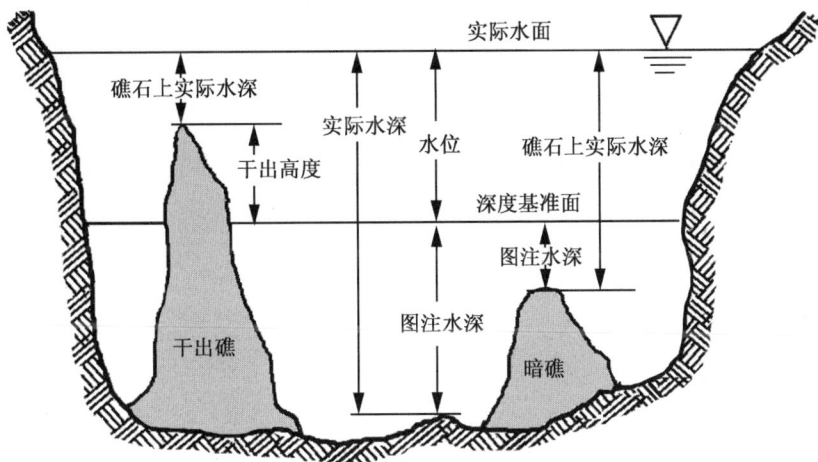

图 2-3　水位与水深关系图

2. 实际水深的计算

从自由水面到河底的垂直距离称为实际水深(简称水深)。因河底起伏不平,河槽经常变迁,水位经常涨落不定,故各观测点的实际水深也经常发生变化。水位上升,水深增大;水位下降,水深减小。

为便于计算,我国内河的水位基准面和绘图基准面已统一。这样我们只要知道某日某处的当地水位和图示水深,即可求实际水深,其关系式为:

实际水深=图示水深+当地水位

例　已知航道某处浅滩的图示水深为−1.2 m,当时当地水位为 4.0 m,浅滩上的实际水深是多少? 若某船舶吃水为 4.5 m,舷吃水为 5.0 m,当地富余水深规定为 0.3 m,该船能否从浅滩上安全通过?

解　该浅滩的实际水深(H)=图注水深+当地水位=1.2 + 4.0=5.2(m)

船舶通过时需要最小安全水深(h)＝船舶最大吃水＋富余水深＝$5.0+0.3=5.3(m)$

因为$H<h$，所以，该船不能从浅滩上安全通过。

在利用内河航行参考图中的图示水深求某处实际水深时应注意：

（1）冲淤变化较大的河段，因图注水深仅代表航行参考图出版时的情况，故利用图注水深求实际水深，可能与当时实际情况不符。

（2）沉船等障碍物，若残存在河底上时间已久，也会有位置、深度发生变化的现象。

（3）暗礁一般比较稳定，但时间久了之后，其上面与周围往往淤积一层泥沙，改变了原有的高度，航行时应放大富余水深，确保航行安全。

三、水位管辖方法

每条较长的河流，从上游至下游各地高程差异很大，常分成若干管辖段，每段用一个水位表示，这样就能较为正确地反映出各段的实际水面位置和推算各段航道内的实际水深，这个水位就叫作该段的关系水位，如长江就是这样划分水位管辖段的。

三峡库区成库前，由于长江上游（川江）水面比降大，各河段水面比降的变化亦不是均匀一致的，故只有采用数量众多的，即设站密度较大的多把水尺来标示，才能正确地反映出川江各地的水位情况，并据之以计算和反映出各地的实际情况。但长江中、下游则不同，由于中下游水面比降小，各河段水面比降亦比较均匀一致，故设站密度小，全段只设水位站，而不设立航行水尺。

在长江干流，对水位的观察和使用方法通常有两种：在长江中下游各水位站上、下河段各二分之一的距离内使用该站的水位，习惯称"管两头"的方法，这种方法误差相对较小；在川江，船舶多年来习惯上采用"下管上"，即用下游水位站的水位表示上、下两水位站之间的水位。

四、水位期的划分

由于水位受季节、流量大小变化的影响，水位在一个水位年内呈现有规律的周期性变化，从而引起航行条件的改变，通常航运部门将河流水位分为低（枯）水位、中水位、高（洪）水位。

低水位——多年最低水位的平均值，又称枯水位。水位低于低水位的这段时期，称为枯水期。

中水位——多年一切水位的平均值。水位在高水位与低水位之间的这段时期，称为中水期。

高水位——多年最高水位的平均值，又称洪水位。水位高于高水位的这段时期，称为洪水期。

每条河流及各河段都有它自己的自然特征，因而在水位期的划分上也各有不同。南方河流，如按月份划分，一般12月至来年3月为枯水期，其中1—2月水位最枯；4—6月和10—11月为中水期；6—9月为洪水期，其中高洪水期多在8月。不同河流在不同的河段上，根据各自的航道水文情况，以某些特定的水位值来划分各水位期。

例如，长江下游各水位期是以汉口水位为标准进行划分的，如表2-1所示。

表 2-1　长江下游水位期划分表

	高洪水位期	洪水期	中水期	枯水期
汉口水位	13 m 以上	10~13 m	4~10 m	4 m 以下
出现时间	7、8、9 月		4、5、6、10、11 月	1、2、3、12 月

另外,长江堤防部门根据当地的水情、堤情和险情,将汛期水位划分为设防水位、警戒水位和保证水位三级标准,并以此作为部署防汛工作的依据。设防水位表明洪水漫没河滩,部分堤脚临水,开始有险情发生;警戒水位表明洪水水位超过堤脚,险情增多,并可能有重大险情发生;保证水位是指堤防设计防御的最高水位。

五、影响水位变化的因素

1. 河水补给的影响

水位的涨落主要是受河水补给的影响。当河水的来源充足,流到河里的水量很大时,由于来不及流走而使水位上涨;反之,水位就下落。

河水的补给主要依靠降水。根据降水的形式及到达地面后流向河流时所经路径的不同,可分为地面水补给、地下水补给、混合补给及人工补给四种基本类型。

2. 风的影响

风向与流向相反或一致,将使水位抬高或下降。在河口段,这一影响较为显著。湖泊、水库的水位,一般情况是在下风地区水位上升,在上风地区水位下降。

3. 潮汐的影响

通海河流,在其感潮段水位会随着潮汐而发生周期性的涨落变化。

4. 冰的影响

冰的影响主要发生在我国北方河流(如松花江、黄河等)的流冰期。特别是南北流的河流,流冰期还可能形成冰坝,造成水位的巨大变化。

5. 河槽宽窄、深浅的影响

若两地过水断面不同且增减同等流量,则河水流过宽深的河槽时,其水位的变化比浅窄河槽要小,这是河槽过水断面发生变化造成的。

6. 支流水位变化的影响

支流涨水会使交汇口附近干流水位提高。支流的水位低于干流会引起向支流倒流的现象,而使交汇口附近的干流水位下降,不过由这种情况所引起的水位变化,一般都不大显著。

六、水位对船舶航行的影响

(1)水位变化直接影响航道尺度,特别是航道水深,船舶可据此决定载重量和调整吃水。

(2)水位变化影响设标水深,根据水位涨落的情况还能预计航标可能发生的变化和航槽是否改变。

(3)根据水位变化,航路选择不同,引航操作方法也可能做相应的改变。

（4）水位变化影响流速和流态，而且流速会影响航速，流压会使船位偏移，流态紊乱时会影响船舶操纵，均要采取相应的操作措施加以克服。

（5）水位变化关系到礁石、沉船等障碍物碍航程度及码头水性变化。

（6）由于水位影响航速，航行计划应根据水位变化做相应调整。

（7）不同的水位，大桥通航桥孔、通航高度及通航船队尺度的规定有所不同，架空电缆的通航高度也有所不同。

（8）选择锚地时既要考虑船舶吃水、锚地水深，也要考虑水位涨落带来的影响。

（9）长期记录水位，还能分析水位涨落的趋势、航道有否淤沙或走沙的可能，以便采取相应的措施。

（10）船舶在山区河流航行，上行船可根据不同水位特征确定通过滩槽的方法。

七、不同水位期的特点及对船舶航行的影响

水位期不同，航道尺度、供船舶定位的目标会发生变化，会影响船舶航行安全。

（1）枯水期，有良好的岸形凭借，天然标志多；流速慢，不正常水流减少；航道尺度减少。但槽窄水浅，礁石外露，会让困难，航行不慎就会吸浅吃沙包，甚至搁浅触礁。

（2）中水期，航道总体比较稳定，对船舶航行的限制性较小，一般来说是航道的黄金时期。

（3）洪水期，航道尺度大，但岸坪淹没，引航中失去极其重要的岸形凭借，人工标志也常漂失移位；流速大，不正常水流增多，航行操作难度大。

由于在不同水位期，航行条件各异，引航和操作方法也不一样，驾引人员应密切注意水位的变化情况。

第二节 ◉ 流速与流向

一、流速

1. 流速的基本概念

水质点在单位时间内沿某一特定方向移动的距离，称为流速。它是一个有方向、有大小的矢量，流速单位通常使用 m/s，有时也使用 kn。

2. 流速的分类及其影响因素

天然河流中，水流呈紊动状态，在大小和方向上均随时间不断变化。故通常所说的流速是指持续了一定时间的流速平均值。

根据不同需要，流速可分为瞬时流速、时均流速、脉动流速、点流速、垂线流速、断面流速等。

瞬时流速是指某一瞬间的流速，它时大时小，很不稳定；时均流速是指在一段时间内流速的平均值；脉动流速是指瞬时流速与时均流速的差值；点流速是指水流中某一固定测点的水流

速度;垂线流速是指从水面至河底沿铅垂线上各点流速的总称;断面流速是指河流中某一过水断面各点流速的总称。垂线流速与断面流速一般均取其平均值。

流速的大小与河流的纵比降、河床的粗糙度、水力半径、风向、风速、冰情及河流水深等密切相关。一般流速随比降的增加而增大,随水深的增加而增大,随河床壁面粗糙度的增加而减小。

3. 天然河流中的流速分布

由于天然河槽的几何形态、河床粗糙度和断面水力条件的变化,流速在河槽内的分布是变化的。过水断面上各点流速随着在宽度上和深度上的位置不同,分布情况一般可分为流速的平面分布与垂线分布。

（1）流速的平面分布

流速的平面分布如图 2-4 所示。归纳如下:

①在河底两岸附近,流速最小。

②水面流速从两岸最小水深处向最大水深处增大。

③陡岸边或靠近凹岸边流速大,坦岸边或靠近凸岸边流速小。

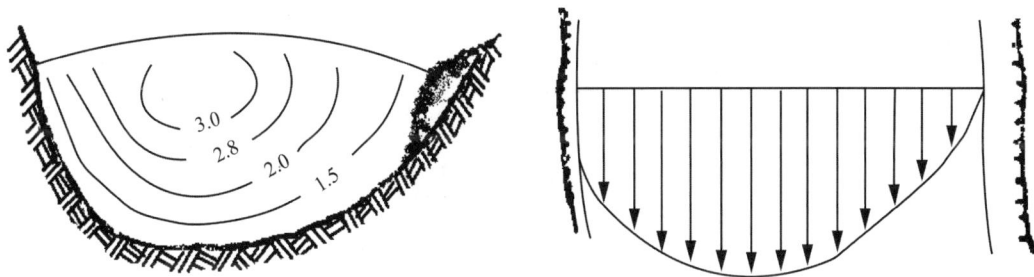

图 2-4　流速的平面分布

（2）流速的垂线分布

流速沿深度的垂直方向上分布,叫作垂线流速分布,以水深 H 为纵坐标、点流速 v 为横坐标,连接各点流速向量的末端,可得垂线流速分布图。

①天然河流的一般河段,垂线流速分布曲线多呈抛物线或对数曲线形式,一般河底的流速近于零,垂线平均流速与离水面 2/3 水深处的点流速大致相等,最大流速位于水面至离水面 1/3 水深范围内,如图 2-5 所示。

②河底有隆起的障碍物时,垂线流速分布曲线在障碍物顶部附近向下开始急剧收缩,而向上急剧增大,最大流速位置较一般河槽偏深一些,河底流速可能近于零,如图 2-6 所示。

③通常深槽中最大流速接近水面,而浅滩上的最大流速则距水面较深,如图 2-7 所示。

④当河流封冻时,流水像被限制在水管中流动着,由于冰盖底面粗糙度的影响,最大流速从表面向深处移动,冰盖底部越粗糙,移动的距离也越大,如图 2-8 所示。

（3）流速在不同水位期的分布

①枯水期

深槽处过水断面大,流速小;而浅滩过水断面小,流速大。因为这时浅滩好似溢流坝,提高了水面比降,使流速增加。

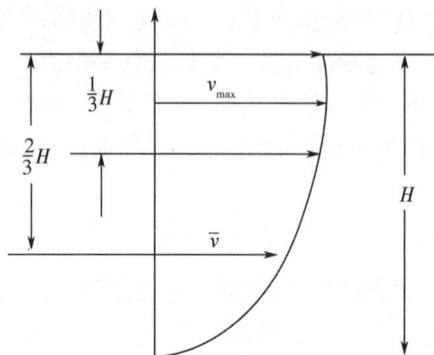

图 2-5　垂线流速分布

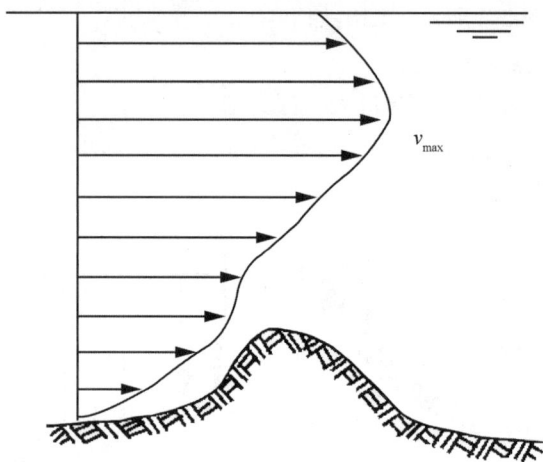

图 2-6　河底有障碍物时的垂线流速分布

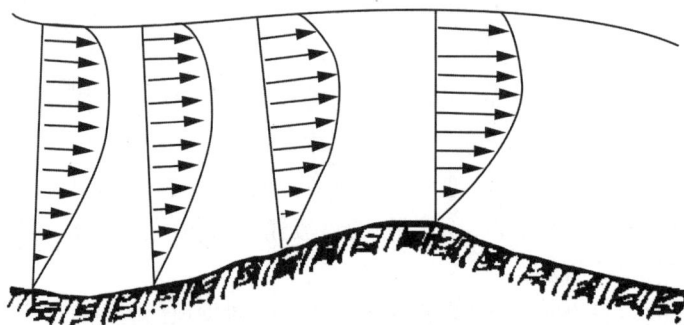

图 2-7　深槽与浅滩的垂线流速分布

②洪水期

深槽处流速大,浅滩上流速小。因深槽处一般常是弯窄或峡谷河段,过水断面小,洪水期水流壅阻不畅,比降增大,流速也增大;而浅滩段,一般是河槽展宽段,洪水期过水断面大,比降减小,流速也减小。

当河槽宽窄不一时,狭窄处流速大,宽阔处流速较小。这种情况在高水位时更为显著。

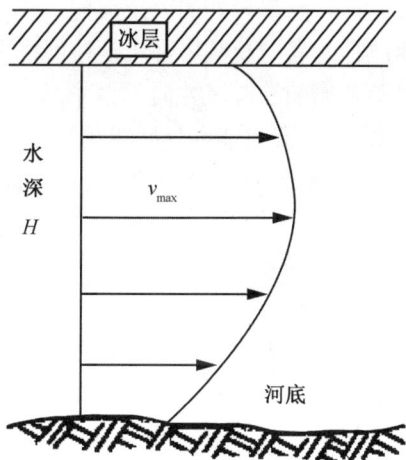

图 2-8　河流封冻时的垂线流速分布

4. 水流动力轴线

河流中各过水断面上最大流速点的连线,称水流动力轴线,又称主流线。水流动力轴线通常与深泓线(各过水断面最大水深点的连线)相吻合。河槽形态和水流动力因素的相互作用直接影响着水流动力轴线变化。水流动力轴线时而靠近此岸,时而靠近彼岸;有时潜入水下,有时涌升水面。水流动力轴线上的水流动能最大,冲刷力强,其上下、左右摆动,导致洲滩变形、河岸崩塌、浅槽交替和鞍槽位移。它是影响河床变形或浅滩演变的主要因素之一。

5. 流速对航速的影响

流速对船舶航速的影响很大。当船舶顺流而下时,流速可显著提高航速;船舶逆流航行时,流速对船舶航行则有明显的阻碍作用。

在内河航行中,航速通常是指船舶的实际对地航行速度;船速是指船在无风流时静水中的航行速度,是船舶的基本性能之一。如果不考虑风的影响,顺流航行时:

$$航速 = 船速 + 流速$$

逆流航行时:

$$航速 = 船速 - 流速$$

另外,受横流的影响,船舶易产生偏转与漂移,直接影响到航向与船位。

二、流向

1. 流向概念

水流质点的运动方向称为流向,它是指水流去的方向。如东南流,即水向东南方向流去,而非水从东南方向流来。

2. 观测流向的方法

河槽中的水流方向是随河槽的形态、水位的不同而发生变化的。观测水流的方向除了用仪器之外,还可目测。

目测流向的方法主要有:

（1）根据水面漂流物的运动方向,判定该处的表层流向。

（2）水流流经航标时,观察航标的船向及其尾部水流迹线的方向。

（3）船舶抛单锚时,观察锚链及船舶的首尾方向。

（4）从河岸形状判断:在顺直河段,流向基本与岸线平行一致;在弯曲河段,一般是凸岸水势高,凹岸水势低。在水流扫弯处,水流从凸岸流向凹岸;在弯曲顶点以下,由于超高现象,水流自凹岸流向凸岸。

（5）根据河岸水生植物被水流冲击的倾倒方向来判断流向。

（6）根据水面波纹的形状来判定流向。

（7）在宽阔或水流较缓的河段,不易识别流向时,可根据船舶压舵的情况及偏航的程度或前船尾迹线水流的偏摆来估计流向。向右压舵,说明右舷有来流;向左压舵,说明左舷有来流。

3. 流向对船舶航行的影响

（1）流向对船舶航行时的船位控制、航向偏摆、流压差判断及航速预估(特别是在有潮汐影响的航段)等将产生直接影响。

（2）流向对船舶抛起锚作业、靠离泊作业等有着很大的影响。

（3）流向对船舶掉头等操纵也有着很大影响。

所以船舶驾引人员不论在航行或进行靠离泊等作业时,都必须注意当时的水文特征,特别是对流向的辨认,船员通常所说的"看水走船"就是这个道理。

第三节 ● 流态

水流运动的形态称为流态,通常船舶引航中所指的流态是水流的表层形态。流态不仅关系到航道的变化,还直接影响到船舶的航行。

流态从宏观角度可分为主流和副流两种,从微观角度可分为层流和紊流两种。天然河流中水流通常以紊流的形态出现,水质点的运动速度的大小和方向都随时变化,其运动轨迹亦呈各种复杂的曲线。

从表层水流对船舶运动产生的作用和影响来看,通常可以将流态分为以下几种。

一、主流

河槽中表层流速较大并决定主要流向的一股水流称为主流。

主流在河槽中的位置和流速的大小,随河槽的形态、水位的高低、比降的大小而变,它在河槽中的位置常常与河槽的深泓线相对应。在不同类型的河段中,主流所处的位置是不一样的。

1. 主流位置判断的方法

（1）岸形陡缓:陡岸水深,主流靠近陡岸。对比两岸陡缓程度,可估计主流位置是正中分心、四六分心还是三七分心等。

（2）河道弯直:顺直宽阔河段,主流带基本位于河心或略偏水深一侧;微弯河段,水流受河床形态的约束,主流稍偏于凹岸;急弯河段,由于弯道环流作用,在凸岸上半段主流偏靠凸岸至凸嘴受阻折向凹岸后,紧沿凹岸下半段扫弯下流。

（3）水面色泽、波纹:在晨昏微光斜射水面情况下,涨水时主流水面光滑如镜;退水时水色发暗。在流速较大河段,主流两侧波纹对称相似,从两岸向河心细心观察对比就可找到主流所在。

2. 主流对船舶航行的影响

主流是选择航路的依据,主流带有宽、窄、弯、直、急、缓等不同特点,随河槽形态的变化而变化。在宽阔顺直河段,下行船舶应"认主流、走主流",上行船舶应"认主流、丢主流",利用主流以提高航速;在弯曲狭窄河段,主流带随河形弯曲,主流两侧出现横向分速水流扫弯而成强横流,同时出现了流势高低,因此,无论上行还是下行,均应将航路(航迹线)选择在主流上侧,即高流势一侧。

二、缓流

主流两侧流速较缓的水流称为缓流。

由于主流带随河槽弯曲而摆动,两侧的缓流带宽窄不一,且出现强弱不同的横向水流。通常凹岸(或陡岸)一侧缓流带较窄,流速稍大;凸岸(或坦岸)一侧缓流带较宽,流速较缓、流势较高,上行船常利用这侧缓流带航行,以提高航速,挂高船位。

三、埂水

水流受河床形状影响或受礁石等障碍物所阻,在障碍物顶部或稍上处水面隆起成埂状的水流称为"埂水",它是一种局部的壅水现象,如图 2-9 所示。

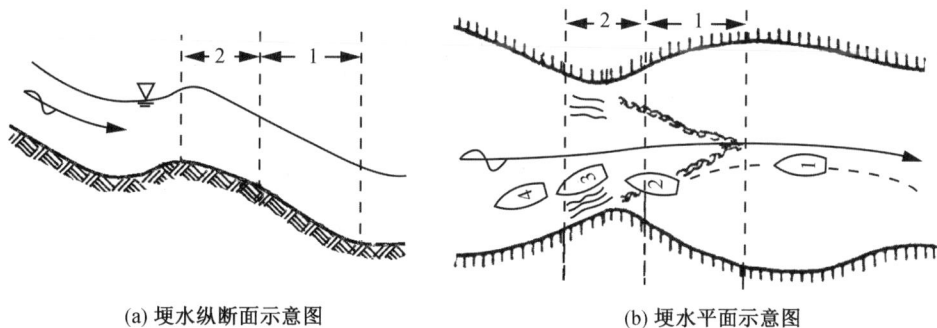

(a) 埂水纵断面示意图   (b) 埂水平面示意图

图 2-9　埂水

1—急流段;2—埂水段

1. 埂水产生的原因和出现的地段

埂水是由于水流受突出地形或水下障碍物阻束,缩小过水断面,形成极短距离内较显著的落差,上游水面平缓,下游呈较大的纵比降,形成跌水及急流。如洪水期峡谷河段中的急流滩段;枯水期宽谷河段中的溪口冲积扇处,即枯水急流滩段。

2. 埂水对船舶航行的影响及应对措施

模型试验证明,船舶通过埂水河段,上行困难处,一般不在最大流速段,而在埂水段。因为最大流速处,可以通过走沱区躲开急流,但埂水段处除了受水流阻力影响外,还受坡降阻力的影响。上行船舶出角转嘴,船首到达埂水的所在处习称"抵埂"。上行船舶抵埂后停滞不前,习称"吊埂"。船舶出现吊埂时,将船首徐徐外扬,继而调顺船身,使船尾摆脱埂水以外,习称"摆埂"。另外,急流和埂水段,由于流速大,常伴随有泡漩,下行船舶航速快、惯量大,难以控制,极易偏航,易出现险情。

具体的应对措施将在急流滩河段引航中详述,这里所述的急流滩河段其实就是埂水河段。

四、回流

同主流流向相反的回转倒流称为回流。因长江走向是自西向东,故长江的回流又称"西流",珠江船员称之为"倒水"。

1.回流产生的原因

回流的形成是因水流受阻分离,其边界层产生脱离后,流线变形,引起了流速、流压的变化。当河水流经狭窄断面或岸嘴时,过水断面缩小,流速增加,流压降低。而岸嘴下方靠近岸侧水域流速低,压力大,水流便顺岸嘴斜向外流出,被主流带走。到岸嘴以下一定距离,河床断面放宽,外侧流速又逐渐降低,压力则逐渐升高,部分水流又流进沱区,补充被带走的水流,回流形成。过沱区后水流逐渐恢复常态。回流的产生如图 2-10 所示。

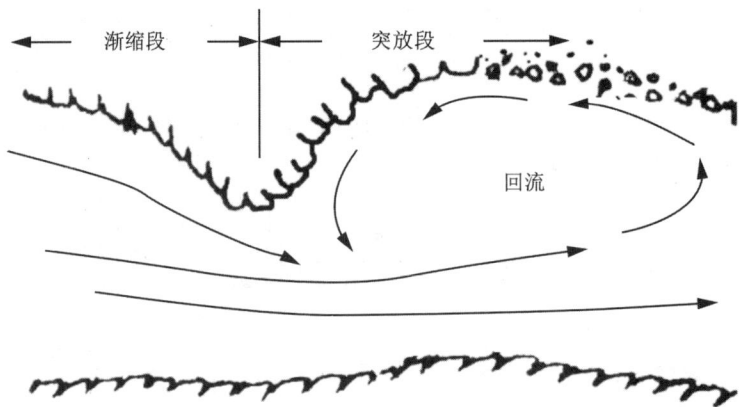

图 2-10　回流的产生

将沱区各断面流速为零的诸点连接起来就成为顺流与逆流的分界面,它是一个不连续的面。该面并不稳定,常分裂成连串的小漩涡,故又称为沱楞。回流区流速流压分布如图 2-11所示。

2.回流出现的地段

回流主要出现在河床突然束窄或放宽河段的上、下游;伸入江中的岸嘴、石梁、江心洲的尾部;急弯河段弯顶端附近;支流汇合口的下方;岸形凹进的沱内;未溢流的丁坝以及桥墩的下游等处。

3.回流对船舶航行的影响及应对措施

（1）对上行船舶航行的影响

上行船舶对回流的利用应考虑回流区的大小、强弱、流线弯顺、流带宽窄等。对面积大而

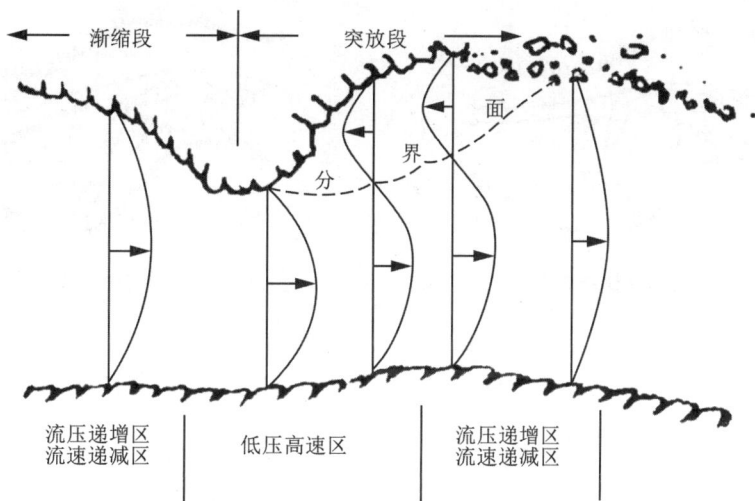

图 2-11　回流区流速流压分布示意图

力量弱的回流,上行船可适当利用,以增大航速,提高船舶的过滩能力。对回流面积小而力量强的回流,上行船舶应避开航行。船舶在回流区航行时船体两侧受不同流向和流压的水流影响,船向偏摆不定,用舵频繁,航迹线扭摆弯曲;若贪走回流过多,船向与回流流线夹角增大,船尾外舷受回流冲压,致使船舶困边、窝凼。若扬头过迟,船濒临岸嘴,横向出角,此时船首受斜流及主流冲压,船尾受回流出水推压,使水动力旋转力矩大于转舵力矩,船首横冲彼岸或向下游倒头,船体严重倾斜,这种操作失误称为"打张",如图 2-12(a)所示。当发现船舶有打张趋势时,往往操满舵迎流转向,此时船舶转向迟缓,当船尾脱离回流后,船首受披头水冲压,船尾受斜流冲压,使船首急速内转向而触岸,这种操作失误称为"挖岸",如图 2-12(b)所示。

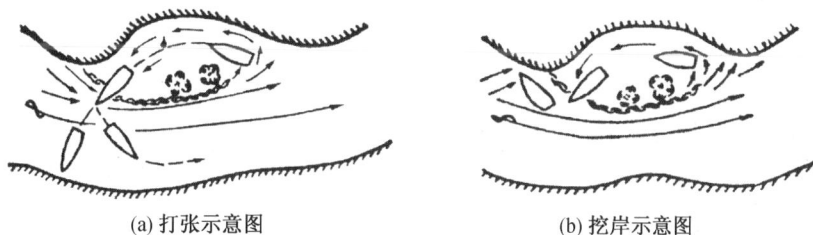

(a)打张示意图　　　　　　　　(b)挖岸示意图

图 2-12　打张与挖岸

(2)对下行船舶的影响

在航道条件允许的情况下,下行船舶应避开回流区航行,以提高航速。若在急弯河段中航行,船舶在扩大航迹线弯曲半径,穿越主流,乘迎斜流向凸嘴挂高的过程中,航迹带宽度随漂角的增大而增大,船首外舷可利用嘴下回流出水作为支撑点操外舵提尾顺向,缩小航迹带宽度,达到挂高及船向与岸形、流线顺向的目的。如因操作失误,驶入回流过多区,船首受回流作用,船尾受斜流作用,两种异向流产生的旋转力矩大于满舵产生的转船力矩,以致船身打横有掉头之势,称为"吊钩",如图 2-13(a)所示。

若两种异向流产生的旋转力矩相抗衡,船舶不再回转,但又未能调顺船身,以致斜向直冲岸边的现象,称为"打枪",如图 2-13(b)所示。"吊钩"与"打枪"合称"吊钩打枪"。

下行船舶在旋回半径不足的狭窄水域中掉头时可采用船首插回流末端的方法,利用回流

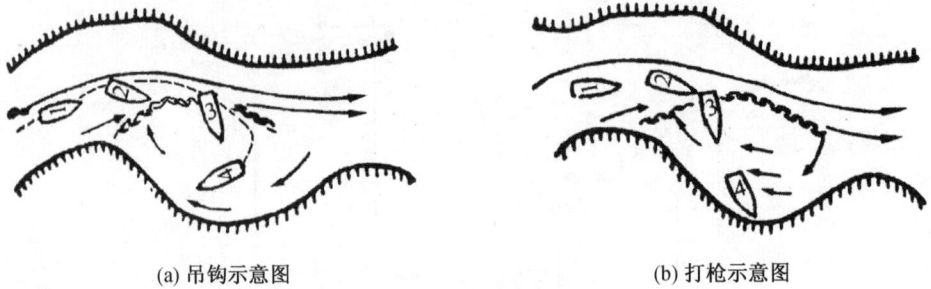

(a) 吊钩示意图　　　　　　　(b) 打枪示意图

图 2-13　吊钩与打枪

出水,增大船舶的旋转力矩,缩小旋回圈半径,迅速完成掉头过程,如图 2-14 所示。

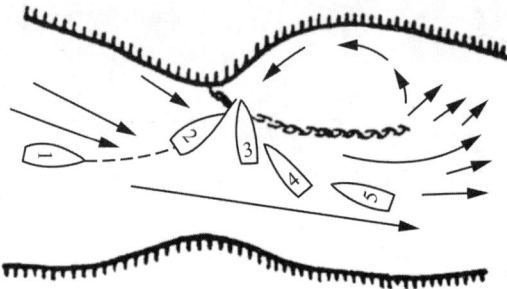

图 2-14　利用回流出水掉头

船舶对因回流影响而出现的各种险情的应对措施在急流滩河段引航中描述。

五、横流

1. 横流的产生与分类

凡水流流向与河槽轴线成一交角具有横向推力的水流统称为横流。横流按出现的地段和对船舶航行的影响,可分为以下几种,如图 2-15 所示。

(1)斜流。水流受突出地形、岸嘴、石梁所阻,迫使其汇集成束,从一岸向河心或彼岸斜冲的强力水流称斜流。

(2)出水。水流冲击岸壁、边滩、石梁等障碍物,从一岸向河心或向彼岸喷射不成流束、面积较宽的水流称出水。成半圆形向外翻滚的水流,称为"出泡"。不论出水或出泡均具有横推力,故又称"护岸水"或"护岸泡"。

(3)背脑水与披头水。背脑水与披头水系一种水流,是水流向岸嘴冲压或向江心洲、石梁脑部冲泻而成。对下行船舶而言,在它的作用下,船体横移迫近岸嘴或洲滩脑部而背脑,称"背脑水"。对上行船舶而言,当船舶出角迎流后,船向与该水流流向存在一交角,水流冲压船首外舷,有打头之势,故又称"披头水"。

(4)内拖水。内拖水是在航道中,部分水流向岸边低陷处流泻的横向水流。它的特点是向岸边困压,故习称"内困水"。当它在码头附近出现,又称"困档水"。

(5)扫弯水。在弯曲河段,水流在重力和离心力的作用下,形成单向环流,其表层水流流向凹岸,扫弯而下的水流称扫弯水。扫弯水兼有横流和强流的特性,它的强弱与水流的纵向流速、河道弯曲率半径和水深大小有关。如船舶航行操作不当,在其作用下,易造成船舶偏航,导致输向落弯。

（6）滑梁水。石梁淹没，但水深又不足以安全过船时，水流向梁面滑泻而形成的横向水流称滑梁水。它的特点是河心高、两侧低、横流强。在其横推作用下，稍有不慎，船舶即可能有被推离正常航路而发生事故的危险。

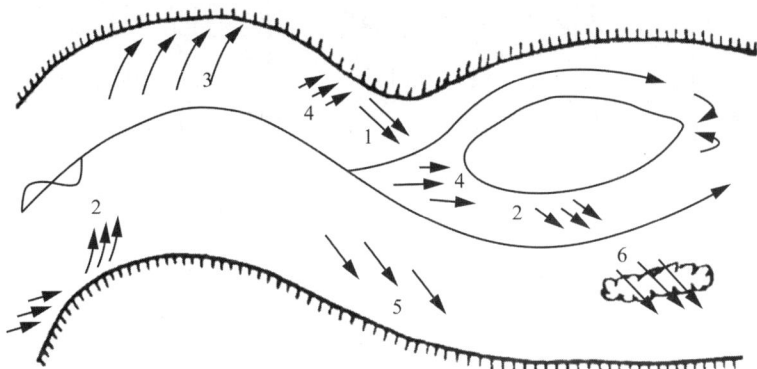

图 2-15　横流

1—斜流；2—出水；3—扫弯水；4—背脑水；5—内拖水；6—滑梁水

2. 横流对船舶航行的影响及应对措施

横流具有较强的横推力，对航行中的船舶产生强烈的水动力作用。由于横流形成的原因及其作用于船体部位不同，所以引起船舶偏转或横移的状况也不一样。按其对船舶航行的影响可将横流分为局部横流与横流场。

（1）局部横流对船舶航行的影响

局部横流多以高流束出现，使船体局部受流力而产生偏转或漂移。这类横流随着船舶前进，横流水动力作用点自船首向船尾方向移动，表现为三个过程：横流束水动力中心作用于船首位置时，船首顺流方向偏转；作用中心点移至重心时，船体产生横向漂移；作用中心点移至船尾时，船尾顺流方向偏转，如图 2-16 所示。为了保证船舶航线的稳定性、克服局部横流对船舶航行的影响，在引航操作中，船首将达横流时，预先向横流偏转一个舵角乘迎横流，此后随着横流作用中心移至船舶重心位置时，将舵回至中间，而后再操反舵使船尾抵迎，船尾脱离横流后，再将舵回到正舵。这种用舵方法，称为"一舵变三舵，四舵还原"操作方法。

（2）横流区（场）对船舶航行的影响

当横向水流的水域大于一个大型船的长度时，可视为横流区。横流区一般出现在大面积的内拖水水域、弯道及滑梁河槽横向分速范围大的地段，或当船舶改变航向过河时，艏向与流向以较大的夹角行驶时。船舶在横流区的实际航迹向是真航向和横流流向的合运动方向。实际航迹向和真航向构成的夹角称为"流压差（β）"，如图 2-17 所示。

船舶在横流区中航行，船体在流压的作用下，使船舶产生横向漂移，为克服这种漂移而使航迹线与计划航线保持一致，应充分估计横流的作用力，预先向横流上方修正一个流压差角。此种操作方法称为"修正航向，消除流压差法"。

流压差的大小，不是一个恒定的常数，它与横流的流向流速、船舶当时的航速和操纵性能等因素有关。就横流强度与航速的关系而言，当横流的强度（流压）一定时，增大航速使船舶受流时间缩短，在相同的航程内，会使船舶漂移距离减小，流压差和横移量也小。故船舶通过

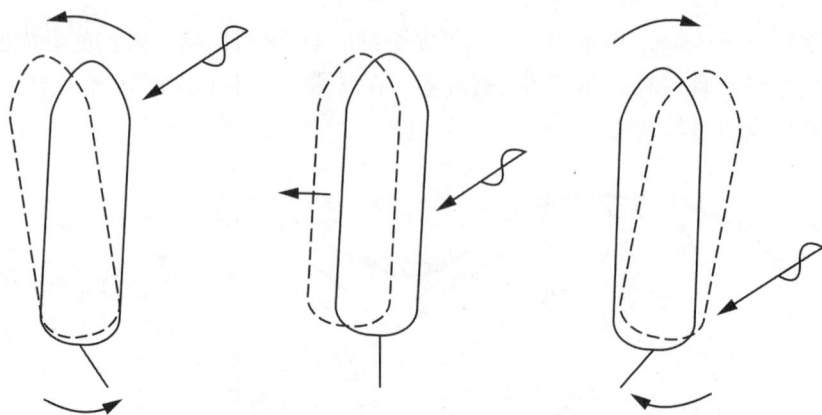

图 2-16　船舶在局部横流中的操作

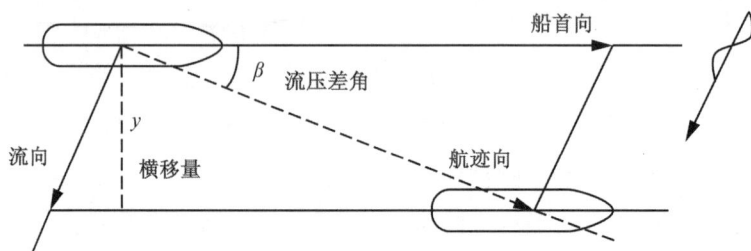

图 2-17　横流场中船舶的漂移

横流区时常采用加车迎流，以达到减小流压差、增大舵效、提高船舶操纵灵活性的效果。

六、泡水

一种由水下向水面翻涌，中心隆起并向四周辐射扩散的水流称为泡水或"上升流"，如图 2-18 所示。

泡水主要是由于流速较高的水流受水下障碍物的阻挡，或不同流速、不同流向的水流相互撞击，降速增压形成上升水流所致。

1. 泡水的种类及特点

泡水按其在河槽的位置、形状、翻涌力量强弱及对船舶航行的影响可分为以下几种，如图 2-19 所示。

（1）枕头泡

枕头泡位于滩嘴下夹堰内侧，由回流出水与斜流及主流相互撞击而成的椭圆形泡水，形似枕头，如图 2-19（a）中 1 所示。

此泡在任何滩沱相连的河床地形中均存在，当回流缓慢、出水不强时，并不明显，仅有翻花水纹。但在急流滩中汹涌强劲，其位置在沱区上角与主流交汇的滩舌边缘，是船舶必须注意的流态，船舶都以此为转向点。

（2）困堂泡

困堂泡位于回流区中部，是由絮动区内压水流与回流在大范围内摩擦、相互撞击而成的强

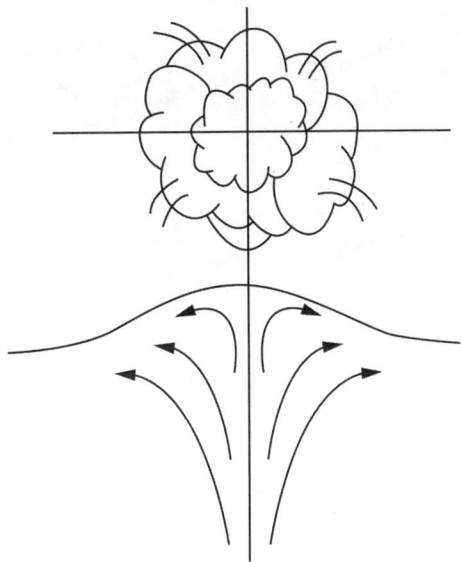

图 2-18　泡水

力泡水,如图 2-19(a)中 2 所示。

　　它多出现于沱湾深陡、地形复杂、回流强盛、流线弯曲、沱区水流高度紊乱的沱心。该泡向内的泡流增强了扫边回流的力量,可迫使船舶内困,产生贴岸危险。该泡以上的沱区称为"上荡"。由于困堂泡向上部分水流增强了沱区回流及回流出水力量,受其影响的上行船易困边,下行船易打枪。该泡以下沱区称为"下荡"。因泡下半部分泡流下冲力是顺向水流,与回流方向相反,流力减弱,故有"上荡让,下荡上"的引航术语。

　　(3)分界泡

　　分界泡位于沱区下半部,是水流以较大夹角冲击沱区下角岸壁或受相对静止的水流阻挡而反射出水面的泡水,如图 2-19(a)中 3 所示。

　　该泡向上游流动之水流是回流的初始部位,向下游流动之水流是常流的初始部位,此两种异向水流以此分界,故称"分界泡"。泡力弱者,称"分界水"。

　　(4)拦马泡

　　拦马泡位于急流滩滩舌下方,是由于滩舌高速水流下切、降速增压形成的泡水,其位置正挡住下行船航路,如图 2-19(a)中 4 所示。

　　(5)分迳泡

　　分迳泡位于河心主流带上,泡心明显隆起并向两侧滚泻,是横推力极强的泡水,如图 2-19(b)中 5 所示。它一般不是以孤泡出现,而是沿主流带成连串泡,故又称"连珠泡"。未形成泡而呈水面背流的,称为"分迳水"。

　　(6)卧槽水

　　两个以上的强烈泡喷毗邻,相互撞击,中间凹陷,伴有漩涡,下吸力极强的低水槽,称为"卧槽",其低陷处水流称为卧槽水。它易使船舶倾斜偏转,应避开航行。

　　2.泡水对船舶航行的影响及应对措施

　　泡水具有较集中的横推力,对船体一侧具有显著的水动力作用,使船舶发生横倾、偏转和横移。因此,无论上、下行船舶在遇到强大泡水或泡群时,应尽量避开航行;遇到泡水阻挡航路

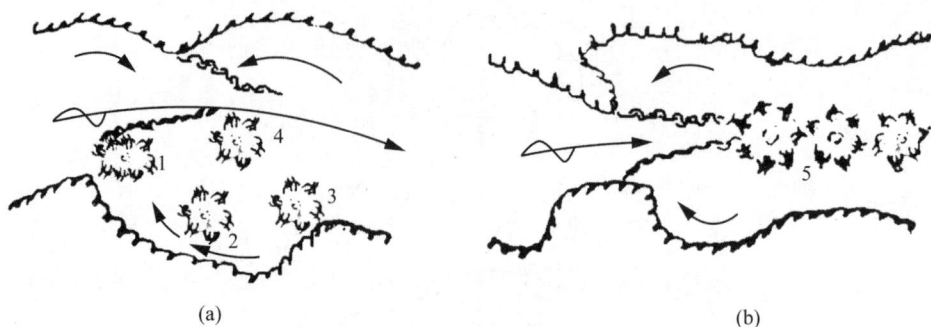

图 2-19 常见的泡水

1—枕头泡；2—困堂泡；3—分界泡；4—拦马泡；5—分迳泡

时，应以适当方式用舵乘迎，以骑泡、穿泡或傍泡的方式通过，如图 2-20 所示。傍泡通过可采用一泡四舵（与"一舵变三舵，四舵还原"操作要点相同）的方法。

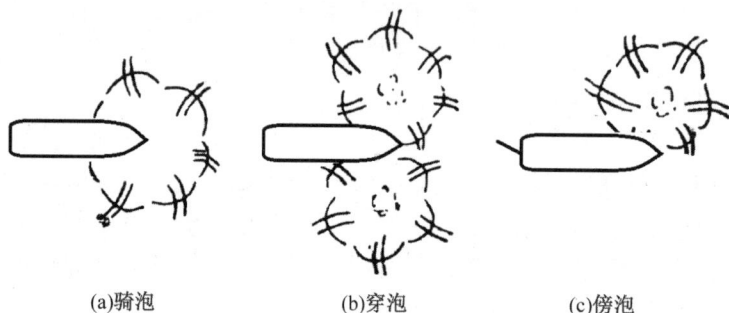

(a)骑泡   (b)穿泡   (c)傍泡

图 2-20 泡水航法

七、花水

水流受阻后降速增压所产生的上升流较弱，水面呈现紊乱或鱼鳞状的水纹称花水。

花水形成的基本原因与泡水相同，花水的强弱与流速的大小、河底糙度及水深大小有关。有"深水花水"和"浅水花水"之分，如图 2-21 所示。

(a)深水花水   (b)浅水花水

图 2-21 花水

（1）深水花水

水流受到障碍物的阻挡而产生的上升流，受纵向水流抑制及水流脉动作用的影响，涌出水面力量微弱，呈现紊乱状如密集的小泡水。它一般产生在水深不大的水下障碍物的上方，是水下有障碍物的重要标志。

（2）浅水花水

水流受到河底起伏或障碍物的阻挡，上升流微弱，涌升出水面产生鱼鳞状的细波纹，细波涟漪，闪耀反光，水面状似鱼鳞所覆盖，早晨或傍晚远看，水色暗黑，水纹如麻花铰链。此流态一般产生在水深不大的卵石滩地，是浅区的重要标志。

花水一般是浅水区的重要标志，较强的花水对船队的操纵稳定性有一定影响。

八、漩水

两股不同流向的水流相汇时形成交界面，交界面附近的水体发生波动摩擦，造成局部水体做垂线轴旋转。这个高速旋转的水体成为漩涡核心，带动其周围的水做圆周运动，从而形成由外向内、自上而下、水面中心下陷的旋转水流，即为漩水，如图 2-22 所示。大面积的漩水，称为"漩坑"。在汛末水位下退、水流冲刷淤沙航槽时，水流含沙量大，此时形成的强有力的漩水称为"沙漩"。

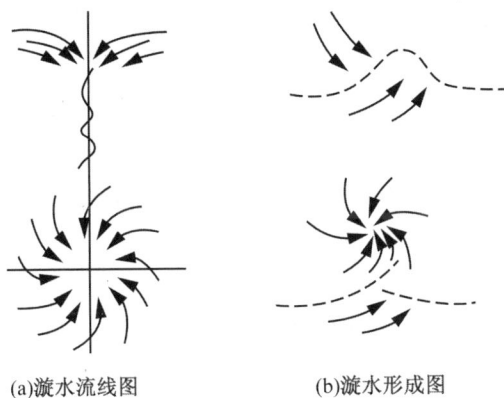

(a)漩水流线图　　　　　　(b)漩水形成图

图 2-22　漩水

1. 漩水的特征

漩水及其附近水流的流速、压力分布存在着特殊性。流速由漩水边缘向漩涡中心逐渐加大，以涡心边缘流速最大，涡心处水流的线速度反而减小，水流汇集做下沉运动，压力也随之降低。

漩水通常不叠加在主流上，而是在主流边缘交界面附近的摩擦层产生，并随主流向下游移动。从产生至逐步增加扩散，到逐渐减弱，最后消失。漩水的旋转方向，自流速大的一侧向流速小的一侧旋转，所以居主流左侧者做逆时针旋转，居右侧者做顺时针旋转。在急流滩段和峡谷河段，漩水和泡水常相伴出现。

2. 漩水对船舶航行的影响及应对措施

漩水对船舶的操纵性影响极大，因为漩水存在着流速压力梯度，船舶从漩水一侧驶过时会发生大角度横向倾斜。若船舶从其中心穿过，则发生较大纵摇，且船首沉入水中产生强烈的扭摆和严重的起伏，强大的漩水将使船舶失控。因此，上、下行船舶在驶经大的漩水时，应尽可能绕开航行。若航道条件限制，漩水阻挡航路时，必须把航路选择在顺漩水旋转方向一侧，使船位处于漩水的高水势。在水流做旋转运动时的离心力的作用下，船体不易陷入漩涡中心。此种操作方法称为"上顺漩"或"撵漩"，反之则称为"上反漩"，如图 2-23 所示。

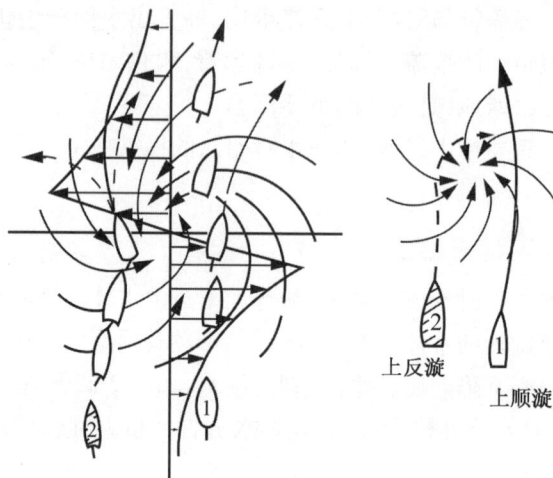

图 2-23　船舶通过漩水时的航路选择
1—上顺漩；2—上反漩

九、夹堰水

两股不同流向的水流汇合时相互撞击，在交界面上呈现涡流浪花的带状水流称为夹堰水。微弱的夹堰水，习称"眉毛水"。

突嘴挑流较强的地方，产生的夹堰水水纹清晰明显，它标明主流与缓流的界限。眉毛水是枯水期山区河流的碛坝和平原河流的边滩挑流所导致的一种常见流态，它标明深水区与浅水区的界限，是上行船舶选择航路和抓点定向的重要标志。

1.夹堰水的出现场所

夹堰水常出现在突嘴下方斜流与回流的交汇处，江心洲尾部，干、支流汇合处等，如图 2-24（a）、（b）、（c）所示。这些水域水流的流速和流压急剧变化，水流紊动，形成较强的夹堰水。眉毛水则出现在水深较小、挑流微弱的洲滩外缘，如图 2-24（d）所示。

2.夹堰水对船舶航行的影响及应对措施

夹堰水对船舶航行的影响具有两重性，应认真对待。

（1）在急流滩，夹堰水内侧有较宽的缓流带时，上行船舶可循夹堰内侧缓流航行，以避开河心高速水流及陡比降，以提高航速和过滩能力。

（2）较强的夹堰水伴有泡漩乱流，流速流压梯度差大。船舶航经夹堰水时，航向极易偏摆，船身颠簸起伏，甚至出现歪船扎驳，应谨慎利用或避开航行。

（3）船舶驶过较强的夹堰水后，会激起经久不息的大浪，危及他船航行安全。因此，船舶在必要时应绕开航行或减速通过，防止浪损事故发生。

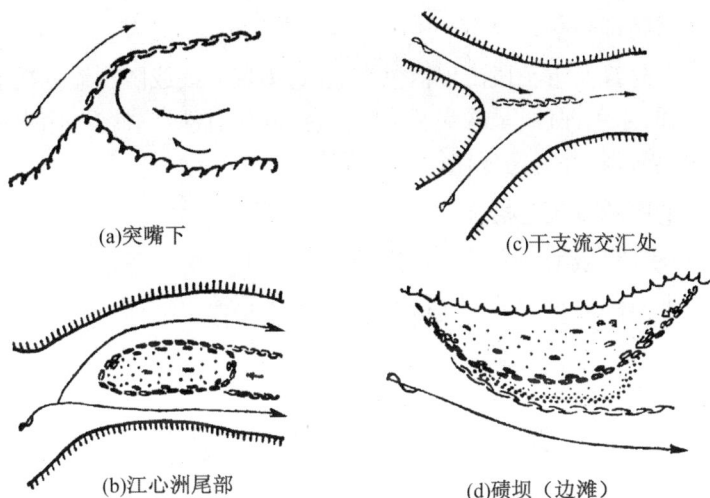

(a)突嘴下 (c)干支流交汇处

(b)江心洲尾部 (d)碛坝（边滩）

图 2-24　夹堰水和眉毛水

十、旺水

水流受礁石、流坝或水工建筑物阻挡,在其下游形成的回流、泡漩、夹堰水及缓流等水流总称为"旺水"。这个局部区域称为"旺水区",如图 2-25 所示。

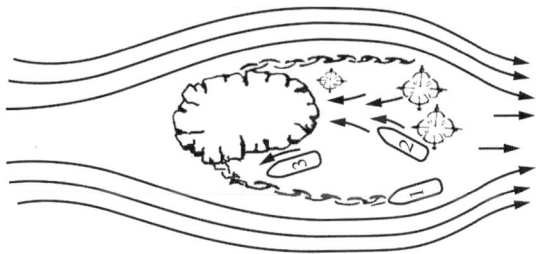

图 2-25　旺水区

虽然旺水区水流紊动,但其尾部存在缓流,为上行船舶提高航速提供了有利条件。上行船舶在利用缓流时,当船首达旺水区分界水(泡漩、回流)时,用舵外扬循夹堰上,这样既利用了缓流,又避免了较大的驶出角,此种操作方法称为"接旺",如图 2-25 中 1 位置。如利用缓流过多,超越分界水,深入旺水区,受水动压力的作用,使船舶不能处于正常的船位、航向,谓之"贪旺",如图 2-25 中 2 位置。当船体进入强回流内,受回流的推压,舵效降低,操纵困难,被迫用大舵角横向出角,此时,船首、尾受异向流力的作用而形成转向力矩,极易造成船舶出角打张或触礁等事故,谓之"抢旺",如图 2-25 中 3 位置。

因此,上行船应合理利用旺水中的夹堰缓流带上行,避免过度进入旺水区,并及时扬首,避免在出角上架时不得已用较大的驶出角,造成打张或触礁等事故。

十一、走沙水

汛末,水位下退,水流归槽,冲刷淤沙使其附近和下游段水流极为浑浊,呈棕黑色,或出现间歇性的黑沙泡,这种水流称为"走沙水"。

1. 走沙水的水文特征

走沙时在走沙区外缘及下游段出现白色水泡沫,集聚一线或随主流分散下流;水流含沙量重,流速大,冲刷力强,水色浑浊,呈深褐色或暗黑色,并伴有沙泡、沙漩;因水流湍急,在浮标尾部出现很长的暗黑色沙浪,并易造成浮标移位或流失。

2. 对船舶航行的影响及应对措施

走沙水因水流含沙量激增,水流湍急,流态变坏,在其下游段激起沙浪,使船舶航行的水阻力增大,航速下降,舵效降低。故上、下行船舶均应增大车速,克服航行阻力,提高操纵灵活性。

第四节 ◉ 河口潮汐

海面有时候上涨,有时候下落,而且它的涨落变化又是非常有规律的。人们称白天海水涨落为"潮",晚上海水涨落为"汐",合称为潮汐。

潮汐是由天体的引潮力产生的。天体的万有引力与惯性离心力的合力称为引潮力。对潮汐影响大的是月球和太阳的引潮力,其中月球引潮力是产生潮汐的主要力量。

一、潮汐主要术语

（1）高潮

高潮在潮汐升降的每个周期中,海面上涨到最高的位置,称为高潮。

（2）低潮

低潮在潮汐升降的每个周期中,海面下落到最低的位置,称为低潮。

（3）高潮时

高潮时平潮的中间时刻称为高潮时。

（4）低潮时

低潮时停潮的中间时刻称为低潮时。

（5）涨潮

涨潮海面由低潮上升到高潮的过程,称为涨潮。

（6）落潮

落潮海面由高潮下降到低潮的过程,称为落潮。

（7）涨潮历时

涨潮历时低潮时到高潮时的时间间隔。

（8）落潮历时

落潮历时高潮时到低潮时的时间间隔。

（9）平潮

平潮涨潮到最高时,有一短暂的时间不涨不落,称为平潮。

（10）停潮

停潮落潮到最低时,有一短暂的时间不涨不落,称为停潮。

（11）早潮

早潮从 0 点到 12 点之间发生的高潮（或低潮）称为早潮。

（12）晚潮

晚潮从 12 点到 24 点之间发生的高潮（或低潮）称为晚潮。

（13）大潮和小潮

大潮和小潮海洋里的潮汐是由日、月引潮力共同作用形成的。太阳、月球和地球三者的相对位置的变化,产生潮汐每月不等现象。当朔（农历初一）、望（农历十五）时,月球的引潮力和太阳的引潮力几乎作用于同一方向,天体引潮力最大,这时海水涨得最高,落得最低,潮差最大,称为"大潮",又称"朔望潮"。当上弦（农历初七、八）和下弦（农历二十二、二十三）时,月引潮力和太阳引潮力基本抵消,天体引潮力最小,这时海水涨落最小,即潮差最小,称为"小潮"。其他日期潮水涨落一般介于大潮与小潮之间。如图 2-26 所示。

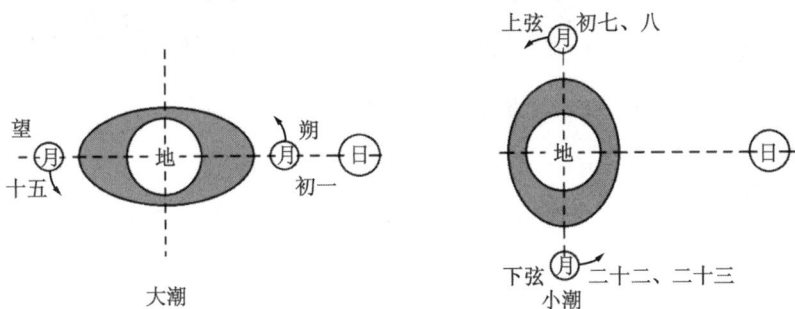

图 2-26　大潮和小潮

（14）潮高

潮高在潮汐涨落的连续过程中,潮高基准面（一般与深度基准面一致）至任一时刻海面的垂直距离。

（15）大潮升

大潮升从潮高基准面至平均大潮高潮面的高度。

（16）小潮升

小潮升从潮高基准面至平均小潮高潮面的高度。

（17）潮差

潮差两相邻高潮与低潮的高度差。

（18）平均高（低）潮间隙

平均高（低）潮间隙每天月球中天时刻至高（低）潮时的时间间隔,叫高（低）潮间隙;长期的平均值称为平均高（低）潮间隙。

（19）潮龄

潮龄由朔望至其后实际大潮发生的时间间隔。潮龄一般为 1~3 天。我国沿海实际大潮发生的日期一般在农历初三和十八。

有关潮汐术语的图解如图 2-27 所示。

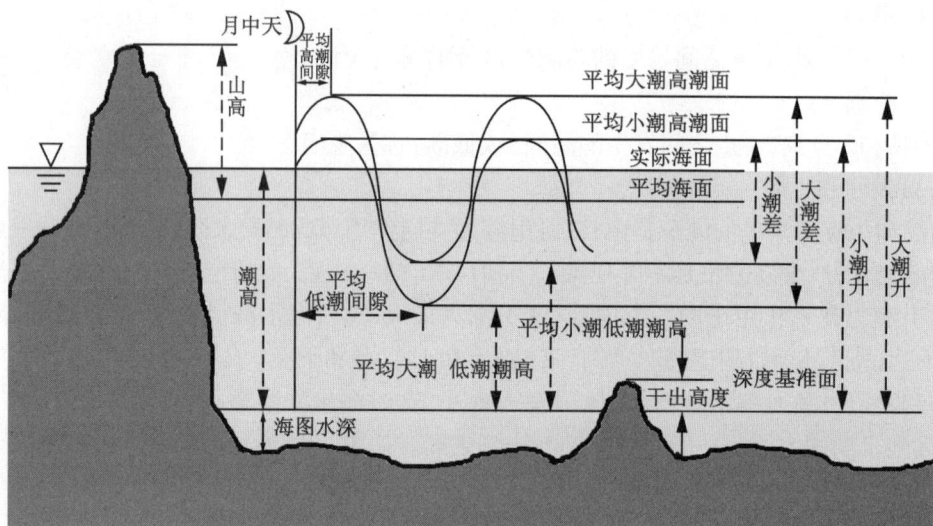

图 2-27　潮汐术语图解

二、潮汐类型

由于月球赤纬的变化,海洋上的潮汐也出现各种各样类型,一般将潮汐分为以下三种:

(1)半日潮

半日潮在一个太阴日内,出现两次高潮和两次低潮。两次高潮和两次低潮的潮高都几乎相等,涨潮时间和落潮时间也接近相等。

(2)全日潮

全日潮在一个太阴日内,仅出现一次高潮和一次低潮。

(3)混合潮

混合潮界于半日潮与全日潮之间,有时接近半日潮类型,有时又具有全日潮特征。

三、河口潮汐特点及利用

不少江河连通大海,大海中的潮汐所产生的潮流溯江而上,使广大的入海河口段也产生潮汐,这对航行于入海河口段的船舶有直接的影响。例如,潮流的方向和大小直接影响着船舶的航行和作业;低潮位时应考虑到港口和航道的水深是否足够;吃水大的船舶应充分利用高潮位进江(河)等。另外,潮汐变化对渔业、港口建设与航道整治等工程都有十分重要的意义。

(一)河口潮汐的特点

(1)越向上游,涨潮历时越短,落潮历时越长,发生高潮的时刻越落后,潮差也越来越小。这是最显著的特点。长江受潮汐影响的港口,其涨潮开始时间比吴淞推迟的时差(潮时差)是:常熟 2 小时 20 分,南通 3 小时 30 分,江阴 5 小时,泰州 6 小时 30 分,镇江 8 小时 30 分,南京 11 小时,芜湖 13 小时。

(2)潮波向上推进到了一定阶段,潮水停止倒灌,此处称为"潮流界";潮波继续上溯,当传播到某一地点时,潮波幅度等于零,水位不再受潮汐影响,此处称为"潮区界",如图 2-28 所示。

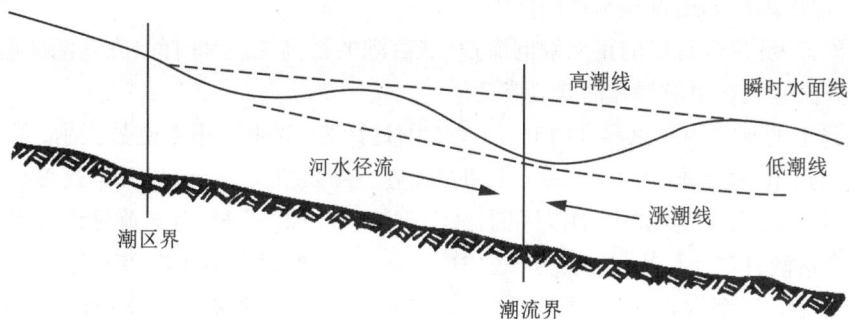

图 2-28　潮流界和潮区界示意图

（3）一般越临近海区,潮差越大。

（4）同一条河流,潮流界和潮区界的位置并不是固定不变的,而是与风的方向和大小、河流水位、潮汐的大小有关。（如长江的潮流界,高水位时在江阴附近,低水位时在芜湖附近;潮区界高水位时在芜湖附近,低水位时在铜陵附近。）

（5）涨潮流与落潮流情况随河流水位而发生变化。高水位时,涨潮流减弱,涨潮时间推后,历时也短;落潮流相反。当河流低水位时,又有强进口风,则涨潮时间提前,流速增大,历时也长。

（6）潮流在转流时,两岸比河心先转流,河底比水面先转流,弯曲河段的凸岸比凹岸先转流。船舶可以据此选择航线,提高航速。

（二）潮汐利用

1. 潮高的利用

（1）利用潮汐涨落引起的水深变化,选择通过浅区的时机。

（2）利用潮汐涨落引起的通航高度变化,选择通过桥梁等跨河建筑物的时机。

（3）当泊位附近水深不能满足靠泊要求时,利用高潮时机靠泊。

（4）靠泊船根据潮汐涨落调整系缆长度;锚泊船根据潮汐涨落调整出链长度。

（5）搁浅船利用高潮时机脱浅。

2. 潮流的利用

（1）利用潮流选择航路,上行船可充分利用涨潮流,下行船可充分利用落潮流,提高航速。

（2）利用水流不涨不落或流速很小的时候,通过不正常水流区域。

（3）根据潮流选择船舶靠离泊、抛起锚的时机和方法。

（4）锚泊船的出链长度也应考虑潮流的变化。

（5）航行中根据潮流的变化把握船位、确定船舶避让关系。

（三）潮汐推算

1. 利用潮汐表推算潮高,确定船舶安全通过浅区的时间

（1）《潮汐表》主要内容

《潮汐表》主要有以下两种内容:

①潮高潮时表:预告各主要港口的正点潮、高低潮的潮时和潮高,以便了解各地潮时和潮

高,最大限度地提高船舶通过浅水道的能力。

②潮流预告表:预告每日的正点潮的流速、涨落潮的最高流速和时间、涨落潮的起始时间,以便船舶推算流速及在引航操作时作为参考。

《潮汐表》上的潮时用北京标准时间,以平太阳日计算(24 h),用 4 位数表示,左边的 2 位为时数,右边的 2 位为分数,如 1106 表示 11 时 06 分。潮高单位为 cm,以 3 位数表示。如潮高在潮高基准面之下,数字前注"−"加以区别,涨潮流数字前加"−"号,落潮流延续为 12 时 25 分或以上时称全落潮,以"＊"表示。农历一栏中,注有"＊"的数字,表示农历某月初一。

在正常情况下,《潮汐表》预报的内容与实际接近,潮高误差约为 ±15 cm,潮时误差约为20 min。但遇特殊天气变化,如台风、寒潮影响时,误差较大,使用时应注意。

(2)利用网络潮汐资料

目前,可以利用现代化网络资源查询我国沿海及主要入海河口港口的潮汐资料,继而进行有关潮汐推算。主要查询网站有中国海事服务网(https://www.cnss.com.cn)及中国港口网(http://www.chinaports.com)等。例如在中国港口网查得长江口天生港潮汐资料如图 2-29所示。

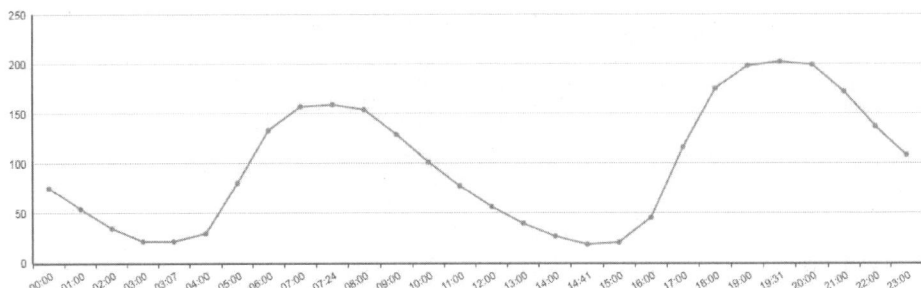

| 洲 | 亚洲 | ▼ | 国家 | 中国 | ▼ | 省份 | 江苏 | ▼ | 港口 | 天生港 | ▼ | 日期 | 2020-01-01 | 查询 |

热门查询:蓉妃间潮汐表　天津潮汐表　大连潮汐表　烟台潮汐表　上海潮汐表

港口名称	天生港 (2020-01-01)			
潮时	19:31	14:41	07:24	03:07
潮高（cm）	202.0	18.0	159.0	21.0

*每日更新潮汐表,提供世界各地潮汐表查询,2019年潮汐时刻表,历史潮汐表查询。

图 2-29　天生港某日潮汐

根据图 2-29 资料进行有关潮汐计算。

例　天生港某浅水区水深为基准面下 2.8 m,某船首吃水为 3.6 m,尾吃水为 3.8 m,计划于 2020 年 1 月 1 日通过该处,试确定该船上午通过浅区的时间段。(富余水深为 0.2 m)

解　该船通过此浅区需要利用的潮高为:3.8+0.2−2.8＝1.2(m)

天生港 8 月 8 日	潮时	潮高(cm)
第一次低潮	0307	21
第一次高潮	0724	159
第二次低潮	1441	18
第二次高潮	1931	202

①第一次低潮到第一次高潮的涨潮过程中,涨潮率为:$(1.59-0.21)/(0724-0307)=$ $0.32(\mathrm{m/h})$。

②在第一次涨潮中,由第一次低潮潮面到通航潮面尚差潮高为:$1.2-0.21=0.99(\mathrm{m})$。

③涨 0.99 m 需要的时间为:$0.99/0.32=3.094(\mathrm{h})=03\mathrm{h}06\mathrm{min}$。

即该日上午最早能通过的时间为:$0307+0306=0613$。

④第一次高潮到第二次落潮过程中,落潮率为:$(1.59-0.18)/(1441-0724)=$ $0.19(\mathrm{m/h})$。

⑤在第一次落潮中,由第一次高潮潮面到通航潮面需降低潮高为:$1.59-1.2=0.39(\mathrm{m})$。

⑥落 0.39 m 需要的时间为:$0.39/0.19=2.053(\mathrm{h})=02\mathrm{h}03\mathrm{min}$。

该船上午安全通过浅区的截止时间为:$0724+0203=0927$。

所以,该船上午通过浅区的时间段为:0613—0927。

用同样的方法,可以计算出第二次低潮到第二次高潮的通过时间,即下午通过浅区的时间段。

上述问题也可以通过查阅《潮汐表》进行有关计算后解决。图 2-30 是吴淞 2019 年 1 月的潮汐资料。如若浅区在吴淞附近,上述情况既可以根据吴淞正点潮时潮高来确定船舶通过浅区时间,也可以根据吴淞当日高低潮潮时潮高计算确定,方法与上述例题一致,不再赘述。

2. 经验方法推算潮时

在没有《潮汐表》的情况下,可利用经验方法,根据主港潮汐推算附港潮汐。以长江口为例,有关资料及方法如下:

(1)根据历年资料得知,吴淞口农历每月初一的第一个涨始时间平均是上午 9 时 24 分,即 $K=0924$。

(2)由于潮汐主要受月球影响,所以在推算时应用农历日期。同时,潮汐周期平均是半月重复一次,故农历初一与十六相同,初二与十七相同,以此类推。

(3)根据月、地运行规律得知,某地涨潮开始时间逐日推迟约 0.8 h,以此来推算隔日潮时。

(4)长江口属半日潮类型,即在一个太阴日内相邻两次涨(落)始相隔时间约为 12 h 24 min。

(5)先求出吴淞潮时,再推算各附港潮时。

(6)计算公式:

初一到十五,$T=K+(n-1)\times0.8+\Delta T$

十六到月底,$T=K+(n-16)\times0.8+\Delta T$

式中,T 为附港涨始时间,K 为主港农历初一的第一次平均涨始时间,ΔT 为主、附港潮时差,n 为所求日农历日期。

例　某船拟定于某年 11 月 19 日(农历二十八)上午 9 时准备停靠黄浦江十六铺码头,该船应靠哪一舷?

解　查知,十六铺码头与吴淞口的潮时差为 1.0 h,涨潮历时 $\Delta t_1=5.2$ h,落潮历时 $\Delta t_2=7.2$ h,十六铺码头位于黄浦江的左岸一侧。

十六铺码头的第二次涨潮始时:$T=K+(n-16)\times0.8+\Delta T$

$$=0924+(28-16)\times0.8+1.0=2000。$$

吴淞

2019年1月　　　　　　　北纬:31°23′30″　　　　　　东经:121°30′30″

日期	1	2	3	4	5	6	7	8	9	10	11	12	13	14	15
农历	26	27	28	29	30	*12	02	03	04	05	06	07	08	09	10
0	150	182	222	252	269	277	267	238	195	152	118	096	094	096	100
1	125	152	179	217	254	278	293	291	266	225	192	162	122	100	100
2	096	122	149	175	205	246	280	297	300	281	242	213	194	148	107
3	078	094	116	141	166	191	230	270	288	292	280	247	218	201	158
4	080	074	091	111	128	153	177	209	247	267	271	267	246	216	190
5	107	078	067	083	104	115	135	161	188	216	234	245	251	242	214
6	161	101	074	062	071	093	103	117	141	166	186	200	221	239	240
7	225	166	100	069	060	062	091	103	121	144	163	177	208	239	
8	257	235	184	113	070	058	058	067	080	094	108	127	153	175	214
9	271	274	254	213	145	084	060	057	064	075	090	103	121	155	192
10	260	290	297	281	248	190	120	075	063	069	078	091	106	126	168
11	235	281	309	321	312	285	240	174	115	086	083	090	100	116	143
12	203	252	298	326	342	342	321	284	232	177	131	107	107	115	132
13	177	219	260	302	334	353	361	348	315	275	236	185	137	121	128
14	142	181	223	257	292	329	354	365	359	331	295	267	224	161	129
15	123	144	175	215	246	274	312	341	353	350	330	296	267	229	166
16	107	119	143	165	198	230	255	287	316	329	328	315	285	248	204
17	115	097	105	135	156	177	208	234	258	279	294	298	291	267	223
18	141	099	090	097	122	144	159	183	209	228	239	254	268	266	247
19	193	123	083	084	092	108	128	142	159	180	198	205	221	244	248
20	233	187	122	076	078	090	098	112	126	139	153	170	183	203	233
21	253	230	193	139	086	073	083	091	099	109	122	131	148	172	201
22	247	253	210	168	114	080	077	085	092	097	107	119	137	170	
23	222	247	259	257	236	203	155	109	086	083	090	095	099	115	139
潮时	0329	0425	0515	0603	0652	0033	0107	0139	0211	0242	0318	0356	0437	0527	0053
潮高	075	071	066	062	059	282	293	300	300	294	282	267	254	245	099
潮时	0904	1003	1058	1141	1213	0744	0827	0904	0935	0954	1012	1032	1059	1138	0633
潮高	271	290	297	281	248	058	057	057	061	069	078	088	100	114	242
潮时	1615	1731	1857	1944	2028	1246	1318	1349	1420	1453	1527	1601	1640	1727	1322
潮高	107	097	083	074	071	355	363	364		351	335	315	293	270	126
潮时	2118	2216	2310	2343		2106	2136	2206	2232	2300	2323	2322	2337		1834
潮高	254	254	259	269		072	074	077	080	083	088	094	095		249

（左侧纵列：正点潮高／高低潮）

日期	16	17	18	19	20	21	22	23	24	25	26	27	28	29	30	31
农历	11	12	13	14	15	16	17	18	19	20	21	22	23	24	25	26
0	118	148	190	239	282	302	291	248	157	067	048	066	083	105	129	157
1	105	124	157	198	249	294	317	312	275	196	111	074	075	089	112	139
2	100	107	128	160	198	250	299	326	325	292	225	151	106	092	099	119
3	109	097	105	126	158	191	242	298	327	327	298	239	173	126	102	105
4	148	101	091	101	120	152	182	228	287	321	321	295	241	178	129	100
5	174	125	085	082	096	112	143	175	214	270	305	307	283	233	170	119
6	216	163	104	068	070	089	105	133	166	202	248	282	286	266	220	157
7	246	223	160	090	057	060	080	098	123	157	191	231	262	267	250	211
8	254	263	239	165	082	049	054	071	091	117	150	185	222	252	260	246
9	238	281	290	262	180	077	039	049	065	086	113	147	186	224	255	269
10	218	270	314	320	291	206	085	030	043	063	086	116	152	195	237	269
11	190	248	303	346	351	321	241	114	039	044	067	094	127	166	212	257
12	164	215	275	329	370	378	349	278	172	072	061	081	109	145	187	232
13	146	182	233	292	345	384	395	369	307	216	092	102	126	162	206	
14	132	153	192	241	296	350	388	399	375	320	236	156	120	121	140	172
15	127	130	152	194	241	290	343	383	393	368	316	243	172	132	128	147
16	149	118	126	149	189	236	278	328	369	376	349	298	230	165	126	119
17	168	120	102	121	146	182	227	265	305	341	346	319	269	203	145	110
18	200	137	095	089	114	143	173	213	246	276	304	307	280	233	172	119
19	231	182	115	081	085	108	136	163	194	222	245	265	266	242	201	147
20	241	225	173	109	069	085	103	124	149	172	195	215	232	235	216	182
21	236	247	230	177	089	052	077	096	109	130	150	171	192	211	220	209
22	210	249	261	245	192	094	051	063	095	113	132	154	182	205	221	
23	178	224	266	281	266	118	039	070	085	104	124	150	184	214		
潮时	0214	0321	0452	0556	0655	0019	0105	0151	0237	0323	0408	0026	0051	0126	0222	0347
潮高	099	095	084	080	056	304	318	327	331	329	321	062	075	087	098	099
潮时	0753	0909	1010	1103	1151	0801	0908	0957	1039	1114	1147	0451	0536	0636	0819	0932
潮高	254	281	314	346	371	049	038	030	031	041	060	307	289	269	261	272
潮时	1446	1624	1750	1858	2017	1237	1321	1408	1456	1541	1628	1216	1254	1354	1539	1651
潮高	126	117	094	081	066	388	398	399	393	377	353	080	102	121	123	110
潮时	2019	2134	2238	2331		2114	2200	2245	2324	2351		1710	1756	1904	2043	2201
潮高	243	252	269	287		049	036	031	036	048		319	280	242	221	221

（左侧纵列：正点潮高／高低潮）

图 2-30　吴淞潮汐表

十六铺码头的第一次涨潮始时:$2000-(\Delta t_1+\Delta t_2)=2000-0512-0712=0736$。

当地当日第一次落潮始时:$0712+0512=1224$。

故当该船 0900 进入黄浦江靠十六铺码头之际,正处于涨潮期间(0736—1224),按逆流靠码头的原则,该船应掉头左舷靠泊。

第三章

气象常识

天气与船舶安全航行密切相关,船舶驾驶人员应掌握基本的气象知识,及时预防和规避各种恶劣天气给船舶航行带来的危害。

环绕地球表面的整个空气层称为大气层,简称大气。在大气中发生的天气现象,如寒暑、干湿、阴晴、云雾、雨雪、雷电等各种物理状态和物理现象统称为气象。研究气象变化规律的科学称为气象学。气象学的内容非常丰富,本章简要阐述与船舶航行密切相关的气象知识。

第一节 ◉ 风

一、风的定义和等级

1. 风的定义

空气相对于地面或海底的水平运动称为风。

2. 风速及风级

风速是单位时间内空气在水平方向上移动的距离。常用的单位有 m/s、km/h 和 n mile/h。在日常生活和实际工作中,人们习惯于用风力等级表示风的大小。风力等级是根据风对地面或海面的影响程度来确定的。目前国际上采用的风力等级是英国人蒲福于 1905 年拟定的,故又称"蒲福风级",从 0 至 12 共分为 13 个等级。自 1946 年以后,风力等级又有修改，并增加到 18 个等级，如表 3-1 所示。

表 3-1 风力等级表

风力等级	名称	相对风速				陆地与水面状况	海面浪高（m）	
		n mile/h	km/h	m/s	中数（m/s）		平均	最高
0	无风	<1	<1	0~0.2	0	轻烟直上，平如镜子	—	—
1	软风	1~3	1~5	0.3~1.5	1	轻烟偏斜，微波平静	0.1	0.1
2	轻风	4~6	6~11	1.6~3.3	2	轻风拂面，小波荡漾	0.2	0.3
3	微风	7~10	12~19	3.4~5.4	4	旌旗展开，轻浪无沫	0.6	1.0
4	和风	11~16	20~28	5.5~7.9	6	尘土飞起，小浪有沫	1.0	1.5
5	劲风	17~21	29~38	8.0~10.7	9	小树摇摆，中浪折沫	2.0	2.5
6	强风	22~27	39~49	10.8~13.8	12	电线有声，大浪飞沫	3.0	4.0
7	疾风	28~33	50~61	13.9~17.1	15	步行困难，大浪条沫	4.0	5.5
8	大风	34~40	62~74	17.2~20.7	18	树枝折毁，大浪翻花	5.5	7.5
9	烈风	41~47	75~88	20.8~24.4	22	吹倒小屋，浪峰翻滚	7.0	10.0
10	狂风	48~55	89~102	24.5~28.4	27	拔起树木，狂涛卷浪	9.0	12.5
11	暴风	56~63	103~117	28.5~32.6	31	非凡现象	11.5	16.0
12	飓风	64~71	118~133	32.7~36.9	35		14.0	—
13	—	72~80	134~149	37.0~41.4	39	—	—	—
14		81~89	150~166	41.5~46.1	43	—	—	—
15	—	90~99	167~183	46.2~50.9	48	—	—	—
16		100~108	184~201	51.0~56.0	53	—	—	—
17	—	109~118	202~220	56.1~61.2	58	—	—	—

二、风向及风压

风向：指风的来向，如风从东向西吹称为东风。常用 16 个罗经点方向或圆周方向（0°~360°）表示。前者多用于陆上的风向，后者多用于海洋上或高空中的风向，如图 3-1 所示。

图 3-1 风向的表示

风压:风吹过物体时,在与风垂直方向上单位面积所受到的压力称为风压。单位为 kg/m²。

三、船风与风的观测

船舶航行时,空气对船做相对运动,这样就产生了一种自船首向船尾吹的风,其风向与航向同名,风速与船速相等,这种风称为船行风,又称船风。因为有了船风,使得实际作用于船舶的风不仅仅是真风,而是真风与船风两者的合成风,称为视风,如图 3-2 所示。

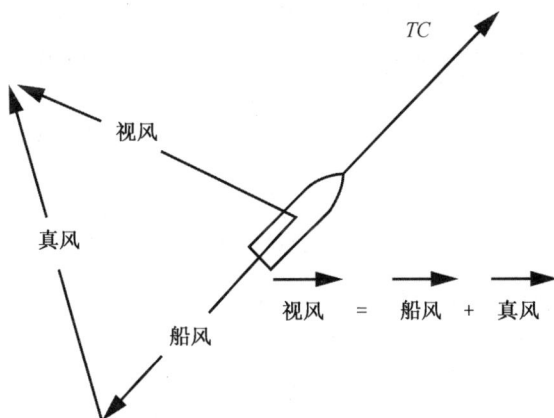

图 3-2　船风与视风

在船上一般可通过观察附近锚泊船的旗帜摆动方向、附近烟囱冒烟的方向、附近岸边树木的摆动方向等来判定风向,还可以根据风掀起的波浪来判定风向,通常由风掀起的白浪花带的方向与风向垂直。

四、风对船舶航行的影响

风对船舶航行的影响主要在航法这一章节中叙述。与流一样,风对船舶航行产生偏转与漂移作用,影响船舶的航向、船位与航速。为了使船舶按照预定的航线航行,应将航向向上风方向修正一个风压差角 α,特别是在湖泊、水库中航行时,尤应注意,如图 3-3 所示。风压差角的大小与风向、风力、航向、航速及船体受风面积等因素有关。

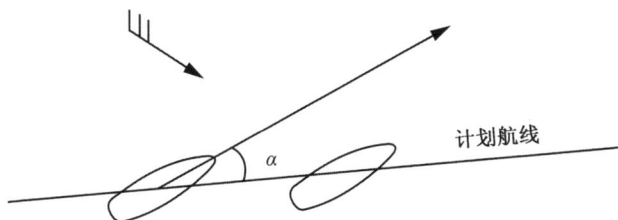

图 3-3　风压差角

第二节 ◉ 能见度

一、能见度的概念

根据《水平能见度等级》(GB/T 33673—2017)，能见度的定义是：视力正常的人，在当时天气条件下，能够从天空背景中看到和辨认的目标物(黑色、大小适度)的最大水平距离；在夜间，为中等强度的发光体能被看到和识别的最大水平距离。能见度通常以 km 为单位。大气透明度是影响能见度的直接因素，其次是目标物和背景的亮度以及人的视觉感应能力。

如前所述，雾是影响能见度最主要的因素。其他如沙尘暴、烟、雨、雪和低云等也能使能见度变得恶劣。例如，在长江下游地区，秋冬季节船舶航行常遇沙尘暴等使能见度变坏的情况。

二、能见度的等级

《水平能见度等级》(GB/T 33673—2017)，将能见度等级分为 1～6 共六个等级，见表 3-2。能见度好则等级小，能见度差则等级大。

表 3-2 能见度等级表

等级	定性描述用语	水平能见度 V
1	优	$V > 10$ km
2	良	2 km $\leq V < 10$ km
3	一般	1 km $\leq V < 2$ km
4	较差	500 m $\leq V < 1$ km
5	差	50 m $\leq V < 500$ m
6	极差	$V < 50$ m

三、能见度对船舶航行的影响

能见度不良直接造成船舶能见距离降低。对船舶航行所造成的危害主要表现在以下几个方面：

(1)物标识别不清，给船舶定位导航带来困难，易偏航甚至迷失方向，造成触碰事故。

(2)不能及时准确判断周围船舶动态，易发生事故。

(3)长时间处于能见度不良环境下航行，容易导致驾驶人员身心疲劳、精神紧张，造成反应迟钝、判断失误，进而发生事故。

总之，船舶在能见度不良情况下航行，应充分利用助航仪器，谨慎驾驶。

第三节 ◉ 雾

雾是影响能见度的主要因素之一。雾的变化性大,地区局限性也显著,所以较难预报。雾对船舶的活动有着直接的影响,特别是浓雾会使能见度变得十分恶劣,有时即使应用雷达等助航仪器,仍有可能发生偏航、搁浅、触礁和碰撞等海事。因此,船舶驾引人员必须具备有关雾的知识。

一、雾的形成

当贴近地面或水面的低层空气达到饱和的状态,而空气中又有吸湿性的凝结核存在时,空气中的水汽就开始凝结成无数小水滴悬浮在空中。当空中的水滴增大,数量增多到影响能见度时就形成了雾。气温低于零度时水滴就可冻结成冰晶,形成冰雾。

在一定的温度下,空气中所能容纳的水汽量是有限度的。随着气温的升高,空气中所能容纳的水汽量也就增多。当空气中容纳的水汽量达到最大限度时,空气即达到饱和。如果空气中所含的水汽量超过了当时温度条件下的饱和水汽量,多余的水汽就会凝结出来变成小水滴或冰晶。这就是产生雾的根本原因。

二、雾的种类

雾既能产生在气团内部,也能产生在锋线附近。下面按雾的成因和特点,介绍船舶在内河航行中常见的几种雾。

1. 辐射雾

在晴朗微风而又比较潮湿的夜间,由于地面辐射冷却,气温降低到接近露点而形成的雾,称为辐射雾。晴夜、微风、近地面气层中水汽充沛是形成辐射雾的三个主要条件。辐射雾有以下特点:

①出现时间。辐射雾一年四季都能产生,但以秋季和冬季最多。夏季辐射雾比较少见。一日之中通常在夜间形成,日出前最浓,日出后低层气温升高,导致雾的消散,风力增加雾也易消散。一般冬季消散慢,夏季消散快。

②出现范围。辐射雾一般水平范围不大,厚度较小,并以近地面层的浓度最大。

③出现地点。辐射雾主要出现在内陆、沿海地区,沿江或沿海地区产生的辐射雾可随风移往附近的水面,会给内河或沿海航行的船舶带来影响。

2. 平流雾

暖湿空气流经冷的下垫面,从而使水汽发生凝结而形成的雾称为平流雾。平流雾有以下特点:

①出现时间

平流雾出现的频率有明显的年变化,即:春末夏初多,秋冬少。平流雾一日之中任何时刻都可能发生,在海洋中没有明显日变化,但在沿海或岛屿等浅海水域有明显日变化,白天气温高,雾变得稀薄,到傍晚再度转浓。平流雾通常在阴天有云时出现,其出现必须有风,但风力以2~4级为宜,风力增大或减弱都会使雾消散。

②出现范围

浓度和厚度大,水平范围广,持续时间长。

③出现地点

多出现在宽阔的海面上,也会产生于江湖的水面上。

3. 蒸发雾

冷空气流经暖水面时,由于水温高于气温,水面不断蒸发,水汽进入低层而形成的雾,称为蒸发雾。它看起来像是从水面冒出的热气。蒸发雾有以下特点:

①出现时间

蒸发雾一年之中以晚秋和冬季为最多,一日之中多在早晨,持续时间不长,日出后随气温上升而慢慢消散。

②出现范围

蒸发雾浓度和厚度不大,范围较小,多数情况贴近水面几米,常常不能遮蔽较高的桅杆。

③出现地点

蒸发雾多在江湖的水面上形成,也可出现在沿海海面。

4. 山谷雾

夜间冷空气沿谷坡下沉至谷底,当谷底湿度较大时,便会凝结而形成雾,称山谷雾。这种雾会慢慢流出沟谷口到达江面妨碍船舶航行。其特点主要有:

①山谷雾全年均可发生。

②山谷雾有明显的日变化,通常在夜间生成,白天随着气温升高逐渐消散。

③冬季,江面水温相对比较高,由谷口移来的冷空气温度又低,这样就形成了蒸发的条件而出现蒸发雾。在这种情况下,山谷雾和蒸发雾将掺合在一起,形成浓雾,弥漫河面,严重妨碍船舶航行。

5. 锋面雾

锋面(冷暖空气的交界面)上暖空气云层中的暖水滴落入冷空气中,因雨滴蒸发,使水汽达到饱和状态时凝结成的雾,称为锋面雾,俗称水雾或降水雾。其特点主要有:

①范围较大,锋面雾沿锋面呈带状分布可达数百千米。

②锋面雾产生于锋面,并随锋面降水移动而移动。

③锋面雾的浓度和出现时刻不受气温日变化的影响。

三、雾的征兆

①久雨初晴,夜晚天气晴朗。

②日落西山晚霞红。

③夜晚万里无云,星斗发银光。

④白天南风大,夜晚风息。

⑤深夜肌肤湿润,寒意浓,露水大。

⑥夜航中,水面冒气,航标灯或岸上灯光发毛。

四、雾对船舶航行的影响

雾是造成能见度不良的首要因素,所以雾对船舶航行的影响完全包含了能见度不良对船舶航行的影响。除此之外,雾的折射作用可导致声音不沿直线传播,因此不能单凭雾号来判断方向和距离。

第四节 ◉ 雷暴与飑线

一、雷暴

雷暴是积雨云中所发生的雷电交加的激烈放电现象,一般伴有阵雨,常与雷雨通称。雷暴是小尺度天气系统,通常把只伴有阵雨的雷暴称为普通雷暴,将伴有暴雨、阵性大风、冰雹、龙卷等强对流天气的雷暴称为强雷暴或强风暴,常见的有飑线、多单体风暴和超级单体风暴等。

1. 雷暴的生命史

产生雷暴的积雨云称为雷暴云或雷暴单体,是小尺度天气系统,其水平尺度为 10 km 左右。每个雷暴单体的生命史大致可分为发展、成熟和消散 3 个阶段。每个阶段一般持续十几分钟至半小时,整个过程持续 2~3 h。天气谚语所说的"隔道不下雨"指的就是这种天气系统的特性之一。

2. 雷暴的分类

(1)热雷暴

热雷暴是由于热力抬升作用而形成的雷暴。陆上在夏季午后受日射强烈加热,产生局地强热对流,形成积雨云,发展到一定阶段,便产生雷暴。热雷暴引起的天气现象,先为闪电、打雷、气温剧降、风力急增,可达 7~9 级,风向偏北,紧接着猛烈降水,阵雨、雷暴雨,甚至下冰雹。

(2)锋面雷暴

锋面的移动迫使暖湿不稳定空气沿锋面抬升,从而产生对流天气,形成积雨云,并猛烈发展成雷暴。这种锋面动力抬升形成的雷暴,一般影响范围大,维持时间长,产生的坏天气比较严重。

(3)地形雷暴

暖湿空气流经山地,在山坡迎面被迫抬升形成积雨云,并猛烈发展所致的雷暴,称为地形雷暴。地形雷暴引起的天气现象是闪电(打雷),接着强烈降水。这种雷暴局限于一定地形的区域。

3. 雷暴的活动特点

雷暴活动具有一定的地区性和季节性。低纬度雷暴出现的次数多于中纬度,中纬度又多于高纬度。对相同纬度来说,雷暴出现的次数,一般是山地多于平原,内陆多于海洋。

雷暴活动季节性也很明显,多出现在夏季,冬季几乎绝迹。

4. 雷暴对船舶航行的影响

(1)雷击。船舶众多的天线、突出物等,很容易成为雷击目标,使船舶电气设备受到损坏。

(2)闪电对船舶的通信、导航造成强烈干扰与破坏。

(3)短时间的昏天黑地给船舶定位导航带来威胁。

(4)阵性大风暴雨可以导致船舶偏航、倾斜,也会对货物、船上设备造成损坏。

二、飑线

在有利的条件下发展起来的雷暴云,常常不是孤立的单体,而是对流云群,在适当的条件作用下,对流云群可以排列成带状。呈带状分布的雷暴或积雨云带称为飑线。

飑线是比普通雷暴、孤立的强风暴影响范围更大的中尺度天气系统,水平尺度为150～300 km,时间尺度为4～18 h。在飑线上可出现雷电、暴雨、阵性大风、冰雹或龙卷等剧烈天气现象。飑线过境时,常会出现风向突变、风速猛增、气温陡降、气压骤升等剧烈天气变化。

一般飑线之前多为偏南风,天气较好。飑线之后急转为偏北、偏西风,风速急增,一般可达20 m/s,有时可达40 m/s,天气变得非常恶劣。

飑线比起一般雷暴更加具有破坏性,对航行的影响更大,特别是它的猛烈降水及雷暴高压带来的阵性大风给航行船舶带来巨大威胁,严重的可导致船舶倾覆。

第五节 ◉ 龙卷

龙卷是一种局部破坏力很大的小尺度风暴系统。龙卷是小范围的强烈的空气涡旋,当天气特别闷热的时候,有时从浓厚的积雨云底会伸出一个类似"象鼻状"的云柱。当它伸达地面或水面的时候,常常能吸起大量尘土和水,像神话中所说的"龙吸水",因而取名为龙卷,如图3-4所示。龙卷按其出现的地点不同,分为陆龙卷和水龙卷两种。产生在陆上的叫陆龙卷,产生在水面的叫水龙卷。

龙卷产生在强烈发展的积雨云底部,出现时往往不止一个。在同一时间里,从同一块云中,可以出现两三个甚至五六个。它们并不是同生同消的,往往是有的刚开始下伸,有的却已经伸达海面或地面,也有的伸伸缩缩,始终不下垂到地面。

一、龙卷的特点

1. 生命期短

龙卷的生命期短,一般只有几分钟到几十分钟。

2. 移动速度快

龙卷移动速度平均为15 m/s,最快的可达70 m/s。其所经的路程较短,一般是几百米到几千米,长的可达几十千米。其移动路径多为直线。

3.范围小

龙卷的水平尺度很小,在地面上,根据龙卷的破坏范围来推测,其直径为几米到几百米,最大可达 1 km 左右。在高空 2~3 km 处,大多数龙卷直径为十几千米,越往上直径越大。

4.风力大

龙卷内风速极大,近中心附近最大风速可达 100~200 m/s。

5.中心气压低

龙卷中心的气压可低于 400 hPa,甚至达到 200 hPa。正是由于龙卷内部气压很低,空气上升运动很强,使进入其中的水汽迅速凝结,所以龙卷变为象鼻状云柱。这种云柱一般是垂直向下的,但有时因空中风比地面风大,其上部会顺气流方向倾斜。因此根据象鼻状云柱的倾斜方向,可以判断龙卷的移动路径。

6.破坏力强

龙卷内部的云雨分布与台风很相似,好像缩小了的台风。龙卷伸达地面或海面时,有很大的破坏力。例如,1956 年 9 月 24 日,上海出现一次强烈的龙卷,一座三层楼房被吹塌,一座钢筋水泥的四层楼被削去一角,一个重达 110 t 的大油桶也被从地上拔起,并抛出 120 m 远。

图 3-4   龙卷

二、龙卷出现的季节

龙卷在一年及一天任何时间均可发生。陆龙卷多发生在春夏季节,最大值出现在傍晚;水龙卷多发生在夏季,最大值出现在早晨,次之出现在傍晚。

三、龙卷对船舶航行的影响

龙卷过境时,飞沙走石,能见度下降,其带来的狂风可以给船舶造成巨大破坏。船舶应及早发现龙卷,根据其象鼻状云柱的倾斜方向,立即判断其移动方向,迅速避离。

第六节 ◉ 寒潮

一、寒潮标准

寒潮是高纬度的冷空气大规模地向中、低纬度侵袭,造成剧烈降温的天气活动。

我国目前标准(寒潮等级 GB/T 21987—2017),将寒潮分为三个等级:寒潮、强寒潮、特强寒潮。

(1)寒潮:使某地的日最低气温 24 h 内降温幅度≥8 ℃,或 48 h 内降温幅度≥10 ℃,或 72 h 内降温幅度≥12 ℃,而且使该地日最低气温≤4 ℃的冷空气活动。

(2)强寒潮:使某地的日最低气温 24 h 内降温幅度≥10 ℃,或 48 h 内降温幅度≥12 ℃,或 72 h 内降温幅度≥14 ℃,而且使该地日最低气温≤2 ℃的冷空气活动。

(3)特强寒潮:使某地的日最低气温 24 h 内降温幅度≥12 ℃,或 48 h 内降温幅度≥14 ℃,或 72 h 内降温幅度≥16 ℃,而且使该地日最低气温≤0 ℃的冷空气活动。

二、寒潮源地及季节

北半球最冷的地区在西伯利亚东部,最低气温达-60 ℃以下,南极的气温比北极还低,最低气温达-87 ℃以下。极地和西伯利亚地带,是一片广阔的冰天雪地,像一个冰窟,当气团冷却堆积时,空气密度增大,空气下沉地面,气压增高,发展到一定程度,就会爆发向南方气压较低的缺口倾斜,从而形成影响我国的寒潮。一次寒潮冷高压的活动过程,平均为 7 天左右,一年平均有 4~5 次。我国一年四季都有冷空气活动,但以当年 11 月至次年 4 月即冬半年最为频繁,一般多发生在早春和深秋。

三、寒潮天气特点

冬季,当强大的冷性反气旋侵入我国时,在它的前面形成的冷锋称为寒潮冷锋。当寒潮冷锋经过我国北方时,气温骤降,并带来大风,有时会降大雪,风向一般由寒潮冷锋前的偏南风转为冷锋过境后的偏北风,风速猛增,一般可达 10~20 m/s,甚至达到 25 m/s 以上,大风持续时间可达一天以上。

春秋两季冷空气带来的天气是大风、降温、霜冻、扬沙和沙暴等现象,尤其是春季更为严重。夏季,冷空气的强度减弱,不可能达到寒潮标准。

四、寒潮对船舶航行的影响

1.寒潮低温的影响

(1)低温可能导致船上水管、油管等结冰堵塞或爆裂。

（2）低温及低温结冰，给船员工作、生活带来诸多影响。

（3）低温可对船舶一些设备、机械运行带来影响。

（4）低温可能导致北方一些河流出现封冻，影响船舶航行。

（5）低温可能导致一些货物、船上物品受冻。

2. 寒潮大风的影响

（1）甲板上浪，并导致结冰。

（2）大风天气给船舶操纵带来很大困难。

（3）大风可以带来扬沙和沙暴，导致能见度下降。

3. 寒潮大雪的影响

寒潮带来的大雪可导致能见度降低，影响船舶航行。

五、船舶防寒措施

寒潮带来的大风降温天气，是我国的灾害天气之一，对船舶运输生产影响极大，为保护船舶和船员、旅客的安全，应采取一些预防措施。

1. 扎雪、扎风

大雪会使能见度降低，大风使船舶产生严重偏转和偏移，船舶应根据抗风能力和能见距离情况，不冒险航行，及时选择安全地点停泊"扎雪、扎风"，并按规定显示信号、鸣放声号，以策安全。

2. 防滑

对工作地点应及时清扫冰雪，甲板、过道、跳板应铺设防滑物、垫，以免发生工伤事故。

3. 防冻

对船舶管系应用保暖材料包扎，并放完余水，防止水在管内结冰使管壁胀裂。在北方河流，船舶应早做进坞做卧冬准备，防止船舶冻结在航行途中。

第七节　热带气旋

热带气旋是发生在热带洋面上的一种强烈的暖性气旋性涡旋，习惯上把热带气旋叫作台风。台风范围一般为 600～1 000 km，最大可达 2 000 km，最小的仅有 100 km。台风的强度以中心气压表示，一般为 990～940 hPa，强台风在 940 hPa 以下。中心气压越低，中心附近风力越大。台风来临时往往带来强烈的天气变化，如狂风、暴雨、巨浪、风暴潮和龙卷等，极易造成生命财产的巨大损失，严重威胁船舶航行安全。因此，掌握其发生、发展及活动规律极为重要。

一、热带气旋的等级划分及命名

1. 热带气旋等级划分

国际上根据热带气旋中心附近最大风力对其进行分级，并且按其产生的区域给予不同的名称。中国气象局按中心附近地面最大风速将发生在西北太平洋及我国南海的热带气旋划分为六个等级：

热带低压（TD）：底层中心附近最大平均风速为 $10.8\sim17.1$ m/s，即风力为 $6\sim7$ 级。

热带风暴（TS）：底层中心附近最大平均风速为 $17.2\sim24.4$ m/s，即风力为 $8\sim9$ 级。

强热带风暴（STS）：底层中心附近最大平均风速为 $24.5\sim32.6$ m/s，即风力为 $10\sim11$ 级。

台风（TY）：底层中心附近最大平均风速为 $32.7\sim41.4$ m/s，即风力为 $12\sim13$ 级。

强台风（STY）：底层中心附近最大平均风速为 $41.5\sim50.9$ m/s，即风力为 $14\sim15$ 级。

超强台风（Super TY）：底层中心附近最大平均风速 ≥51.0 m/s，即风力为 16 级或以上。

2.热带气旋命名方法

中国中央气象台将发生在西北太平洋（180°E 以西、赤道以北）上风力 ≥8 级的热带气旋，从每年 1 月 1 日起按其出现的先后顺序进行数字编号，如 9906 号台风表示 1999 年出现在上述海域的第 6 个台风。从 2000 年 1 月 1 日起，根据联合国亚洲及太平洋经济社会委员会和世界气象组织下设的台风委员会的决定，为有助于公众对热带气旋提高警惕，热带气旋除了传统编号外，西北太平洋和南海地区的热带气旋将采用太平洋沿岸各国人民熟悉的名字命名。新命名系统规定，西北太平洋和南海地区的热带气旋的名字共有 140 个，由太平洋沿岸国家和地区各出 10 个，按柬埔寨、中国、朝鲜、中国香港、日本、老挝、中国澳门、马来西亚、密克罗尼西亚联邦、菲律宾、韩国、泰国、美国和越南等 14 个国家和地区为序排列（称为热带气旋命名表），列出的每个名字根据热带气旋出现的先后依次、循环使用。

为避免一名多译造成的不必要的混乱，中国中央气象台和香港天文台、澳门地球物理暨气象局经过协商，确定了一套统一的中文译名。

从 2000 年 1 月 1 日起，我国中央气象台发布热带气旋警报时，除继续使用热带气旋编号外，还使用热带气旋名字。

3.除名规定

按照世界气象组织的约定，如果某个热带气旋给台风委员会成员造成了特别严重的损失，该成员可申请将该热带气旋使用的名字从命名表中删去（永久命名），即将该热带气旋使用的名字永远命名给该热带气旋，其他热带气旋台风不再使用同一名字，以便在台风气象灾害史上记录标志性的事件，并另起一名代替上述名字。

二、台风的成因

在热带扰动中，积雨云单体通过凝结释放潜热，使天气有所增暖。增暖使地面气温有所降低，从而增强了低空气旋性环流。边界层内摩擦作用使风有向中心的分量，这就增强了低层的辐合。辐合上升引起更多的积雨云形成，释放更多的潜热，从而使地面气压继续下降。如此循环下去，直至发展成台风。

三、台风的天气结构

一个发展成熟的台风，按其结构和天气现象大致可分为三个区域，即外围区、涡旋区和台风眼，如图 3-5、图 3-6 所示。

图 3-5　台风云图

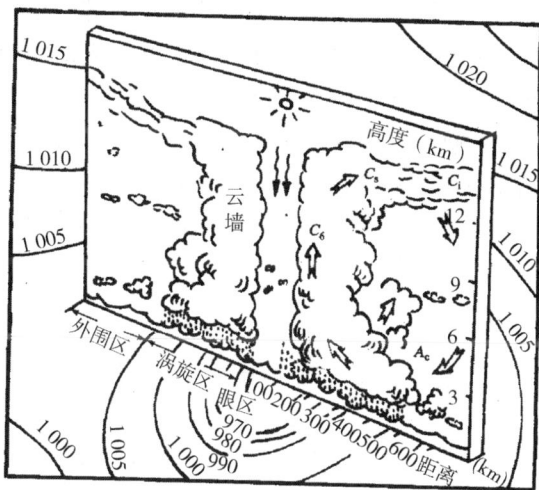

图 3-6　台风天气结构

外围区也称为外圈。台风是一个强大的暖性低压系统,中心气压很低。当接近外围区时,当时气压开始缓缓下降,风力逐渐增强,风向转变为受台风环流影响的方向,温度升高,湿度增大,使人产生闷热的感觉。天空出现辐射状的高云和积状的中、低云,还有塔状的层积云和浓积云,特别是在台风前进的方向上,塔状云更多,而且云体往往被风吹散,成为所谓的"飞云"。偶尔会出现积雨云,产生阵雨。

涡旋区也称为中圈。气压急剧下降,风力在开始时比较对称,以后变得不对称,通常在向西移的台风右面是副热带高压,气压梯度较大,风力较强,故有"危险半圆"之称。特别是在发展中的台风前进方向的右前方,气压梯度最大,风力最强。一般在台风外围 200～500 km 半径内,平均风力突然增大,风力可达 12 级以上,近中心最大风力甚至超过 100 m/s。此区由于上升气流强烈,常造成宽数十千米、高达 8～9 km 的垂直云墙。云墙下常出现狂风暴雨,这是台风天气最恶劣的区域。

台风眼区也称为内围,其直径一般为 10~60 km。气压停止下降,降水停止,风力减小到 4 级以下,且眼中有微弱的下沉气流,是少云微风的好天气。但当台风趋于减弱时,台风眼区会出现上升气流,天气反而转坏,云层密布,有时出现降水。台风眼区的海况十分恶劣,常产生金字塔浪,对船舶航行十分不利。

应当指出,在海上台风眼比较明显,到了内陆就看不到台风眼了。台风眼过去后,气压开始上升,又是另一半圆涡旋区的恶劣天气。当气压开始稳定时,风速减小,降水停止,才算摆脱了台风的影响。

四、台风产生的地区和季节

台风的运动,好像陀螺一样,它一边绕着自己的中心旋转,一边向前推进。在北半球,台风一边绕着自己的中心做逆时针旋转,一边向高纬度推进,其旋转速度水平分速为台风的风速,向前推进的速度为台风的移动速度,平均为 20~30 km/h,最快可达 80 km/h。

台风产生的地区,一般分布在广阔的低纬度(5°~15°)洋面上,全球台风主要源地有 8 个,其中北半球有 5 个,即北太平洋西部、北太平洋西东部、北大西洋西部、孟加拉湾和阿拉伯海;南半球有 3 个,即南太平洋西部、南印度洋东部和南印度洋西部。全球每年平均发生 80 个台风,北太平洋占全球总数一半以上,其中北太平洋西部约占 38%,北太平洋东部约占 17%。

影响我国的台风主要来自北太平洋西部,集中在三个区域即菲律宾以东洋面、关岛附近和南海中部洋面。我国受台风影响较大地区有东部沿海和南部沿海。

相关资料显示,北太平洋西部形成的台风,以 8 月最多,2 月最少。7—10 月的台风占全年台风总数的 68.2%,故 7—10 月为我国的台风季节,并以 7—9 月最为集中。

五、台风移动路径

入侵我国的台风的移动路径主要有三条:西行路径、西北路径和转向路径。

1. 西行路径

台风自菲律宾以东一直向偏西方向移动,经过南海在华南沿海、海南岛或越南沿海一带登陆。这条路径的台风对南海和华南沿海影响最大。一般 9—12 月、1—2 月发生的台风多数沿这条路径移动。

2. 西北路径

西北路径也称登陆路径,台风从菲律宾以东向西北偏西方向移动,在台湾、福建一带登陆;或从菲律宾以东向西北方向移动,穿过琉球群岛,在浙江一带登陆。台风登陆后多数在我国大陆上消失,有的进入大陆以后又转到海上。这条路径的台风对我国东部海区和华东地区影响最大。7—9 月是登陆路径台风的盛行期。

3. 转向路径

台风从菲律宾或台湾以东洋面向西北方向移动,到达我国东部海区,然后转向东北向朝鲜半岛或日本方向移去,路径呈抛物线型。这条路径的台风对我国东部沿海地区及日本影响最大。这条路径多发生在夏、秋季节,7—11 月最为常见。

有些台风受各种因素影响,或原地打转,或突然转向。

六、台风天气特点

1. 大风

台风中心附近最大风力一般为8级以上。

2. 暴雨

台风是最强的暴雨天气系统之一,在台风经过的地区,一般能产生150~300 mm的降雨,少数台风能产生1 000 mm以上的特大暴雨。如1975年第3号台风在淮河上游产生的特大暴雨,创造了中国大陆地区的暴雨极值,形成了大洪水。

3. 风暴潮

一般台风能使沿岸海水产生增水。如"9608"和"9711"号台风增水,使江苏省沿江沿海出现超历史的高潮位。

七、台风对船舶航行的影响

台风来临时往往带来强烈的天气变化,如狂风、暴雨、巨浪、风暴潮和龙卷等,极易造成生命财产的巨大损失,严重威胁船舶航行安全。船舶应及早做好防台措施,及时选好避风锚地抛锚避风。

八、内河船舶防台措施

1. 防台准备工作

(1)收到台风警报后,应加强组织领导,布置工作。

(2)在航船舶应研究沿途锚地和停泊地,做到心中有数,以便随时就近驶入避风。

(3)港内作业船舶,在能及时做好防台准备工作的原则下,争取风来之前装卸完毕。否则,应停止装卸,集中力量做好防台工作。

2. 防台措施

(1)加强水密措施:货舱口舱盖布四周要压牢,而且在上面交叉压上绳索或钢丝绳;通风筒要拿下,插上木头或用盖盖牢;通行舱口要关好;测水管、污水管等管道螺盖要检查,不使其漏水。

(2)排水措施:排水口不能堵塞,留在甲板上的纸张、绳屑等杂物要加以清除。检查排水设备,使其保持良好的技术状态。

(3)固定可移动的物体:船上载有可移动的货物,必须把它移卸舱内,或系绑在船上牢固的物体上。水柜内的水要装满,或将其放空。

(4)易受破坏的东西要妥为安置。如吊在舷外的舢板(救生艇),应收入船内艇架上,并系缚牢固。

(5)机舱的措施:主辅机设备要停止修理工作,保持备用状态。

(6)停泊和航行中的安全措施:收到台风紧急警报后,停泊船舶的船员一律不准离船。停泊在船厂或港口码头的船舶,船员应该服从当地的领导,加强值班工作。同时应备妥主机,保证随时能启动。靠码头的船舶,应在系缆易磨损的地方,卷以麻袋或其他软垫,以免磨断。抛锚的船舶,要补充食品,备足三日以上的储备,这对在港外抛锚的船舶尤其重要。

在港外或在途中的船舶,应该选择避风锚地停泊。顶推或吊拖船队,应解队逐个锚泊。当抛单锚锚泊时,如风力增强,可放长锚链,以增强系留力量。抛单锚抓力不足时,应抛双锚。此外,在抛锚时应考虑到台风风向的转变,距岸不宜过近,且应留出足够的回旋余地。如抛的是八字锚,其锚链应一长一短,八字口始终对着最大风力的来向,并随着风向的旋转变化,及时进行调整。

如果发现已经走锚,应放链或加锚,增加系留力量。若已采取的措施无效,则应开动主机,及时起锚,更换位置。如走锚形势急迫,万不得已也可弃锚开航,转移到安全的地方去。

在航行中的船队,万一遇到强风袭来,船长应亲自掌握船队的驾驶,尽力采取各种措施确保安全。如船驳之间加强缆绳的系结和靠把的衬垫,顶推船队必要时可改为单排一列式吊拖,尽量赶到安全避风锚地等。当无法赶到安全锚地时,要立即解队单独抛锚,舱面人员工作,应抓住船上固定物体,稳步慢行,避免被狂风刮落江中。

第八节 ◉ 灾害性天气预警信号

船舶驾引人员在航行中,应该时刻警惕地注视着航区内的天气变化,特别是风暴、寒潮、浓雾、雨雪等恶劣天气。驾驶员应充分认识到这些恶劣天气给船舶航行安全可能带来的危害并采取相应的对策。为此,驾引人员应掌握一些灾害性天气预警知识。

灾害性天气预警信号有台风、寒潮、大风、大雾、暴雪、暴雨、高温预警信号等,这里主要介绍台风、大风、大雾及寒潮4种预警信号。以下预警信号标准是《中央气象台气象灾害预警发布办法》[2010(89)]中预警信号的发布标准。

1. 台风预警信号

台风预警信号分四级,即台风红色、橙色、黄色和蓝色预警信号。

(1)台风红色预警信号

预计未来48 h将有强台风(中心附近最大平均风力14~15级)、超强台风(中心附近最大平均风力16级及以上)登陆或影响我国沿海。

(2)台风橙色预警信号

预计未来48 h将有台风(中心附近最大平均风力12~13级)登陆或影响我国沿海。

(3)台风黄色预警信号

预计未来48 h将有强热带风暴(中心附近最大平均风力10~11级)登陆或影响我国沿海。

(4)台风蓝色预警信号

预计未来48 h将有热带风暴(中心附近最大平均风力8~9级)登陆或影响我国沿海。

台风预警信号图标如图3-7所示。

2. 大风预警信号

大风预警信号分两级,即大风橙色和黄色预警信号。

图 3-7　台风预警信号

（1）大风橙色预警信号

预计未来 48 h 我国海区将出现平均风力达 11 级及以上的大风天气。

（2）大风黄色预警信号

预计未来 48 h 我国海区将出现平均风力达 9~10 级的大风天气。

大风预警信号图标如图 3-8 所示。

图 3-8　大风预警信号

3. 大雾预警信号

大雾预警信号分两级，即大雾黄色和蓝色预警信号。

（1）大雾黄色预警信号

预计未来 24 h 3 个及以上省（区、市）大部地区将出现能见度小于 500 m 的雾，且有成片的能见度小于 200 m 的雾，或者已经出现并可能持续。

（2）大雾蓝色预警信号

预计未来 24 h 3 个及以上省（区、市）大部地区将出现能见度小于 1 000 m 的雾，且有成片的能见度小于 500 m 的雾，或者已经出现并可能持续。

大雾预警信号图标如图 3-9 所示。

图 3-9　大雾预警信号

4. 寒潮预警信号

寒潮预警信号分三级，即寒潮橙色、黄色和蓝色预警信号。

（1）寒潮橙色预警信号

预计未来 48 h 2 个及以上省（区、市）大部地区平均气温或最低气温下降 16 ℃以上并伴有 6 级及以上大风，长江流域及其以北一半以上地区平均气温或最低气温将下降 12 ℃以上，冬季长江中下游地区(春、秋季江淮地区)最低气温降至 4 ℃、局地降至 2 ℃以下。

（2）寒潮黄色预警信号

预计未来 48 h 2 个及以上省(区、市)大部地区平均气温或最低气温下降 12 ℃以上并伴有 5 级及以上大风,长江流域及其以北一半以上地区平均气温或最低气温将下降 10 ℃以上,冬季长江中下游地区(春、秋季江淮地区)最低气温降至 4 ℃以下。

（3）寒潮蓝色预警信号

预计未来 48 h 2 个及以上省(区、市)大部地区平均气温或最低气温下降 10 ℃以上并伴有 5 级及以上大风,长江流域及其以北一半以上地区平均气温或最低气温将下降 8 ℃以上,冬季长江中下游地区(春、秋季江淮地区)最低气温降至 4 ℃以下。

寒潮预警信号图标如图 3-10 所示。

图 3-10 寒潮预警信号

第四章
内河助航标志与交通安全标志

> 内河航道通常都用一定的标志标示出来,这些标志包括内河助航标志及内河交通安全标志。内河助航标志主要标示航道的范围与航道的安全,引导船舶安全经济航行;内河交通安全标志主要是传递与交通有关的信息,用于管理交通的设施。两者相辅相成、互为补充。本章主要介绍内河助航标志的种类、功能、形状、颜色、灯质、配布原则和方法等内容,以及内河交通安全标志的作用、适用范围、分类以及各类标志的功能和标示方法。

第一节 ◉ 内河助航标志

一、概述

内河助航标志(以下简称内河航标)是反映航道尺度、确定航道方向、标示航道界限、揭示航道信息、引导船舶安全航行的标志,是供船舶在内河安全航行的重要助航设施。

现行的内河航标标准是国家技术监督局 1993 年 12 月 4 日批准、1994 年 9 月 1 日实施的《内河助航标志》(GB 5863—93),并引用《内河助航标志的主要外形尺寸》(GB 5864—93)。

为了更好地适应现代水运发展的需要,交通运输部于 2020 年 7 月 1 日批准实施了《内河航标技术规范》行业标准,该标准在《内河助航标志》(GB 5863—93)的基础上,增加了一些标志,并对原有的一些标志在功能、设置等方面进行了一些拓展,使之更有利于船舶航行安全。

本节主要按照《内河航标技术规范》(JTS/T 181—1—2020)进行编写。

1. 内河航标的作用

(1)标示内河航道的方向、界限与障碍物。

(2)揭示有关航道信息。

(3)为船舶航行指出安全、经济的航道。

2. 内河航标的适用范围

《内河航标技术规范》适用于中华人民共和国江、河、湖泊、水库、运河等内河通航水域的航标建设、管理和维护。

3. 决定河流左、右岸的原则

按水流方向确定河流的上、下游,面向河流下游,左手一侧为左岸,右手一侧为右岸。

对水流流向不明显或各河段流向不同的河流,按下列顺序确定上、下游:

(1)通往海口的一端为下游。

(2)通往主要干流的一端为下游。

(3)河流偏南或偏东的一端为下游。

(4)以航线两端主要港埠间主要水流方向确定上、下游。

4. 航标的涂色和光色原则

(1)涂色原则

需要区分左、右岸的内河航标:左岸为白色(黑色),右岸为红色。

不必区分左、右岸的内河航标:按背景的明暗确定,背景明亮处为红色(黑色),背景深暗处为白色。

(2)光色原则

灯光光色采用原则:左岸光色为绿光(白光),右岸光色为红光。

5. 航标灯质三要素

灯光颜色、发光方式和发光周期称为航标灯质三要素。

(1)灯光颜色

灯光颜色主要有红光、绿光、白光、黄光、蓝光五种。

(2)发光方式

发光方式有定光、闪光、莫尔斯光、明暗光(顿光)四种。

①定光:工作时间内颜色和亮度不变的长明不断的灯光。

②闪光:灯光颜色不变,每隔一定时间亮一次,亮的时间比暗的时间短的灯光。

③莫尔斯光:灯标按照莫尔斯码的节奏发光,灯光颜色不变。

④明暗光(顿光):灯光颜色不变,每隔一定时间熄灭一次,发光时间比熄灭时间长的灯光。

(3)发光周期

完成一个循环所需要的总的时间为一个周期。单闪、双闪、明暗光等灯质的闪光周期不得超过 6 s,其他灯质的闪光周期不得超过 10 s。

6. 内河航标灯质规定

(1)内河航标对闪光周期不做统一规定,需要区分同一功能的相邻航标时,可以采用不同的闪光周期。

（2）选用单闪、双闪、顿光等灯质时，其闪光周期不得超过 6 s；选用其他灯质时，其闪光周期一般不超过 10 s。

（3）在确定各种灯质时，其闪光的持续时间不得小于 0.4 s。选用莫尔斯信号闪光时，其长闪光时间应为短闪光时间的三倍，每两次闪光的间隔时间与短闪光时间相等，每组闪光后的间隔时间不小于长闪光时间。

（4）快闪光的明暗时间相等，其明暗次数每分钟为 60 次。

（5）并列或垂直悬挂两盏灯时，其间距应为 1.0~1.8 m。

（6）除采用规定灯质外，可根据具体条件选用《内河航标技术规范》所规定的代用灯质，但同一河区的不同种类的航标，其灯质必须明确区分，相邻河区间应注意协调，避免相互混淆或被误认。

7. 内河航标最小安全航行距离

内河航标最小安全航行距离（俗称作用距离）是指船舶航行时与航标必须保留的最小横距。除示位标、桥涵标外，应规定每种航标的最小安全航行距离，其起算方法为：岸标的最小安全航行距离是从标位（或前标标位）处的水沫线起算；设置在码头、趸船等临河设施上的岸标的最小安全航行距离，应从临河设施外缘线起算；浮标的最小安全航行距离是从标位处起算。各河区航标主管部门可根据具体情况规定标志的不同最小安全航行距离。如长江下游一般沿岸标的作用距离为 100 m。

二、内河航标分类、功能及特征

（一）内河航标分类

内河航标按制式分为视觉航标、无线电航标、虚拟航标三大类。本规范针对的航标主要是视觉航标。

视觉航标按功能分为航行标志、信号标志、专用标志和警示标志四类，共 23 种。

（二）内河航标功能及特征

1. 航行标志

航行标志是指指示航道方向、界限与障碍物的标志。它包括过河标、沿岸标、导标、过渡导标、首尾导标、间接导标、侧面标、左右通航标、示位标、泛滥标及桥涵标共 11 种。

（1）过河标

①功能

标示过河航道的起点和终点。指示由对岸驶来的船舶在接近标志时沿着本岸航行；或指示沿本岸驶来的船舶在接近标志时转向驶向对岸。也可设在上、下方过河航道在本岸的交点处，指示由对岸驶来的船舶在接近标志时再驶往对岸。

②形状

标杆上端装有正方形顶标两块，分别面向上、下方航道。必要时可在标杆前加装梯形牌，以增加视距，梯形牌面向所标示的航道方向。过河标正方形顶标可安装在三角形锥体顶端、塔形体上端，也可安装在具有浮力的底座上作为浮标设置。过河标基本形状如图 4-1 所示。

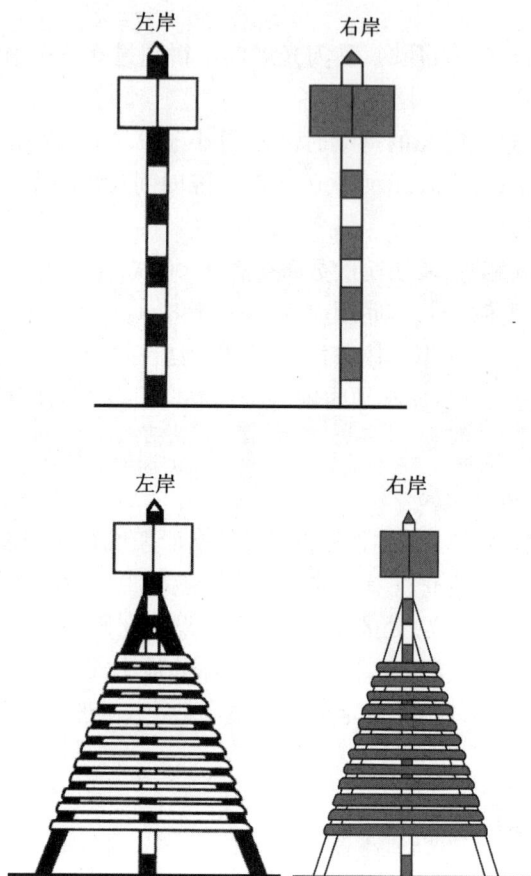

图 4-1　过河标基本形状

③颜色

左岸的顶标和梯形牌为白色（黑色），标杆为白、黑色相间横纹；右岸的顶标和梯形牌为红色，标杆为白、红色相间横纹。梯形牌的颜色也可以按背景的明暗来确定，背景明亮处的左岸为黑色，背景深暗处的右岸为白色。

④灯质

左岸的为白色莫尔斯信号"A"闪光（·—），右岸的为白色莫尔斯信号"N"闪光（—·）；或者左岸的为白色莫尔斯信号"M"闪光（——），右岸的为白色莫尔斯信号"D"闪光（—··）。

（2）沿岸标

①功能

标示沿岸航道所在的岸别，指示船舶继续沿着本岸航行。

②形状

标杆上端装有球形顶标一个。必要时顶标也可安装在塔形体上，增加视距，如图 4-2 所示。

③颜色

左岸的顶标为白色（黑色），标杆为白、黑相间的横纹；右岸的顶标为红色，标杆为红、白相

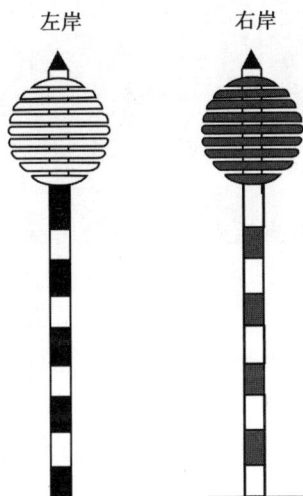

图 4-2　沿岸标

间的横纹。

④灯质

左岸为绿色(白色)单闪光;右岸为红色单闪光。

(3)导标

①功能

由前后两座标志所构成的导线标示航道的方向,指示船舶沿导线标示的航道航行。

②形状

前后两座标志的标杆上端各装正方形顶标一块,顶标均面向航道方向。如导线标示的航道过长以致标志不够明显,可在标杆前加装梯形牌,梯形牌面向所标示的航道方向,如图 4-3 所示。

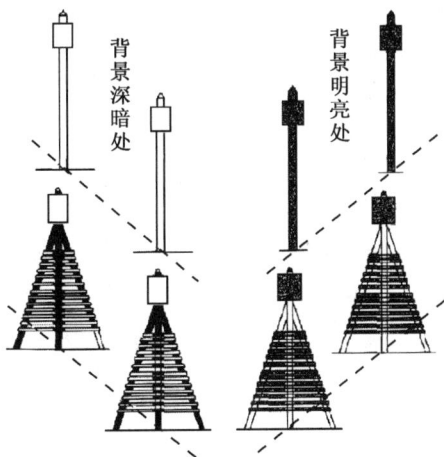

图 4-3　导标

在导线标示的航道内应使船舶在白天看到前标比后标略低,夜间保持后标灯光不被前标遮蔽。前后两标的高差及间距应与导线标示的航道长度相适应,以保持导标的灵敏度。

如设标地点坡度较陡,前后两座标志相差太大,可在两标连线之间加设一座形状相同的标志。

③颜色

按背景的明暗确定顶标、标杆和梯形牌的颜色，背景明亮处为红色(黑色)；背景深暗处均为白色。红色(黑色)梯形牌中央一道竖条为白色，白色梯形牌中央一道竖条为黑色(红色)。

④灯质

前后标均为白色单面定光，如背景灯光复杂，用白光容易混淆时，可用红色单面定光。

(4)过渡导标

①功能

由前后两座标志组成，标示一方为导线标示的导线航道，另一方为沿岸航道或过河航道，指示沿导线标示的航道驶来的船舶在接近标志时驶入沿岸航道或过河航道，同样也指示由沿岸航道或过河航道驶来的船舶在接近标志时驶入导线标示的航道。

②形状

前标与过河标相同，后标与导标相同；前标的一块顶标与后标的顶标组成导线，前标的另一块顶标面向另一条航道方向。如导线标示的航道过长，标志不够明显时，可以在标杆前加装梯形牌，梯形牌面向所指示的航道方向，如图4-4所示。

③颜色

前标的标杆与梯形牌的颜色与过河标相同，面向导线标示的航道的顶标与后标的颜色相同，另一块顶标的颜色与过河标相同；后标的颜色与导标相同。

④灯质

前标左岸为白色(绿色)双闪光(顿光，又称明暗光)，右岸为红色(白色)双闪光(顿光)；后标左岸为白色(绿色)定光，右岸为红色(白色)定光。前、后标的光色须一致。特殊需要时，前标也可用定光。

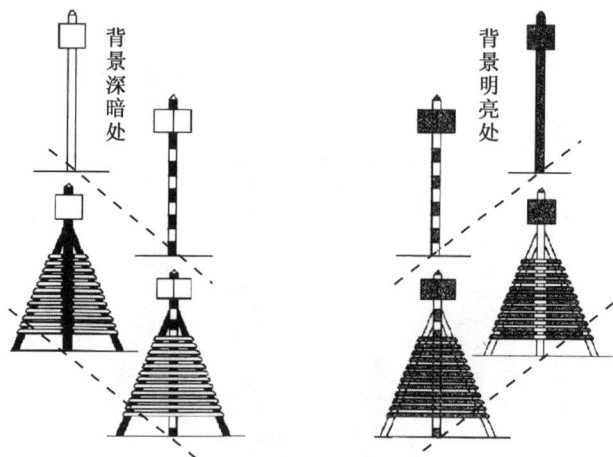

图4-4　过渡导标

(5)首尾导标

①功能

由前后鼎立的三座标志组成两条导线分别标示上、下方导线标示的航道方向，指示沿导线标示的航道驶来的船舶在接近标志时转向另一条导线标示的航道。

②形状

三座标志中,一座为共用标,与过河标相同,另两座与导标相同。共用标的两块顶标与另两座标志的顶标分别组成两条导线,面向上、下方导线所标示的航道方向。根据航道条件与河岸地形,共用标可位于另两座标的前方、后方、左侧或右侧。如导线标示的航道过长以致标志不够明显,可以在标杆前加装梯形牌,梯形牌面向导线所标示的航道方向,如图4-5所示。

③颜色

共用标的标杆和梯形牌的颜色与过河标相同,顶标颜色与导标相同,另两座标志的颜色与导标相同。

④灯质

共用标的灯质与过渡导标的前标灯质相同,另两座标的灯质与过渡导标的后标灯质相同,但同一导线的前、后标的光色须一致。特殊需要时,各标都可用定光。

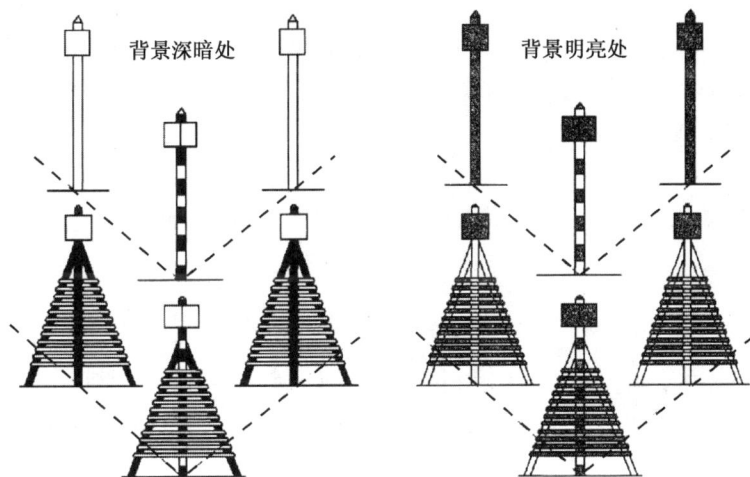

图 1-4-5　首尾导标

(6)间接导标

①功能

由前后两座标志构成,导线标示的航线与相连标志标示的航线不连续,设在较为复杂的重点浅滩航道。

②形状

前后两座标志的标杆上端各装长方形顶标一块,顶标均面向航道方向。如导线标示的航道过长以致标志不够明显,可在标杆前加装梯形牌,梯形牌面向所标示的航道方向。

③颜色

按背景的明暗确定顶标、标杆和梯形牌的颜色,背景明亮处为红色(黑色);背景深暗处均为白色。红色(黑色)梯形牌中央一道竖条为白色,白色梯形牌中央一道竖条为黑色(红色)。

④灯质

前标为红(绿)色单面定光;后标为红(绿)色单面快闪。

（7）侧面标

①功能

设在浅滩、礁石、沉船或其他障碍物靠近航道一侧,标示航道的侧面界限;设在水网地区优良航道两岸时,标志岸形突嘴或不通航的汉港,指示船舶在航道内航行。

②形状

浮标可采用柱形、锥形、罐形、杆形或桅杆装有球形顶标的灯船。需要同时以标志形状特征区分左、右岸两侧时,左岸一侧浮标为锥形或在柱形体上加装锥形顶标,右岸一侧浮标为罐形或在柱形体上加装罐形顶标;也可只在左岸一侧浮标加装球形顶标。固定设置在岸上或水中的侧面标可采用锥形、罐形、杆形、塔形等。杆形灯桩需要增加视距时,左岸一侧可加装锥形顶标,右岸一侧可加装罐形顶标等;塔形侧面标加装顶标时,左岸一侧可加装锥形顶标,右岸一侧可加装罐形顶标,如图4-6所示。

③颜色

左岸一侧为白色(黑色),杆形灯桩的标杆为白、黑相间横纹,浮标加装的锥形或球形顶标为黑色(白色);右岸一侧为红色,杆形灯桩的标杆为红、黑相间横纹,浮标加装的罐形顶标为红色。灯船的球形顶标均为黑色。

④灯质

左岸一侧为绿色(白色),单闪光、双闪光或定光;右岸一侧为红色,单闪光、双闪光或定光。

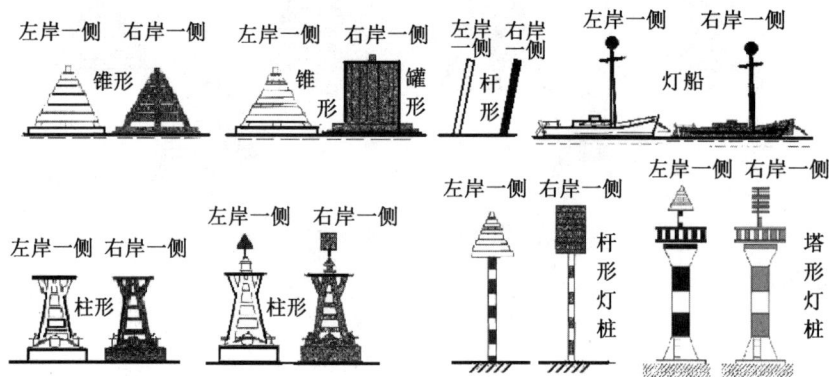

图4-6　侧面标

（8）左右通航标

①功能

设在航道中个别河心障碍物或航道分汊处,标示两侧都是通航航道;或者连续布置在相邻的两条航道分隔线上,标示标志连线两侧分别为不同航路的航道。

②形状

浮标可采用柱形、锥形或灯船,灯桩采用塔形,如图4-7所示。

③颜色

标体每面的中线两侧分别为红色和白色。

④灯质

白色(绿色),三闪光。

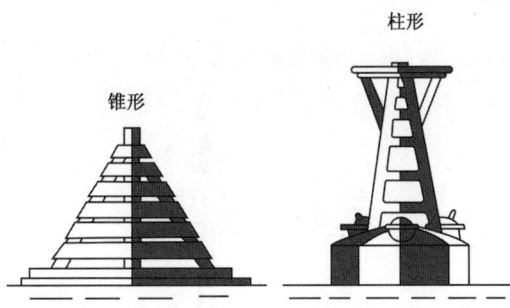

图 4-7　左右通航标

(9)示位标

①功能

设在湖泊、水库、水网地区或其他宽阔水域,标示岛屿、浅滩、礁石及通航河口等特定位置,供船舶定位或确定航向。

②形状

塔形,如图 4-8 所示。

图 4-8　示位标

③颜色

可根据背景采用白、黑、红色或白、黑(红)色相间非垂直条纹。设在通航河口处,须与"左白右红"原则一致。同一河流的示位标区别于塔形侧面岸标。

④灯质

白色、绿色或红色莫尔斯信号闪光,但不得同其他种类的灯质相混淆。标示通航河口的示位标优先选用:左岸白色(绿色)莫尔斯信号"H"(····)闪光;右岸红色莫尔斯信号"H"(····)闪光。

(10)泛滥标

①功能

设在被洪水淹没的河岸或岛屿靠近航道一侧,标示岸线或岛屿的轮廓。

②形状

标杆上端装截锥体顶标一个,也可以安装在具有浮力的底座上作为浮标设置。

③颜色

左岸为白色（黑色）；右岸为红色，如图4-9所示。

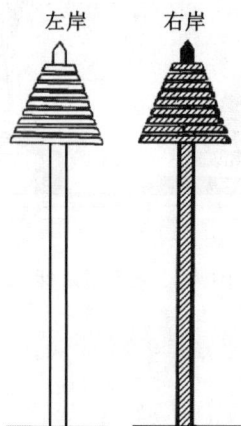

图4-9 泛滥标

④灯质

左岸为绿色（白色），定光；右岸为红色，定光。弯曲河段朝岸上一面的灯光应予遮蔽。

（11）桥涵标

①功能

桥涵标由桥涵标牌与通航净高标牌组成，指引船舶通过桥梁。桥涵标牌设在单向通航桥孔迎船面桥桁的中央，或设在双向通航桥孔的上、下行航路迎船面上下方桥桁的适当位置，标示桥孔的通航位置；通航净高标牌设在桥梁通航桥孔迎船面桥桁两侧，标示通航桥孔满足设计通航净高的要求。

②形状

桥涵标牌分正方形标牌和圆形标牌两种，在不区分大小船通航桥孔时都表示通航桥孔；区分大小船通航桥孔时，正方形标牌表示大船通航桥孔，圆形标牌表示小船（包括非机动船、人工流放排筏）通航桥孔，大、小船的具体划分由各地区确定。通航净高标牌为菱形，以垂直对角线分成左右共底的两个等腰直角三角形，垂直对角线与水面垂直，并与净高范围边线重合，如图4-10所示。

③颜色

正方形标牌为红色；圆形标牌为白色；菱形标牌为红、白两个等腰直角三角形，红色直角指向航道一侧。

④灯质

正方形标牌为红色单面定光；圆形标牌为绿色单面定光；菱形标牌为黄色单面定光。设有桥墩的桥梁，在通航桥孔迎船一面两侧桥柱上，各垂直设置绿色单面定光桥柱灯二至四盏（按桥柱高度确定），标示桥柱位置。

2. 信号标志

信号标志是指为航行船舶揭示有关航道信息的标志。其包括通行信号标、鸣笛标、界限标、水深信号标、横流标、节制闸标、航道信息标、航道整治建筑物提示标等8种。

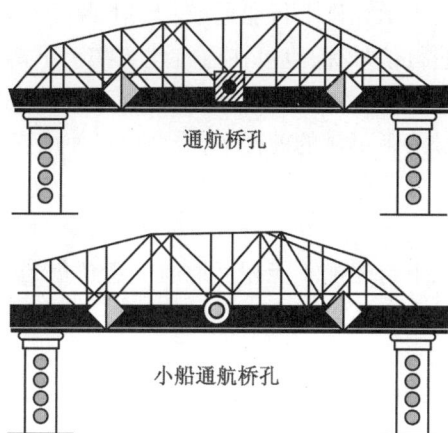

图 4-10　桥涵标

（1）通行信号标

①功能

通行信号标设在上、下行船舶相互不能通视，同向并驶或对驶有危险的狭窄、急弯航段或单孔通航的桥梁、通航建筑物及水上水下施工等需要通航控制的河段，利用信号控制上行或下行的船舶单向顺序通航或禁止通航。

②形状

通行信号标由带横桁的标杆和信号组成，横桁与岸线垂直。悬挂于横桁一端的箭形通航信号，箭头朝下表示允许下行船通航，箭头朝上表示允许上行船通航，禁止通航信号为垂直悬挂两个锥尖朝上的三角锥体，如图 4-11 所示。

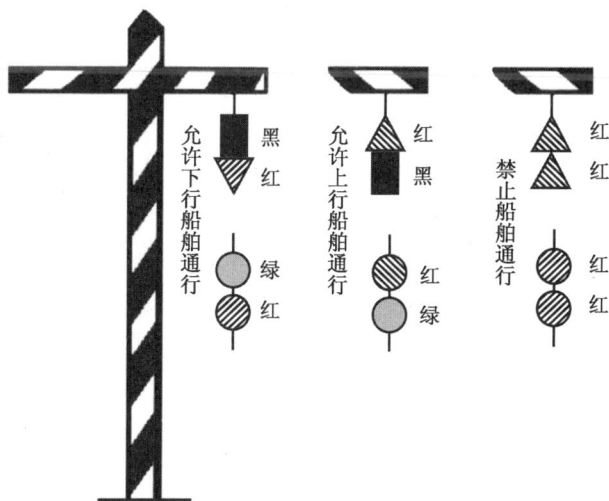

图 4-11　通行信号标

③颜色

标杆与横桁为白、黑色相间的斜纹，箭头或三角锥体为红色，箭杆为黑色（白色）。

④灯质

由垂直悬挂于横桁一端的红色、绿色定光灯组成信号，绿灯在上、红灯在下，表示允许下行船通航；红灯在上、绿灯在下，表示允许上行船通航；上、下两盏红灯表示禁止船舶通航。对控制船舶进、出通航建筑物的通行信号标，也可在通航建筑物上下两端各设置红、绿单面定光灯一组，灯光面向来船方向，红灯表示禁止船舶通航，绿灯表示允许船舶通航。白天也可用红、绿旗代替红、绿灯。在确保信号清晰可辨的前提下，号型也可使用光电设施显示。

（2）鸣笛标

①功能

设在通航控制河段或上、下行船舶不能相互通航的急弯航道的上、下游两端河岸上，指示船舶鸣笛。

②形状

标杆上端装有圆形标牌一块，标牌面向来船方向，标牌正中写"鸣"字，如图4-12所示。

图4-12　鸣笛标、界限标

③颜色

标杆为白、黑色相间的斜纹，标牌为白色、黑边、黑字。

④灯质

绿色，快闪光。

（3）界限标

①功能

设在通航控制河段、桥区水域或其他需要标示范围的河段的上、下游，标示其界限；设在船闸闸室有效长度的两端时，标示闸室内允许船舶安全停靠的界限。

②形状

标杆上端装有菱形标牌一块，标牌面向来船方向，如图4-12所示。标牌也可安装在具有浮力的底座上，也可镶绘在船闸闸墙上。

③颜色

标杆为白、黑色相间的斜纹，标牌为白底、黑边，中间有黑色横条一道。

④灯质

红色，快闪光。

（4）水深信号标

①功能

设在浅滩上、下游靠近航道一侧的河岸,揭示浅滩航道的最小水深。

②形状

由带横桁的标杆和号型组成,横桁与岸形平行,号型形状与含义是:符号"■""✕""♣"分别代表数字1、4、6。将上述号型组合悬挂在横桁的两边,从船上看,左边所挂的号型表示水深的"米"数,右边所挂的号型表示水深的"分米"数,如图4-13所示。

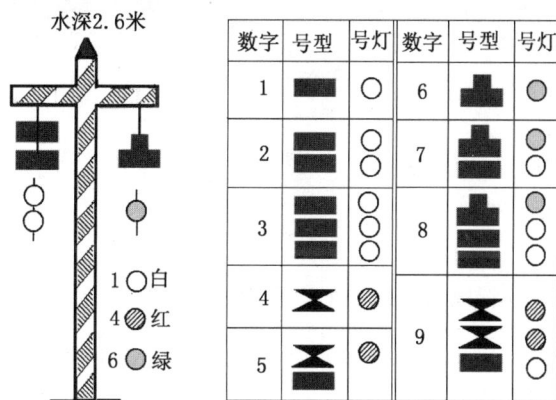

图4-13　水深信号标

③颜色

标杆与横桁为红、白色相间的斜纹,号型为黑色(白色)。

④灯质

每盏白色定光灯代表数字"1";每盏红色定光灯代表数字"4";每盏绿色定光灯代表数字"6"。在河面较窄的河段,也可用水深数字牌和水深数字灯显示。

（5）横流标

①功能

标示航道内有横流,警告船舶注意。

②形状

菱形体安装在具有浮力的底座上,也可在标杆上端安装菱形体顶标设在岸上,如图4-14所示。

③颜色

左岸一侧的顶标为白色或黑色,标杆为白、黑色相间的斜纹;右岸一侧的顶标为红色,标杆为红、白色相间的斜纹。

④灯质

左岸一侧为绿色,顿光;右岸一侧为红色,顿光。

（6）节制闸标

①功能

设在靠近节制闸上游或上、下游一侧的岸上,也可将灯悬挂于节制闸的上游或上、下游水面上空的架空线上,标示前方是节制闸,防止船舶误入发生危险。

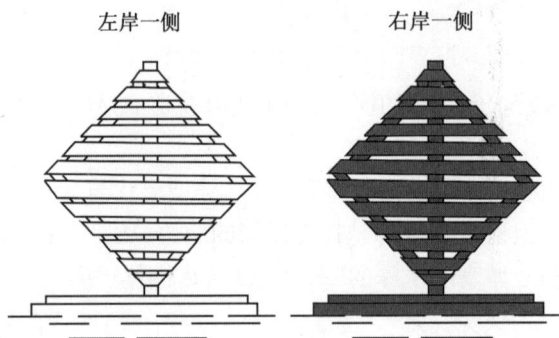

左岸一侧　　　　右岸一侧

图 4-14　横流标

②形状

标杆上端装圆形标牌一块,标牌面向上游或上、下游来船方向,标牌上绘有船形图案及禁令标志,如图 4-15 所示。

③颜色

标杆为红、白色相间的斜纹,标牌为白底、红边、黑色船形图案加红色斜杠。

④灯质

并列红色定光灯两盏。

图 4-15　节制闸标

(7)航道信息标

①功能

主要用于揭示航道前方交叉河口、城市、港口、水上服务区、锚地、水利枢纽、船闸、航道管辖分界点等的名称、方向、距离,或标示所在地点的航道里程等信息。

②形状

长方形牌,辅之以箭形、文字、图案、数字、字母等。

③颜色

牌面为绿底或蓝底;箭形、文字、图案、数字、字母均为白色;立柱为黑白或蓝白色相间的斜纹。

④灯质

不设灯光,利用光电设施等显示信息内容。

（8）航道整治建筑物提示标

①功能

设在潜坝、丁坝、护堤带等航道整治建筑物附近的河岸或水面,标示航道整治建筑物所在的位置及范围。

②形状

正方形标牌,左右两侧或一侧带三角形标牌。三角形标牌上数字(单位为米)为侧向航道整治建筑物的范围;正方形标牌上绘有图案或整治建筑物名称。

③颜色

牌面为蓝底;文字、图案、数字均为白色;立柱为黑白或蓝白色相间的斜纹。

④灯质

岸标不设灯光;安装在具有浮力的底座上时,灯质为黄色单闪(双闪)光;或利用光电设施显示信息内容。

3.专用标志

专用标志是为标示沿、跨航道的各种建筑物,或为标示特定水域所设置的标志,警告船舶注意这些水域。专用标志包括管线标及专用标等两种。

（1）管线标

①功能

设在需要标示跨河管线(即管道、电缆、电线等)的两端或一端岸上,或设在跨河管线上、下游适当距离的两岸或一岸,禁止船舶在敷设水管的水域抛锚、拖锚航行或垂放重物,警告船舶驶至架空管线区域时注意采取必要措施。

②形状

两根立柱上端装等边三角形空心标牌一块,设在跨河管线的两端岸上的标牌与河岸平行;设在跨河管线上、下游的标牌与河岸垂直。标示水底管线的三角形标牌尖端朝上,标牌下部写"禁止抛锚",并根据需要配单箭头横条,上游侧箭头朝下游方向,下游侧箭头朝上游方向;标示架空管线的三角形标牌尖端朝下,标牌上部写"架空管线",如图4-16所示。

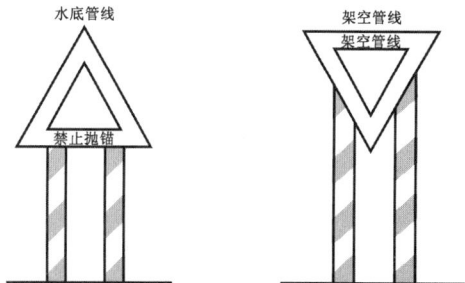

图4-16　管线标

③颜色

立柱为红、白色相间的斜纹,标牌为白色、黑边、黑字。

④灯质

标牌的三个顶端各设置白色或红色定光灯一盏。

（2）专用标

①功能

标示锚地、渔场、娱乐区、游泳场、水文测量、水上水下施工作业等特定水域；或标示取水口、排水口、泵房以及其他航道界限外的水工建筑物。

②形状

任选，如图4-17所示。

③颜色

黄色。

④灯质

黄色，单闪光或双闪光。

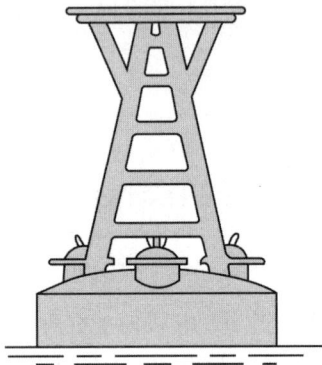

图4-17 专用标

4.警示标志

警示标志主要警示船舶不能随意用锚及避离危险水域。它包括禁止抛锚标与危险水域标。

（1）禁止抛锚标

①功能

设在水下或河岸附近有航道整治建筑物或其他水工设施的河岸上或水上，警示船舶不能抛锚、拖锚航行或垂放重物。

②形状

带立柱长方形牌面上绘铁锚图形，上压斜杠。

③颜色

标牌牌面为白底、红边框、红斜杠，标牌为白色、黑边、黑字，立柱为红、白色相间的斜纹。

④灯质

黄色，快闪。

（2）危险水域标

①功能

设在有沉船、水下障碍物、水工建筑物等船舶驶入存在特别危险的水域，警示船舶不能穿越该水域。

②形状

专用标标体的顶部加装"×"形顶标。

③颜色

黄色。

④灯质

黄色快闪,或黄色"×"形显形定光。

第二节 ● 内河交通安全标志

一、概述

内河交通安全标志是用图形符号、颜色和文字向交通参与者传递与交通有关的信息,用于管理交通的设施。它在规范内河交通行为、促进内河交通安全管理现代化和降低内河交通事故等方面有着极为重要的作用。

现行的《内河交通安全标志》(GB 13851—2019)是一个强制性标准。

1. 适用范围

适用于内河通航水域,即中华人民共和国境内的江、河、湖泊、水库、运河内船舶可以航行的水域及其港口;海港设置交通安全标志可以参照;我国与其他国家订有协议的国境河流设置交通安全标志时,经协商一致,也可以参照。

2. 标志的类别

内河交通安全标志分为主标志和辅助标志。

(1)主标志

主标志按显示内容不同分为图形标志和告示性标志,图形标志以图形符号为主要特征传递信息,告示性标志以文字为主要特征传递信息。

主标志分警告标志、禁令标志(有禁止、解除禁止和限制标志 3 种)、指令标志和提示标志4 类。

警告标志——警告注意危险区域或地点的标志。

禁令标志——禁止或限制交通行为的标志,其解除禁止标志则为解除对某种交通行为禁止的标志。

指令标志——指令实施交通行为的标志。

提示标志——传递与交通有关信息的标志。

(2)辅助标志

辅助标志是附设在主标志下,对主标志作用的时间、距离、区域和范围、原由、船舶种类等做补充说明的标志。辅助标志是不能单独使用的。

3. 标志的形状

（1）主标志

主标志的形状为正方形和长方形。标志个体是正方形还是长方形，长方形是竖置还是横置，不按标志类别区分而取决于标志中代表某种含义的图形符号。尺寸大小根据航道等级按照标准的规定选取。

（2）辅助标志

辅助标志的形状为长方形，长度应与其所附主标志的宽度相等，高度根据内容按规定确定；当内容较多一行排列不下，或因表达内容需要时，可相应增加高度做二行排列。

辅助标志附加在主标志的下部，其上部边框线应紧靠所附主标志边框的下边，边框左、右和下部的衬边应与所附主标志的衬边等宽。

4. 一般说明

（1）内河交通安全标志构成图案的数字，除表示航速（km/h）、时间、频道、频率的以外，均应标明其计量单位。计量单位采用国际单位制（SI）单位的国际代号表示；时间采用24小时制以4位数表示，前2位为"时"，后2位为"分"，中间不加"："；船舶的吨位是指船舶检验证书上的"参考载重吨"。

（2）在解释标志含义时述及的"前方""左侧""右侧"，均对面向标志者而言。即：面向标志者的前面是"前方"，其左手一侧为"左侧"、右手一侧为"右侧"。这同船舶的舷别（左舷或右舷）、河流的岸别（左岸和右岸）和助航标志中的侧面标志（左侧标或右侧标）不是同一个概念。

（3）除有规定"顺航道设置"的以外，其标志板面应与航道中心线成一定夹角：宽阔航道45°～60°；狭窄航道为75°～90°。

二、各种标志的功能与识别

1. 警告标志

警告标志的颜色为黄底、黑边框、黑图案（文字），是警告船舶注意危险区域或地点的标志，通常设置在距离其表达对象300～500 m的范围内。驾引人员看到警告标志，应当做好思想和行动上的准备，按照《中华人民共和国内河避碰规则》和有关港航规章的规定，实施交通行为。警告标志编号101～122，共22个，其形状、颜色如图4-18所示。常见警告标志解释如下：

（1）紊流（急流、涡流）标志

标示前方水域水流紊乱，警告船舶谨慎驾驶，注意紊流对船舶操纵的影响。设在水流紊乱航段的两端。

（2）取水口标志

标示前方有取水口，警告船舶在规定的距离外通过，且不应在附近逗留或停泊。设在取水口保护架上，或其上、下游的适当位置。

（3）渡口标志

标示前方有渡口，警告船舶注意渡船动向，主动避让。设在渡口上、下游的适当位置。

（4）高度受限标志

标示前方水上过河建筑物的通航净空高度受限,警告船舶应在掌控自身高度的前提下,根据当时水位安全通过。设在通航净空高度未达到《内河通航标准》(GB 50139—2014)规定的水上过河建筑物上,或其上、下游的适当位置。在高度受限标志附近,应附设"通航净高标尺"。

（5）事故易发区标志

标示前方为事故易发区,警告船舶加强瞭望、谨慎驾驶、注意避让。设在事故易发区域的两端。

（6）注意危险标志

用来标示以上警告标志未能包括而需引起船舶警觉的区域。设置在所要标示区域的两端。设置时应附加辅助标志补充说明标示区域的性质,如"交通管制区""施工区域"或岸边的"残桩""沉石""围堰"等。

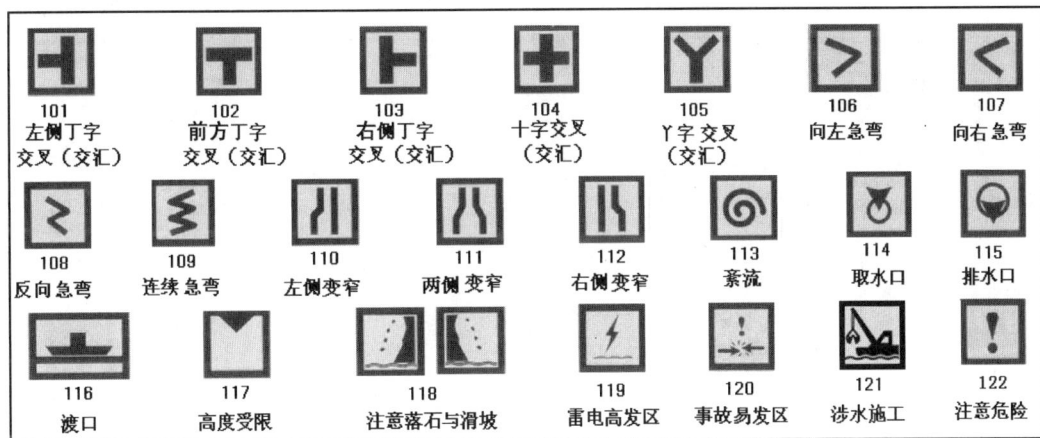

图4-18　警告标志

2. 禁令标志

禁令标志分三类,即禁止标志、解除禁止标志和限制标志。禁止标志的颜色除个别标志外,为白底、红边框、红斜杠、黑图案（文字）,图案压杠;解除禁止标志为白底、黑边框、黑细斜杠、黑图案,图案压杠;限制标志为白底、红边框、黑图案（文字）,无斜杠。禁令标志是禁止、限制某些交通行为的标志,解除禁止标志是解除禁令的标志。禁令标志不提前设置,禁止和解除禁令都自标志开始发生作用。解除禁止标志因故不能设置时,应在禁令标志下附加说明其作用距离的辅助标志。

禁令标志共37个,其中禁止标志18个（代码范围201～218）、解除禁止标志8个（代码范围301～308）、限制标志10个（代码范围401～410）、警示桩标志1个（代码501）,其形状、颜色见图4-19、图4-20、图4-21。常见标志如下:

（1）禁止通行标志

由于某些原因,某段通航水域必须禁止船舶通行（双向）,就在该区域的两端设置禁止通行标志,船舶不得越过该标志在禁止通行的水域内行驶。

（2）禁止掉头及其解禁标志

禁止掉头标志设在禁止掉头区域的两端,标示前方水域禁止船舶掉头。在禁止船舶掉头区域的终点,应当设置解除禁止掉头标志。

（3）禁止追越及其解禁标志

禁止追越和并列行为可以分别使用"禁止一切船舶追越"的禁止追越标志或"禁止船队间相互追越（而不禁止其他船舶追越）"的禁止船队间相互追越标志来表达,设在需要禁止追越和并列行驶航段的两端。在禁止追越航段结束的地方,应当设置解除禁止追越标志。这两个禁止标志使用同一个解禁标志。

（4）禁止会船标志及其解禁标志

禁止会船标志设在禁止会船航段的两端,标示前方水域禁止船舶交会,实行单行交通。船舶看到标志,应当按照《中华人民共和国内河避碰规则》或当地的特别规定实施交通行为。禁止会船的河段还可以配合使用停航让行标志（指令船舶在标志处停航,等候通行信号或现场指挥）。禁止会船的航段结束,应当设置解除禁止会船标志。

图 4-19 禁止标志

（5）禁止并列行驶标志

禁止并列行驶标志设在禁止并列行驶航段的两端,标示前方水域禁止船舶并列行驶。船舶应当在同前船保持安全距离的情况下尾随行驶。

（6）禁止停泊标志

禁止停泊标志顺航道设在禁泊区的中间、一端或两端,标示该区域禁止船舶锚泊或系泊。

（7）禁止用锚标志

在水闸、船闸、过河管线等的一定范围内,严禁船舶用锚,这个区域可以用禁止用锚标志标示。在禁止用锚标志标示的范围内,严禁船舶锚泊、抛锚掉头、放倒锚和送流锚（水中或岸上）等一切用锚方式。

（8）限制靠泊范围标志

限制靠泊范围标志顺航道设在限制靠泊范围的地方（如在泊位上）,表示这里对船舶的靠泊范围有限制,禁止船舶超过标示范围靠泊。限制的可以是靠泊的宽度（B）,也可以是并靠船舶的数量,以附加辅助标志标示。这就是说,限制靠泊范围标志必须附加辅助标志,否则,它将无实质内容。

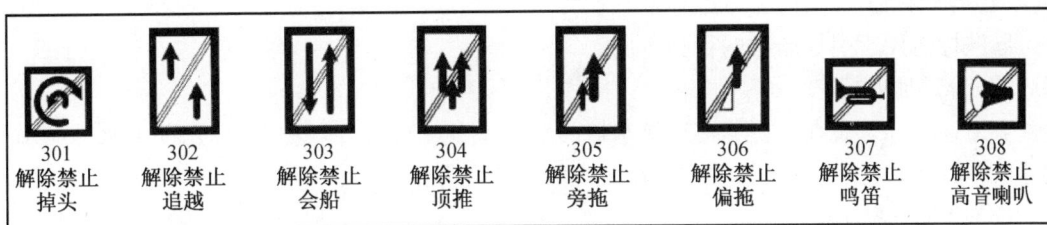

图 4-20 解除禁止标志

（9）限制船舶尺度或吨位标志

限制船舶尺度或吨位标志为禁令类告示性标志，禁止超过标示数值的船舶进入本港或本航道。设在需要限制船舶最大尺度或吨位的港口或航道的入口处。

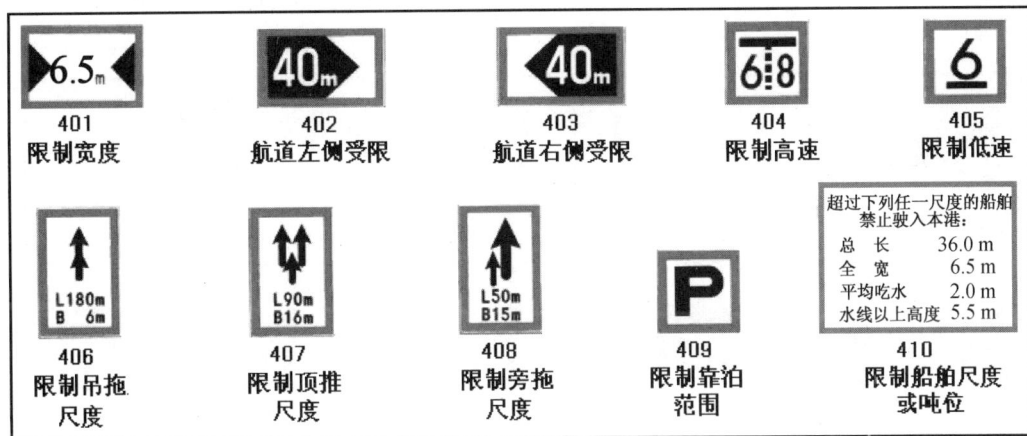

图 4-21 限制标志

（10）警示桩标志

警示桩标志用来警示航道中的碍航设施。标志为红白相间横条纹，设置在低水位露出而高水位淹没的桥梁承台或其他水中建筑物顶面的周边，以显示其界限，如图 4-22 所示。

图 4-22 警示桩标志（501）

3. 指令标志

指令标志是指令船舶实施某些交通行为的标志。指令标志共 15 个（代码范围 601～615），标志的颜色为蓝底、白边框、白图案，其形状、颜色如图 4-23 所示。常见指令标志表述如下：

（1）导向标志

导向标志用于引导船舶的行驶方向。

（2）分道通航标志

分道通航标志设在实行分道通航水域两端的岸上或通航分隔物上，标示前方水域实施分道通航，船舶应根据自己的行驶方向在规定的分道内行驶。

（3）停航受检标志

停航受检标志用于指令船舶停航接受检查，设在经批准设置的长期或临时检查站的适当位置。国家规定在正常情况下，只有海事管理机构有权指令在航船舶停航接受检查，所以在本标志的下方应当附加"海事"字样的辅助标志。

（4）横越区标志

横越区标志是划定横越航道的区域，指令需要横越航道的船舶只准在本区域越江的标志。设在横越区的两岸。

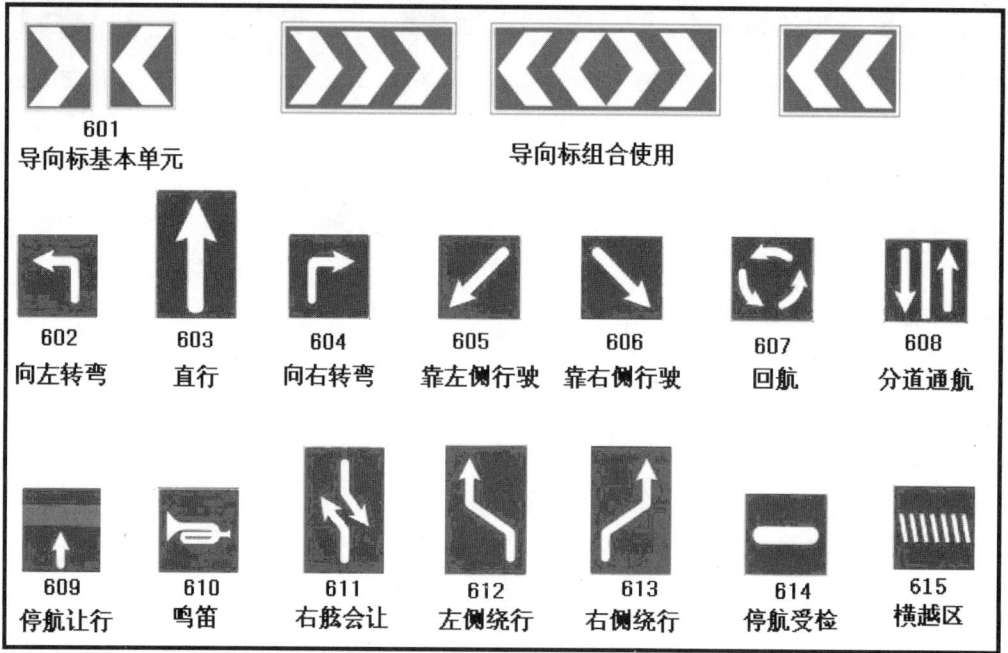

图 4-23　指令标志

4. 提示标志

提示标志的颜色为绿底、白边框、白图案（文字），是传递与交通有关的信息，向船舶提供服务的标志。提示标志共 25 个（代码范围 701～725），其形状、颜色如图 4-24 所示。常见提示标志说明如下：

（1）允许某些交通行为并标示其区域的标志

允许船舶的某些交通行为并标示其区域的标志有 3 个（靠泊区标志、锚地标志、掉头区标志），它们都顺航道设置在这些区域的中间、一端或两端。

（2）场所距离标志

为告示性提示标志，标示某个与内河交通有关的场所（如船舶加油站、航修站、应急站以及船舶污染物接收站等)的方向和距离。顺航道设置在该场所上、下游的适当位置。

图 4-24　提示标志

（3）航道尽头标志

标示该段水域为航道尽头，设在该水域的入口处。

（4）通航净高标尺和闸门槛水深标尺

均由铭牌和标尺组成。通航净高标尺用于显示当时水位水上过河建筑物的实际通航净空高度，设置在水上过河建筑物上或其上、下游显而易见的适当位置。闸门槛水深标尺用于显示当时水位闸门槛上的实际水深，设置在闸门槛上、下游显而易见的适当位置。

（5）其他告示性提示标志

所谓告示性标志是以文字为主，辅以或不辅以图形符号，做告示性表述并以告示内容确定类别归属的主标志。交叉河口、航线（道）起讫、岸线使用范围等交通信息，都可以告示性提示标志标示。

5. 辅助标志

凡主标志无法完整表达其规定时，应附加辅助标志。辅助标志的颜色为白底、黑色、黑边框。辅助标志所表述的文字应当简洁、明了、准确、无歧义，需要时可以使用"箭头"等图形符号。

辅助标志附加标示方法有标示时间，标示方向、距离，标示区域、范围，标示原由，标示船舶种类，以及组合标示（需要同时标示上述两种及以上内容时，使用组合标示的方法只使用一块辅助标志）等，如图 4-25 所示。

6. 可变信息标志

可变信息标志是一种可以改变显示内容的标志。它可以显示因航道、船闸、船舶流、交通

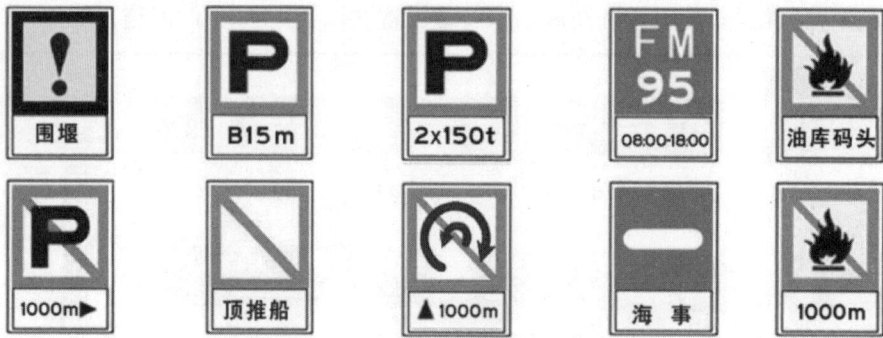

图 4-25　主标志附加辅助标志标示方法

事故、水上水下施工和气象等情况的变化而改变的管理内容,用于发布航行通(警)告、气象预报、交通信息,以控制船舶航速、流向和流量,更有效地管理交通;结合水位仪,还可以显示水上跨河建筑物随时变化着的实际通航净空高度。

可变信息标志一般用于干线航道、干支流交汇水域和通航密集区、交通管制航段以及船闸、港区等重要水域。

可变信息标志的字幕颜色应根据所显示内容的性质遵循下列原则:警告为黄色,禁止、限制为红色,指令为蓝色,提示为绿色。图 4-26 为指令类可变信息标志,图 4-27 为提示类可变信息标志。

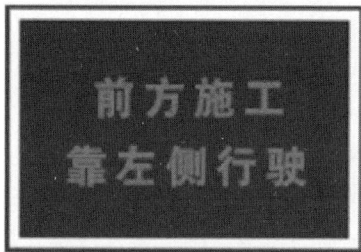

图 4-26　指令类可变信息标志(801)

图 4-27　提示类可变信息标志(802)

第五章
内河航行图

> 航行图是水道图的一种,是按一定的比例尺将河槽形状、水深分布、障碍物位置以及与航行有关的资料等,用各种符号绘制在平面纸上,供船舶航行参考用的一种地图。图中不能用符号表明的部分,则以文字加以说明。航行图是船舶驾引人员在航行中必备的重要资料,是船舶驾引人员全面了解和掌握航道情况,正确地选择航路,摆正船位,引导船舶安全航行的重要依据。

第一节 ◉ 航行图的基本要素

一、比例尺

图上线段长度与对应的实际地形长度相比,称为该图的比例尺,它表示航行图的图形与实际地形之间的大小关系,亦即图形是按实际地形的多少倍缩小绘制而成的。航行图上常用的比例尺有两种:

1. 数字比例尺

用分数或数字比例形式表示的比例尺叫数字比例尺。为了计算方便,一般比例尺用分子等于1、分母为整数的形式表示,分母表示实际地形长度在图上的缩小倍数。航行图中常用的比例尺有 1/25 000、1/40 000、1/50 000 等,也可以写成 1∶25 000、1∶40 000、1∶50 000 的形式。分母愈大,则比例尺愈小;反之,分母愈小,则比例尺愈大。

2. 直线比例尺

在图上用一定线段的长度来表示地面上的实际长度或用直线刻度尺的形式表示的比例尺,叫直线比例尺或图示式比例尺。应用数字比例尺需要经常换算,在实际使用时不方便,为了直接而方便地进行图上与实地相应水平距离的换算,可采用直线比例尺,它可以在图上直接量取距离,使用方便,故一般航行图上均采用它,如图 5-1 所示。

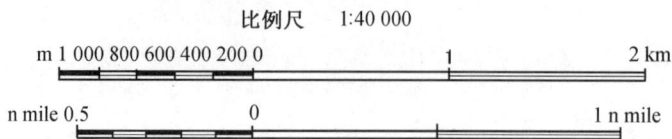

比例尺　　　1:40 000

m 1 000 800 600 400 200 0　　　　　　1　　　　　2 km

n mile 0.5　　　　0　　　　　　　1 n mile

图 5-1　直线比例尺

在渐长纬度图上,纬度 1′的长度表示地理上的 1 n mile,所以图上两边纬度分划也是一种比例尺,可直接在航行区域附近的纬度分划上量取实际距离。

二、图式

航行图上,用来表示各种不同河床、地形、地物、障碍物等要素的符号、缩写、注记和颜色称为图式(又叫图例)。它是人们识别和使用航行图的重要工具,是测图者和使用者沟通的语言。航行图所用的图式大致有水深、水区界限、水区障碍物、航线、水流、助航标志、居民点及地物地貌等。统一标准的图式能够科学地反映实际场地的形态和特征,不同的航行图所用的图式大致相同,但也有个别符号(如等深线)有不同的规定,使用时应予注意。

1. 图式的主要内容

有关图式的主要内容包括水深、水区界限、水流、锚地、港口、水区障碍物、底质等,见表5-1。内河助航标志图式见表5-2。

2. 重要图式注释

(1)图注水深

航行参考图上河道中水深数字如"1_2""4_5"等,是绘图基准面到河底的距离,称为图注(图示)水深。1_2表示该处河底高出绘图基准面 1.2 m;4_5表示该处河底在绘图基准面下 4.5 m。

(2)等深线

等深线是指航行图上水深相等的各点连线,用实线或虚线等方式来表示。

(3)礁石

礁石是指水道中突出、孤立的岩石。它可区分为明礁、干出礁、适淹礁和暗礁。明礁是洪水期露出水面的孤立岩石;干出礁是绘图基准面以上的孤立礁石,洪水期时淹没,枯水期时露出,数字注记是干出高度;适淹礁是绘图基准面适淹的礁石;暗礁是绘图基准面以下的孤立礁石,数字注记是礁石顶端的图注水深。

(4)沉船

沉船分为部分露出基准面上的沉船、深度不明的沉船、测出水深的沉船等。

表 5-1 水深、水区界限及各种障碍物等图式

符号名称	符号	符号名称	符号	符号名称	符号
岸 线		概位(疑存)礁	T(概位) T(疑存)	水 塔	
陡 岸		部分露出基准面上的沉船		塔形建筑物	
水深数字	5₂(基准面上的水深) 9₂(基准面下的水深)	深度不及6.5m的沉船		宝塔、烟囱	
等深线(m)	5 10	深度超过6.5m的沉船		教堂、庙宇	
导航线	260°~80°	深度不明的沉船		纪念碑	
禁区界线		测出水深的沉船	船 (6₃)	山 脉	
港 界		性质不明的障碍物		铁 路	
里程线	170			公 路	
危险界线		测出深度的性质不明障碍物	碍 (5₃)	公(铁)路两用桥	
锚地界线		石 堆	▲▲	公路桥	
卵 石		漩 涡		小 桥	
沙 滩		急 流		城 镇	
岩 礁		流 向		乡 村	
险恶地		大船锚地	⚓	独立村	
明 礁	⊥ ⊥	小船锚地	⚓	雷达站	
暗 礁	T T			气象站	
干出礁	+ +				
适淹礁	⊞ ⊞				
明确深度的暗礁	(1₃)	三角点、高程点	△ ⊙		

表 5-2　内河助航标志图式

序号	名称	图例		序号	名称	图例	
		左岸	右岸			左岸	右岸
1	过河标（设于岸上）			12	侧面标	柱形浮标	
2	过河标（设于水上）					锥形、罐形（设于水中）	
3	过河标（装梯形牌）					锥形、罐形（设于岸上）	
4	沿岸标					杆形浮标	
		背景深暗处	背景明亮处			灯船	
5	导标					灯桩	
6	导标（装梯形牌）						
7	过渡导标			13	左右通航标	柱形浮标	
8	过渡导标（装梯形牌）					锥形浮标	
9	首尾导标					锥形标（设于岸上）	
10	首尾导标（装梯形牌）					灯船	
11	间接导标					塔形灯桩	

序号	名称	图例		序号	名称	图例	
14	示位标	★		23	水深信号标		
15	桥涵标			24	节制闸标		
				25	航道信息标		
				26	航道整治建筑物提示标		
		左岸	右岸				
16	泛滥标（设于岸上）			27	管线标	水底管线	
17	泛滥标（设于水上）					架空管线	
18	横流标（设于岸上）			28	专用标		
	横流标（设于水上）			29	禁止抛锚标		
19	通航信号标			30	危险水域标		
20	进出闸信号			31	航道（标）站		
21	鸣笛标			32	航道（标）处		
22	界限标			33	发光标记		

注：凡需区分左、右岸的图例，右岸（或背景明亮的导标）的图例均为红色，发光标记为紫色；图例加虚线圆圈时，表示虚拟航标图例。

（5）障碍物

障碍物是指水域中有碍航行的物体。如水底的桩、柱、管、弃锚等类，均注明性质、图注水深。标注"概位""疑存"，表示其位置及存在的可靠程度。

（6）险恶地

险恶地是指岩礁、暗礁密布，不能一一测定位置，对航行有极大危险的水域。

第二节 ● 航行图的种类与特点

目前航行图主要有航行参考图、船舶定线制航行参考图、电子江图和雷达航行参考图等。

1. 航行参考图

航行参考图又称为航行图，是最基本的助航图册，一般为高斯–克吕格投影图，由图页部分和文字说明部分组成。航行参考图内容详细，图示直观。

（1）图页部分

主要内容是以各种符号标明某段水道的形态、宽度、水流、水深、底质、滩险、礁石、沙嘴、浅滩、沉船等障碍物的位置、大小、高低和碍航程度，亦表明航行时可供利用的助航标志及锚地等。在每张图页上均有标题栏，其内容一般包括该段水道的名称、比例尺、资料来源、测量日期、绘图基准面、潮汐资料、方位圈、磁差和水道说明等。在图的边框，一般还注有图号和图幅的大小等。

图上方位圈的刻度为坐标方位，与纵向网格线平行的指北端为坐标北，航标位置应按坐标方位测算。还有一个指北端为磁北，可用于磁罗经校正、确定真北等。

（2）文字说明部分

说明部分有说明、前言、目录、索引图、图式（图例）、航区概论、驾引须知、主要港口概况等。其内容包括航行图的绘编、资料来源和采用方式、图的测量和绘制方法、有关航行的自然条件，以及气象、水文、地质情况等。

2. 船舶定线制航行参考图

船舶定线制航行参考图在航行参考图的基础上，增加了船舶定线制的内容，其内容也由图页部分和文字说明部分组成。船舶定线制航行参考图一般以彩图形式绘制而成，不同的定线制内容用不同颜色来区别表示，图示更清楚、明了、规范。

（1）图页部分

除与航行参考图具有同样内容外，其主要结合航道具体情况，根据船舶定线制规定，以不同的符号、线段和颜色，标明航道边线、分隔带（线）、上行通航分道、下行通航分道、深水航道、小型或慢速船舶的推荐航路、特定航路、航行警戒区等内容。

（2）文字说明部分

除具有航行参考图的文字说明内容外，主要介绍了航道概况、船舶航路和航行注意事项等内容。

3. 电子江图

电子江图是指利用计算机、地理信息等技术,将航道各要素信息按照一定的规范进行技术处理,制作而成的标准化、数字化的屏幕显示地图。

电子江图不仅用于显示航道和水面状况,在综合导航系统中还有多种应用。对于长江电子航道图,可以通过互联网了解其详细内容,网址为:http://www.cjienc.com。

电子江图将纸质航行图的内容以数字化的形式表现在电子屏幕上,不仅可以包含纸质航行图的所有内容,而且还可以叠加更多的纸质图没有或无法表现的内容,实现更强大的助航功能,具体表现在以下几个方面。

(1)定位导航

通过与电子定位系统、AIS 信号相结合,电子航道图显示与浏览,本船动态、静态参数显示等,实现定位与导航功能。电子江图中存储有不随时间变化的上、下行理想航线和可航水域的范围界限,根据河流的地理条件和实际交通状态,自动产生一条引航线,从而实现自动引航目的。

(2)航道信息查询与显示

为用户提供全方位、最新的航道信息查询服务。实现航道要素、流速信息、可航水深、可视距离及虚拟航标等的查询与显示。

(3)航行监控管理

通过设置监控参数,设定特定目标和水域,实现航行预警和提示。通过对船舶所在位置及航行状态进行远程实时监控并记录监控信息,实现实时监控功能以及船舶航行轨迹回放功能。

(4)自动更新

可以实现电子航道数据,以及航标、水深等信息的自动更新。

(5)辅助决策服务

可满足用户查询当天及未来一段时间不同水深航道范围,为用户设计经济航线、编制航次计划以及船舶配载等提供辅助决策服务。

另外,电子江图还可实现距离、方位测定,标注等功能。

4. 雷达航行参考图

雷达航行参考图就是将航道以连续的雷达图像表现出来的一种航行图,并配以一般的航行参考图做对照比较。

雷达航行参考图更有利于驾驶员熟悉航道、判断船位,更好地运用雷达助航。

(1)图的组成和内容

雷达航行参考图由前言、使用说明和图页三部分组成。前言部分简要地介绍了研制雷达图的目的和意义。

使用说明部分有雷达原理简介、雷达主要旋钮的作用、雷达图像的识别、雷达使用方法、制图说明和雷达航行参考图图例等 6 个方面的内容。

雷达航行参考图图页明显地区别于一般航行图页。它除与航行参考图有同样的图页部分外,还有由若干张雷达屏幕瞬间图像衔接而成的雷达图片,两者组合而成其图页。两图比例相同,位置上、下或左、右对应。雷达图不是雷达屏幕上某些瞬间图像的简单组合,而是从总体上反映航道全貌的雷达图像。

（2）图的主要功能

雷达图册为驾引人员提供了一幅完整的雷达图像，是目前在雷达助航中分析航道特征和研究航法的最好依据，是评价雷达图像优劣的参考资料。它具有如下的功能：

①有利于驾驶员识别航道。雷达对于驾引人员识别航道和熟悉雷达图中的岸形、地貌均具有较好的参考价值。经常将雷达图与雷达屏幕图像对照，将会大大缩短驾引人员熟悉航道的时间，帮助其掌握河床走向及航道特征。

②便于准确判定船位。保证船舶夜航、雾航的安全，关键在于准确判定船位，这对丢失船位的值班人员和刚进驾驶台准备接班的驾驶人员尤为重要。在内河航行，使用雷达以前，驾驶员只能根据天然和人工物标用目测确定船位。夜间，当驾引人员看不清天然和人工物标的准确位置时，定位的准确性就受到影响。

用雷达定位，选点的依据由河心和岸边某些物标，扩大到岸堤外的山脉、树林、村庄等物标，而这些瞬时物标一般不易为某些驾驶员所掌握和利用，更不容易被记牢。有了雷达图之后，可随时将雷达屏幕图像与图对照，根据江面和堤岸内外雷达成像的线条、斑点特征，很快地找到本船所在的位置。雷达图的使用扩大了选点定位的依据和范围，增加了定位的可靠性，缩短了定位时间。

③能提供选择正确航路的依据。确定船位之后，根据雷达图上标示的上、下行参考航线，可以立即确定船舶应走的航路，如吊向某物标，与左岸平行还是与右岸平行等，以确保航行安全。

第六章

引航基本要领

驾引人员要引导船舶在内河航道中安全航行,必须掌握一些基本的引航要领。引航要领主要包括对航道的航行条件的分析、引航基本技能的掌握,如航路选择、船位的把握、定线制的执行与运用等。

第一节 ⚫ 航行条件的分析

航行条件是指船舶行驶水域内的航道、水文、气象、航标,船舶会让等客观因素的综合构成情况。这些因素虽然错综复杂,但互相联系、互相依赖,并在一定条件下发生变化,而它们的变化及其变化规律与船舶引航密切相关。因此,驾引人员必须准确掌握各因素变化规律,了解各类船舶在各种水域中的运动特征,拟定正确航路,及时准确定位,注意船舶会让,以确保船舶安全航行。航行条件主要包括以下几个方面:

1. 航道特征

航道特征包括河段的地形地貌、河床形态、航道尺度、支汊河与捷水道的分布及开放水位,汛期漫坪地段及漫坪水位,河槽内碍航物分布及碍航程度,急流滩、险槽河段碍航特点,跨河碍航物、船闸等限制性航道情况,分道通航制情况等。

2. 水文特征

水文特征包括比降、流速、水位(深)大小,主流、缓流分布,不正常水流特征、分布及其对船舶航行的影响,潮汐变化特征及其对船舶航行的影响等。

3. 助航标志

这里所指的助航标志是可供利用的天然和人工助航标志。天然助航标志通常是指自然物标,包括树木、山头、岸嘴、突出的建筑物等,这些标志均可用来作为船舶选择航路、确定船位的参照物。人工助航标志包括《内河助航标志》和《内河交通安全标志》中的各种标志。

4. 船舶动态

船舶动态是指相遇船舶的种类、性质、大小、操纵性能、活动规律,相遇地点、态势,以及相应的避让原则与方法等。

5. 气象特点

气象特点主要是航行水域的降水、雾、风等气象要素的特点及变化规律,还有雷暴、大风、寒潮、台风等灾害性天气的发生和变化特点,以及对船舶航行的影响。

内河航道航行条件具有多样性和复杂性的特点,同时也存在着某些共性特征。驾引人员只有通过对航行条件进行充分全面的分析,才能正确制定相应的引航操作方案,确保船舶航行安全。

第二节 ◉ 航路的选择

一、航路选择

航路是指船舶根据河流的客观规律或者有关规定,在航道中所选择的航行路线。从根本上讲,"有关规定"也要遵循河流的客观规律。航路选择正确与否,关键看是否符合河流的客观规律或者有关规定。

航路的选择,贯穿于船舶航行的始终,是内河引航技术的重点。船舶如因航路选择不当或错走航路而占据他船航路,不仅导致航速降低、引航操作被动繁杂,而且还可能导致碰撞、触礁、搁浅等水上交通事故的发生。

内河的船舶航路,根据其实际情况的航线差异,包括水域、航向、位置的差异,习惯与规范间的差异等,可分为顺流航路、逆流航路、过河航路、规定航路(包括平流航路)与推荐航路。不论哪种航路的选择,都必须依照航行条件而决定,而航行条件受水位涨落影响而变化,所以不同水位期的航路是有差别的,有枯水、中水、洪水航路之分。

(一)顺、逆流航路

1. 顺流航路的选择

其基本原则是以主流为依据,将航路选择在主流范围内或航道中间,俗称"找主流,跟主流",如图6-1所示。目的是充分利用流速,提高航速,充分体现既经济又安全的原则。所以,在航道条件许可的情况下,如顺直河段,顺流航路尽可能选择在定向距离长的主流位置上,少做折线航行,减少用舵次数,避免航迹线扭摆而增大船舶阻力。但对主流中的浅礁等碍航处,航路应做阶段性的调整,绕避障碍物;对航道狭窄或弯曲系数较大的河段应选择高流势,即挂高航行。这样才能在利用主流的同时,保证船舶航行的安全。

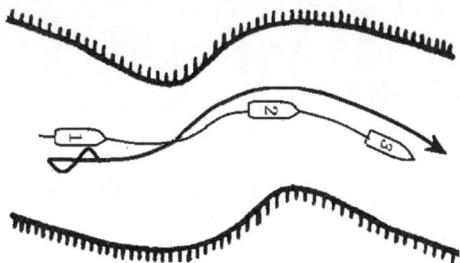

图 6-1　顺流航路示意图　　　　图 6-2　逆流航路示意图

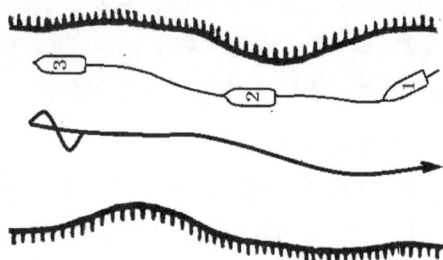

2. 逆流航路的选择

其基本原则是沿缓流或航道一侧行驶,俗称"找主流,丢主流",如图 6-2 所示。目的是避开主流,提高航速。而在主流两侧均有缓流区可供利用,需要选择哪一侧缓流区应综合比较,优化选择。一是比较缓流区的水深、范围、流速、流态差异;二是比较上、下缓流区之间是否衔接,尽量避免过河航行。在航道狭窄或弯曲系数较大的河段,应选择水势高的一侧作为缓流区。总之,选择缓流仍然要遵循安全、经济的原则。

3. 顺、逆流航路选择的注意事项

不同类型、大小、吃水的船舶在顺流航路上没有明显区别,而在逆流航路上则表现出了很大的差异。吃水越小的船舶,缓流利用度越大,由此决定了小型船舶在逆流航路选择上的自由度也随之增大;反之,吃水越大的船舶,在逆流航路选择上的自由度相对减小。所以,大型船舶在航路选择上所受到的限制,包括航道尺度、操作性能、避让等因素的影响和限制,决定了其航路选择需要尽可能控制得精准些。

另外,顺、逆流航行要保证在既定的最佳航路上,还要充分估计风、浪、流航道情况和周围环境的影响,尤其是注意横风横流推压作用、障碍物分布和他船动态等因素的影响。所以,顺、逆流航行时,要随时消除流压差和风压差等横向不利因素的作用,一旦偏离正常航路是非常危险的。例如:山区河流由于航道弯曲狭窄、主流带窄、横流强,无论顺、逆流航行,船位应置于主流横向分速的上侧,即高流势的一侧。不仅如此,顺、逆流航行还应处理好在自身预定航路上与横越船、掉头船、靠(离)泊船、渔船等他船的会让。总之,要始终做到保证预定航路,克服横向干扰。

(二)过河航路

顺航道行驶的上行船从航道一侧穿过主流,过渡到航道的另一侧,称为过河。把过河的起止点称为过河点,有全年过河点和季节性过河点。把季节性过河点对应的当地水位习惯称为过河水位(范围值)。船舶过河航行是由航道的自然条件所决定的,也是从经济性上合理满足上行船航路选择的需要。山区河流比平原河流过河点的数量多、密度大,且过河水位和过河航行十分复杂。

1. 过河条件

船舶上行是否要过河,取决于对航道两侧缓流区航行条件的利弊权衡、优化选择的结果。过河条件具体如下:

（1）沿航道一侧行驶的上行船，当前方航道流速较大，无缓流可供利用，或水深不足，而彼岸航道前方有较长距离的缓流区时，为提高航速应引导船舶过河行驶。

（2）沿航道一侧行驶的上行船，前方有浅礁碍航，或有不正常水流，而彼岸航道顺直，且无障碍物或无严重的不正常水流，为确保航行安全，应考虑过河。

2. 过河方法

在过河航段，因航道、水流条件不同，其过河方法也不同。一般有小角度过河法、大角度过河法、盖过法、恰过法、借势过河法等5种常用的过河方法，如图6-3所示。

（1）小角度过河法

小角度过河法又叫顺过。当航道较窄，或水流较急时，用小舵角转向，使航向与流向呈较小夹角，夹角大小视航宽和水流流速而定，应避免船身横向，利用水流流压作用，边顶流边顺过对岸，如图6-3（a）所示。该方法操作较简单，安全性较好，是最常见的过河方法。

（2）大角度过河法

大角度过河法又叫摆过或斜过。当航道较宽，或水流较缓时，用大舵角转向，使航向和流向呈较大夹角，船身略成横向穿越主流摆到彼岸，如图6-3（b）所示。该方法的优点是穿越动作较快，缺点是驶过彼岸扬出船首、调顺船身的操作较难。

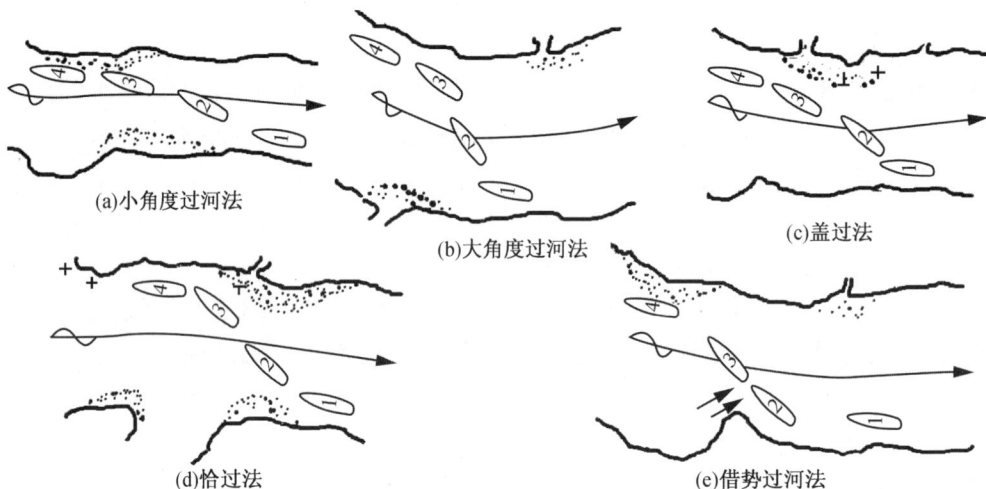

图6-3　各种过河方法示意图

（3）指定目标点过河法

当彼岸过河终止点下方有障碍物或强力急流、内拖水、滑梁水时，为避免过河漂移困岸，摆脱其下方不利影响，要求过河船必须斜向提升过渡到障碍物或险恶流态水域上方的指定目标点。该方法叫盖过法，如图6-3（c）所示。

当彼岸过河终止点上、下方均有障碍物或险恶流态水域时，要求过河船必须过渡落位于其间的恰当位置上。该方法叫恰过法，如图6-3（d）所示。

指定目标点过河法，要求准确性高，难度大，所以采用此方法时要格外小心。

（4）借势过河法

若过河起点的上方突出岸嘴有强斜流，从岸嘴下方驶出的上行船可利用斜流冲击船舷的水动力与船首前进方向的惯性力构成的上升合力，带动船舶向上游方向横移过河，这种借水动力过河的方法称为借势过河法,如图 6-3(e)所示。

该方法是山区河流较特别的一种过河方法,上行船在出角迎流过河时,横移外张迅速,如操作不当,不注意控制斜流的冲击,极易造成"打张"事故。

3.过河航路选择注意事项

(1)把握好过河时机

每种过河方法,都应该恰当掌握过河时机。在过河时机上,要根据航道、水流、船舶特点决定。比如,在上、下行航线交叉的狭窄航道,其上、下游有宽阔的水域,为避免船舶在此航段相遇,上行船应提前过河到航道的另一侧,主动避让下行船。

过河时还应考虑以不妨碍顺航道行驶的船舶为前提。

所以,为兼顾船舶避让,要灵活掌握过河时机,必要时提前过河或者延迟过河。

(2)及时调整过河后的船位

船舶过河穿越主流后,驶近对岸时,也要适时掌握扬出船首的时机。如扬出船首过早,不仅损失航速,而且船身难以落位;如扬出船首过迟,就会陷入逼近河岸无出路的困境,即使大角度扬出了船首,也难保船尾不扫岸。所以,船首一旦驶近对岸,要根据岸形、岸距、船岸角度、流态、航速等情况及时外扬,连伸带稳,调顺船身。

(三)平流航路

1.平流航路的选择

平流水域就是指流速非常小如湖泊、水库、运河、水网地区等的水域。平流航路指湖泊、水库中航行条件较好的航路,常可分近程和沿岸两种。天气好、风浪小时,可走近程航路,径直驶过湖区,以最近航程驶往目的港,这有利于提高船舶营运效率。若条件允许,应尽量选择近程航路。天气不好、风浪较大或船舶条件较差时,就应利用沿岸航路。它虽较为弯曲,航程较远,但由于水深不大,风浪较小,航行比较安全。在起航前,驾引人员应根据当时的天气情况和本船抗浪能力等因素,周密分析,妥善地选定航路。

2.平流航路选择的注意事项

(1)应遵循各自靠右原则

《内河避碰规则》第八条"航行原则"对船舶航路做出了原则性的规定。其中,特别指出"在潮流河段、湖泊、水库、平流区域,任何船舶应当尽可能沿本船右舷一侧航道行驶"。

(2)熟悉水域情况

平流航路虽然航行条件较好,航路有较大的选择余地,但也应特别注意水域中的浅区、养殖区等水域。

(四)规定航路

(1)规定航路的选择

规定航路是指水上法规对某些规定水域的船舶航路做出的专门规定。规定航路既有原则性的,也有具体的。例如,《内河避碰规则》第八条"航行原则"对船舶航路做出了原则性的规定。再如,《长江江苏段船舶定线制规定》(2013)根据长江下游的航宽大小,按船舶类型、等级分层次地对船舶航路实行分道通航制,对小型船舶实行了推荐航路、特定航路。此外,有不少港口的"港章"对航经港口水域的航路也有专门规定。

（2）规定航路选择的注意事项

规定航路应严格遵守航路设计、航法、船舶避让等有关规定，不使用规定航路的船应尽量避开。

法规中的规定航路是在充分研究了河道的航行条件后的基础上推行的，不但遵循了河流客观规律，而且规范了船舶航行与避让行为，减少了船舶航行的盲目性、随意性，这对防止水上交通安全事故的发生起到了重要作用。

第三节 ◉ 内河船舶定线制

一、船舶定线制概述

船舶定线在《国际海上人命安全公约》中称划定航路。船舶定线制的含义是指交通安全主管机关（部门）或技术性组织用法律规定或推荐形式指定船舶在水上某一区域航行时所遵循或采用的航线、航路或通航分道。实施船舶定线制的目的在于改善船舶在交通密集区、活动自由受到限制的有限水域、水深有限或气象条件不佳的水域的航行安全。

世界上首次现代分道通航制是 1967 年在多佛尔海峡实现的。目前世界上已有 120 多个地区建立了分道通航制。

我国自 2000 年 5 月开始在威海成山角实施定线制以来，在长江口、大连的大三山、琼州海峡等地也相继实施了船舶定线制。

由于定线制措施大大提高了船舶航行的安全性，我国把海上船舶定线制理念引入内河水域。早在 1996 年元月便组织实施了《长江下游分道航行规则》，随后又分别在长江下游江苏段、安徽段、长江三峡库区成功地实施了船舶定线制。

二、内河船舶定线制基本内容

1. 基本原则

目前，我国内河通航水域实行的船舶定线制规定，总体上按照"大船小船分流，各自靠右航行，避免航路交叉，过错责任"原则，重新设计了船舶航路，简化了船舶之间的避让与责任关系。

2. 船型设定

上述原则中的"大船小船分流"原则，说明船型设定以船舶大小为依据，通常以船舶尺度大小为标准进行设定，对特别需要规范其行为的船舶还从船舶吨位、性质、主机功率等方面进行了设定。如《长江三峡库区定线制规定》（2010）规定：受限船舶是指船长不小于 60 m 的客船、滚装船，或船长不小于 80 m 的货船，或 2 500 总吨及以上的船队，或主机功率每千瓦拖带量大于 4 t 的船队。又如《长江江苏段船舶定线制规定》（2013）规定：大型船舶是指船长不小于 80 m 的船舶、船队，吊拖船队除外。

3. 航路设定

航路设定是为确保顺利实现各类型船舶的分道航行而进行的设定。我国依据航道条件和航区船舶船型、船流密度等特点，选择不同的定线制形式。目前我国有分道和分边通航制两种形式。

内河船舶定线制的航路设定以分道和分边通航制为主，以推荐航路、沿岸通航带、航行警戒区等定线措施为辅。

（1）分道通航制。分道通航制是通过适当方法建立通航分道，并分隔相反方向交通流的一种定线措施，其由分隔带或分隔线、通航分道、内界线、外界线和规定交通流方向等要素组成。分道通航制主航道按双向、双线设计，基本实现大小船舶分流，具体为：大型船舶航行的航路设定在靠近深泓线附近，称为主航道或者深水航道；小型船舶的航路设定在缓流一侧，称为小型船舶航道或推荐航路，如图6-4所示。设置分隔带或分隔线是分道通航制中分隔相反方向交通流的重要措施，有时也可以利用礁石、岛屿、浅滩等作为分隔带。

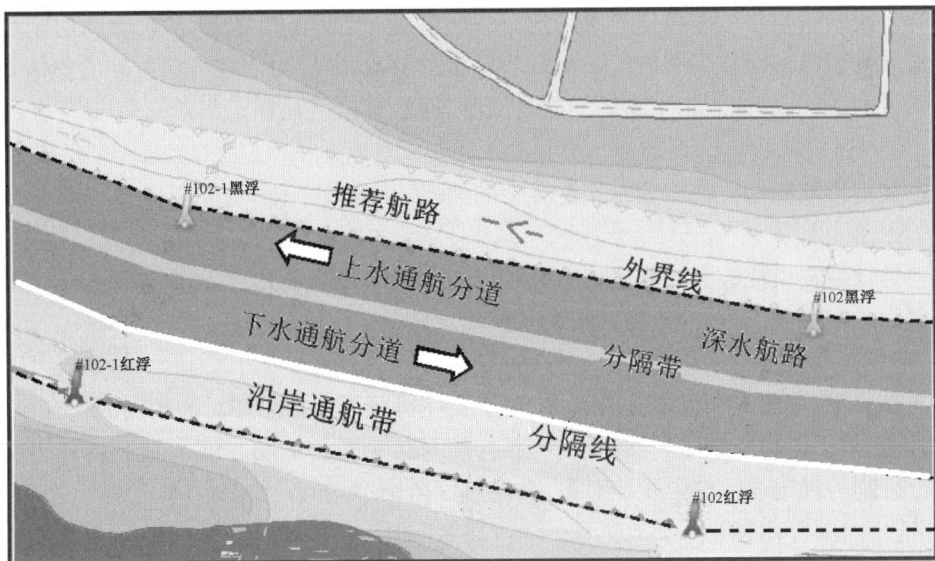

图6-4 分道通航制示意图

（2）分边通航制。分边通航制仅设置上水分边、下水分边两个分边航路，分别供上、下行船舶单向行驶，中间设置分隔线，如图6-5所示。

（3）推荐航路是沿通航分道外侧建立的供小船航行的航路，通常有规定的交通流方向。

（4）沿岸通航带是位于分道通航制向岸一侧边界与邻近岸边之间的航路，通常有规定的交通流方向。如《长江三峡库区定线制规定》规定：沿岸通航道是指自水沫线或浮标连线起向河心一侧50 m。

（5）航行警戒区是在通航环境复杂的航段划定的区域，要求船舶通过该区域时必须非常谨慎地驾驶。该区域叠加在其他航路上，通常不改变原本规定的交通流方向。

4. 航行规则设定

航行规则的设定是定线制规定中最重要的部分，是各种类型的船舶在航行时应当遵守的规定。航路设定好以后，就要在航路内设定航行原则，方便进入航路内行驶的船舶遵守规则、

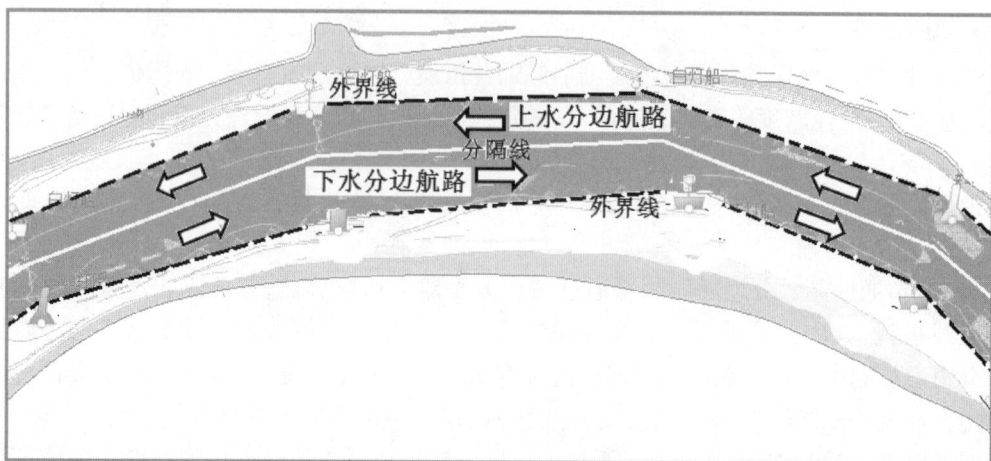

图 6-5　分边通航制示意图

有序航行。内河通航水域多属于天然河流,狭窄、弯曲、顺直航段犬牙交错,虽然划定了航路,但由于通航水域内还存在一些航行条件较为恶劣的航段,所以对于实行定线制的整体水域,根据航行条件的不同,相应制定了不同的航行原则,通常有以下几种。

（1）双向通航

设定在不影响船舶对驶相遇时安全交会的航段。

（2）单向通航

一种是设定在由江心洲或其他特殊区域分隔而成的两侧水域,有时两侧都为单向通航,有时仅一侧为单向通航;另一种是为特殊的对象而设定的。

（3）单向航行控制

通常在狭窄、弯曲或水流紊乱的航段,对于某一等级以上的船舶对驶相遇的安全风险较大时设定,主要禁止受控船舶之间在该水域会船,同时禁止受控船舶在该水域追越和齐头并进。单向航行控制的规定通常包含受控对象、受控航段范围、船舶等让水域、等让原则、上下行船舶联系点、适用时间等内容。

5. 停泊规定

停泊要求通常规定为:"船舶正常情况下应当在规定的锚地、停泊区停泊,遇恶劣天气、船舶失控等特殊情况需紧急抛锚时,应当尽可能让出规定航路。"一方面限制船舶进入安全风险较大的水域锚泊,另一方面引导船舶紧急锚泊时,尽可能减少对在航船舶的安全产生影响。

6. 避让原则设定

避让原则通常设定为:"未按规定航路航行的船舶,进出汊河口、支流及专用航道的船舶,横江渡船和靠离码头、进出锚地、水上服务区的船舶,均应当主动避让按照规定航路正常航行的船舶。"被让路船也应当注意让路船的行动,并按当时情况采取行动协助避让。这一设定突出了"沿规定航路行驶的船舶"享有被让路的权利,既简化了双方避让意图的统一过程,又便于判断相互间的避让关系,同时也明确了"沿规定航路行驶的船舶"应当承担协助避让的义务。

7. 责任设定

责任设定以"过错责任"为原则,以船舶"过错行为"为前提,强调以航路选择对错或行为对错与否来判定事故责任,主要设定为"错走航路、逆向行驶、随意横越、随意停泊等过错行为引发事故时均应负事故的主要责任或全部责任"。具体含义包括两方面:一是船舶没有履行本规定设定的航行、停泊及避让义务导致碰撞的,应承担造成碰撞的主要或全部责任;二是因碰撞造成损害的,应承担主要或全部赔偿责任。这不仅有利于规范船舶的航行行为,同时也在相当程度上保证了内河船舶定线制规定的顺利和有效实施。

内河船舶定线制规定是各海事管理机构在《内河避碰规则》的授权下制定的,实施的水域并不能代表我国内河所有的通航水域,包含的内容也不能完全覆盖船舶在内河航行、避让、责任等方面的所有情形,所以,在运用具体的船舶定线制规定时,还应当结合《内河避碰规则》及其他内河法规。

第四节　船位的控制

一、船位的概念

船舶在航道中的坐标位置,称为船位。在内河中,船位是指船舶距某航道起点的千米数,离左(右)岸的横距,以及船首线与计划航线(或岸线)的夹角。

船位是判断船舶是否处于预定航线上、是否安全的依据,又是测算航速的依据,也是继续航行时选择航线、叫舵时机、用舵多少等决策的前提。所以船位对于航行船舶具有极其重要的意义。

二、"落位"的衡量标准

"落位"是指驾驶人员根据航行条件和船舶性能,采取符合客观实际的引航操作方案,将船位摆在既安全又能提高航速的合理位置上。它是判定船位摆得正确与否的引航专业术语。就顺、逆流航路而言,"落位"应同时满足下列条件:

1. 航向与流向间的夹角要合适

航向与流向间的夹角,在不同的河段应有不同的合适角度。

在顺直河段,尽可能做到航向与流向平行顺向。这样,一方面相对提高了上、下行船的航速,体现了航行的经济性;另一方面,从安全上讲,可以减小因水流作用而发生的漂移和航向不稳定性,确保船舶航行在预定航线上。

在横流较强的河段,为了使船舶航行在计划航线上,必须修正一个合适的流压差角。尤其是在弯曲河段,下行船受扫弯水的作用,容易落弯,除挂高船位外,应使航向与扫弯水保持一个合适的夹角。

2. 岸距要适当

岸距是指船舶离岸横距大小。在航行中确定离岸距离时,应考虑航道等级、岸形结构、碍航或可航程度、船舶尺度、船舶操纵性和气象情况等因素。一般下行船要参照两岸岸形和船岸横距,而上行船则重点参照沿岸岸形及横距。那么,什么样的岸距才为"适当"? 以顺向为前提,以主流、缓流的合理利用为依据,如果主流、缓流利用合理,自然这种岸距也就合理。主流、缓流的合理利用,不仅是船位问题,也关系到顺、逆流航路的选择问题。以岸距衡量船位,可以看出船位与顺、逆流航路的相互有机统一关系。

岸距的大小,在内河引航中,一般用目测法估计。下行船通常根据河道类型与主流位置,按河宽比表示船位,如"正中分心",意即船舶沿河心行驶;"四六分心""三七分心",意即船舶在河心略偏航道左(右)一侧四成或三成,以此类推。上行船则常以船宽或船长来度量,如离左(右)岸几倍船长或几倍船宽驶过。上行船岸距若结合航标的作用距离,在某些河流是有量化规定的。

3. 尽量拉长定向航行距离

在航行条件允许的情况下,船舶应尽量做较长距离的定向航行。这样操作可减少用舵次数,缩短航程,提高航速,还可以简化操作,为驾驶员腾出时间考虑安全和避让问题。当然,定向航行距离要长也是相对的,在引航中驾驶人员应尽量解决好定向与转向的矛盾,遵循"定向不输向,转向是必须"的原则。

三、转向点与吊向点的选择

为了满足船舶选择航路、确定船位的需要,船舶在航行中,用以取向、观向或衡量船舶当时当地所处位置的固定物标称为"点"。这些"点"常指内河引航中的航行参照物,根据不同的用法,可用作为引航中的转向点和吊向点,供船舶航行抓点、定向之用。

1. 转向点

在内河水道中,由于航道走向的变化,船舶通常是分段定向航行的,从整体上看,航线呈折线。从本意上讲,转向点就是船舶改变航向的转折点。但在实际航行中,往往利用某特定的物标作为转向参考点来进行转向,如正横的物标、具有一定方位距离的物标等,在这里,我们将这些转向参考点当作转向点。转向点常选用一些具有显著特征的物标,如岸嘴、山角、航标等;在水流条件较复杂的河段,也可用各种流态为参照目标,如夹堰水、横流、泡水等,以利用水力支点使船体能圆滑地转向,驶达预定的航路上。

虽然有了转向点,但是转向时机选择正确与否,对船舶能否"落位"关系较大。在正常航线上航行的船舶提前或滞后转向,均会使船舶不"落位",有时甚至会陷入困难局面,危及船舶安全。

转向时机的确定应考虑航道、水流、船舶大小以及操纵性能、物标横距、转向角度、转向速率等因素。如图6-6所示,船舶计划当1#浮正横时转向,也就是1#浮标为转向点,正确航路应处于 A 船的航线上,在1#浮正横时的 A' 点,转至新航向航行。但行驶于不正常航路上的 B、C 船,因横距不当,如要回到正常航路上,横距小的 C 船可延迟到 C' 点转向,横距大的 B 船可提前到 B' 点转向。

2. 吊向点

船舶保持定向航行时,船首前方的显著物标,称为吊向点。船首对准或挂某物标航行,称为吊向。

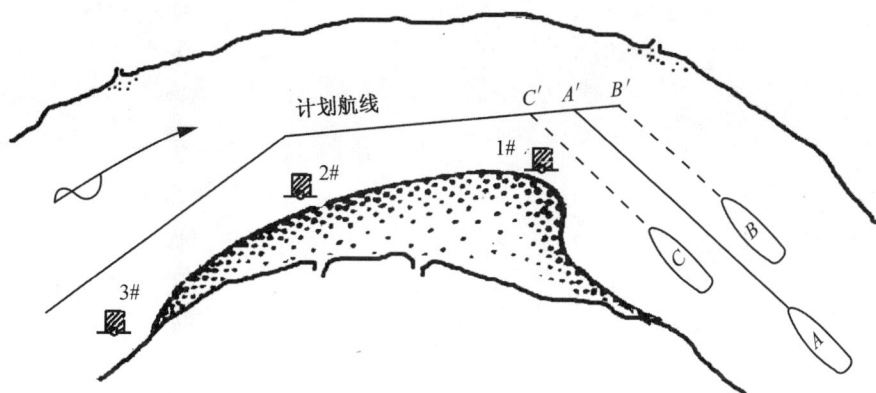

图 6-6 转向时机确定示意图

操舵人员通常利用吊向点作为稳向航行的一种可靠依据。配有罗经的船舶,吊向点结合罗航向可以用来校核船位。

所选用的吊向点,应是容易辨认的物标,轮廓清楚,色泽鲜明,如山头、岸嘴、树木、烟囱、航标等,也可选用流态作吊向点。如所选用的吊向点在夜航也能发挥作用,就更为理想。如果船首对准的正前方缺乏明显的物标,也可选用附近明显的物标,但须说明将该物标偏置左(右)舷多少度。平时常说"将某物标放在船首左(右)舷多少度",也是指船首的吊向点位置。

3. 点向结合的运用

点向结合,是指船舶航行时船位与航向相结合,转向点与吊向点相结合,以满足船位和航路的正确需要。转向与吊向的引航操作术语较多。例如,转向术语常有"驾驶台平(过)某物标时转向","船首达某物标时转向","开门转向"(船舶刚驶抵能看清前面转弯航道的具体情况即称开门,此时转向称开门转向),"担腰转向(拦腰转向)"(船舶航行中,以某一岸嘴、浮标及重点水势作为转向点,当其接近船舶的中部时开始转向)等。一旦转向到适当位置时,需稳舵吊(定)向航行,在术语中也常有"吊向""置某物标于左(右)舷多少度"等。因点向结合的需要,故转向与吊向引航术语常结合在一起运用。

第七章

不同航行条件下的引航

船舶应针对不同类型的航道条件、不同的环境条件拟定航行方案,并采取相应的航行方法。本章主要介绍顺直河段、弯曲河段、浅滩河段、桥区河段、河口段、船闸河段、湖泊与水库、运河、急流滩河段、险槽河段等不同类型河段以及雷雨大风天气、能见度不良、夜间等特殊条件下的引航方法。

第一节 ● 顺直河段的引航

一、顺直河段的航行条件

顺直河段一般是指在较长距离内走向顺直或微弯的航道。从船舶驾驶的角度来说,顺直河段的航行条件是最好的。

1. 顺直河段的有利条件

(1)河道顺直,避免了驾驶操作的复杂性。

(2)航道宽度大、水深大,能够充分发挥船舶的效率。

(3)水流平顺,主流一般在河槽中间,水深、流速分布较对称,有利于船舶稳向航行。

2. 顺直河段的碍航因素

(1)河槽中偶尔有礁石碍航。它们有的潜伏水下,有的耸露水面,其仅在受丘陵地带影响的河段里出现。在岸边也可出现山角、矶头、岸嘴、岩脚等石质冲积物。

(2)河槽中常存在着江心洲。它将河槽分隔为几条汊道,航道尺度变小,在其上、下端出现横流,甚至会使行经此处的船舶受不正常水流的影响而发生偏移。

（3）在顺直河段,风的影响比较显著。当风流作用相反时,就会在整个河面上翻起大浪。这对抗浪能力较弱的船舶或船队来说,是一个很大的威胁。

总之,顺直河段内可供引航利用的因素很多,而妨碍航行的主要是风浪问题,引航操作时,应围绕这个方面来考虑。

二、顺直河段引航的基本方法

1.航路的确定

（1）上行船航路

①在顺直河段,航路选择在缓流范围大、岸线整齐、无障碍物、有适航水深的一侧。

②在微弯河段,以主流为依据,沿主流上侧、凸岸一侧缓流上行。在平原河流中,若因凸岸一侧有宽平边滩,水浅流急,横流水势强,而凹岸一侧在陡岸外有缓流带,且有船舶适航的范围,也可沿陡岸(俗称"老岸")一侧上行,如图7-1所示。

（2）下行船航路

①在顺直河段,航路应选择在河心流速、水深最大的主流带,如图7-2中1船位所示。

②在微弯河段中,将船位稍置于主流上侧,顺主流线,随弯转向行驶,如图7-2中2、3船位所示。

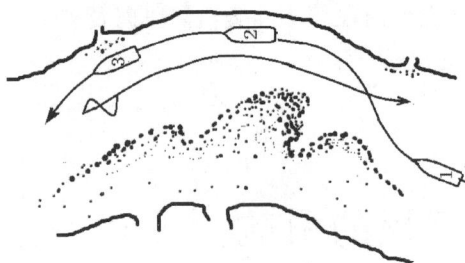

| 图7-1　上行船沿陡岸侧缓流上行 | 图7-2　顺直和微弯下行船航路 |

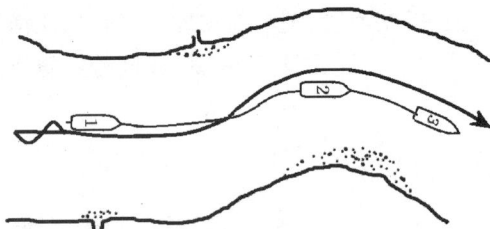

2.引航基本方法

（1）恰当用舵

所谓恰当用舵,即"少用舵,用小舵"。尽量要少用舵,一般情况下也要避免用大舵角。船舶在循直线航行时,即使做短时间的转舵或只转一个很小的舵角,船舶的航速也会因此有所损失,而旋转与侧移的结果,又必然使航迹形成弯曲。在顺直的河槽,弯曲的航线既延长航时,又降低平均航速,可能形成不得不多操舵进行纠正的恶性循环。同时,增加操舵次数无疑增加了操作复杂性,增加了阻力,这对航行安全是不利的。因此,在航行中,应少用舵、用小舵角,防止用急舵或大舵角。

（2）选好航向,摆正船位

船舶在顺直河段下水航行中,最理想的是把船位放在主流范围内,并使船舶航向与主流流向平行,这样既可以充分利用流速,提高航速,又可以降低船舶的偏航。

在正确选择航向的问题上,也包括适当拉长定向航距的要求。但在实践中,要求既拉长定向航距,又使航向与流向一致,有时会遇到困难。因为在天然河流中,即使是顺直河段,主流流向与河槽形势有时也不一定完全一致,以致不能做到同时兼顾。这时就应遵循以下原则去处理:在拉长定向航距后,船舶航向仍能基本平行于流向或只有在很少一段时间未能处于平行状态。当河槽的具体形势未具备拉长定向航距的条件时,不宜勉强拉长,以免损失航速。

(3)岸距要适当

船舶离岸距离,一定要取得恰当,这是船舶"落位"的主要要求之一。顺直河段的下行船要紧紧抓住主流,循主流航行;上行船则应尽量避开主流,在缓流中航行。不论上、下行船舶,对主流位置的判别都很重要。判明主流位置后,下行船可据此确定离岸距离。或正中分心,或四六分心,或三七分心下驶;上行船就能正确地利用缓流,体现出"抓主流,丢主流"的要求。在充分利用缓流时,上行船也应根据本船的具体情况,恰当地选择岸距。沿岸航行时,引航操作上应充分考虑岸距、障碍物和航标配布情况,风、流的影响,岸吸、岸推、转向时船尾扫岸等情况。

(4)充分利用缓流航道

顺直河段的两岸边的缓流带是上行船的理想航路,上行船应充分加以利用,以提高航速。

(5)少做过河航行

在顺直河段中选择上行航路时,应尽量少过河。因为过河航行时必须驶过主流区,而横驶会增加航程,增加航行阻力及操作难度。然而由于河槽形势和水流情况等的限制,要完全不做过河航行是不现实的,因此其原则应该是:

①防止不必要的过河。

②如果估算过河后所取得的效果小于因过河航行所受到的损失,则选择不过河。

③必须过河时,应选择既安全又经济的地点过河。

三、顺直河段引航注意事项

(1)上行船在利用缓流区时应注意浅水效应给船舶带来的危害。虽然顺直河段的两岸边的缓流带是上行船的理想航路,但事物总是一分为二的。缓流区内流速虽小,但水深也小,对于吃水较大的船舶,由于浅水航行时船舶动吃水的增加及浅水阻力的影响,反而会因贪走缓流而造成得不偿失的结果,甚至会造成搁浅等事故。

(2)在顺直河段,遇到大风,特别当风流作用相反时,河面上风大浪高,给船舶航行带来很大威胁。

(3)顺直宽阔河段往往会存在浅滩,偶有礁石等障碍物,航行时不可麻痹大意。

第二节 ◉ 弯曲河段的引航

弯曲河段是天然河流普遍存在的河型。有的河段在洪水期呈顺直外形,到枯水期或中水期,依附在两岸的边滩、心滩和伸入河心的石梁等障碍物露出后,河槽变得左右弯曲而成为弯道。

一、弯曲河段的航行条件

1.弯曲河段的组成

弯曲河段一般由正反相间的曲率达到一定程度的弯道和介于其间的长短不等的过渡段连接而成,河道蜿蜒曲折,经常处于演变之中,如图7-3所示。

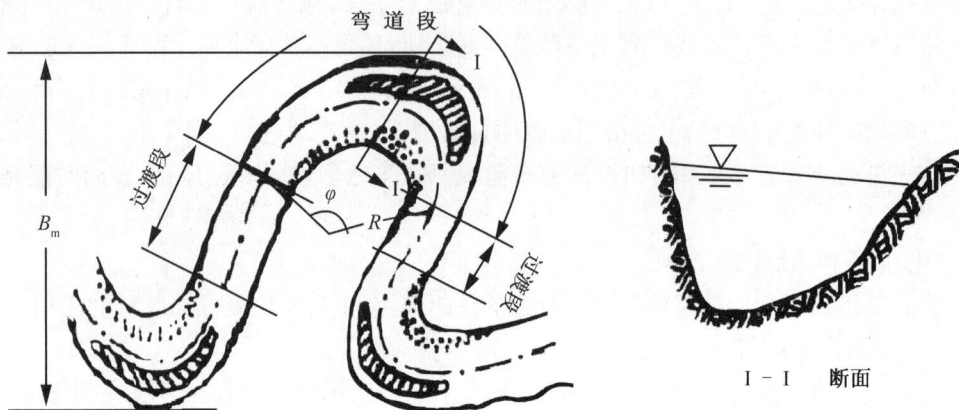

图7-3 弯曲河段示意图

河流的弯曲程度,以弯曲系数表示。弯曲系数是指弯曲航道的实际长度与起止点之间的直线长度之比,或上、下两过渡段中点沿弯道中心线的长度与两点之间直线长度的比值。通常所指的弯曲河段,其弯曲系数等于或大于1.5,弯曲系数越大,河身越弯曲。

2.弯曲河段的水流特征

弯曲河段的流态比较复杂,不同形态的弯道,其水流特征也不相同。根据弯道平面形态、弯曲半径、水流特性,弯曲河段分为平弯河段、急弯河段和特殊弯道。

（1）平弯河段的水流特性

平弯河段是指弯曲半径较大、主流流入角偏靠凹岸的弯曲河段,如图7-4所示。这种弯曲河段一般凸岸较平坦,多为边滩（山区河流为碛坝）,岸形圆顺。其水流特性为:主流进入弯道后,由于水流运动惯性,主流沿凹岸深槽随河弯下流,弯道越弯曲,主流越靠近凹岸。这类弯道的凹岸水势扫弯,但扫弯水力量弱,凸岸一侧水势平缓,流态平稳,流线圆顺。

（2）急弯河段的水流特性

急弯河段是指弯曲半径较小、主流流入角偏靠凸岸的弯曲河段,如图7-5所示。其水流特性如下。

①主流特性

主流线在弯道进口段附近偏靠凸岸;进入弯道后,主流线则向凹岸偏移,到达弯顶稍上部,偏靠凹岸而行。主流逼近凹岸的位置叫顶冲点。自顶冲点以下相当长距离的弯道内,主流紧贴凹岸而行,然后逐渐脱离。

弯道段主流线的另外一个特点是"低水傍岸,高水居中",即"低水走弯,高水走滩"。顶冲点的位置则出现"低水上提,高水下挫"的特点,也就是低水时顶冲点在弯顶附近,高水时顶冲点则在弯顶以下。

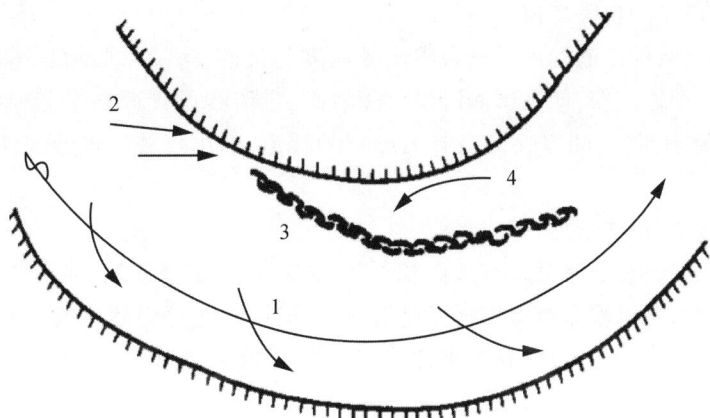

图 7-4　平弯河段的水流特性

1—扫弯水；2—背脑水；3—夹堰水；4—回流

②流态特性

在凸岸的上半段，主流进弯道后逼近凸岸侧，尤其是两反向弯道紧密毗邻没有明显过渡段时，水流的流带窄、流速大、横流强，并向凸嘴上方冲压形成"背脑水"。水流受凸嘴所阻而收敛成斜流束，汇合主流向凹岸下半段冲压，形成强力的"扫弯水"。斜流束的强弱与水流流力、凸岸嘴迎流面的陡缓有关。凸岸的下半段，水流受凸岸嘴所阻变形分离，分离面内形成"回流区"（或"缓流区"）。其范围大小及水势好坏，与岸嘴伸入河心程度、嘴下河床的边界条件、斜流夹角及流力强弱、比降大小等有关。凸岸的下半段通常地形凹陷开阔，水域宽广，水流扩散迅速，且因弯道环流的作用，形成大面积横向水流，即"内拖水"。

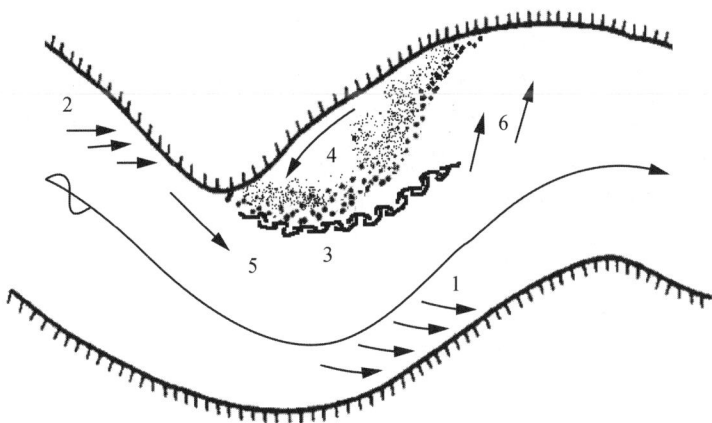

图 7-5　急弯河段的水流特性

1—扫弯水；2—背脑水；3—夹堰水；4—回流；5—斜流；6—内拖水

（3）特殊弯道的水流特性

在平原河流中，河槽宽度大、航道较为稳定、曲率半径特别小的弯道，因水流运动的惯性取直作用，主流出现"撇弯切滩"而迫近凸岸，缓流区出现在偏靠凹岸的附近，这种弯道称为特殊弯道。凸嘴一侧由于河床底质不同，可能出现岸形的相对稳定与不稳定两种情况。

①河岸较为稳定的特殊弯道

这类弯道不具有因水流漫坪后出现串沟或切滩的条件,河岸岸形相对比较稳定。但因主流靠近凸岸嘴,并冲刷河床,使凸岸侧沿岸水深较大,主流线虽挨近凸岸,但流经的距离不长,在其上、下方均为缓流区,凹岸一侧虽有大面积的缓流,但出现较严重的泥沙淤积现象,如图7-6所示。

②河岸不稳定的特殊弯道

河岸不稳定的弯道,凸岸嘴外有大面积低平沙滩,当水流漫滩后,主流出现"撇弯切滩",甚至迫近凸岸沙嘴,凸嘴沙滩上方出现强横流向滩脑冲压,过凸嘴后主流流向凹岸,并沿凹岸下半段扫弯而下。凹岸下半段有扫弯水,凹岸上半段有缓流,如图7-7所示。

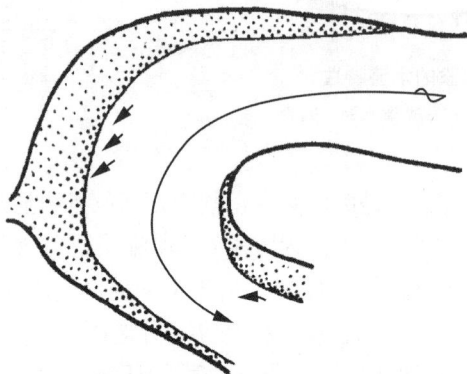

图7-6　河岸较为稳定的特殊弯道水流特征　　　图7-7　河岸不稳定的特殊弯道水流特征

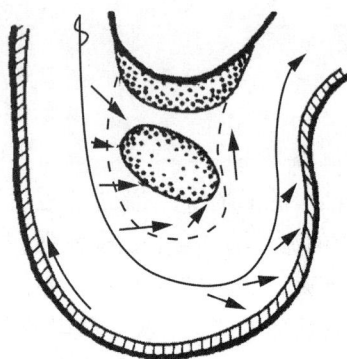

3.弯曲河段的碍航因素

（1）航道尺度受到限制

①弯曲河段航道弯曲,有的甚至狭窄,限制了船舶过弯道的尺度。

②船舶在弯曲河段航行时受惯性离心力的作用,漂角增大,其航迹带宽度比顺直航道中航行时要大,所以要求航道的通航宽度也要相应增加。所谓的漂角通常是指船舶航行时,其重心运动的切线速度方向（航迹向）与艏向的夹角,如图7-8所示。

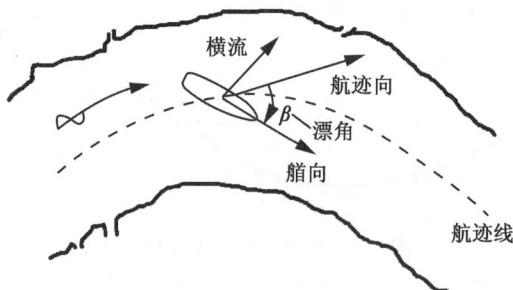

图7-8　船舶在弯道中航行的漂角

（2）水深分布不均匀

一般凹岸一侧水深较大,凸岸一侧水深较小。凸岸常淤积边滩,并附有沙嘴、沙角等淤积物,有的潜伏水下伸入河中甚远,上行船舶沿岸航行不慎易吸浅。

（3）流态紊乱

弯曲河段主流流线弯曲,且随水位变化;两岸水势有高低之分,常伴有背脑水、扫弯水、斜流和回流等不正常水流,对船舶航行安全不利。

二、弯曲河段的引航

1.弯曲河段引航基本要点

（1）挂高

船舶在弯道中航行,为了防止船舶落弯,通常应将船位"挂高"。挂高是弯曲河段引航的关键。

挂高的含义主要是:以主流为依据,将沿程船位置于主流线的上侧,即高流势一侧航行。其目的一是为了船舶行经前方航道提高船身,乘迎横流腾出舷角,以求有足够的能力抵御各种水流横推力对船体的影响;二是为了克服船舶在弯道航行做曲线运动时所产生的惯性离心力、水流的压力以及转舵时船体所产生的反移量等影响,不至于使船舶背脑和落弯。

船舶过弯道时的离心力,下行船舶大于上行船舶,所以"挂高"对于下行船舶（队）更为重要。

下行船通过急弯河段的具体操作中,对"挂高"法的应用,可用下例做进一步说明。如图7-9所示,当船下驶至弯道上口位置1时,由于有横流向嘴头推压,应把船位放在主流之右（同时也拉大了档子）,但在驶近弯曲顶部附近时（即位置2时）,面流向凹岸推压,故又应把船位放在主流之左,这都是"挂高"的体现。如果没有做到这一点,即在凸岸上方时,船位若偏处于主流之左,就可能使船搁浅于凸岸嘴上,如图中位置4,俗称"背脑"。若在弯曲顶部附近的船位偏低,就可能"落弯",碰撞凹岸（图中位置6）。

航行时应随弯转向,略保扬头之势,保持航迹线与岸形相吻合,以防止落弯。但切忌扬头过甚,而把船头朝向上方岸,造成"逼向"的困难局面。此时若船速过大,就可能驶入凸岸嘴下方的缓流区或回流区,造成"打枪"（图中位置5）。

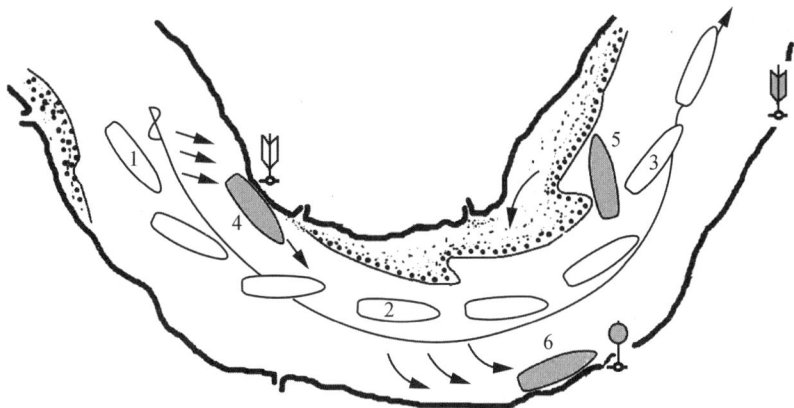

图 7-9　下行船的弯道航法

（2）"开门"叫舵

"开门"即船舶航行时观测到前方航道由闭视到开视,或者前方同侧两物标由串视到开视的过程,此时用舵转向,俗称"开门"叫舵。反之,也叫"关门"叫舵。这是船舶常用的转向方法。它既可用于上水航行，也可作下水航行参考。

具体操作如图 7-10 所示。当船舶上行至弯曲河段下端时，其航向基本与浮标 1#、2#之连线平行。这时驾驶人员只能看到航向 a 前方的航道情况，虽知即将向右转向，但是无法观察到应转多大角度，也难分清弯曲度的缓急，所以称此时的船位正处在"未开门"状态。但当继续行驶抵达浮标 2#附近时，驾引人员将清楚地看到航道右转的缓急和其他全部有关情况，船位处于浮标 2#、3#的连线外侧，此时为"开门"状态。于是就可结合本船回转性能，适当用舵，使船绕 2#浮标回转至浮标 2#、3#之连线的平行线上航行。按此法就能以一定距离逐个地驶过浮标。

对于下行船来说，由于船舶航速高，不可能逐次地应用上述航法，但是驶过弯曲顶点时，则可利用驾驶台与凸嘴顶点浮标所连成的方位线在航行中不断变化的情况，作为选择操舵时机的具体参考因素，使回转角速度能掌握得更恰当、更正确。也就是说当船舶下行至图 7-10 中 E 的位置时，驾引人员见浮标 2#、3#开门后，就可选择最合理的回转角速度，从预定的航路下驶。

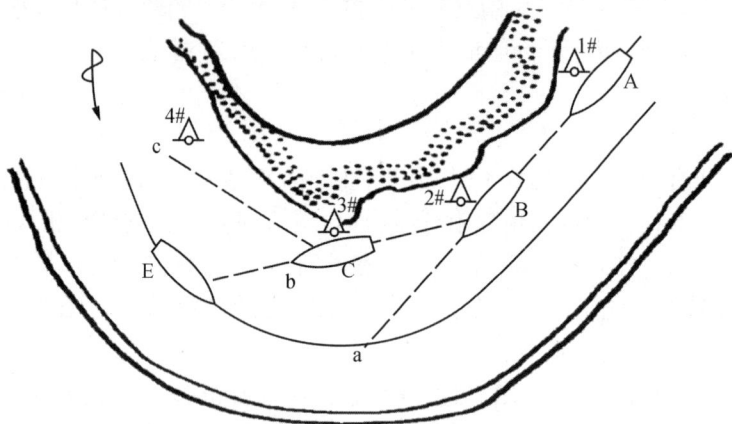

图 7-10　开门叫舵

2. 平弯河段的引航基本方法

（1）上行船舶引航操作方法

在平原河流平弯河段，凸岸多为平坦的边滩，水流平缓，设有侧面浮标，为缓流航道。上行船舶一般选择沿凸岸一侧航行。白天多采用"分段平行航法"，即艏艉线与两浮标连线平行航行，航道开门就叫舵，转向后又让艏艉线与下两座浮标连线平行航行的方法。

在利用缓流航道时，应特别注意的是凸岸的沙嘴常附有沙齿，这些伸入水下的沙齿对船首排开的水会产生回波，能使船"跑舵"，偏离原航向。吃水较深的船舶还可能发生擦浅事故。因此当船舶上行驶经弯曲河段凸岸时，必须仔细观察有无沙齿，有的话就应提高警惕，保持足够的离岸距离和随时注意船头动态。

对沙齿的位置和形状的辨认。首先，根据水沫线的形状判定沙齿之概位，如图 7-11 所示，一般情况下，当水面有反光时，在沙嘴上反光消失，并呈暗色，所以在星夜也能利用水沫线的形状来判别沙齿之概略位置。然后进一步仔细观察沙齿上隆起最高的沙脊线走向，我们就能判定沙齿在水下延伸的方向。

其次，根据沙齿淹水部分的倾斜程度，概略估计其入水深度，这对选择航路的离岸距离有很大帮助。水下沙齿上的水面情况也有其特色。在沙脊上方水面光润发亮,沙脊下方的水面则发皱,水色较暗。

最后,当下行船通过这里时,其船首和船尾的散波波峰常与沙齿脊线呈平行之势,在沙齿附近将会激起较大的碎浪,因此当船下行驶过时,就可事先留意观察有沙齿的凸岸沙嘴,认定沙齿的位置,为上行时做参考。

图 7-11 沙齿示意图   图 7-12 钻套示意图

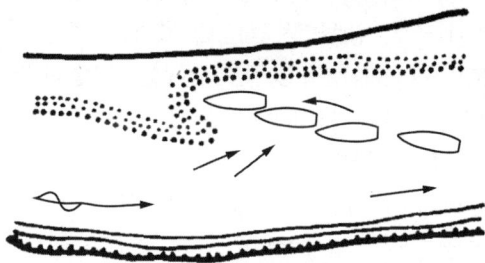

沙嘴最末一个齿形物有时能向下延伸很长的距离,这个沙嘴尾部称为"沙角"。沙角上有横流,下方深潭里又有回流,因此当上行船循缓流驶至沙角附近时,受回流影响,会以较大的速度进入里面搁浅,而且搁得很高,不易脱浅,这种事故称为"钻套",如图 7-12 所示。

(2)下行船舶引航操作方法

在平弯河段,凹岸一侧常设有沿岸标。下行船舶常将凹岸沿岸标作为吊向点,以凸嘴顶点侧面浮标作为转向点,开门转向。航路选择时,一般抓主流、跟主流,沿程船位略处于主流上侧,随弯不落弯,如图 7-13 所示。

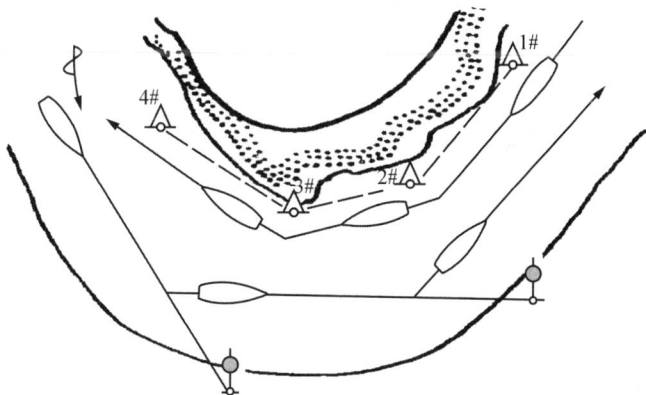

图 7-13 平弯河段引航方法

(3)平弯河段引航注意事项

①平弯河段上行船通常沿凸岸上行,但应特别注意岸边的边滩(碛坝),防止吃浅。

②上行船遇有倒套的凸嘴,应及早扬首,防止钻套。

③下行船多沿凹岸下行,虽然凹岸岸线圆顺,甚至还设有沿岸标,但也应注意挂高,保持岸距,防止落弯。

3.急弯河段的引航基本方法

（1）下行船舶的操作步骤及引航操作要领

在急弯河段，下行船操作除前述基本要领外，还应特别注意以下两方面要领。

①减小航迹线曲度（拉大档子、增大航迹线曲率半径）

船舶在弯曲系数较大的弯道中航行，为了克服航道弯曲半径的限制和减少水流横推力的影响，一般采取减小航迹线曲度的方法（如图7-14中的1位置），以使航迹线曲度半径大于航道弯曲半径。当船进入弯道后，将船位置于凸岸上半段主流的外侧，俗称"拉大档子"，简称"拉档"。这种操作有以下三个好处：一是避免了船舶在凸嘴顶点处的有限水域中进行大角度急迫转向的困难，将难度很大的集中在一点的急迫转向分散到凸嘴上方沿程逐步转向，取得了将"弯道走直"的效果，也易于发现上行船的动态；二是为下一步迎接凸嘴斜流腾出了角度，以实现艏艉线与斜流有适当交角的目的；三是弯道进口处水流是向凸岸上半段及凸嘴冲压的，将船位置于主流外侧，达到了船位处于高流势的目的，不至于发生"背脑"险情。

②调整车速，提高回转能力

船舶在通过急弯河段时，应保持有一定的储备回转能力，因为在操作中很可能对转舵的时机掌握得不够恰当，也可能对该河段的流速估计不足，使得回转中不得不临时要求增加回转角速度，如此时无舵角可加，就将不可避免地发生事故。在河槽狭窄无法扩大航路曲度半径的情况下，本操作更为重要。具体方法为：在弯曲河段凸嘴以上慢车，降低航速，待船即将达凸嘴前，加大车速，提高舵效。对于螺旋桨排出流的作用，舵力的加大要比航速的加大来得快、来得早，这就为提高舵效与缩小旋回圈直径提供了极为有利的条件。

先松车再适当加车的操作方法，有利于通过弯道的最弯部分。当然提前用舵法（在拉大档子的前提下）、松减内舷车法（双车船）、驳船帮舵法（船队）等也可提高回转能力。

综上所述，船舶下行通过急弯河段，其操作要领可以归纳为八个字，即"拉档、切角、直舵、挂月"。

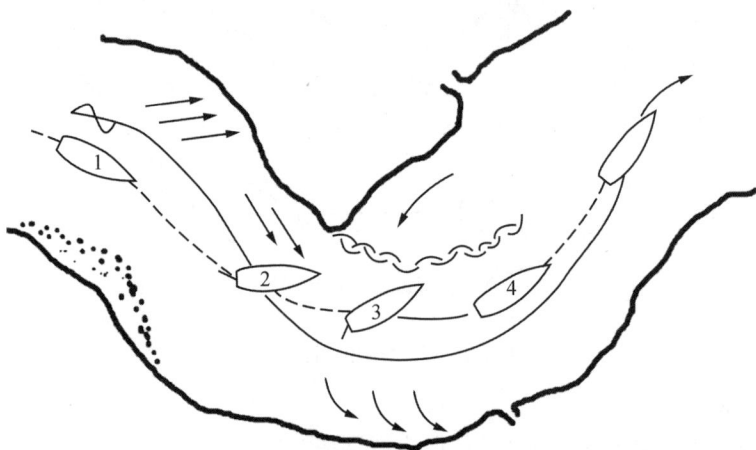

图7-14　急弯河段下行船引航方法

拉档，即在弯道上半段拉开与凸岸的距离。这样，既可以扩大航迹线的曲度半径，又体现挂高，如图7-14中的1位置。

切角，即在弯道上半段，当船首抵达斜流时，船舶操内舵穿越主流，以较大的迎流角抵御斜流及回流出水,防止船舶落弯,如图 7-14 中的 2 位置。

直舵,即船舶过凸嘴斜流后,操外舵减小与扫弯水等横流的夹角,减小航迹带宽度,防止船舶进入回流区,造成吊钩、打枪等危险局面,如图 7-14 中的 3 位置。

挂月,即船舶直舵后,仍将船位置于主流上侧,内舷挂夹堰,保持航向与流向及岸形顺向,驶出弯道的下半段,如图 7-14 中的 4 位置。

(2)上行船舶航路确定原则和引航操作要领

航路确定的基本原则是:以主流为依据,即"找主流、丢主流",将沿程船位置于主流上侧,也就是高流势一侧航行,合理利用缓流,既有足够水深,又能避开乱流与急流,以提高航速。

上行船引航操作要领:船舶进入弯道凸岸的下半段时,使船位沿程处于凸岸主流内侧缓流航行,至凸嘴以适当方式迎流出角。船顺向后,摆过主流上(外)侧缓流上行,如图 7-15 所示。

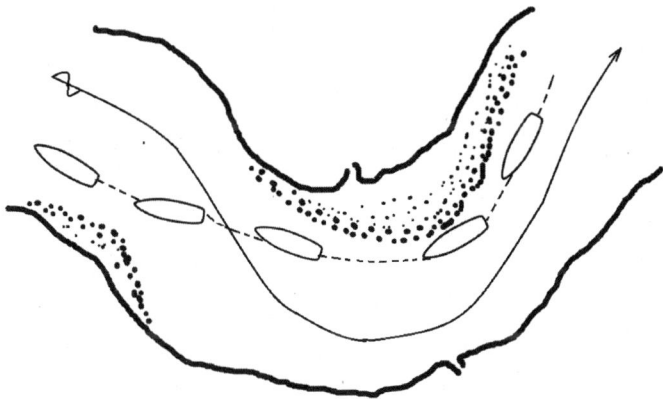

图 7-15 急弯河段上行船引航方法

在急弯河段下行船操作不当将造成背脑、落弯、打枪等严重后果;上行船操作不当将造成挖岸、打张等严重后果。详见"水文要素"中的"流态"一节。

(3)急弯河段引航注意事项

①上行船应注意凸嘴下回流,根据实际情况,合理利用,不可贪走回流过多。

②上水船出角上架时,应及早扬首,避免用大舵角横向出角,导致打张事故。同时出角后应及时用舵抵迎斜流,但不可操之过多过急,防止挖岸。

③下行船在弯道上方应注意凸嘴上方的背脑水,防止背脑事故。

④下行船过弯道应挂高船位,以适当迎流角随弯转向,防止落弯。

⑤下行船过弯顶穿越主流"切角"时,不宜过大过多,防止船舶"打枪"。

4. 特殊弯道的引航

(1)河岸稳定型特殊弯道的引航

①上行船引航方法

此类弯道主流流入角偏靠凸岸,按一般航路的选择原则,船至凸嘴下方应穿越主流,利用凹岸缓流带上行,但这种航法却增大了航程并降低了航速,且凹岸因泥沙淤积,航道界限不清,故上行航路选择沿凸岸一侧更为有利,俗称"小弯航法",如图 7-16 中 A 船航线所示。

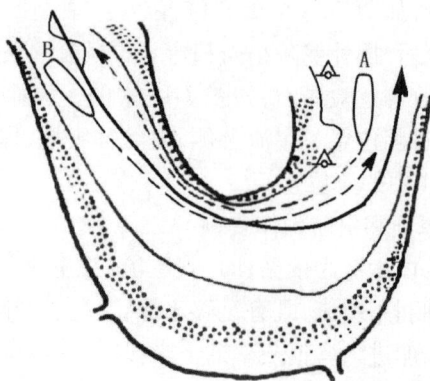

图 7-16　河岸稳定型特殊弯道航法

②下行船引航方法

船进入弯道后，将船位置于主流外侧航行，扩大航迹线的曲度半径后，逐步向凸嘴挂高，操内舵转向，过凸嘴穿越主流，置船位于主流上（内）侧，顺主流驶出弯道下半段，如图 7-16 中 B 船航线所示。

（2）河岸不稳定型特殊弯道的引航

①上行船引航方法

可仿一般弯道原则，即船由凸岸下半段主流内侧缓流上行，至凸嘴下穿越主流，置滩嘴急流及脑部披头水势于内舷，穿越主流摆过凹岸侧扫弯水势上方的缓流上行，俗称"大弯航法"，如图 7-17 中 A 船航线所示。若此时紧沿凸嘴上行，则会因嘴外急流及浅水效应的双重阻力，大大降低航速，又受滩脑强横流的影响，易导致船身内移而发生搁浅事故。

如因凹岸航道、水流条件不良，则应以外舷挂主流，渐走渐转，待不受滩脑强横流影响时，收回船身后沿凸岸一侧上行。

②下行船引航方法

因"撒弯切滩"主流偏靠凸岸，故下行船引航方法与河岸较为稳定的特殊弯曲河段下行方法相同。

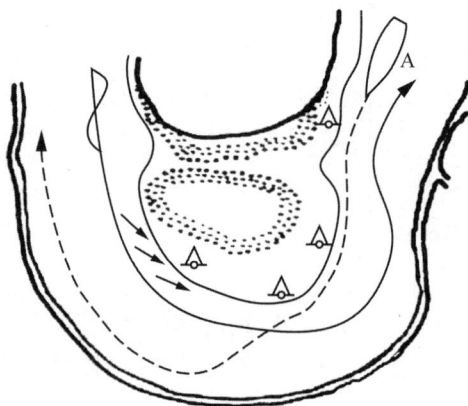

图 7-17　河岸不稳定型特殊弯道航法

　　　　　　　　　　　　　中华人民共和国内河船舶船员适任考试培训教材

（3）特殊弯道的引航注意事项

特殊弯道航道弯曲，下行船注意问题与急弯河段相似。对于河岸稳定的特殊弯道上行船沿凸岸"小弯航法"应保持适当岸距，防止吃浅；对于河岸不稳定的特殊弯道上行船采用"大弯航法"，沿凸岸下半段航行时应及时扬首穿越主流沿凹岸上行。

5. 弯曲河段避让注意事项

（1）许多弯道，上行、下行船之间往往不能通视，过弯道前应加强相互间的联系，明确避让意图，及早做好避让准备。

（2）上行、下行船夜间通过某些弯道时，由于航向交叉，不能单凭左右舷灯来确定避让关系。应进一步加强联系，切勿误将对方当作横越船。

（3）对只能单向通航的狭窄弯道，不可抢航，应加强联系。上水船如发现了下水来船，应及早在弯道下口等候，要考虑下水船的困难，慢车让道。下水船如发现上水船已进入弯道，应及早慢车稳船，必要时掉头等候，尽量避免在弯道内会船。

第三节 ◉ 浅滩河段的引航

一、浅滩河段航行条件

1. 浅滩河段的组成

在冲积性平原河流中，水流与河床的相互作用，会产生各种各样的泥沙淤积体，它们主要有边滩、江心洲、浅滩、沙包等。其中连接两岸上、下边滩，隔断上、下深槽的沙埂是常见的泥沙成型堆积体，其水深常比邻近水域的水深小，不满足适航要求，称为浅滩，如图 7-18 所示。

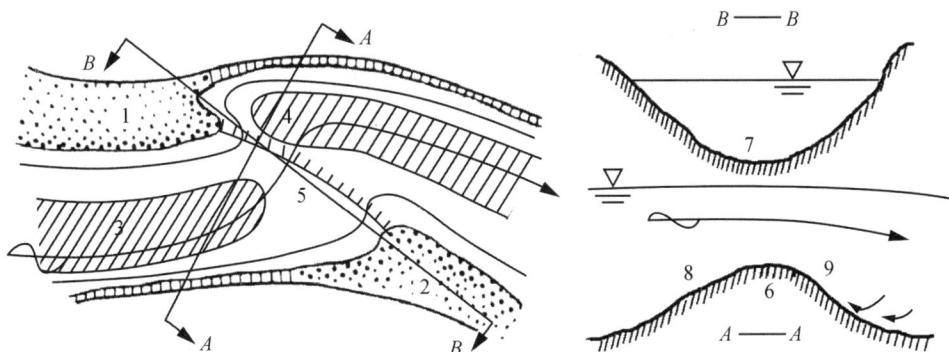

图 7-18　浅滩的组成

1—上边滩；2—下边滩；3—上深槽；4—下深槽；5—沙埂；6—沙脊；7—鞍槽；8—迎水坡；9—背水坡

通常规范的浅滩一般由上边滩、上深槽、沙埂、下边滩、下深槽 5 个基本部分组成，位于浅滩上游一岸的边滩称为上边滩，其尾部向沙埂延伸的部分称为上沙嘴。位于浅滩下游一岸的边滩称为下边滩，其首部向沙埂延伸的部分称为下沙嘴。与边滩相对应而水深较大的部分称为深槽，位于浅滩上游的深槽称为上深槽，位于浅滩下游的深槽称为下深槽。若上、下深槽相互交错,上深槽下部的尖端部分称为尖潭,下深槽上部的尖端部分称为倒套(沱口)。沙埂沿河床横断面方向,其最高处的连线称为浅滩脊或沙脊。脊线上的最低部分,即沙埂顺水流方向的最深部分,称为鞍槽(鞍凹)。沙埂迎水面的斜坡,称为迎水坡或前坡;背水面的斜坡,称为背水坡或后坡。由于受后坡环流的作用,一般前坡比较平缓,后坡较陡峭。

2. 浅滩的类型

从船舶驾驶的角度出发,根据浅滩的平面形态特征和航行条件,可将浅滩分为四类:

（1）正常浅滩

正常浅滩的主要特点是:边滩和深槽相互对应,上、下深槽相互对峙而不交错,两岸边滩较高。浅滩上水流动力轴线与鞍槽基本一致,流路集中,水流平顺,鞍槽明显,顺直且深,冲淤变化不大。这类浅滩一般对航行妨碍较小,故又称为平滩或过渡性良好的浅滩,如图7-19所示。

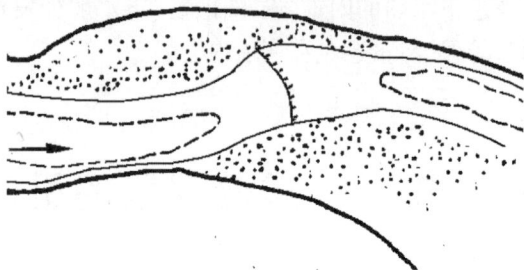

图 7-19　正常浅滩

正常浅滩多出现于河槽较窄的微弯性河段,或曲率半径较大的弯曲河段的两个反向弯道之间的长度和宽度比较适宜的过渡段。

（2）交错浅滩

交错浅滩的主要特点是:上、下深槽相互交错,下深槽首部形成窄而深的倒套,横向漫滩水流比较强烈,浅滩脊宽而浅,鞍槽横而窄,或无明显的鞍槽,浅滩冲淤变化较大,航道极不稳定,航行条件差。这类浅滩,又称为坏滩或过渡性不良的浅滩。

这类浅滩形态基本有两种:一种沙埂较宽,缺口较多,其水流动力轴线的摆移一般随着上边滩的下移而逐步下移,达到一定程度后,突然大幅度上提;另一种沙埂窄长并与河岸基本平行,往往无明显的鞍槽,其水流动力轴线一般随上游河岸崩坍变形和上、下边滩发展变化而左右摆动。如图7-20所示。

交错浅滩多出现在河身宽浅、边滩宽且高程低的微弯河段或弯曲半径很小的两反向弯道间的短过渡段上。

（3）复式浅滩

复式浅滩是由两个或两个以上相距较近的浅滩所组成的浅滩群。其主要特点是:两岸的边滩和深槽相互交错地分布,边滩与边滩之间形成浅滩,上、下浅滩之间有共同的边滩和深槽,上浅滩的下边滩和下深槽就是下浅滩的上边滩和上深槽。这类浅滩一般多出现于比较长的顺直河段或两反向弯道之间的长直过渡段内,如图7-21所示。

(a)宽浅沙埂

(b)窄形沙埂

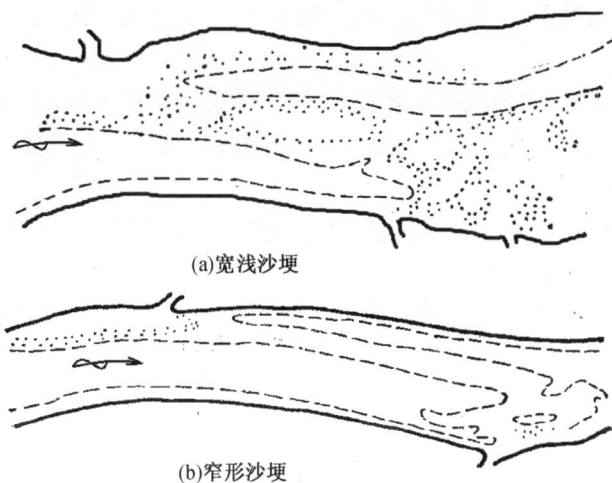

图 7-20　交错浅滩

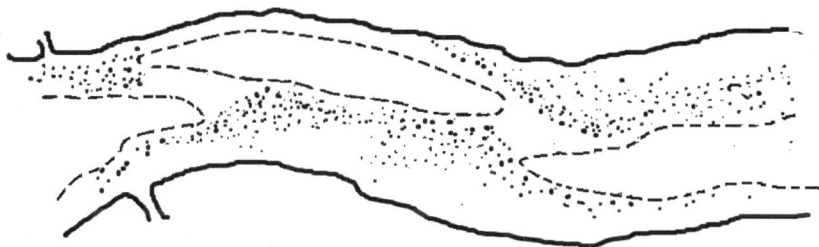

图 7-21　复式浅滩

（4）散乱浅滩

散乱浅滩的主要特点是：在整个河段上，极不规则地散布着各种不同形式和大小的江心洲和潜洲，没有明显的边滩、深槽和浅滩脊；水流分散，流路曲折，航道弯曲且极不稳定，水深很小，碍航严重。这类浅滩多出现于河槽放宽段或周期性壅水的区段内以及游荡型河段上，如图 7-22 所示。

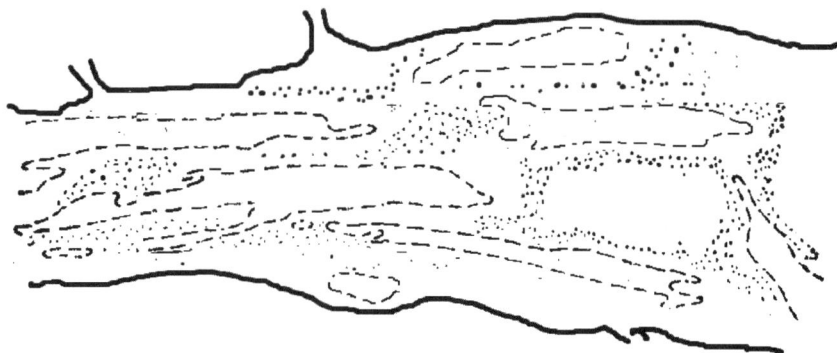

图 7-22　散乱浅滩

3.浅滩河段的碍航因素

浅滩河段的碍航因素可以归纳为四个字，即"浅、坏、弯、变"。

浅，即浅滩河段水深较小。沙脊横亘河槽，隔断了上、下深槽，沙脊上水深不足以过船，有碍船舶航行。

坏，即浅滩河段流态坏，一般均有横流存在，上下沙嘴刚露出水面时，会产生局部性横流。如果上下沙嘴已淹没在水中，而沙脊与河槽中心线的交角又较小，则横流将影响到整个鞍槽，对航行更为不利。

弯，指浅滩河段的航道常常是弯曲的，只是弯曲程度不同而已。当弯曲度较大而弯曲方向又多变时，就增加了操作上的困难。

变，就是有的浅滩经常是在变化的。如散乱型浅滩的高程、深泓线的位置等经常发生变化，所以这种浅滩航道的特点是多变而不易掌握；浅滩在变迁过程中，活动的泥沙往往在航道中形成沙包，这些都会影响安全航行。

不论哪种浅滩，其碍航特点都与上述四个字有关，故对于船舶驶过浅滩河段的基本操作方法，也就应紧紧围绕它们来考虑。

4.判断浅滩位置的方法

（1）查阅资料：查阅航道图、航路指南、航道公报、航行参考资料等，了解和分析浅滩的组成情况及历年来的变化规律，初步掌握浅滩类型结构及碍航程度。

（2）根据河槽形势与航标配布，实地观察，以掌握泥沙堆积体的分布，河槽的变化与发展，上、下沙嘴的对峙位置。一般航标多设置于上、下沙嘴最窄、最浅、最突出的连线上，既标示出水下的障碍物，也标示了航道的界限。

（3）根据不同的水文、流速、流向等特异的表面流态，判断浅滩的河床形态与水深。如沙脊像一道溢流坝，它使浅滩在其上段壅水，水面比降及流速减小；在沙脊处，比降及流速逐渐增大，水面光滑如镜；到沙脊的后坡，比降增大，水流下切，并在后坡形成环流，水面发皱，水色较暗。有风时，浅区水面呈现的波纹较深水小，呈麻花浪或鱼鳞状浪。

（4）采用测深的方法以校核浅滩中障碍物的位置与高程，掌握浅滩水深的实际分布情况，使船舶能及时调整航向与船位及采取应急措施，同时也可为下次航行提供依据。

二、浅滩河段的引航

1.浅滩河段的引航基本要点

（1）过沙脊的引航操作要点

沙脊是船舶过浅滩时的主要碍航因素。因其处水深最小、流速最大，加之后坡的回波对船舶产生横推力，使船体偏转。故驶过沙脊时，应掌握以下引航和操作方法。

①交角要大——船在驶上沙脊时，要尽量使艏艉线与沙脊的夹角大些，最好使之处于垂直状态。其目的一是减小了因横流及后坡回波而引起的偏航；二是可以保证船舶以最小的航迹带通过鞍槽。

因此，上行船在将驶进后坡之前，要及时调整船位，如图7-23所示。当船驶至下沙嘴外缘，如图7-23中的1位时，用外舵扬头，让开下沙嘴外内拖横流水势，拉大档子，逐步调整船向，至2位；将达上、下两过河标连线时，逐步转向，落位于鞍槽中线（即两过河标连线）航路上。当船至沙脊时，艏艉线与沙脊棱线近乎处于垂直状态，在图7-23中的3位通过沙脊。若沙脊棱线与流向存在一定夹角，应引导船舶位于高流势一侧，以克服横流的影响，尤其是大型慢速船队,受流时间长,影响更为显著。

下行船舶通过沙脊时对所取交角的要求,没有上行船那么严格。因下行船航速较大,惯量也大,沙脊后坡的回波影响不如上行船显著。因此,下行船舶应着重考虑横流的影响,可采取斜交的状态驶过沙脊。

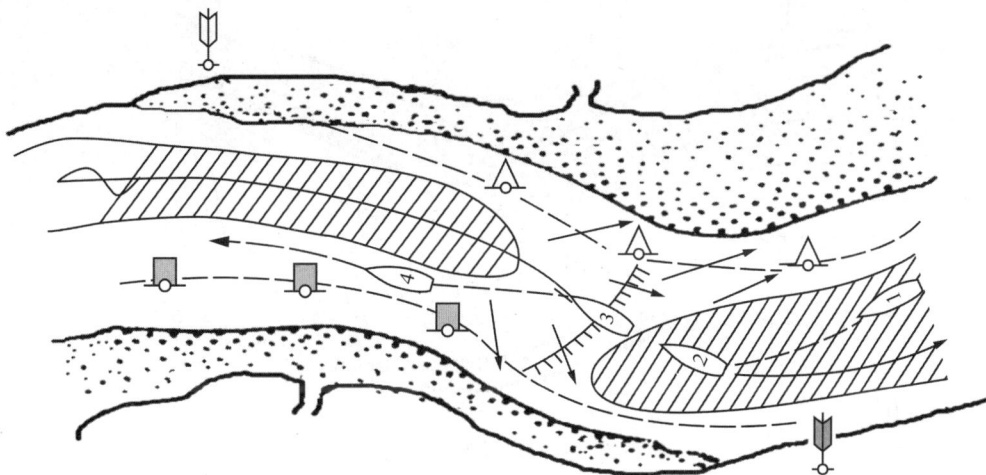

图 7-23　船舶过沙脊引航

②力求航向平行于流向——在正常浅滩中,水流流经沙脊时,流向与沙脊棱线几乎垂直,在这种条件下,要求航向与流向相平行并不存在多大的困难。但是当沙脊由于某种原因而产生局部扭曲,或沙脊棱线与河槽轴线存在着较小的夹角,从而出现横流时,应力求航向平行于流向,这样既减小航行阻力,也减小横流产生的流压差,以避免航行船舶变向及避免在沙脊处受后坡"回波"的作用,使船体偏转或横移,甚至倒头而发生搁浅事故。

一般来说,满足了①点就能满足②点,因为水流经过沙脊时的流向,大致总是与沙脊棱线垂直。当①和②点相矛盾时,先满足②点。

③控制车速和测深——沙脊是整个浅滩水深最小的地方,船舶通过时必须采取减速和测深。因为从深水区进入浅水区时,如果航速快,惯量大,浅水效应显著,动吃水增量也大,船舶易吸浅。船舶过浅脊后,则应加大车速,以提高舵效,利于乘迎横流和转向。这种"早减速,早加车"是船舶过浅区的用车原则。通过测深,可随时掌握浅滩水深变化情况,以利船舶及时调整船位,行驶在水深最大的鞍槽上。

船舶过浅滩时,如何正确处理好航道、水流、航线三者之间的关系是极其重要的。对航道水流条件等了解不够或判断失误,引起操作不当是造成事故的主要原因,如图 7-24 所示。为了贪图下沙嘴外的缓流,当船至 1 位时,未及时将船身引上正常水流,拉大档子。而至 2 位时,船虽已部分驶入常流,但船尾部受下沙嘴横流所牵制,航向与流向间夹角过大,以致船到 3 位时,航向与流向及与脊线的夹角太大,船首受沙脊上高速水流的冲击及后坡"回波"的推压。在这两种外力的共同作用下,船体急速偏转,如果船舶的主机功率较大,回转性能较好,可用大舵角及变换车速助航的方法,强行使船转向。此时船位虽有一定偏移,但可待驶过沙脊之后,再调整船位,回到正常航线上来。若是船舶主机功率小或操纵性能很差,即使采取了上述的应急措施,也不能使船转向,船舶必然横向地顺着后坡滑至上沙嘴尾部,在沱口处搁浅,如图 7-24 中的 4 位置。另外当船舶至 2 位时,航向不正,与水流或沙脊线的交角不当时,应及时采取扬头顶流及减速的措施,以延长船舶的受流时间,并增长调向时间和距离。若采取以上措施仍达不到要求,只有尽量取较合理的交角及保持船舶有足够的剩余水深,不一定强求船位落在鞍槽处,如图7-24中的5位置。待驶过沙脊后,再驶回到正确的航线上来。

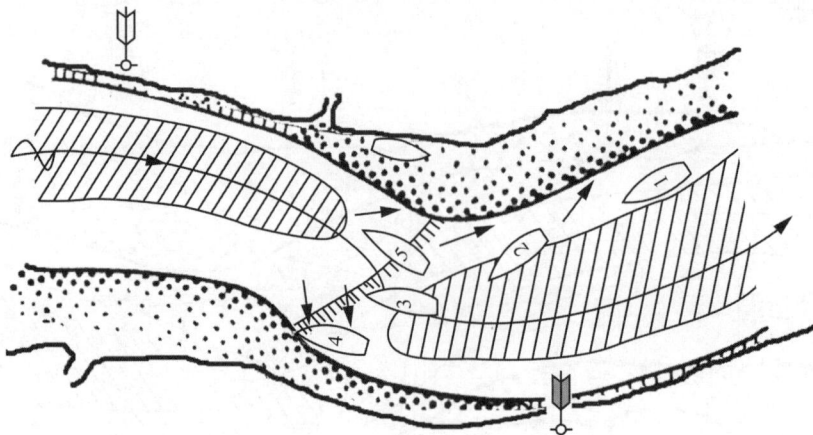

图7-24　过浅滩操作失误示意图

（2）过横流时的引航操作要点

一般浅滩河段航槽都弯曲狭窄,船舶通过时,在横流的作用下,极易偏航而偏离航道界限,发生搁浅事故。

①浅滩河段的横流特点

当浅滩的上、下沙嘴在水下延伸较远且与水下江心滩交错时,水流在其面上扩散分支,各支水流的流向与河槽轴线均存在一定的夹角。此类浅滩的横流一般从三个方向流动:鞍槽上端,一支水流向上沙嘴尾部推压,注入下深槽的倒套,在交错和复式浅滩或有潜滩存在时,其横流夹角增大,流力增强,有时会出现局部强横流,如图7-25中①所示;鞍槽中部,一支水流自上深槽纵向下流,向凹岸冲刷成强力扫弯水流,如图7-25中②所示;鞍槽下端,一支水流向下沙嘴上方的尖潭推压而成横流,如图7-25中③所示。

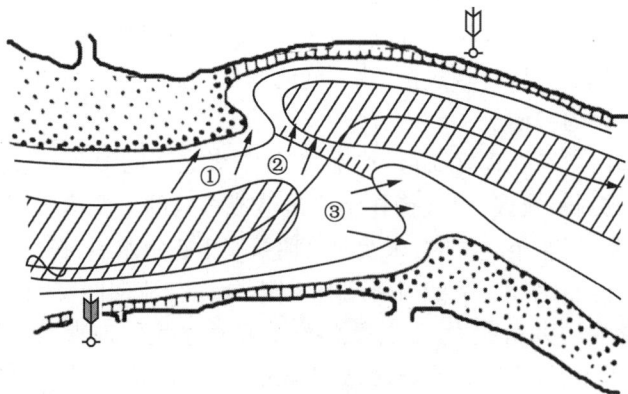

图7-25　浅滩河段横流分布

②引航操作要点

船舶航行于有较强横流的浅滩河段的引航操作要点,主要是确定航路与航向。在横流中航行时,航路应置于横流的上方。为使航迹线与计划航线相一致,应预先使船首向横流上方偏转一个角度,以抵制横流的作用。

当整个鞍槽为强横流所控制时,其操作要点为:首先船位必须处于横流的上方,航向虽可有一个偏航角以抑制偏移,但绝对不宜过大,必须谨防陷入"逼向"的困境;其次在行驶过程中,横流的推压作用将自一舷侧转到另一舷侧,驾驶人员稍不注意,就可能形成失去控制的危险局面,因此用舵使偏航角由一舷转换到另一舷的过程中,当偏航角接近零度(艏艉线与流向一致)时,就应及时回舵控制转势,决不能任其继续自由回转,以便及时稳向。尤其是舵效较差的船舶(队),应舵时间长,如转向不及时,船舶(队)便会出现随流漂移而导致失控,发生搁浅、散队事故。

2.一般浅滩河段引航技术

一般浅滩河段是指河槽轴线与主流流向基本一致,航线与河槽轴线交角较小(一般小于30°),上、下弯槽较圆顺地衔接,鞍槽较宽,深泓线稳定的浅滩,一般属于正常浅滩。

(1)上行船舶引航操作方法

船舶位于下边滩的缓流中上行,将达下沙嘴缓流时,用外舵扬头,拉大档子,逐步修正航向与流向及与沙脊棱线的夹角,沿着过河标连线,根据横流的情况,使船略挂流势较高一侧通过沙脊,穿越主流,顺过上沙嘴的外缘,沿上深槽主流的上侧,即上边滩外缘缓流,取适当的横距上行,如图7-26中1船所示。

(2)下行船舶引航操作方法

船舶至上深槽,船位置于主流的上侧,即上边滩外高流势一侧下行,至沙脊上流适当拉大档子,略挂上沙嘴浮标外缘,视横流强度取适当夹角进槽,从鞍槽驶过沙脊,及时迎流转向,提高船身,置船位于主流上侧,顺流向下驶出槽,如图7-26中2船所示。

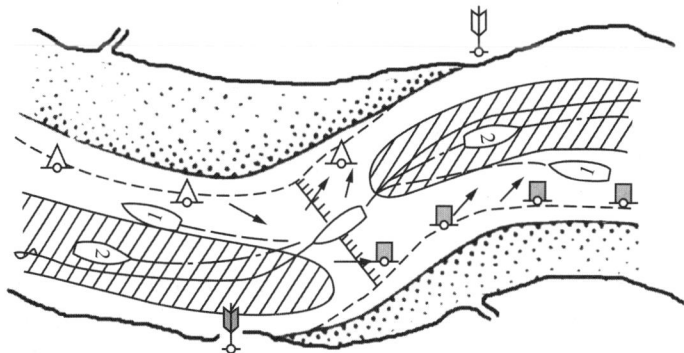

图7-26　正常浅滩引航

1—上行船航线;2—下行船航线

3.大交角浅滩河段引航操作技术

大交角浅滩河段是指船舶过沙脊时,航线与河槽轴线的交角较大(一般大于30°)的交错浅滩或复式浅滩河段。其特点是鞍槽弯曲狭窄,浅滩上有强横流,或整个鞍槽为横流所控制。

(1)上行船舶引航操作方法

当浅滩上为横流所控制时,船舶沿下边滩外缘上行,将至下沙嘴时,适当拉大档子,缩小航向与流向的夹角,渐走渐迎流转向。过渡到上边滩尾部外缘时,挂横流的上方,使船舶与水流顺向,沿上边滩外缘上行,如图7-27所示。

（2）下行船舶引航操作方法

沿上深槽主流上侧,将近上沙嘴时,及时拉大档子,迎上沙嘴外横流,挂高船位,然后逐步转向迎下沙嘴外横流,使船位落于下深槽主流上侧,顺流向出槽。当船舶从上深槽高流势一侧通过浅脊过渡到下深槽高流势一侧时,就是从一舷受流转移到另一舷受流,因时间和距离均短,横流较强,夹角也大,故所取的迎流角及转向角速度要恰当。过浅脊时既要防止转向过早,背困下沙嘴,又要防转向过迟,致使船随流漂移,扬不起头而垮困下深槽凹岸,特别是慢速船队更要谨慎操作,如图7-27所示。

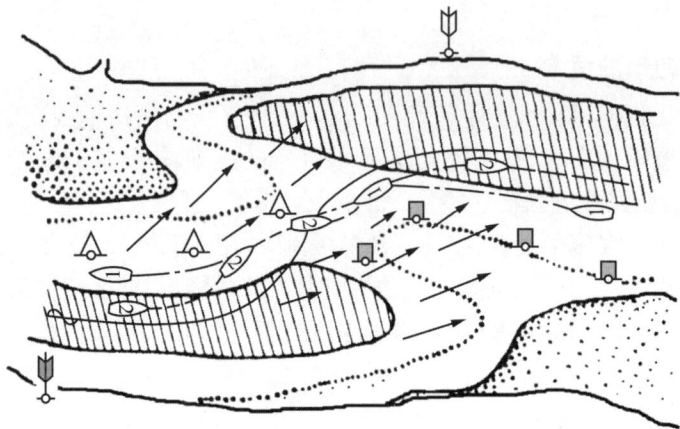

图7-27　大交角浅滩河段引航
1—上行船航线；2—下行船航线

4. 变迁中的浅滩河段引航操作技术

变迁中的浅滩河段是指具有相当大范围且正在变迁中的浅水河段,一般为浅滩成型的前一个阶段,如游荡性河段的浅滩。这类河段的主要特点是:在汛末水位下落至中水期,水流未归槽之前,河槽形势随水位下落而处于急剧变化之中,时有沙包出现,时而移位,时而被冲毁,致使深泓线位置、流向等变化无常,无规律可循,河段普遍水深不足,难以正确地选定航路。船舶通过此类浅滩时,一般应采取下列措施:

（1）减速

船舶于浅水区航行时,除上行船应保持一定航速或冲沙包时需要加速外,一般采取减速操作方法。其目的:一是防止过大的吃水增值;二是在浅水区慢速航行,还可降低航行阻力,避免主机功率无谓消耗;三是减速后有充裕的时间观察航道、水文等实际情况,可及时采取应变措施,调整船位,一旦发生搁浅事故,可减轻事故的严重程度。

（2）测深

船舶（队）通过测深,使船舶能随时了解浅滩上水深变化情况,以便及时调整船位和选择航路。若仅靠拖船测深也不能满足要求,船队两舷边驳均应派人测深。

（3）冲沙包

沙包是在浅滩河段急剧变化的过程中产生的。因它质地松软,一般承受不起船舶的冲击。船舶在航行时,若判明前方航路上有沙包,可采用冲沙包的方法通过。冲沙包时,应在船舶接近沙包之前,减速或停车,借船舶的余速,使船首轻微地接触沙包,若感到船体有蠕动,船向前跳跃或人体有前倾等征象时,表示已接触沙包,此时应立即开车加大冲击力,将沙包冲毁,可使船舶拖底勉强通过。如果驶近沙包前未减速而以较大前进速度接触沙包,沙包虽然更易被冲毁,但在船体触及沙包的一瞬间,由于惯性太大,船体将发生剧烈震动,可能导致船体受损、货物倒塌、人身撞伤等事故;船队则可能造成断缆、散队、搁浅,以致阻塞航道而造成断航。如果冲沙包时的冲击力太小,即与沙包阻力相当,不但不能冲毁沙包,反而会使船体搁浅在沙包上。

5.船舶通过浅滩河段注意事项

(1)船舶沿浅滩或边滩行驶,发现有跑舵现象时,如偏转一侧有足够水深和航宽,应让其自由偏转到一定程度后再稳向;若在窄、浅槽内发现跑舵现象,应及时变换车速助舵纠正,以防跨越航道范围而搁浅。

(2)船舶下行过浅滩河段时,除保持一定剩余吃水外,最好艉倾3~5 cm,这样不仅便于操作,而且剩余水深不足时,仅船尾擦浅,不会造成横拦航道。上行过浅滩河段时,最好艏倾3~5 cm,这样当剩余水深不足时,仅艏部擦浅,不易造成船舶搁浅。

(3)浅滩河段在出浅碍航期间,一般属于单向航行控制航道,受控船舶不能在此会让。

第四节 ◉ 桥区河段的引航

一、桥区河段的航行条件

桥梁作为水上跨河建筑物,虽然沟通了公路和铁路运输,发展了陆上交通,但却给船舶航行带来了限制和困难。

1.航道尺度缩减

航道尺度的缩减,主要表现为航道宽度与桥下通航高度的变化。从图7-28中可以看出,该河段未架桥前,具有设标水深的航道宽度为B,但在架设为桥梁后,就被缩减到一个桥孔的宽度b,常迫使一些大型船队不得不解队分批通过。桥下通航高度与水位的升降密切相关,在最高水位期通航高度被缩减到最低程度,常迫使过往船舶眠桅而过。

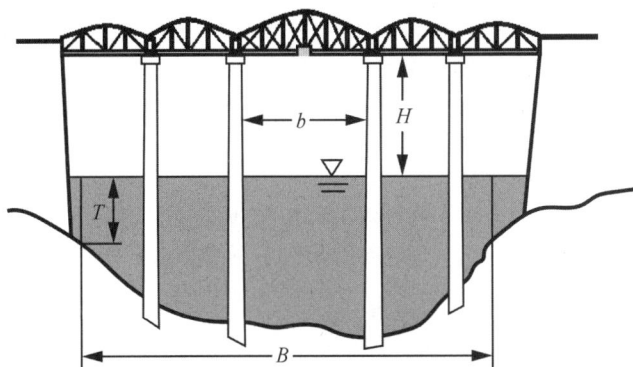

图7-28 桥区河段通航尺度

2. 出现了不正常水流

由于桥墩和桥台的建筑，河槽的过水断面有所缩减，水流不得畅泄，在桥台和每个桥墩的上方形成壅水，下方出现旺水等不正常水流。有时由于桥台和桥墩的挑流，还可能在桥区范围内出现较大的横流区。

3. 流向与桥梁水平垂线交角的影响

建桥后，不可避免使得桥梁水平垂线与主流流向产生一个夹角 θ，如图 7-29 所示。但是 θ 不宜太大，否则主流就形成一股强大的横流，使船舶在驶过桥孔的过程中发生显著的偏移，甚至因此而发生事故。船舶在驶过桥孔时，因交角 θ 而引起的偏移距离，随横流速度、交角 θ、航速而变化。船舶实际航迹，是由航速与横流速度的合速度方向决定的，因此航速的变化也可以引起偏移横距的变化，即航速高时偏移量小，反之，偏移量大。

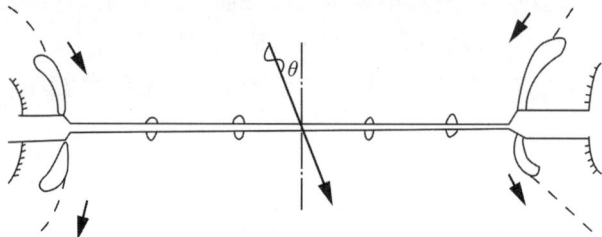

图 7-29　流向与桥梁水平垂线交角

4. 桥区交通安全管理规则的约束

在通航河流建桥后，为保护桥梁建筑及船舶航行安全，都制定有相应的交通安全管理规则，对船舶航行做了一些限制和要求，如船舶尺度、能见度、船速等，驾引人员一定要严格遵守执行，以策安全。

二、桥区河段的引航方法

1. 挂高船位，减小与流向的夹角

一般大桥轴线的水平垂线与流向均有一定的夹角，再加上桥台、桥墩的挑流作用，很容易导致船位偏移。这种偏移与水位、流速、流舷角、船舶浸水面积、流压中心与重心的相对位置及船舶的航速等有关。在潮流段内，偏移还受潮汐影响。

因此应尽量减小艏艉线与流向的夹角，挂高船位，将航路选择在水势高的一侧，这对下行船尤其重要，因为船舶下行速度快，更不容易控制船位。

2. 控制船位，及时纠正偏航

在过桥过程中，必须密切注意各物标、灯光相对位置的变化，利用灯光、桥区物标进行导航，采用"开门""关门"叫舵，并结合航向和横距来有效控制船位。一旦发现异常，应迅速判断船位偏移方向，及时纠正。

3. 应急处置

下行船如果输向严重，无法纠正，无把握安全过桥时，应及时掉头，将船位提高后再掉头下驶。当船舶从大桥上游以一定夹角与大桥斜交过桥时，船头刚达桥墩，应迅速调顺船身，与大

桥呈正交通过。如因某种特殊原因,船位横移难以校正,有碰撞桥墩危险时,应果断用舵偏离桥墩,使船沿下侧桥孔通过,但必须及时报告大桥监督站。

三、桥区河段航行注意事项

(1)过桥前应注意掌握以下各种情况。

①桥区航道情况、通航特点及有关规定。

②助航标志的设置情况及与桥、岸物标(灯光)在船前进中的相对位移。

③桥区水文、气象情况。

(2)为了减小漂移,提高操纵灵活性,船舶(队)在桥区摆好船位后,可适当提高航速。吊拖船队可以适当缩短拖缆。

(3)风天过桥时应注意以下事项。

在风力作用下,船舶向下风方向偏转漂移,漂移速度与风速、风舷角、航速、流速、流向、受风面积、船队队形等有关。因此驾驶人员必须认真观察,仔细分析各种现象。

①了解当地的风情预报及当时的实际风力,当风力超过过桥的规定标准时,应选择安全锚地避风。当风力虽在规定标准的许可范围,但由于船队受风面积大、马力小,无把握过桥时,也应采取抛锚避风措施。

②紧沿桥区航道上风一侧。挂上风的松紧程度,视风力大小、流向大小及方向、船舶操纵性能、负载大小而定。

③发现船位漂移,应立即纠正,多向上风一侧调向,必要时将浮标关在一侧航行。

第五节 ● 船闸河段的引航

船闸是用以保证船舶顺利通过航道上集中水位落差处的箱形水工建筑物。船闸是拦河建筑物的重要通航设施。

一、船闸的分类

船闸的类型多种多样,按照地理位置和使用性质,分为海船闸、河船闸和运河船闸;按照闸室横向平行排列数目,分为单线船闸、双线船闸和多线船闸;按照闸室数目纵向排列,分为单级船闸、双级船闸和多级船闸(又称为单室船闸、双室船闸和多室船闸)。单级船闸构造简单、使用广泛,它的上、下游落差一般为几米到20 m,最大可达40 m。当船舶需要通过集中水位落差很大的航道时,一般采用多级船闸,使全部落差分配于多级船闸的几个闸室上,如三峡水利枢纽永久船闸,采用双线连续五级船闸。

二、船闸的组成

船闸主要由闸室、闸首(包括上、下闸首)和引航道(包括上、下游引航道)三部分组成,如

图 7-30 所示。

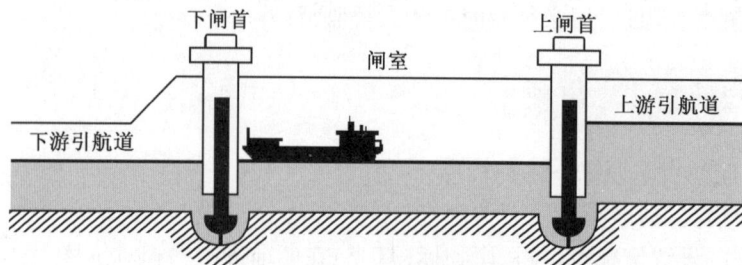

图 7-30　船闸布置图

闸室也称闸箱，是船闸上、下闸首和左、右闸墙之间的空间，是供过闸船舶停泊、通航使用的。

闸首是将闸室与上、下引航道隔开的挡水建筑物。位于上游的称上闸首；位于下游的称下闸首；位于多室船闸中间的称中闸首。

船闸引航道是连接闸室至主航道，并设有导航、隔流构筑物等，能引导船舶安全进出闸和满足候闸要求的一段限制性航道。它能保证船舶迅速而安全地从闸室到主航道或从主航道到闸室。与上闸首相连的航道称为上引航道；与下闸首相连的航道称为下引航道。

三、船闸设备

为了便于船舶迅速和安全地通过船闸，一般的船闸都设有系船设备、信号设备，有的船闸还设有牵引设备。

系船设备是船舶过闸或等待过闸系靠时所用的设备，它有系船桩和系船环两种；信号设备是引导和控制船舶安全过闸所用的设备，如号灯、号型、航标等；牵引设备是为了辅助船舶进出闸所用的设备，它有电绞盘、电力吊车和电拖车三种。

四、船舶过闸的基本原理

当船舶由上游向下游行驶时，操作程序为：船进上引航道，关闭下阀门，打开上阀门，闸室充水，如图 7-31 中(a)所示；待闸室内水位升至与上游水位齐平，然后打开上闸门，船舶进闸，如图 7-31 中(b)所示；关闭上闸门，上阀门，船位固定后，打开下阀门，放水，如图 7-31 中(c)所示；待水位降低到与下游水位齐平后，打开下闸门，船舶即可出闸向下游驶去，如图 7-31 中(d)所示。即"开上闸门→进闸→关上闸门→排水至下水位→开下闸门→出闸"。当船舶由下游向上游行驶时，过闸操作程序则与下行相反，即"开下闸门→进闸→关下闸门→充水至上水位→开上闸门→出闸"。

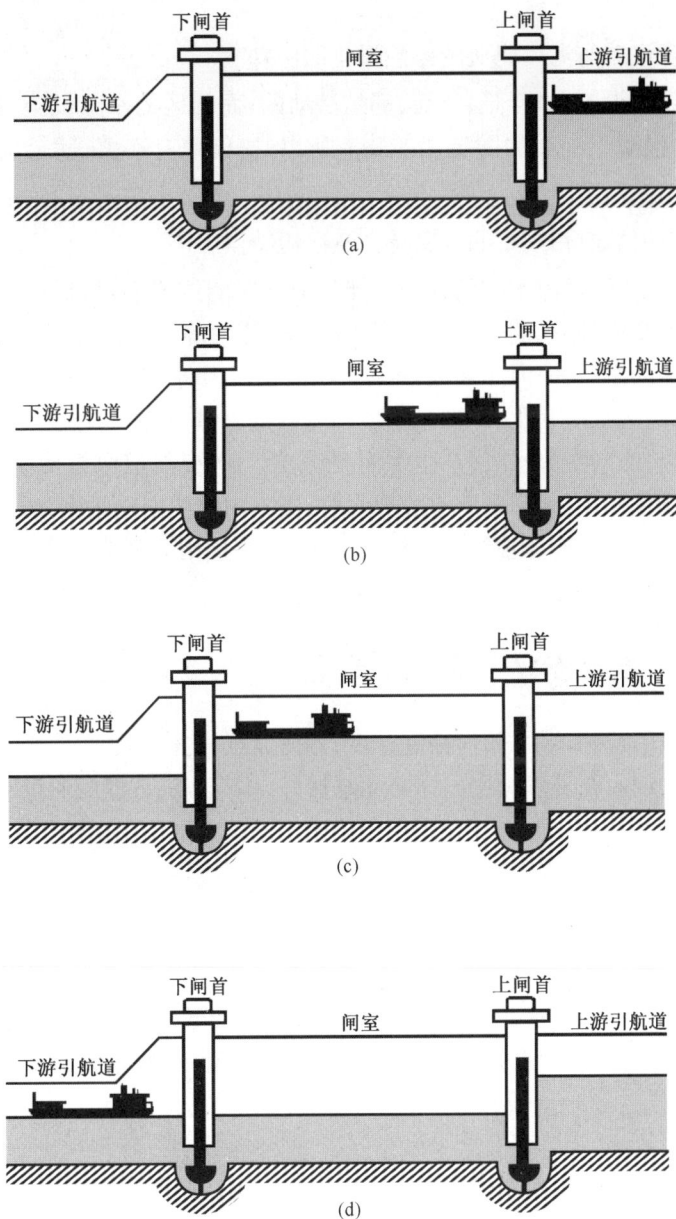

(a)

(b)

(c)

(d)

图 7-31　船舶下行过闸示意图

五、船闸河段的航行条件

1. 航道尺度发生了变化

在天然河流上修建了拦河坝和闸坝设施,坝区的通航宽度比原来的天然河流大大减小,一般上、下引航道和船闸水域都十分狭窄,船首与闸室内本船停靠点之间纵向距离(俗称道子)较短,如葛洲坝水利枢纽的三号闸室有效宽度为 18 m,有效长度为 120 m,对一艘中型客船来说,两边只有不到 1 m 的间隙,直线距离也有限,这给船舶进入闸室前定位、吊向带来较大难度。

2. 闸区的水工设施与港口码头及系泊设施的区别

港口码头及系泊设施，如浮趸、浮筒，都是活动的；而闸区的水工设施，如靠船墩、导航墙、闸壁等，都是钢筋混凝土浇灌的固定建筑物。所以，操作稍有不慎，就会出现硬碰硬，使船体受损。

3. 船闸上、下引航道和闸室的水文特征及淤积特点

在上引航道内，因受坝前水位的顶托，比降、流速减弱或成静水，局部水域泥沙落淤变浅；在下引航道与干流交汇处，汛期干流挟沙水流与引航道内静水存在重率差，干流浑水以异重流形式潜入下引航道内淤积，使河床变浅，水深不足。在上引航道的分水坝端，每当泄水闸放水分流时，其分流量随流量的变化，产生强弱不同的横流，对船舶进出闸操作产生不同程度的影响。在下引航道内，当闸室放水时，产生水面波动，使下游引航道内等待进闸船舶产生摆荡和垂荡，导致碰撞或擦浅。当闸室内充水或放水时，闸室内水位变化急剧，水流紊动，易使船舶碰擦闸壁。若闸室中线与引航道轴线存在较大交角，船舶进闸遇强横风，因船舶航速低、控制能力差，极易造成碰擦闸门或进不了闸室等现象发生。

六、船闸河段引航操作要点及注意事项

限于船闸水域的特殊条件，如何控制速度，如何抓点、定位、取向、取距，如何调顺船身等是船舶通过船闸的关键。在具体操作方面必须掌握好以下三点，方能顺利进闸。

1. 控制航速

如不需候闸或其他意外情况，在操纵船舶进闸时可借船舶冲程一气呵成。所以，恰如其分地控制航速很重要。船速快了，冲程大，供船只进闸所准备的道子及时间就显得短促，无法使船身置于理想的位置，且向左右用舵调向时，船身摆动幅度大，极易触碰船闸设施。一旦出现危局，除了倒车，没有其他有效办法避免碰撞，况且此时倒车的效果在如此短的距离内，也不会很明显。如果航速过低，则冲程太小，船舶不能滑行至理想的位置，并且舵效微弱，受风力影响明显，难以控制船位。

如果操作不太熟练，为保证安全宁可早停车，把航速控制得较常规小一些。若航速显得太慢，可以结合调向需要，用适度左或右单进车以加大速度，并注意及时停车。实践证明：在静水中，用单边车进或倒，除起到制动的作用外，对调向或稳向的效果也比用舵时的效果要明显和及时一些。

2. 准确定位，正确取向

为了使船顺利进闸甚至"空心入闸"，在进闸前，船长必须在有限的道子内定好船位和吊向点。在确定合理的船位和吊向点时，要根据下列三个变化：（1）闸室两个壁面形状的变化；（2）本船首与闸室内本船停靠点之间纵向距离——道子的变化；（3）本船舷侧与导航墙及其延长线之间距离的变化。通过这三者的变化及这三者之间相互关系的变化来决定吊向点、动舵时机及用舵角大小，来掌握船左、右侧和导航墙及其延长线之间的距离，目的是定好船位。夜间，当船位稍远，看不清闸室壁面时，可依据船闸上方顺闸壁排列的灯或其他显著物标亮出的角度变化为点，船长站在驾驶台正中全面观察和掌握，同时派一名驾驶员或熟练舵工在驾驶台

一侧观察本船舷侧与导航墙及其延长线之间的横距并随时报告,以便船长操纵。进闸时船位的最佳状态应是使船舶的航迹线和闸室中心线重合。但要获得这种最佳状态,在操作过程中,船长还必须准确估计和掌握漂距。

3. 掌握好漂距

船舶进闸时,如果没有掌握好漂距,即使船位摆得很好,吊向点也正确,也容易碰擦闸壁。所谓漂距是指船舶转向后在某一时间内船舶沿原航向继续滑行的船位至与新航向的实际船位间的横向距离。此漂距在航向稳定后的一段时间内才会消失,其大小主要与船速、转向角和排水量的大小等有关。长期的实践和观察表明,船舶在主机启动时产生的漂距很小,船在静水中停车调向时产生的漂距较大,且延续的时间较长。目前对漂距的大小只能从反复的实践中去体验,以做出比较正确的估计。由于船闸水域特殊条件的制约,要使艏艉线和闸室中心线重合后空心入室,即使只有几十厘米的漂距,也必须认真对待。

第六节 ◉ 河口段的引航

河口段是指河流与其汇入水域相连接的区域。能够通航的河口段包括流入海洋的入海河口、流入干流的支流河口、流入湖泊的入湖河口、流入水库的入库河口。

一、入海河口段的引航

入海河口段,一般是该河流航道尺度最大的河段,但由于受径流、潮流和风浪等因素的影响,航道多淤善变,个别河槽水深不足,同时航行条件比较复杂,给船舶航行带来一定困难。

(一)入海河口段的航行条件

1. 入海河口段的水流特征

入海河口段的水流特征主要表现在潮流界范围内,受潮汐影响,主要流向在涨落两个方向做周期性变化。特别是在转流时刻,流向流速变化复杂。水流的转向,不是在整个断面上同时发生,而是逐渐由河底到水面,从岸边到中泓发生的。所以在转流的时刻,在河流同一断面上,将同时存在方向相反的两种水流,从而产生转潮浪,当有风的影响时,此现象更为显著。

对于涨落潮过程流速在时间上的变化,在多数河口段上,涨潮流的最大流速是在达到平均水位稍后的时间出现,落潮流的最大流速是在达到平均水位稍前的时间出现,水流转向时间稍迟于最高、最低水位出现时间。涨落潮的一个过程可分为四个阶段。

第一阶段:涨潮落潮流。当潮波侵入河口段之初,水位开始上涨,落潮流的流速递减,但表层水流方向仍指向海洋。此时,在同一过水横断面上,可能出现上下两层方向相反的水流,如图7-32(a)所示。

第二阶段:涨潮涨潮流。随着潮位不断上涨,涨潮流速渐渐大于河水流速,水面呈逆比降,断面上水流全都转向上游方向,如图7-32(b)所示。

第三阶段:落潮涨潮流。当海洋已开始落潮,河口段内的水位随之下降,涨潮潮流的流速逐渐减弱,但仍大于河水流速,表层水流方向指向上游。此时水面比降仍向上游倾斜,但随后却逐渐趋于平缓,甚至指向下游,如图 7-32(c)所示。

第四阶段:落潮落潮流。河口段水位继续下降,涨潮潮流的流速递减,流向从指向上游转为指向下游,水面比降也转为向下游倾斜,如图 7-32(d)所示。

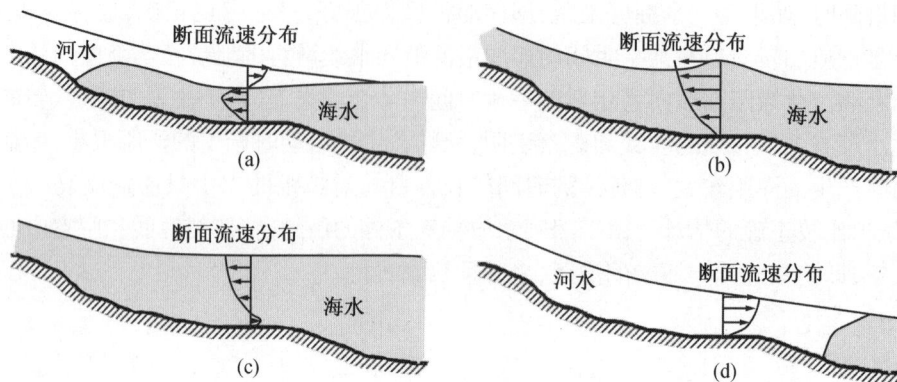

图 7-32 河口段涨落潮的四个阶段

2. 河口段的碍航特点

入海河口段河面辽阔,航道宽广,航行与避让都有较大的选择余地,航行条件较好。对航行产生的不利因素主要体现在以下几个方面:

(1)个别河段水深不足。河口段一般是每条河流航道尺度最大的河段,河宽、水深,受径流、潮汐和风浪的共同影响,江心洲丛生,且变化多端,深泓线经常摆动,河槽冲淤不定,某些地段泥沙易淤积形成浅区。

(2)可凭借、参照的天然物标较少。河口段航道远离岸线,岸标较少,不易被利用,多以浮标助航。但航标间距较大,能见度不良时,较难发现和识别浮标。若遇大风,因水深、流急、浪高,浮标极易移位和漂失。故船舶均须利用罗经、雷达等仪器助航。

(3)受潮汐影响显著。潮汐可供船舶选择高潮通过浅水区域,利用潮位提高船舶载重能力。潮流可供上行船舶利用涨潮流提高航行速度,缩短航行时间。但是,在潮水初涨时刻,潮波涌入狭窄、水浅的河床,使大量水体集中,流速加快,由于河底的地形抬升,波峰增高加速,峰速赶上谷速,波峰挤压波谷,形成潮浪,称为转潮浪或暴涨潮。大潮时的暴涨潮会严重影响船舶的航行安全,如遇大风,在大风的共同作用下,其危险更大。

(4)河面开阔的深水航道,受风浪袭击危害大,锚泊条件差。

(5)海雾影响显著。每年南方的暖湿气流北上我国沿海,在冷水面上,形成平流雾。雾出现后,遇海风被吹入河口段,使河面能见度降低。海雾浓度大,发生的范围广,雾时长,严重影响船舶的航行安全。

(6)大型船舶的通航密度大,操纵能力受到限制的船舶数量日益增加,限于吃水的船舶需等候高潮时刻才能航行,使航道浅区在高潮时限内通航密度增大。

(二)入海河口段引航方法及有关注意事项

河口段水面广阔,主要依靠浮标指示航道界限,较少有岸形可循,船舶必须按罗经或雷达定向航行,否则易迷失方向,偏离航道,造成事故。加之潮汐、风浪等影响显著及航道条件复

杂,因此应特别注意。除参照上述有关典型河段的引航操作方法外,还必须掌握下列引航要点:

1.充分利用潮汐

(1)利用潮汐提高航速

只要掌握河口段沿途各地有代表性的潮汐要素,如高低潮时、潮高、流速变化以及该地涨潮流与落潮流的出现时间和持续时间等,就能从以下几个方面加以利用。

①要合理掌握开航时间,使船舶在开航后能长时间地顺着潮流航行,最大限度地缩短逆流航行时间。即开航前应当掌握始发港的高低潮时,向上游航行的船舶应在低潮或低潮前开航。若驶向下游,则宜在该港的高潮或高潮之前开航。

②要合理掌握航速,即从甲港的高潮时向下游乙港开航后调整航速,使船舶在驶到乙港时恰为乙港的高潮时间,这样又可顺落潮流继续下驶。总之,若航速掌握得当,不论上、下行都能利用潮流的有利因素,对节约能源、降低运输成本具有重大作用。

③慢速船队应合理掌握转流时刻的流速分布规律,调整航路位置,如图7-33所示。

船舶在落潮落潮流时航行,落潮流的最大流速,顺直河段在河心一线,弯曲河段在河心偏向凹岸处。所以,上行船的航线应选择在岸边或凸岸一侧,而下行船的航线应选择在河心或河心偏向凹岸一侧,如图7-33(a)所示。

船舶在低潮转流时航行,落潮流的最大流速值已降低,而涨潮流先出现在顺直河段的两岸和弯曲河段的凸岸边。故上行航线应选择在岸边或凸岸一侧,下行航线应选择在河心或稍靠凹岸一侧,如图7-33(b)所示。

船舶在涨潮涨潮流时航行,涨潮流的最大流速,顺直河段在河心一线,弯曲河段在河心偏向凹岸处。故上行航线应选择在河心或偏向凹岸一侧,下行航线应选择在岸边或凸岸一侧,如图7-33(c)所示。

船舶在高潮后转流时航行,涨潮流的最大流速值降低,落潮流先在顺直河段的两岸与弯曲河段的凸岸边出现。故上行航线应选择在河心或稍靠凹岸一侧,而下行航线应选择在岸边或凸岸一侧,如图7-33(d)所示。

慢速船队选择上、下航线时,与河岸或障碍物的横距,应根据本船队的吃水、拖带的长度、队形、航速、航道的剩余水深、风向与风力、流向与流速等因素确定,切忌贪图提高航速,所取横距太小,而造成船队擦浅、搁浅、落弯或扫岸等事故。

慢速船队选择转流时刻航行,对转潮浪的影响应有充分估计,并采取相应的措施,以防发生碰撞、断缆、散队以及散队后造成搁浅等事故。

(2)利用潮高通过浅水道,发挥船舶最大载重能力,对不同尺度的船舶均有实际意义。合理利用潮汐的关键在于正确掌握潮时、潮高及当时当地的气象条件。

2.正确掌握流速流向

由于河槽平面形状的限制及涨落潮的影响,流向做有规律性的改变,特别是在弯曲河段或分汊口,一般流向与航路的交角较大,遇潮流急涨急落时,对船舶推压影响很大,掌握不当,极易偏离航路,造成扫标、触浅甚至碰撞等事故,因此必须掌握关键河段的流向。特别是慢速船队应根据流向、流速的影响,选好转向点,并利用前后浮标观测船位,随时加以修正,使船位始终处于正确的航路上。

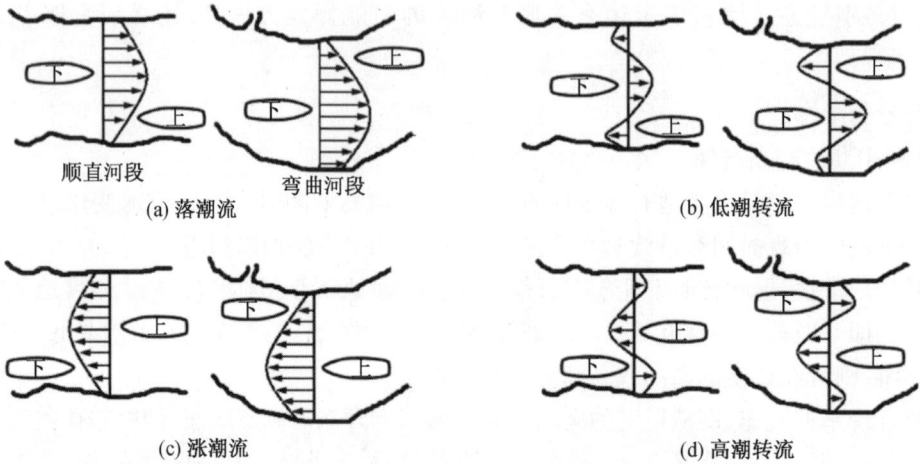

图 7-33　涨落潮和转流时刻流速分布规律及航线选择

3. 充分利用浮标导航

一般采用浮标作为转向点，使用罗经逐个经过航行，将船位保持在计划航线和安全界限内。

航行前，应预先设计好航线，熟悉各航标的特性、航标之间的距离、经过航标时应走的航向。当本船驶近河口区第一个浮标，应先核对该标的标色、编号、灯质和位置，确认无误后，再定向航行至该标，达预定转向点后，转向下一个浮标航行。

航行时，通常利用浮标正横转向，并且使航迹线平行于前后两浮标的连线。航行中经常利用前、后浮标连线，检查本船的罗经航向是否正确，本船能否航行在计划航线的安全界线内，发现偏离应及时修正航向。

4. 注意风压，摆正船位

河口区河面宽广，不论风来自何方都受一定影响。一般当风力为五级以上，且风向与航道走向一致时，则船队不论上行或下行，除应根据抗风能力编组合理队形外，应选择顺风顺流，适当控制航速，尽量赶在转潮前到达目的港或锚地锚泊。横风时应注意风压，始终使航路靠近上风一侧，特别是空载船队更应该注意修正船位，防止困向下风，偏出航道。其他要点可参照大风浪中航行的操作。

5. 航行注意事项

（1）应使助航仪器始终处于正常状态。特别是罗经、雷达应准确可靠，不致在视线不清时因误差而走出航道。

（2）熟悉航道，熟知航标特征及各标间的航向、航程。

（3）通过每一标志时都应认真核对，防止错认或漏认。应正确估计横距，记录经过时间及航向，并根据本船航速，预先估计出到达下一标志的时间。

（4）经常查看前后标志方位，及时判明本船是否偏离航道。

（5）航行时除以前后两标判断船位外，还应注意观察其他浮标或岸标的相对位置，应尽量利用岸上显著的标志核对浮标，以防在浮标发生异常情况或视线不清时，走出航道。

（6）驾引人员应注意在平时积累经验，找出规律，方能在特殊情况下做到心中有数。

二、支流河口段引航

支流与干流的汇合处,称为支流河口。

(一)支流河口段的航行条件

1.支流河口流态紊乱

干流和支流不同流向的水流相汇,致使支流河口流态紊乱。尤其当水位干流低于支流,支流又逢陡涨水时,支流的流量激增,其强流挤迫干流主流流路,使干流泄水断面急剧收缩,支流河口下方的回流区增大,在两股水流的交界面上产生了夹堰、泡漩、回流等流态,如图 7-34 所示。这些不正常流态的强度、范围随干流与支流水位和流量的变化而变化,随支流与干流的交汇夹角大小而变化。支流河口的流态变坏,增大了船舶操纵难度,并危及船舶安全。

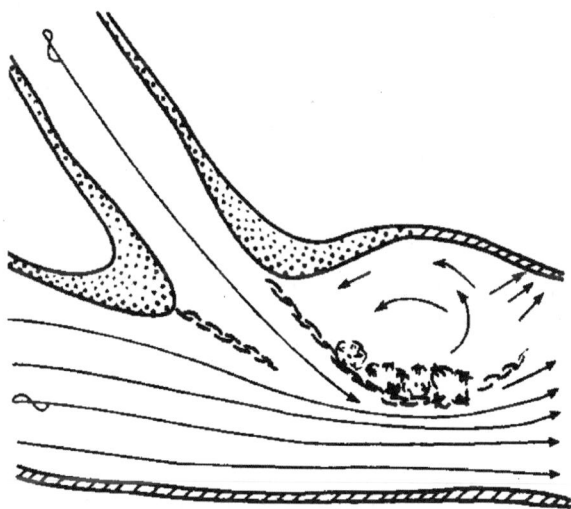

图 7-34 支流河口流态示意图

2.支流河口流速变化大

干、支流交汇水域的流速,随干、支流水位的变化而变化。当干流水位上涨、支流没有涨水时,支流受干流顶托而水流平缓,甚至干流水倒流入支流;当支流水位上涨、干流没有涨水时,干流受支流顶托产生壅水,支流流速增大,可能形成"吊口水"。例如,当长江发水时,在洞庭湖口产生滞流或倒流现象。当洞庭湖水处于春汛发水季节,而长江尚未涨水时,湖口的水流特别湍急,出现"吊口水",在泥滩嘴外产生大面积的漩涡。

3.支流河口易淤积泥沙

流量一般干流大于支流,当干流水位上涨时,支流河口段在一定范围内形成滞流现象,大量泥沙沉积于河口两岸,如图 7-35 所示。其淤积程度与水流的含沙量及输沙能力、洪峰发生频率、洪峰稳定时间长短,特别是末次洪峰后的水位退落急缓等有关。如最后一次洪峰发生后,水位急退,来不及冲刷河口,则淤积较严重,尤其是水流含沙量大的支流,有时还需进行疏浚,才能保证通航。

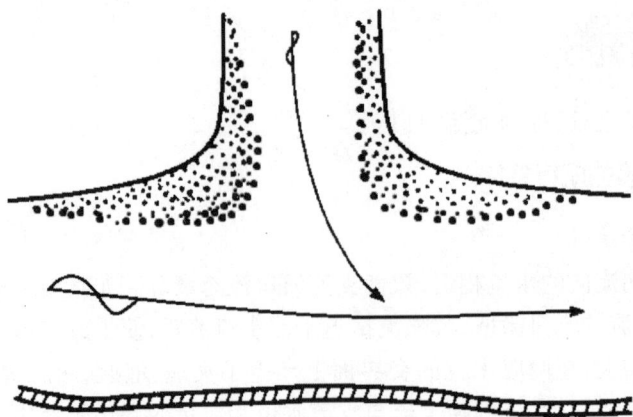

图7-35　支流河口淤积示意图

4. 支流河口航行船舶密度大

支流河口航行通视较差，过往船舶多，会让船困难，极易发生碰撞事故。

（二）支流河口段的引航

根据上述对支流河口航行条件的分析可知，如果干、支流的交角不同，干、支流流量比率及水位变化不同，那么支流河口的流态及泥沙淤积程度等肯定不相同。一般平原河流的支流河口航道尺度大，交汇水域较宽广，水流条件比山区河流的支流河口优越。因此，船舶进出各个支流河口段的航路及航法也不相同。

1. 从支流进入干流

（1）出支流进入干流上行

当两河的水流成小夹角交汇时，如图7-36（a）中1航线所示。船舶循支流的主流下行，至①位时鸣笛示警，稍拉大档子，至口门②位置，能见到上沙嘴以上整个水域时，船首达干流后迎流转向，以外舷挂主流，丢夹堰乱流于内舷，待整个船身驶上正常水流后，边走边内转向，进入干流上行。

当两河的水流成大夹角交汇时，如图7-36（b）中1航线所示。船至①位，以外舷靠主流，拉大档子后，及时调顺船身，缩小航向与流向夹角迎流出角顺向后进入干流上行。

（2）出支流进入干流下行

当两河水流成小角度交汇时，主流流入角偏靠下岸嘴，船舶应避开下角内拖背脑水势及上嘴夹堰、回流区。船舶循支流下行至河口下角上方，置船位于主流外侧，避让支流口下角背脑水势及沱区紊动水流，循主流流线边走边内转向，进入干流随主流带下行，如图7-36（a）中2航线所示。

当两河水流的交角较大时，主流线扫弯，下沱区大，夹堰内侧及沱内流态紊乱。船位应置于主流上侧高流势一侧下行，船首达河口下角挑流，操内舵迎流转向，将内舷挂上夹堰水，操外舵提尾顺向，以外舷挂主流，顺流向驶出交汇水域，如图7-36（b）中2航线所示。

2. 自干流进入支流

（1）自干流上行进入支流

当两河的水流成小夹角交汇时，船舶沿干流缓流上行，达支流来的水流时，操内舵迎流转

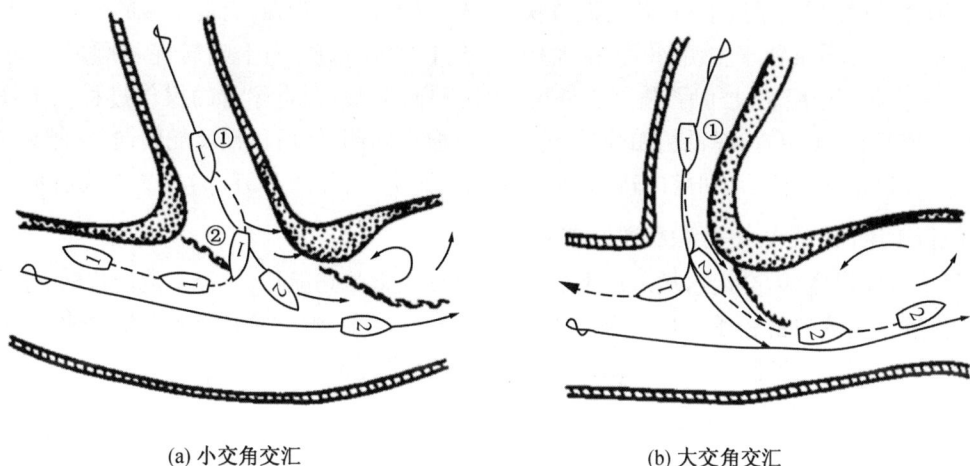

(a) 小交角交汇　　　　　　　　　　　　(b) 大交角交汇

图 7-36　支流进入干流示意图

向,避让河口下角内拖水势,顺向后穿越主流进入支流上方靠岸一侧的缓流上行,如图 7-37
(a)中 1 航线所示。

当两河水流成大角度交汇时,船在干流时,以外舷靠主流内侧弱流,丢夹堰内侧泡水、漩涡
及沱区强回流于内舷侧,船首达支流来的水流时,操内舵迎流转向,待下岸嘴披头水不影响时,
边走边转向进入支流缓流带上行,如图 7-37(b)中 1 航线所示。若下沱区水流较平稳,可利用
沱区缓流,以外舷挂夹堰上行,出角迎流顺向后沿主流上侧缓流上行,如图 7-37(b)中 2 航线
所示。

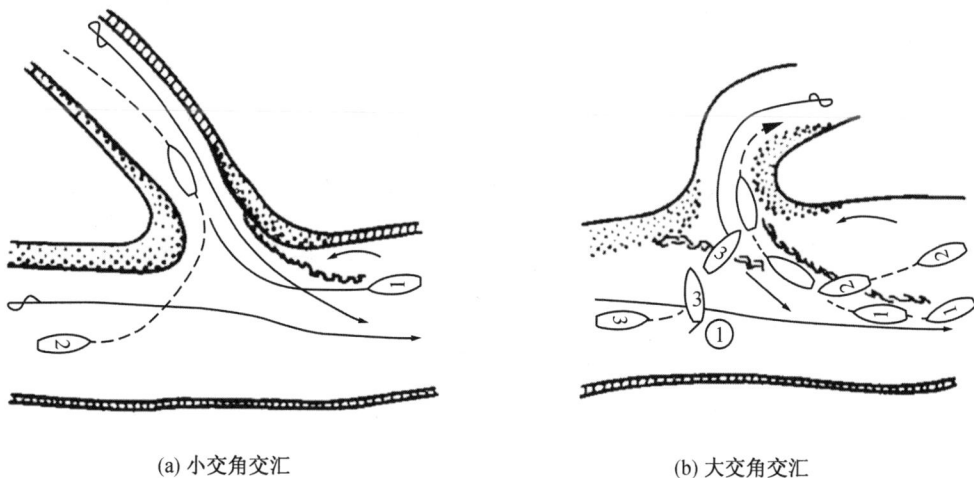

(a) 小交角交汇　　　　　　　　　　　　(b) 大交角交汇

图 7-37　干流进入支流示意图

(2)自干流下行进入支流

当两河水流成小角度交汇时,自干流循主流下行至岸嘴上方,逐步向上方岸嘴挂高转向,
以上嘴外夹堰为目标,船首挂上夹堰时回舵稳向,待船体进入支流正常水流后,调正船向,穿越
主流,沿主流上侧缓流上行,如图 7-37(a)中 2 航线所示。

当两河水流成大角度交汇时,干、支流两种不同流向和不同流速在上嘴外交汇,夹堰流带
的水流紊乱。如支流口的河面较为宽阔,水流条件尚好,可仿图 7-37(a)中 2 航法进入支流,

顺向后,顺过下岸侧,循缓流上行;若支流口狭窄,支流的水流力量强,交汇水域的流态紊乱,自干流下行的船舶,将船置于主流外侧,拉大档子,至上岸嘴上方,向上嘴转舵稍顺成斜向,即"下尾"(通常指上行船舶过河后,将船头外扬,船尾顺向下游,调直船身的操作过程),如图7-37(b)中3航行至①位置,降低船舶冲量,落位于夹堰水外侧,然后再操反舵转向,穿越夹堰流带,进入支流口正常水流后,回舵内转向,顺下岸侧缓流上行,如图7-37(b)中3航线所示。

3. 航行于干流的上、下行船舶通过支流河口

如果干流航道宽阔、交汇水域水流平稳,船舶可按正常航路航行,驶经支流河口时,适当绕开,以避让进出支流口的船舶。如果交汇口航道狭窄、水流条件差,尤其遇到支流涨水,且水流以较大的夹角进入干流时,应当作为局部强横流的条件进行操作。

(1)自干流上行驶经支流河口

船舶在支流口以下河段,以外舷挂主流,丢夹堰、泡漩、乱流及回流于内舷上行,船首将达来自支流的水流时,预先向支流偏转一个角度迎流,以提高船身,防止船舶随流漂移。迎流稳向后,驶过河口,进入干流的上游缓流上行,如图7-38(a)所示。

(2)自干流下行驶经支流河口

船舶至河口上游干流河段,置船位于主流上侧下行,以支流的水流为目标,逐渐转向,取适当的迎流角,达支流水流时转舵迎流。穿越支流水流后,待船首内舷挂上下沱区夹堰时,操外舵提尾顺向,落位于主流上侧,保持船向与主流的流线顺向下行,如图7-38(b)所示。

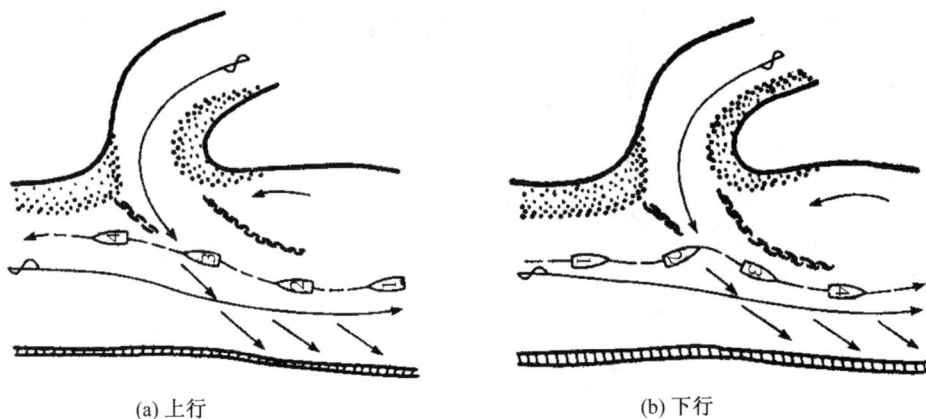

(a) 上行   (b) 下行

图7-38　干流船舶通过支流河口

（三）支流河口航行注意事项

(1)航行于支流河口的船舶应遵守当地有关规章。由于支流河口航行条件特殊,当地有关部门会对进出干、支流的船舶及经过支流河口的船舶做出特殊规定。

(2)支流河口常常流态紊乱,船舶通过时,会掀起大浪,威胁他船航行安全,应适量减速通过。

(3)进出干、支流航行时,船舶调向幅度很大,各类船舶均应根据本船操作特点采取合理的方法,特别是水流较强的支流河口尤为重要,否则会发生翻沉、断缆、散队等事故。

(4)支流河口航行通视差,进出船舶多,船舶航行时应加强瞭望,谨慎驾驶,及早采取有效措施,保证安全避让。

三、入湖河口段的引航

我国通航的湖泊,多为"过流湖",如图7-39所示。因湖泊的水位总与干流的水位相适应,故对河流的水位有调节作用。各支流或河流上游入湖的河口称为入湖河口,从湖泊流向干流或流向下游河流的河口称为出湖河口。

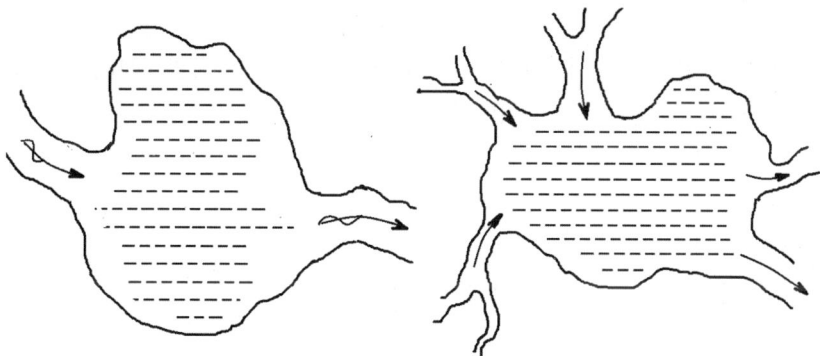

图7-39　过流湖

1. 入湖河口的航行条件

湖泊的水位变化幅度虽不大,但与河流水位间仍存在着差别,即河流水位的上升与下降要快于湖泊,结果使入湖河口在河流水位上涨时,出现较大的流速,支流口就受到一定的冲刷,而当河水流入湖泊后,由于流速骤减而发生大量泥沙淤积,使口外日益淤塞。当河流水位下降时,支流河口段的流速因受湖水的顶托而很微弱,就有较多的泥沙淤积,待下次涨水时,再受冲刷而转入湖内淤积。总的来看,入湖河口附近淤积多于冲刷,以致河口常呈三角洲状态,汊道多而水深与宽度较小,航行较困难。

出湖河口的水位是随着干流或下游河流水位的变化而变化的。终年大部分时间河水是由湖泊流出,河口受冲刷。只有短暂的洪水期才会有向湖中倒灌现象,这时河口才产生淤积。因此,出湖河口附近的淤积不会多于冲刷,所以出湖河口的河道水深与宽度均较大,航行条件比入湖河口好。

湖泊与人工运河相通的河口淤积现象不明显。但流向往往随着风向的变化而变化,流速也随着风速而变化。在洪水季节,湖水定向流往运河。

流入水库的河口,其航行条件基本与入湖河口相似,只是上游水库的水位变幅较大,受其影响的河口段距离也较长。

2. 入湖河口引航基本方法及注意事项

入湖河口引航方法基本上与支流河口相似,但水流的流态没有支流河口那样复杂,故操作较为简便。

值得注意的是,入湖河口通常淤积比较严重,航道分汊且不稳定,过往船舶应注意航线选择,防止搁浅。出湖河口船舶密度较大,应注意会让。

第七节 ◉ 湖泊、水库及运河的引航

一、湖泊的航行条件

湖区水面宽阔,尤其在洪水期呈现汪洋一片,它对船舶选择航路有利,而且湖区主航道航标配布较为完善,有利于导航。不利的因素主要体现在以下几方面:

(1)船舶航行时通常利用山角、岸形、河口、江心洲等物标引航,而湖区可供定位物标少,故给船舶航行带来困难。

(2)由于湖区水面开阔,船舶航行时受风浪影响较大。

(3)湖中水流流速缓慢,当注入的各支流流向不一致时,湖内流向顺逆不定,且难以辨认,极易使船偏航。

(4)过流湖淤积严重,范围广,湖中有些地方水草也多,对航行有一定的影响。特别到枯水期时,通航尺度大大减小。

二、水库的航行条件

水库的航行条件与湖泊有许多相似之处,不同之处在于:

(1)建水库时常遗留一些树桩和残存的建筑物,水下障碍物比湖泊多。

(2)水位变化明显,其变幅较湖泊大,因而航线就随之常变,以调节流量为目的的水库更为突出。

(3)水库上游,泥沙大量淤积,航道随之变浅。

(4)水库一般受风浪的影响比湖泊小。

三、湖泊、水库的引航要点及注意事项

在湖泊、水库中航行主要考虑的问题是准确地判定好自己的船位,并随时注意天气变化情况,充分掌握本船的抗浪性能,正确地操纵船舶航行。

1. 选好航路

湖泊、水库区常有近程航路和沿岸航路之分,船舶启航前,应根据当时的天气情况、本船的操纵性能等诸因素,妥善地选定航行线路。当天气好、风浪小时,可选择近程航路,径直驶过湖区,以提高船舶营运效率;当天气不好、风浪较大或船舶条件较差时,应选择沿岸航路,其路程虽较远,但风浪较小,比较安全。

2. 掌握船位

在宽阔的湖泊、水库区航行,为了不远离航路或迷航,要随时掌握本船的船位,特别是在中洪水期能见度较差时。

针对湖泊、水库区的特点,常用的定位方法有:

（1）叠标及物标正横法

当船舶对准某一天然（或人工）叠标组航行时，如果某一时刻正横于某一标志，则叠标方位线与该物标正横方位线的交点，就是此时的观测船位。如图 7-40 所示，当船舶对准叠标 A、B 航行时，于某时刻物标 P 正横，则方位线 FAB 和 FP 的交点 F，就是此时的观测船位。

（2）两方位法

先选定两个方位分布恰当、便于观测的固定物标，在同一时刻观测它们的方位，所观测的两条方位线的交点，就是船舶在该时刻的位置，如图 7-41 所示。

"两方位法"在湖泊、水库中较为实用。如沿岸的灯塔、山头、岛屿，岸上的明显建筑物等，均可作为观测的物标。为使定位准确，在测定船位时还必须注意，非固定的物标如浮标、灯船之类容易移位，不宜用于定位，并应选择距离近的物标。两物标方位交角宜在 30° 和 150° 之间，最好是 90° 左右，并且应先测方位变化较慢的物标（即船首尾方向的物标），后观测方位变化较快的物标（即正横附近的物标）。

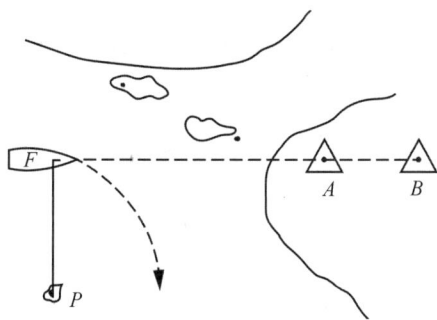

图 7-40　叠标及物标正横定位法

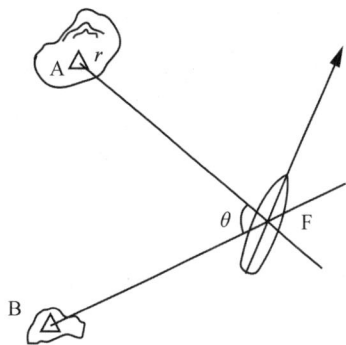

图 7-41　两方位定位法

3. 在风浪中航行

湖泊、水库区水面宽阔，特别是中洪水期，湖滩淹没，水面一望无际。风力 3～4 级时，容易形成较大浪区，湖心和下风侧尤为厉害，影响船舶航行，尤其对小型船队和抗风能力较差的船舶，影响更大。

所以，在湖泊、库区航行时遇到较大风浪应注意：

（1）尽量选择小浪区航行。

（2）需要掉头时尽量选择在小浪区进行。

（3）船队的驾驶：

顶推船队遇风浪较大时，应改为吊拖形式。吊拖船队以单排或双排为好，若风浪很大，应以单排一列式为宜，以免同排驳船相互碰撞摩擦，并应增大驳船间距，其各驳前后间距应力求调整至能使每一驳船同时跃上波峰或落入波谷中，以免缆绳受到急剧拉力而崩断，主拖缆应适当放长。受侧风时，应尽量使船队与波浪呈小交角斜向航行，切勿横浪。

当船队长度大而航速低时，受风影响偏移很大，在航宽不太大的水面，易超出航道界限出现危险，当拖顶空载驳船或吊拖尾驳载量小时，这种偏移会更甚。因此，在航行中要随时注意观察并及时加以纠正，否则应减拖或"扎风"。两船队对驶或追越时，尤应注意驳船动态，两船队尽量拉开距离，并用甩尾法操纵安全会过。

四、运河中的引航

1. 运河的航行条件

（1）除河岸偶有下塌的石块、树木等外，运河中障碍物极少。

（2）运河水源主要来自沿线湖泊及河流，其水位受其河湖水位变化的直接影响，并通过涵闸控制，得以保持航行和排灌的正常水位。

（3）运河中的流速除短暂的排洪期流速较大外，平时流速甚小。

（4）运河河道顺直，航道内水深较小，航道宽度也不大，比天然河流小得多。

（5）由于航道尺度小，船舶行驶阻力增加，航速降低；同时岸吸岸推显著，船舶航行时容易发生偏摆。

（6）运河中通常建有船闸，增加船舶过闸引航操作。

2. 运河中的引航要领及注意事项

（1）船舶在运河中航行，必须注意控制船速，以免对其他行船及两岸的船物造成浪损。

（2）在运河中航行时，岸推与岸吸的现象较为显著，应保持适当岸距。

（3）夜间航行背月光一侧的阴影容易使驾驶人员产生错觉，误认为是岸边，因此，驾驶人员要熟悉航道的地形、地物特征，利用前方物标正确引航。

（4）船舶在通过运河弯曲航道时，航路选择应在靠凸岸一侧，以防落弯。

（5）船舶在运河中航行时特别要注意两船之间的船间效应（船吸与船斥）。两船会遇时一定要注意控制航速和两船之间的横距并及时纠正偏航。会船应尽可能选择在顺直河段和宽阔河段（在长距离的单线河段中，常设置有专供会让用的加宽河段）。

（6）船队在运河中多为吊拖船队，且一般为一列式（一条龙），驳船队之间采用软式系法。两吊拖船队会遇时，一定要注意安全，必要情况下，对驶一定距离后，双方协同"甩尾"操船，继而调顺船队，直至安全驶离。

第八节 ◉ 急流滩河段的引航

一、急流滩河段航行条件

1. 急流滩的概念

急流滩是山区河流特殊类型的航道，由于两岸有突出地形，河心有障碍物或河床突然升高等原因，形成卡口，使滩段过水断面过小，水流无法自行将其调整扩大，因而形成陡比降，产生急流，滩嘴下流态紊乱而严重碍航的河段。

2. 急流滩碍航程度与水位的关系

急流滩的碍航程度随着水位的变化而变化，甚至在一定水位时，它不碍航而消滩，即急流滩的形成、发展和消失与水位变化密切相关。

（1）成滩水位

急流滩特征水位。当达到此水位时，开始出现滩势，船舶航行感到困难，称为成滩水位。

（2）当季水位

某一滩槽适逢碍航的水位期，当急流滩的滩势达到最急、最凶时的水位或水位范围，称为当季水位。

（3）消滩水位

当水面上升或下降至某一水位，急流滩滩势逐渐减弱，此时的临界水位，称为该滩的消滩水位。

3. 急流滩的分类

（1）按急流滩的成因分类

①基岩急流滩

由于岸边石嘴、山脚、石角伸入江中，当水位淹没后，使其过水断面不适应其通过流量，形成急流滩。

②崩岩或滑坡急流滩

由于两岸或一岸山岩崩塌坠入江中，堵塞江流，使其过水断面骤减，不适应上游来水量，成为急流滩而碍航。

③溪口急流滩

由于在山洪暴发时冲出大量泥石，沉积于两岸溪沟口，形成洪积扇伸入江中，堵塞江流而形成急流滩。

④石梁急流滩

由于河床上的纵向、横向石梁或者河底上凸，在中、枯水位期堵塞江流，而形成急流滩。

（2）按成滩水位期分类

①枯水急流滩

河底的浅脊岩坎，在枯水期阻滞水流的作用明显，水流从浅槽流入深槽时，如下堤坎，形成急流，特别是在有基岩嘴或溪沟冲积堆的卡口地区，束流成滩的现象更加严重。这类急流滩的特点是，在枯水期时成滩，水位越枯，滩势越凶险；水位上涨，深槽与浅脊之间的水面比降趋于平缓或束流卡口被淹没，河槽断面逐渐扩大，滩势即消失。

②中水急流滩

在中水期，随着流量的增大、水位的上升，水流受到阻束，产生急流而成滩，特别是该障碍物适淹时，阻水更严重，滩势最凶险，待水位增高，淹没障碍物，其上能过船，河槽放宽，水势畅通，滩势即消失。这种类型急流滩，通常在中水位时成滩，在当季水位期滩势最凶险，高于该水位即漂滩，低于该水位时滩势消失。

③洪水急流滩

在洪水期，流量猛增，因峡谷河段河床狭窄，泄水不畅，使峡口上方壅水陡增，迫使水流在峡内加速通过；在峡口下方又因河槽放宽，水流倾泻，在峡谷上下口之间形成较大落差，当峡内有岸嘴突出或礁石阻流时，出现急流。这种类型急流滩一般在洪水期成滩，水位越高滩势越凶，尤其是在涨水头，滩势更凶，只要涨平或退水，上口壅水消失，峡内落差减小，滩势便能减弱，水位退到成滩水位以下时，滩势即可消失。

（3）按急流滩平面形态分类

①单口急流滩

单口急流滩是指一岸岸嘴或石坝、石梁伸入河床,缩窄过水断面,凸岸一侧产生急流埂水,断面横比降向彼岸倾斜,形成水流扫弯的急流滩,如图7-42(a)所示。

②对口急流滩

对口急流滩是指两岸岸嘴互相对峙伸入河槽形成卡口;或一岸凸嘴,另一岸岩脚、卵石坝伸入河槽,形成两岸均有急流埂水,断面横比降由两岸指向河心的急流滩,如图7-42(b)所示。

③错口急流滩

错口急流滩是指两岸上、下方相距不远,各有岸嘴伸入河槽,形成急流、埂水上下交错,呈反向弯道水流特征的急流滩,如图7-42(c)所示。

④多口急流滩

多口急流滩是指由两个以上的基本滩型紧密连接所组成的滩段,如图7-42(d)所示。

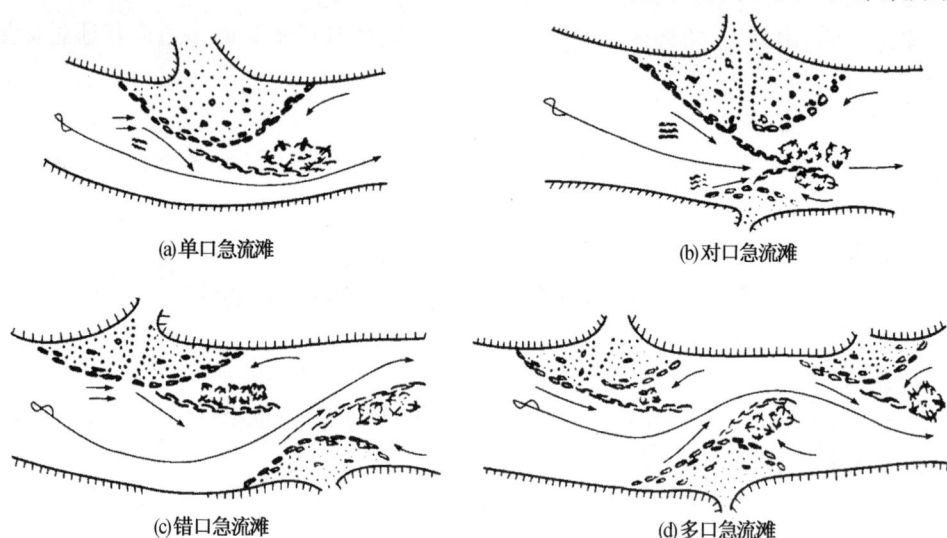

(a)单口急流滩　　　　　　　　　　　(b)对口急流滩

(c)错口急流滩　　　　　　　　　　　(d)多口急流滩

图7-42　急流滩河段平面形态

4.急流滩水流条件

（1）纵比降与急流滩阻力

①纵比降及流速分布

急流滩的纵比降及流速的分布情况,如同第二章中关于埂水的描述,基本可分为三个特征区段,如图7-43所示。

第一区段(壅水区):水流受下游两岸突出地形阻束,在滩口上方产生壅水,纵比降及流速减小而成缓流,如图7-43中Ⅰ以上区段。

第二区段(陡比降段,埂水段):因滩口以下河床下切河面放宽致使水流在滩口上受阻壅高后,又急剧下泄,形成局部陡比降,如图7-43中Ⅰ—Ⅱ区段所示。

第三区段(急流段):由于两岸突嘴挑流,主流收缩呈一束,习称"滩舌"或"剪刀水",河心流速达到最大值,两岸出现大面积回流区,如图7-43中Ⅱ—Ⅲ区段所示。

ΔZ 为水面落差;Ⅰ以上为壅水段;Ⅰ—Ⅱ为陡比降段;Ⅱ—Ⅲ为急流段。

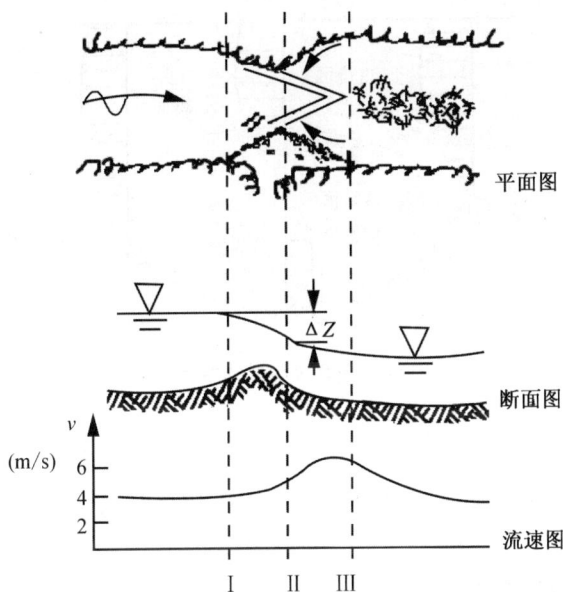

图 7-43 急流滩河段纵比降及流速图

②急流滩阻力

上行船舶(队)通过急流滩所受到的阻力由坡降阻力和水流阻力构成。坡降越大或船舶吨位越大,坡降阻力越大。急流滩上的水面坡降分布,也不是一样大小。它在岸嘴附近较大,离外方渐远,坡降也较小。因此,在对口滩,河心一线水面的坡降最小;在错口滩,则以对岸附近的水面的坡降最小;这一较小坡降的存在,为一时难以上滩的船舶提供了有利条件。

(2)横比降分布特点

急流滩水流受突出岸嘴阻挡而收缩集中,在滩口形成斜流束状的强横流,断面上出现较大的横比降。

①单口急流滩水面横比降由突嘴向彼岸一侧倾斜。

②对口急流滩水面横比降自两岸向河心倾斜。

③错口急流滩和多口急流滩水面横比降,由凸岸一侧向对岸倾斜,并具有弯曲河段的水流特征。

(3)急流滩河段的水流结构

由于水流受突嘴和障碍物阻挡,流束集中后又扩散分离,在滩嘴下形成不同的水流结构,大致可分为主流区、回流区、紊动区等三个区域,如图 7-44 所示。

①主流区

主流区因滩段内河床边界条件不同,而形成正常主流和变态主流。正常主流是指主流带水面比较平缓,能明显地辨认出其流速较大的水流。变态主流则是指急流下切受滩下相对较缓的水流所阻,降速增压,产生泡漩交混的水流。

②紊动区(夹堰区)

紊动区是主流区与回流区之间的水域。水流相互摩擦、交混,水体扰动较大,流速、流压不均匀,流向多变,泡漩混杂,水面高差悬殊,水流高度紊动的流场,称为"紊动区"。其水流条件与岸嘴突入河床的倾斜程度有关。

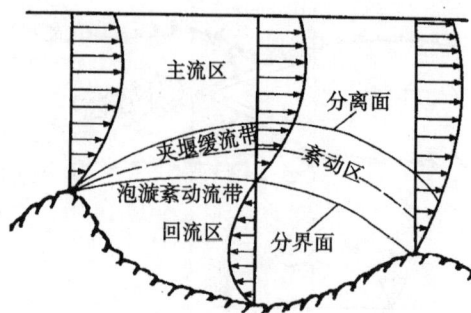

图 7-44　急流滩河段的水流结构

③回流区

急流滩的水流集中而又扩散后产生变形分离，其流速、流压发生变化，在滩嘴下方凹进沱区内形成的与主流流向相反的回流，其范围大小、回流的强弱与断面流速及流压梯度、河床糙度、沱区水深等因素有关。

（4）急流滩河段面流流态分布

①急流滩河段面流流态分布

因滩形不同，急流滩河段的面流流态及其水力特性也不尽相同。但面流流态分布规律大致如图 7-45 所示。

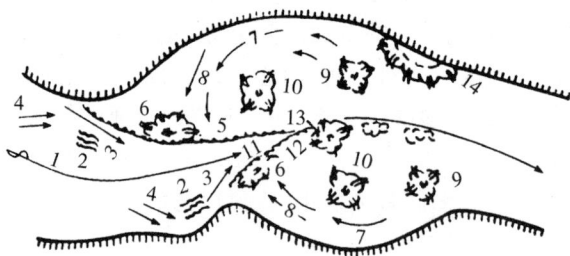

图 7-45　急流滩河段面流流态分布图

1—主流；2—埂水；3—斜流；4—披头水；5—夹堰水；6—枕头泡；7—回流；8—回流出水；
9—分界泡；10—困堂泡；11—滩舌；12—剪刀夹；13—拦马泡；14—出泡

（5）急流滩河段航行水域的划分

急流滩河段航行水域的划分如图 7-46 所示。

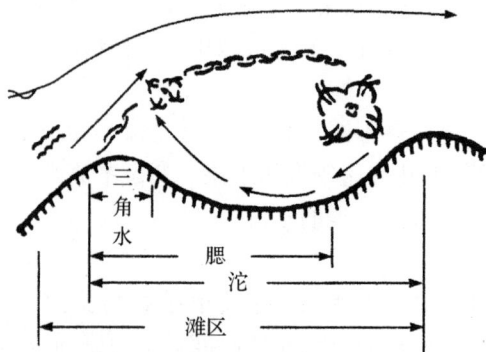

图 7-46　急流滩河段航行水域的划分

①三角水

滩嘴水流边界层的脱离处,由斜流、枕头泡和回流出水三种不同流向的水流交汇所形成的三角形静水区,又称"三叉水"。

②沱

沱是滩嘴以下,河岸凹陷的整个回流、静水、缓流区域。

③沱楞

滩嘴下方的沱内,位于夹堰水与回流边缘之间的一束较缓水流,因该束水流位于沱的边缘,故称沱楞。

④腮

腮是滩嘴下端位于分界水以上夹堰内侧的局部水流。

二、急流滩河段引航技术

1. 上行航路的选择及操作要领和注意事项

急流滩河段上行航路及航法的确定,不论单口急流滩、对口急流滩或错口急流滩,主要根据主流区、回流区和紊动区三个水域的条件而定。一般有挂主流航法、循夹堰缓流带航法(大包小、外穿里航法)、挂半沱出半腮航法(半腮出角航法)、循分界面航法(里穿外航法)和循回流航法(满腮出角航法),如图7-47所示。

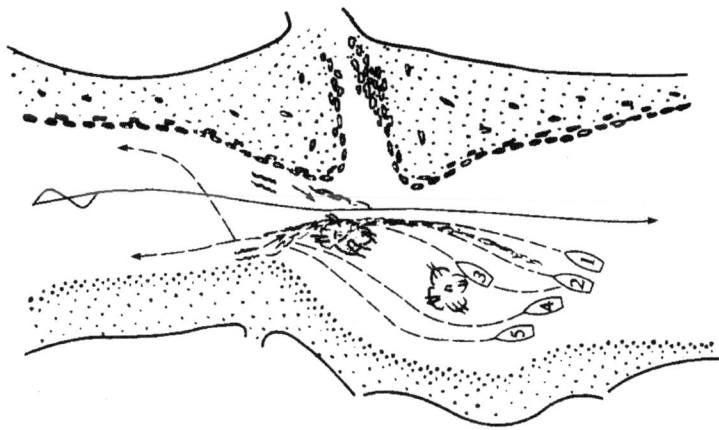

图7-47 急流滩河段上行船基本航法示意图

1—挂主流航法;2—循夹堰缓流带航法;3—挂半沱出半腮航法;4—循分界面航法;5—循回流航法

(1)挂主流航法

当紊动区水流紊动剧烈,不存在夹堰缓流带,沱楞上泡水汹涌,枕头泡内压力强,回流出水无力,上行船舶可选择挂主流航法航行,如图7-48所示。

①上行船舶将达沱区下角,操外舵,置沱区下角内拖水于内舷,以外舷挂主流,内舷靠沱楞泡水上行。

②沿程修正船向与流向的夹角,枕头泡置于本船内舷前方。

③达枕头泡,操内舵乘迎泡,达斜流继续操内舵迎斜流驶上滩头,斜流达船中部回舵,并逐

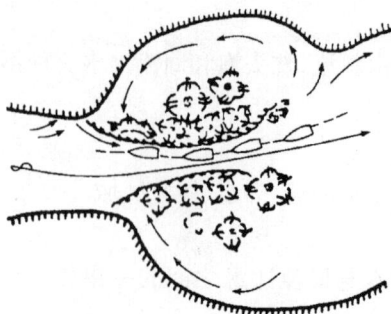

图 7-48　挂主流航法

渐操外舵,使船首抵迎内压水势,即披头水,船尾抵斜流,乘稳后回舵,调顺船身上滩。

（2）循夹堰缓流带航法

也称大包小、外穿里航法。外穿里适用于夹堰缓流带较宽,水流紊动程度和内压力较弱时,上行船舶可利用此缓流带进滩以减小航行阻力,提高上行船舶过滩能力。此航法适用于一般急流滩河段,尤其适用于大型船舶（队）及操纵性能较差的船舶,如图 7-49 所示。

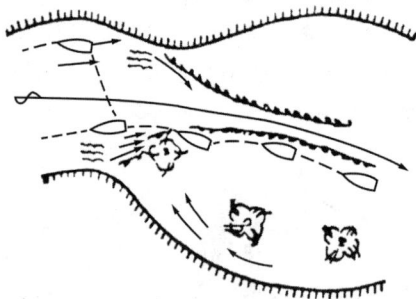

图 7-49　循夹堰缓流带航法

①船首达沱区下角分界泡（水）操外舵扬头,达夹堰操内舵顺向,以外舷挂夹堰,置回流出水及枕头泡于本船内舷前方上行。

②渐行渐内转向,逐步缩小船向与流线的夹角,顺向上行,并不时以外舵领住沱楞内压水势。

③船首达枕头泡操内舵乘迎泡,达斜流继续操内舵迎流转向上滩,斜流达船中部回舵,并逐渐操外舵,使船首抵迎内压水势,即披头水,船尾抵斜流,乘稳后回舵,调顺船身上滩。

（3）挂半沱出半腮航法（半腮出角航法）

因滩口下游段,河面宽阔顺直,泡水分裂扩散迅速,使沱区下半部水势趋于平稳,内压水势力弱,所以船舶利用下半沱的缓流取道上行,以增大航速,提高船舶过滩能力,如图 7-50 所示。

①船达沱区下角分界泡（水）,外舵稍扬,将内拖水置于本船内舷。

②过内拖水,操内舵稍收,循下半沱缓流上行,置沱心困堂泡于内舷前方。

③将达困堂泡,操外舵扬头,置回流出水和枕头泡于本船内舷前方,循夹堰流带上行。

④渐行渐内转向,逐步缩小船向与流向的夹角,并不时以外舵领住内压水势。

⑤达枕头泡,操内舵乘迎泡,达斜流继续操内舵迎斜流转向上滩,随后操外舵领迎披头水,稳向上行。

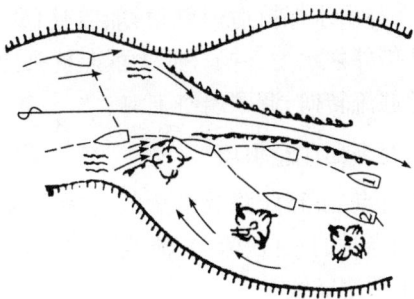

图 7-50　挂半沱出半腮航法

（4）循分界面航法（里穿外航法）

紊动区及沱楞上泡漩交混，流态险恶，分不清主流流路，而回流沱区大，回流流带宽，又有适航宽度和深度，且回流出水无力，则可选择循分界面航法，以避开主流区的高速水流和紊动区的险恶流态，如图 7-51 所示。

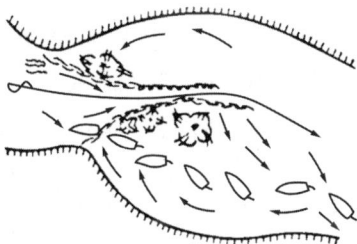

图 7-51　循分界面航法

①船过分界泡（水）后，操内舵稍收进沱，置回流于内舷，不时以外舵领住内压水势。

②达沱腰操外舵扬头，置回流出水于内舷前方、枕头泡于外舷前方上行。

③达回流出水，操内舵迎流撅开船尾，调顺船身，乘稳水后回舵，借出水的支撑力，用舵外扬，利用船舶的惯性抵迎枕头泡；待船腰至泡流时回舵，借泡力并操内舵迎斜流转向；待船腰平斜流时回舵，继续操外舵，使船首抵迎披头水，船尾抵斜流，船稳住后，回舵调顺船身过滩。

（5）循回流航法（满腮出角航法）

沱区大，回流面积宽，流线较顺直，三角水域有适航宽度和深度，斜流及披头水与滩嘴的交角较小时，可采用循回流流路进滩，如图 7-52 所示。但此航法由于是从回流出水与枕头泡之间驶出迎斜流上滩，易造成窝凼、困边、出角打张或挖岸等事故，故一般不采用。

图 7-52　满腮出角航法

①船过分界泡（水）后，操内舵将船收进沱区，以外舷挂回流，置枕头泡于外舷前方，随回流流线渐走渐操外舵扬头。

②达回流出水操外舵扬首,与出水保持适当舷角,船首达回流出水的外射水势时,操内舵迎流摆开船尾,调顺船身,随之借外射水力并操外舵去抵迎枕头泡,稳住船后回舵。

③船首达斜流时加操内舵迎流转向,调顺船身上滩。

2. 下行航路的选择及操作要领和注意事项

由于急流滩的形势及水流特点,下行航路及航法的选择也与一般航道有所区别。原则上应根据急流滩上、下河槽形势和当时的水位、流向、流速来判断河岸水势的高低,下行船则应挂高水势一岸下行,使船位落位于预定航线上。

（1）单口滩

①船至滩嘴上方应使船位处于主流上侧,即高流势一侧,并与滩嘴斜流取得一个适当的夹角。

②船首达斜流,操内舵乘迎斜流,斜流担腰,回舵提尾抓枕头泡为点,内舵迎泡,以内舷挂沱楞,直舵提尾,稳向后使船位落位于枕头泡外侧,沿主流内侧边缘下滩出槽。

（2）对口滩

①若对口滩两岸滩嘴大小相当,且上、下段河槽较顺直,两岸横流强弱相当,滩嘴的水面是两岸高、河心低,主流在河心,则下行船舶可循河心主流下滩。

②若滩嘴大小不相等,且上、下段河槽弯曲,下行船舶应挂高。其引航要点是:在滩嘴以上将船位摆在水势高的一岸,主流置于外舷,抓水势高的一岸突嘴为点;临近滩嘴前,与滩嘴斜流取得适当的迎流角,达斜流内舵乘迎;当内舷挂上沱楞时,直舵提尾,将船位置于主流内侧下滩。

（3）错口滩

错口滩主流流向呈连续反向弯曲,主流经上滩嘴阻束后,直冲下滩嘴迎流面,受下滩嘴挑移再折回本岸。其引航要点是:船至上滩嘴上方应使船位处于主流上侧,即高流势一侧,并与上滩嘴斜流取得一个适当的夹角,船首达斜流,操内舵乘迎斜流;当内舷挂上沱楞时,直舵提尾,借势乘迎下滩嘴斜流;当内舷挂上下滩嘴沱楞时,直舵提尾顺向,将主流置于本船外舷下滩。

（4）多口滩

由于河槽弯曲,滩嘴交错相连,水势曲折,主流时而靠近此岸,时而折向彼岸,形成了多口滩的复杂流态。其引航要领,可仿照错口滩引航方法。

3. 下行船过急流滩注意事项

无论何种急流滩,下行船舶通过急流滩要防止挂高过早、过多而导致背脑、困角;要防止由于乘穿枕头泡、挂回流过多插入回流区或直舵不及时、舵角过小等原因而导致吊钩打枪;要防止乘迎斜流不及时或舵角太小、直舵过早或直舵舵角过大而跨入低水势落弯;下滩或挂沱楞时,若夹堰浪大,应视情况适当减速,以防止舱面进水,船体下沉。

三、危险处境和应急措施

1.打张

（1）打张的原因

发生打张的原因有多种，一是船舶上驶过急流滩或突嘴时，航法选择不当。如船舶操纵性能较差，却错误地选择满腮出角的航法，以致在出角时，船首受斜流冲压，船尾受回流或泡水顶托，虽用满舵，但其舵压力转船力矩不能抗衡水动力转船力矩，而发生打张。二是用舵不当。如上行船舶出角时，内舵乘迎枕头泡或斜流用舵不当，致使水动力转船力矩大于或等于舵压力转船力矩，船首向河心下游偏转或稳向冲向彼岸，或者上行船舶在滩嘴下方已形成逼向的不正常局面，为防止窝凼，而向河心操舵过多也会导致打张。

（2）打张的应急措施

上行船舶发生打张危险时可采取如下应急措施：在滩口处，若航道宽阔，航宽大于船舶（队）长度，可加大车速并操内满舵，迫使船尾外移，当船腰达斜流时，因水动力作用点移至船舶转心以后，船首会急速向内侧转向，从而扭转打张的局面，但此时应及时回舵，并用反舵，以防止挖岸。在狭窄的滩段，当河面宽度没有船舶回转的余地时，船舶出角发现有打张趋势，若采用加车助舵的方法，这样不仅不能挽救危局，反而会增大冲向对岸的碰撞力，而扩大损失，此时应果断停车、倒车，控制船舶惯性，使船尾在回流区、船首在主流区，利用水动力转向力矩的作用，向下掉头改为下行，待驶至宽阔航道再掉头上行。若上行船队发现有打张趋势，应令驳船帮舵，以增加转船力矩，还可以扭转打张的危险局面。

2.挖岸

（1）挖岸的原因

挖岸往往由于顾虑上行船舶发生打张，在乘迎斜流时用舵过多，未及时回舵推船尾斜流所造成。

（2）挖岸的应急措施

当上行船舶发生挖岸险情时，应设法保证车舵的完好无损，控制船舶，使船首搁于岸边，船尾处于安全水域，然后再采取妥善的脱险方法，退离岸边。

3.吊钩打枪

（1）吊钩打枪的原因

其原因是下行船舶通过急流滩，用舵乘迎斜流时，舵角过大，船首插入回流过多，直舵不及时或用舵过小，不能调顺船身。

（2）吊钩或打枪的应急措施

当发现下行船舶在挂沱楞后，直舵不当造成"吊钩"或"打枪"事故的隐患时，如航道水流条件允许，可采取加车助舵的措施来扭转败局。若估计加车措施不能奏效，应紧急停车或倒车，控制船舶惯性，借船体所受异向流力所构成的转船力矩，原地掉头为上行，驶至航道宽阔地段再掉头下行。

有关示意图见流态中的"回流"内容。

船舶操纵与引航（二、三类）

4. 背脑

（1）背脑的原因

背脑是指下行船舶航经弯曲航道或急流滩时，船位偏离正常航线而逼近滩嘴上方或其他障碍物上首，有触礁之势的一种险情，如图 7-53 所示。其原因是：下行船舶过急流滩时，怕落弯而挂高过早，使船舶受背脑水的推压。

（2）背脑的应急措施

下行船舶航经弯曲航道或急流滩时，应适时适当摆好船位，当发现船舶有向滩嘴背脑的趋势时，应及时用舵抬向避让。

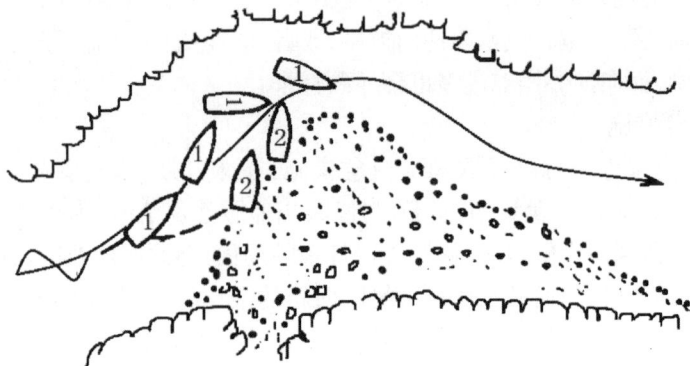

图 7-53　背脑示意图
1—正常船位；2—背脑船位

第九节 ● 险槽河段的引航

在山区河流中，通常将狭窄、弯曲、水浅、流急、礁石区等河段上水深较大的可供船舶航行的那部分河床，称为"险槽"或"槽口"。驾驶员通常将急流滩和险槽称为"滩槽"。险槽按水位划分，有枯水险槽、中水险槽和洪水险槽；按碍航特征划分，有弯险槽、窄险槽、浅险槽、滑梁险槽等。

一、弯、窄、浅险槽河段的引航

1. 弯、窄、浅险槽河段航行条件

弯、窄、浅险槽河段一般出现在枯水期的宽谷河段，尤其是宽浅型河段内，而且多出现在两个反向弯道的过渡段，或因碛坝、礁石等障碍物伸入河槽，相互交错而成。在槽内明暗礁石星罗棋布，有时河面虽较宽阔，但可供船舶航行的航道却甚狭窄，浅区连亘，背脑水、斜流和扫弯水强劲，流态复杂。一般水位越枯航槽越险，随着水位的上升，因礁石、碛坝的淹没，航道放宽，航行条件逐渐改善，险槽逐渐消失。

弯、窄、浅险槽河段给船舶带来的主要困难是为了克服船舶的偏转和漂移，需加车助舵。而过浅区时，却要减速，以减小动吃水，两者之间相互矛盾。这就要求驾驶人员应根据各险槽

152　　中华人民共和国内河船舶船员适任考试培训教材

的航道特点,熟悉航道水势,因势利导,谨慎操作。

2.弯、窄、浅险槽河段引航要点及注意事项

（1）上行

①上行船舶进入弯、窄、浅险槽河段时,应将船位置于凸岸高水势一侧的缓流上行。

②遇横流时要及时用舵乘迎,使船航于深槽。

③注意由深水进入浅水前应适当减速,既要保持足够的舵效,又要减少船舶动吃水,防止因惯量过大而造成吸浅和搁浅。

④发生跑舵现象时,若航道、水深条件许可,可让其向深水一侧偏转,而后再调整船位,必要时可进一步采取减速或停车等措施,待船向稳定后,再逐步开车。

⑤槽中暗碛处的水流情况,一般是脑部受水流冲压成背脑水势,碛腰有微弱出水,尾部水势内拖,尾下有旺水等流态。上行船选择航路应沿暗碛高流势一侧,在碛尾下要防抢旺、内泻困碛;至碛腰部出水时要挂高,防船身横移困压下岸侧;在碛脑部要防披头水,不能过早转向。

（2）下行

①船舶沿高流势一侧顺向进槽,在达到浅区前先摆正船位,然后减速,以降低其前进惯性。

②仿碛坝型航道的下行航法,采取"有碛抱碛,无碛抱月"或下行急弯航道的航法,拉大档子,扩大航迹线曲度半径,采取"挂高"的操作方法,以克服航道曲度半径不足和斜流、扫弯水的影响。

③船向与横流流向取适当夹角,既防背脑,又防落弯,以保证船舶的船位沿深槽下行。

④船过浅区后,若出现船体下沉后又抬起、水流啸声变大等现象,说明已到深水,即可恢复常车(通常在弯顶处可恢复常车,必要时加车),调整船向,摆正船位下行。

二、滑梁险槽河段的引航

1.滑梁险槽河段航行条件

（1）河床特点

滑梁险槽是山区河流宽谷河段的特殊河床之一,在峡谷河段中也偶有出现。由于河床两岸石梁、碛坝、台地或山脚伸入河床,河心的石梁及孤石、岔道的上口及卡口处的尾部等淹没,其上不能过船,存在由河心指向岸边的横向分速水流,产生滑梁水,而形成滑梁险槽。滑梁险槽可分为"单滑梁"和"双滑梁"险槽。单滑梁险槽是指某一岸或河心较低石梁被淹没,形成滑梁水,而另一岸河床较高未淹没的险槽,如图7-54(a)所示;双滑梁险槽是指两侧石梁、石盘高程相当,当水流淹没其上不能过船时,水流流向两侧漫坪滑梁的险槽,如图7-54(b)所示。

（2）水流特点

双滑梁险槽的水流特点是河心高,两侧低,横向分速水流强,水流淹到哪里就滑到哪里,主流流路清晰,断面上呈水面背流。端面上也存在水势高低之分,一般凸岸一侧或地形较高一侧为高水势一方。

在"单滑梁"地段,滑梁一侧横向分速水流较强,未淹没一侧水势高,而且平稳。

在有些较顺直的"双滑梁"河段,因水面背流水底对流的双向环流作用,河心产生上升流,呈现连串泡喷(称"分迳泡"),是上、下行船舶引航必须抓的重点水势。有些石梁刚被淹没而其上又没有适航水深时,呈现一线夹槽水(又称"镶水");在石梁未被淹没部分,由于反击出水

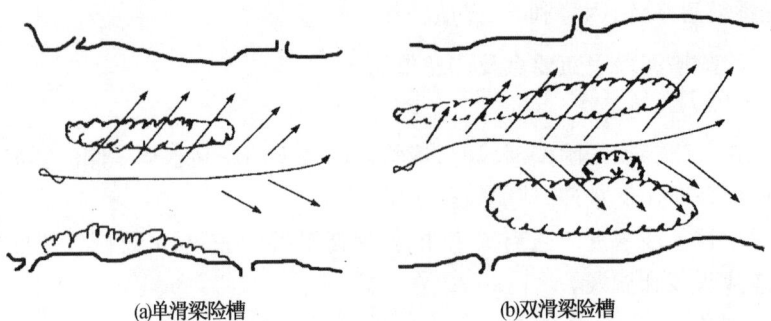

(a)单滑梁险槽   (b)双滑梁险槽

图7-54　滑梁险槽河段

与主流的横向水流相互撞击,也呈现一线夹槽水,水面呈下凹曲线,流速较缓,也是上、下行船舶引航所抓的重点水势。有的滑梁险槽河段在地形凹陷处,水流向其扩散,产生强力内拖水,如图7-55所示。

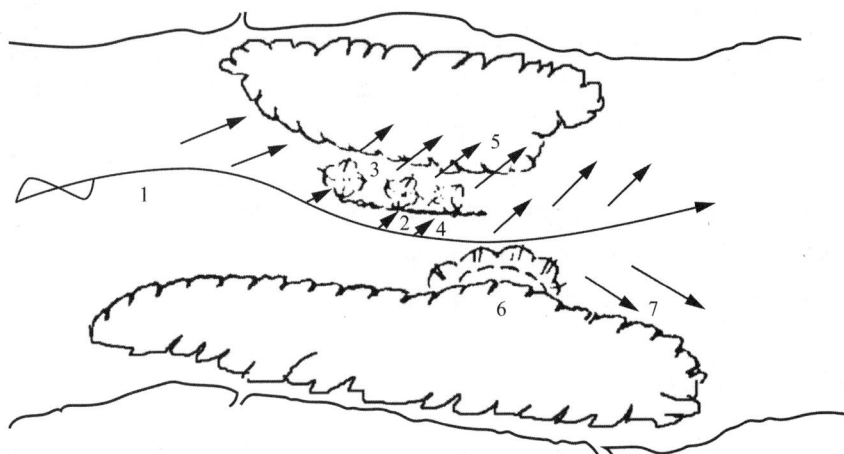

图7-55　滑梁险槽面流流态

1—主流;2—主流横向分速水流;3—下坎泡;4—夹槽水(镶水);5—滑梁水;
6—反击出泡;7—内拖水

2. 滑梁险槽河段引航要点及注意事项

无论"单滑梁"或"双滑梁"险槽,上、下行船舶航路基本一致,均应避开滑梁水势强的一侧,选择水势较高一侧航行。

(1)船舶进槽后应抓主流流路或分迳水(泡),参照岸形、流线,使船位沿程处于凸岸高流势、横流上方一侧航行。

(2)滑梁水势越强的地段,越要抓住分迳水,顺主流流线取直分心,保持大向,勤拨小向,防止船舶向两岸滑困。

(3)在刚淹没地段高水势一侧呈反击泡花(或有出泡)时,其外缘呈夹槽水(镶水),应以外舷挂主流,内舷靠镶水上行。

(4)当有强力反击出泡挤迫主流,阻挡航路时,应以适量的舵力乘迎保向,防止偏离航路,滑困另一岸。

(5)操作中避免用急舵或大舵角,防止船体左右偏摆使阻力增加、航速降低,造成失控。

154　　　中华人民共和国内河船舶船员适任考试培训教材

（6）适当加车助舵,增强船舶的控制力,减少船舶受滑梁水的作用时间。

第十节 ◉ 特殊情况下的引航

一、能见度不良时的引航

能见度不良是指由于受雾瘴、下雪、暴雨、风沙等影响而使视距受到限制的局面。由于视线较差,航行条件恶化,易使航行船舶失点迷向而造成事故。

雾是造成能见度不良的主要因素,此处主要描述船舶在雾中的引航。

雾天航行一般分为两种情况:一种是在轻雾(通常能见度为 1~2 km)中航行,另一种是在浓雾(通常能见度小于 0.5 km)中航行。在一般的水雾、雨雾、雪雾、瘴气等天气情况下,且航道宽阔,障碍物少,水流缓慢,前方有可供船舶锚泊的水域,或在湖泊、水库中,船舶仍能继续航行。若在航道条件复杂、多发雾的地区,即便是轻雾,也应认真对待,决不能冒险航行,应果断采取措施扎雾。浓雾中航行一般是不得已而为之的行为,如航行过程中突然遇浓雾,一时无法选择锚地抛锚而被迫在浓雾中航行,通常情况下决不能冒此风险。

1. 雾天航行要领及注意事项

（1）驾驶人员对能见度不良要保持高度警惕, 时刻做好雾航安全各项准备工作,要及时收听气象预报,掌握各航段雾季的分布、特点、征兆及变化规律,随时注意雾情变化。对于各种突发性的视线不良,给船舶造成航行困难时,一定要有应急预案。

（2）按章鸣笛,并报请船长,同时通知机舱备车。

（3）任何情况下都要使用安全航速。

①正确认识安全航速,掌握避让行动的主动权。采取安全航速,一是为了既有充分的时间去估计当时的局面, 又有足够的余地采取适当而有效的避让行动;二是在紧迫局面情况下或必要时能够在适合当时环境和情况的距离以内把船停住。同时,采用安全航速一定要客观考虑当时能见度不良的程度、通航密度、航道障碍物、港口管理设施及本船助航仪器使用的局限性。

②穿越港区、锚泊区等船舶密集区,尤其要注意安全航速,必要时将船速降低到能维持舵效的最低航速。

③雾航时常施放雾号,要掌握雾笛的传播特性。声音在雾中传播会发生折射现象,仅根据所听到的声音大小和方向很难正确确定声源之所在。

（4）利用一切有效手段保持正规瞭望,及时判断碰撞危险,要做到知己知彼,对新的碰撞态势能及时做出预测和识别。

①配备足够的、称职的瞭望人员。在雾中航行,应根据船舶类型和水域情况指派瞭头人员;雷达观察员保持连续的不间断的系统观测。在瞭望时一定要选择能获取最佳瞭望效果的位置。

②坚持利用一切可利用的手段全方位、不间断瞭望及定位。驾引人员不但用视觉、听觉瞭

望,还要用望远镜、VHF 等获取周围船舶碰撞危险信息,并且用一切可利用的手段时刻掌握本船船位、船速。

③正确使用各种助航仪器,并要了解各种仪器的使用特点、局限性。及早使用 VHF 进行联系,避免耽误避让时机。密切保持与港口 VTS 的联系,以得到 VTS 的及时支持。

④要及早发现来船和获取一切有碍航行的信息,以便及早判断碰撞危险、及早避让、争取主动,避免形成紧迫局面或紧迫危险的被动局面。除此之外,还应对可能影响本船采取避让措施的周围其他船舶动态了如指掌,以及判断本船采取避让行动以后是否与他船形成另一紧迫局面。应密切注意并观察他船在采取避让行动时可能遇到的困难,对该船可能采取不协调行动保持应有的戒备。

(5)采取避让的行动,要早、大、宽、清,避免形成紧迫局面。

避让时坚持早、大、宽、清的原则。"早"指及早地,即及早地发现目标(运用一切手段)、判断危险和采取避免碰撞的行动;"大"指大幅度的,即采取的行动应是大幅度的(视觉和雷达容易察觉到),包括转向和减速;"宽"指宽裕的,即交会时两船间的距离应是宽裕的(因环境、地点和人的差异,对宽裕的认同不一);"清"指让清,即在安全距离上驶过让清(应在整个避碰过程中查核避让行动的有效性)。

在环境条件不允许的情况下,一定要做到:不论当时船舶的态势如何,要尽可能地做到及早发现来船,为观察和分析局面、采取避让行动留有充分的时间和余地;牢记双方都有采取避让行动的责任,不可盲目等待观望,以免贻误避让良机;对来船在特殊情况下可能采取"背离"规则的行动,一定要有应急预案;为避免紧迫局面或紧迫危险局面,采取的避让行动一定保持留有回旋的余地,并认真核查避让行动的效果,不要造成与另一船发生紧迫局面;采取避让行动后,如发现对方采取不协调行动,距离越来越近而形成紧迫局面,唯一的办法是立即停车,把船停住,并继续观测对方动向,鸣放相应的声号。

(6)发现雾情有向浓雾转化趋势,要及早做好锚泊扎雾准备工作。山区河流下行船舶更应准确地掌握船位、航道特征及浓雾区,不能错失掉头的时机和锚地,要及时选择锚地扎雾。

2. 突遇浓雾的应急措施

船舶因突然遇浓雾,一时无法选择锚地抛锚而被迫在浓雾中航行时,除应按照雾天航行要点进行操作外,还应着重采取以下措施。

(1)减速航行。一定要将船舶的速度减下来,为避免碰撞留有更多时间,以便于采取各种操纵措施。船速慢,不仅船位变化慢,而且储备了操纵能力,需要改向时,则可短时间快进车以助舵效,实现在较小的进距上转过较大的角度;当需要制动时,则惯性冲程小,旋回惯性小,便于航向控制。

(2)要用好雷达(对备有雷达的船舶而言)。驾驶人员应会熟练使用雷达定船位、选航向;会使用雷达航行参考图,能准确从雷达荧屏上选择吊向点、转向点,按航道走向及时调整船位,使船舶航行在计划航线上;能从雷达荧屏上区别航道内外动、静物标,区别船舶类型、大小、走向,判断有无碰撞危险,如发现有碰撞危险,应及时用车、舵,采取紧急应变措施。

(3)要充分利用 VHF、AIS 等助航仪器,获取他船的早期信息并视情况发布本船雾航警报,以提醒过往船舶注意。对可能有碍航行的船舶应及早协调避让,避免造成行动上的误会。

(4)要服从当地 VTS 的管理,遇到疑难问题可以请求 VTS 的帮助或指导。同时要切记:雾中两船相遇,致有碰撞危险时,无直航船、让路船之分,两船均应及早采取避免碰撞的行动。

(5)及早做好锚泊扎雾准备工作,尽快找到锚地抛锚扎雾。

二、雷暴雨大风天气的引航

1.雷暴雨天气特征

雷暴雨天气是一种突发性强、风向急转、雨势猛烈、持续时间短的中小尺度范围的灾害性天气,其风力甚至可达12级以上。突然而来的雷暴雨,使四周漆黑一片,能见度几乎为零,给内河船舶的安全造成了严重的威胁。

(1)雷暴雨的产生

雷暴产生在强烈的积雨云中,是伴有雷鸣和闪电的局地对流性天气。通常有发展、成熟和消亡阶段。

(2)雷暴雨天气发生的地区和季节

雷暴多发生在中低纬度地区。在我国,雷暴雨多发生在中南部及沿海地区,一般是山地多于平原,内陆多于海洋。

雷暴雨天气具有明显的季节性,春夏居多,冬季少见。其一般发生在3—10月份,多发期为5—9月份,尤以6、7、8月为甚。其中立春至清明前后,雷雨大风发生的时间多在凌晨至上午;立夏至秋末雷雨大风发生的时间常见于午后至深夜。台风来临前也会诱发雷雨大风。

(3)雷暴雨天气的主要特点

①来得快,来得猛。雷暴雨带来的是狂风暴雨,常伴有电闪雷鸣。风力通常为7~11级,最大可达12级以上。

②风向急转。通常多由微弱的偏南风突然转变为西北大风。

③风暴持续时间短,一般为十几到几十分钟。

④大风的水平宽度不大,一般为几十千米。但纵向袭击范围可达数百上千千米。

2.雷雨天引航注意事项

(1)船舶航行在雷雨出现的航区,应装有避雷设施,并保证其功能良好。

(2)发现有雷暴雨来临征兆,或航经经常出现雷暴雨的航区,应提前开启雷达、甚高频无线电话,请船长到驾驶台。

(3)雷暴雨来临时,立即鸣放雾航声号。利用目测、雷达罗经等一切有效瞭望手段,加强瞭望。派专人观测雷达及罗经,守听甚高频无线电话,测深,并及时向船长报告船舶动态和河床航道变化情况。控制好航向与航速,必要时将船速降至维持舵效的最低航速,阶段性用车助舵调向。无雷达的船舶,可利用闪电的余光抓点定位、掉头、抛锚。上行船宜及早抛锚扎雷雨,或停车稳舵待航;下行船宜及早选择宽阔水域掉头,选择锚地抛锚。

3.大风浪特点及引航操作要领

(1)顺直河段和河口段的风浪特点

①顺直河段和河口段的风浪较其他河段为大,且大浪多出现在风、流同向时。如航道为南北向,流向向北,风为北风,风向与流向相同,但作用力方向相反,为逆流风,此时风与流相撞击,会在整个河段上掀起大浪。

②在同等风力下,顺流风的浪小于逆流风的浪。

③在同等风力下,顶浪下行的船舶受浪的影响大于顺浪上行的船舶。

④下风岸的浪大于上风岸的浪。

⑤深水区浪大,浅水区浪小。

⑥流速大的地方浪大,流速小的地方浪小。

（2）风浪中引航的操作要点

在顺直河段或河口段内航行的船舶遇到风浪时,对船舶安全危害较大的一般是顶浪下行、顺浪上行和横浪航行（在横越航道或回转掉头时）。

①顶浪下行

对下行船舶影响最大的是顶浪航行。顶浪下行时,船体前部受波浪的猛烈冲击,振动很大并发生猛烈纵摇,对强度较弱的船可能引起渗漏、变形等事故。船舶受波浪的强力冲击,会产生横摇、纵摇、偏转、甲板上浪、打空车、失速、纵向波浪弯矩、稳性损失和操纵性变差等,严重时还会产生中拱、中垂等有损船体强度的现象。当纵摇周期接近于波浪周期时,纵摇加剧,并使船首有钻入波峰的危险。

为安全起见,可驶离原航路,以避开大浪区,或将航速降低至能保持或维持舵效的程度,使船舶处于缓速顶风的状态。

如风浪很猛烈,为了防止波浪对船首过分强烈的冲击,可使航向偏离波浪方向20°～40°,做斜向慢速航行。不过这样虽降低了纵摇程度,却出现了相应的横摇。为了使船体均匀受力,船舶必须走"之"字形,以使左右舷轮流受浪。

②顺浪上行

对上行船舶影响显著的是顺浪航行。顺浪上行时,风浪从后方过来,容易冲击船尾,引起偏转摆动。当波浪速度大于或等于船速时,船舶将随波而运动,舵效减弱,航向稳定性显著降低。若用大舵角校正,必使船舶摇摆更剧烈。

若航速大于波速,上述现象则不存在。因此,最好能调整航速,使之略大于波速。对一些尾部突出、舵面积较小的船舶,顺浪航行时不易保持航向,这时使航向与波浪成30°角左右航行,可以减少尾部淹水和保持舵效。顺浪航行不宜采用大舵角转向,要充分注意保持航向,配合使用不同的车速来增加舵效,应选择不受波浪大角度冲击的航向行驶。

③横浪航行

船在横浪中航行,船体将发生横摇。横摇易导致货物移位、产生自由液面等,影响船舶稳性。当船的摇摆周期与波浪周期接近一致时,将产生谐摇现象,使船横摇加剧,甚至有倾覆的危险。在此情况下,必须设法改变航向,以减轻横摇。但在调整航向操舵使船头受浪时,切忌用大舵角,以免造成过大横倾。

船舶在大风大浪中掉头,操舵旋转时因做曲线运动将受到离心力与侧向水阻力所构成的力偶的作用,使船体向外舷倾斜,转舵越急、舵角越大、航速越高,则倾斜越显著。此时若船正处于横浪中,船身要向波谷一侧倾斜,且还要受到风的压力,横倾就会大大加剧,导致船舶倾覆。

船在风浪中掉头,须先慢车减速,抓住风浪较小时的时机。开始时慢速操中等舵角（15°左右）,掉头过程中适时使用快车满舵,加快掉头。

三、夜间引航

在夜间,由于受视距影响,距离估计不如白天那样准确,目标的发现不如白天那样及时,航道岸形不如白天那样直观,对他船动向的判断也不如白天那样快而准。所以,船舶在夜间航行时,驾驶台必须保持肃静,集中精力,加强瞭望,谨慎驾驶。

1. 夜航的特点

(1)视觉能力减弱

人眼对物体不同亮度之间的区别能力,夜间要大大低于白天。在夜间观察细浅、小黑点或两个物体间的狭窄间隙的能力也要比白天低得多。

人在夜间的辨色力也很差,目标看起来呈灰色,只是亮度不同而已。

(2)气温变化造成视角偏差

夜间气温变化较大。在水面上会产生不同的湿度层,水面湿度和驾驶台湿度不一致,空气的密度也不一样,由于光的折射就会引起视距偏差。

①视物标变远

当水面气温低、眼处气温高时,光线弯曲向下折射,我们看到灯光 A 在 A' 的位置,物标的距离仿佛变远了。这种情况多发生在春秋季,使船舶容易误入灯标而发生事故,如图 7-56 所示。

②视物标变近

当水面气温高、眼处气温低时,光线弯曲向上折射,我们看到灯光 A 在 A' 的位置,物标的距离仿佛变近了。在这种情况下,驾驶员往往不敢接近物标,造成船不落位而发生事故,如图 7-57 所示。

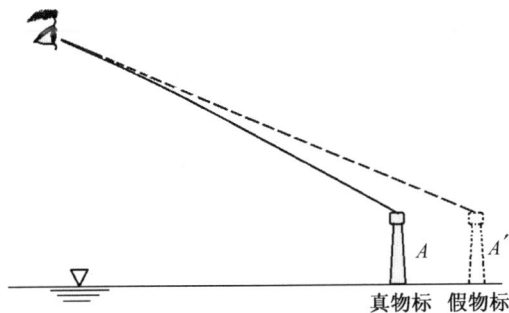

图 7-56　视物标变远

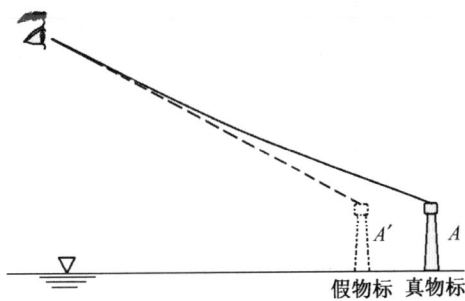

图 7-57　视物标变近

(3)灯光照射所产生的偏差

①习惯上以灯光明暗判断远近,容易产生错觉。灯光的能见距离(灯光的射程)不仅与它的亮度有关,而且与灯高有关。内河岸标的设置受地理条件的制约而高低不一,平原河网地带一连看到数座灯标,高低相间,完全依靠亮度确定远近,容易导致船舶偏航而发生事故。

②灯色易于混淆。可见光是由不同颜色的光混合而成的,其在大气中有的被吸收,有的被折射。远望时有色灯光可能被误认为白色灯光,有时则把白色的灯光看成黄色或其他颜色的灯光。

沿江城镇灯光十分耀眼,航标灯光不容易被发现。

2. 夜航中容易出现的问题

（1）物标辨认不清

①晴朗的月夜，有时水面和沙滩都呈灰白色，两者容易混淆。

②在夜间以山尖作为船首物标时，两个相近的山尖很可能辨认错误。

③夜间容易把两山之间的平地误认为水域。

④不同水道与沟溪容易进错。

⑤河水上涨，水面增宽，主流位置比例会发生新的变化（如三七分心变为四六分心）。按原习惯河宽比行船，容易出问题。

（2）感觉上的误差

①有山影的地方习惯地离暗侧远些，对明侧靠近些，往往造成船不到位而发生事故。

②背月一旁常有阴影映入水中，尤其在高的陡岸或傍山的河段，这种阴影更为显著。在驶入阴影之前很难认清深浅、岸形和各种物标，有时容易造成船舶偏位而发生搁浅事故。

③在夜间，特别是能见度不良时，对灯光射程估计不准，对灯光辨别不清，易造成危局。

（3）精神紧张、疲劳

①夜间遇到坏天气，物标难以辨认时，容易引起驾驶员精神紧张，特别是缺乏经验的驾驶员，不容易把握船位、航向。

②由于连续转舵，容易造成失向，船位一时偏离航线也觉察不出来。

③夜间航行值班人员容易困倦，尤其是连续夜航更加劳累。所以，除值班人员外，还应落实协助人员，以便情况紧急时能采取应急措施。

3. 夜航交接班注意事项

在交接班这段时间里，由于交班驾驶员容易放松警惕，接班驾驶员还未进入正常工作状态，很容易出现事故。所以驾驶人员在交接班过程中应特别注意以下几个问题。

（1）接班人员接班前应重温本班夜间所航经河段的航道情况，熟知地形、地物、岸嘴、礁石等障碍物。熟知航段标志（包括助航标志及显著的天然物标）特征，并能合理地利用它作为夜航叫舵、转向、校核船位及航向的重要依据。同时还应根据水位的变化，熟悉航段内的主流、缓流及不正常水流的分布情况，以便选择航路。

（2）接班人员应待交班人员交清当前船舶状态、周围船舶动态、航道等情况，摆正船位、稳定航向后再接班。禁止交接不清、盲目接班或在避让时交接班。

（3）接班人员在进驾驶台接班前，应于黑暗处闭眼停留片刻，使眼睛适应在黑暗中视物。

驾驶台内应避免其他灯光射入而影响值班人员视觉。如需用灯光时，应遮蔽灯光不使其外露，或采用不耀眼的弱光或红色灯光。

4. 夜航注意事项

（1）要充分利用雷达、望远镜、VHF 等助航设备加强瞭望，在山区河流或狭窄河道，不妨碍他船航行时，可利用探照灯助航。

（2）随时准确测定船位，掌握好夜航转向点和吊向点，使船舶始终保持在计划航线上或处于"落位"状态。

（3）通过突出的岸嘴、石梁、礁石、急流滩或险槽时，要准确掌握地势、滩情水势，正确使用车、舵，安全措施到位。

（4）宽阔河段（尤其是入海河口段）的物标、灯标稀少；支汊河口处，灯光混杂；洪水期的漫坪地段，灯标远近相互交错，辨认不清。所以要求驾引人员熟记每个航标的名称、灯质，两标间距和本船所需的航行时间及相对方位，及时校核船位与航向。

（5）在漆黑的夜晚，近岸航行时，要及时抓住显著物标（地形、地貌）校正船位。船首线略与岸线保持平行，并根据地形特征，及时转舵扬头。夜间航行岸距应大于日间航行岸距。

（6）在弯曲、狭窄、横流强的河段，切忌会让船舶，应选择在航道较宽、水流情况较好的地点会船。避让时应及早取得联系，统一避让意图。当前方航道情况不清、他船动态不明时，应及早减速、停车，待弄清情况后，方能续航。

第二篇
助航设备

本篇主要介绍内河常用的助航设备,包括船用雷达、AIS、VHF、测深仪和磁罗经等。内河船舶驾驶员应能熟练掌握其基本的操作要领,确保船舶航行安全。

第八章

船用雷达

雷达是 RADAR 的音译,即无线电探测与测距(Radio Detection and Ranging)的英文缩写。雷达是利用无线电波对目标进行探测的一种装置。由雷达天线不间断地向四周发射的电磁波束具有直达、定速、反射等三个特性:直达性可用于测方位;定速性可根据其传播需要的时间间隔来测距离;反射性可根据接收的回波来探索目标。船用雷达就是利用这三个特性来探索周围的目标,并测出目标的方位和距离。

第一节 ◉ 雷达测距与测方位原理

一、测距原理

微波在空间传播时具有等速、直线传播的特性,并且遇到目标有良好的反射现象。如图 8-1 所示,如果记录雷达脉冲波离开天线的时间为 t_1,无线电脉冲波遇到目标反射回到天线的时间为 t_2,则目标离天线的距离 D 可由下式求出:

$$D = c(t_2 - t_1)/2 = c\Delta t/2 \tag{8-1}$$

式中:c 为电磁波在空间的传播速度,$c = 3 \times 10^8$ m/s $= 300$ m/μs;$\Delta t = t_2 - t_1$,为电磁波在天线与目标间往返传播的时间。

雷达的实际工作是用发射机产生脉冲微波,用天线向外发射和接收无线电脉冲波,用接收机进行计时、计算,显示器显示出目标与本船之间的距离,并用触发电路产生的触发脉冲使它

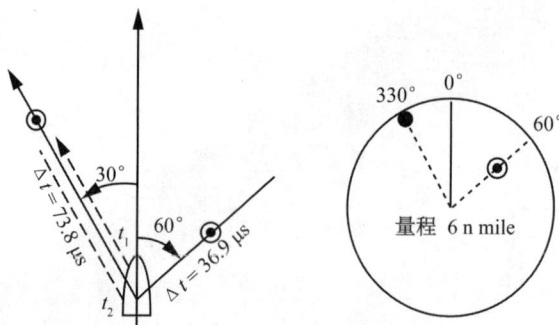

图 8-1　雷达测距原理

们同步工作。

二、测方位原理

因为超高频无线电波在空间的传播是直线的,所以利用定向天线朝一个方向发射,并且只接收这一个方向目标的回波,那么,天线所指的方向就是目标的方向。如果天线旋转,依次向四周发射与接收,当在某个方向收到目标回波时,此时的天线方向就是目标的方向。

在实际中,雷达用方位扫描系统把天线的瞬时位置随时准确地传送到显示器,使荧光屏上的扫描线和天线同步旋转,于是目标回波也就按它的实际方位显示在荧光屏上了。

第二节　◉　雷达装置的基本组成部分及其作用

船用雷达的型号很多,但基本组成框图均可用图 8-2 表示。雷达各部分的作用及相互关系简述如下。

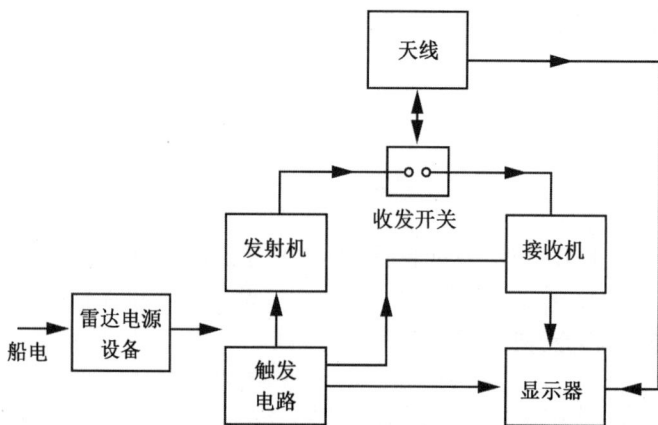

图 8-2　船用雷达基本组成框图

1. 触发电路

触发电路又称触发脉冲发生器、定时器或定时电路等。其任务是每隔一定时间(例如 1 000 μs)产生一个作用时间很短的尖脉冲(触发脉冲),如图 8-3(a)所示,分别送到发射机、接收机和显示器,使它们同步工作。

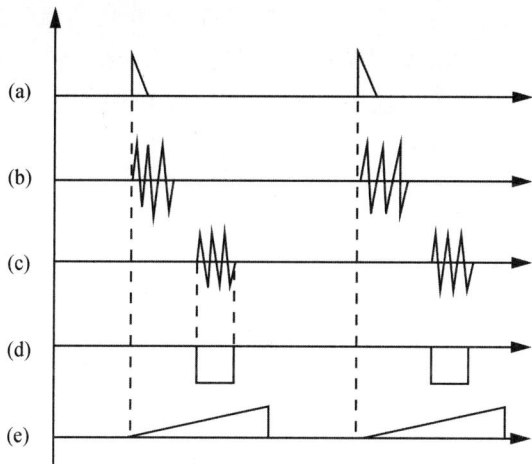

(a)触发脉冲;(b)发射脉冲;(c)回波脉冲;(d)回波视频脉冲;(e)扫描波锯齿电流

图 8-3 雷达基本波形时间关系

2. 发射机

发射机的任务是在触发脉冲的控制下产生一个具有一定宽度(0.05~2 μs)的大功率(3~75 kW)超高频(如 X 波段 9 300~9 500 MHz,S 波段 2 900~3 100 MHz)的脉冲信号,即发射脉冲(或称射频脉冲),如图 8-3(b)所示。射频脉冲经波导或同轴电缆送入天线向外发射。

3. 天线

雷达天线是一种方向性很强的天线。它把发射机经波导馈线送来的发射脉冲的能量聚成细束朝一个方向发射出去,同时也只接收从该方向的目标反射的回波,并再经波导馈线送入接收机。雷达天线由驱动电机带动并按顺时针方向(从天线上方向下看)匀速旋转,转速一般为 15~30 r/min。大部分船用雷达的转速为 20 r/min,也有 80 r/min 的高速天线。天线系统同时向显示器发出船首位置信号和天线偏离船首方向的角位置信号。由于电磁波在空中传播和经目标反射,故回波强度大大减弱并滞后于发射脉冲,其回波波形如图 8-3(c)所示。

4. 接收机

由于从天线送来的超高频回波信号十分微弱,一般仅有几微伏的幅度,而显示器显示需要约几十伏的视频信号,因此,必须将回波信号放大近百万倍才行。雷达中的接收机均采用超外差式接收机,它把回波信号先进行变频——变成中频回波信号,然后再放大、检波、再放大,变成显示器可显示的视频回波信号,如图 8-3(d)所示。

5. 收发开关

在船用雷达中,发射与接收是用同一副天线进行的。天线与收发机间共用微波传输线。收发开关的作用是在发射时自动关闭接收机入口,让大功率发射脉冲只送到天线向外辐射而不进入接收机，以防止它损坏接收机；而在发射结束时，又能自动接通接收机通路让微弱的回波信号顺利进入接收机，同时断开发射机通路，以防止回波信号能量的流失。

6. 显示器

船用雷达的显示器是一种平面位置显示器。传统的显示器在触发脉冲的控制下产生一个锯齿电流，如图8-3(e)所示，在屏上形成一条径向亮线(即距离扫描线)，用来计时、计算目标回波的距离，同时，这条扫描线由方位扫描系统带动随天线同步旋转。现代的显示器直接把信号数字化成VGA格式信号，以便外接通用显示器。显示器配有测量目标方位和距离的装置，以测量目标的方位和距离。

7. 雷达电源设备

雷达电源设备的作用是把各种船电变换成雷达所需的具有一定频率、功率和电压的专用电源。雷达采用中频电源供电，频率一般为400~2 000 Hz。

船用雷达由以上七个基本部分组成。在实际应用中，有各种组合方式。一般说来，触发电路、发射机、接收机、收发开关和雷达电源在一个机箱里，称为收发机。所以常见的雷达设备有天线部件、收发机、显示器三个部分，这种雷达常称为三单元雷达。也有些雷达，把收发机装在天线底座中，整体置于桅顶上，称为天线收发机单元，该雷达设备由天线收发机单元及显示器两部分组成，又称为二单元雷达。

第三节 ◉ 雷达回波图像的识别

一、雷达图像形式

驾引人员要熟知雷达的操作程序，能熟练地调节各旋钮，始终保持雷达在最佳工作状态，使荧光屏显示的图像准确、清晰。检查一部雷达是否达到上述要求，可在白天开启雷达，如果在量程范围内，荧光屏显示的图像都与外界实际情况相符，且岸形清晰，则可认为该雷达工作正常。

雷达图像是目标回波多次反射在雷达荧屏上的综合成像。在雷达荧屏上的图像有以下形式：在荧屏中心出现一个光亮点或小圆圈，代表雷达自身所在位置；在其周围分布着的亮斑对应于目标的形状，并以离中心点的远近表征目标的距离。荧光屏上的瞬间回波图像，表征船舶所在航段的区位平面图及各目标间的相对位置。在荧光屏上有雷达扫描线；有由中心点指向船首的船首线(呈光亮线)，表征船舶纵中线；有固定距标圈和活动距标圈，用以测量距观测目标的距离；有方位尺，供测量船舶中线与观测目标间的夹角或弧度。荧屏中心可以上下移动。为增大某一方向的观测距离，可将扫描中心点移至与观测方向相反的一侧。

二、雷达图像的识别

正确识别、分析雷达图像与驾驶员对雷达工作原理、雷达调试操作技术掌握程度、观测物标反射的能力和驾驶员对航区航道的了解程度等有关。船舶在航行中,船与目标之间的距离时刻在变化,反射角也随之变化,其结果是整个航道的雷达图像亦不断变化。因被观测目标特征存在差异,故其回波图像千变万化。若前方目标高且宽,其后方目标回波图像因被遮挡而无回波信号出现。目标的形状、性质对雷达成像影响明显。雷达图像常与被观测目标的实际特征不完全相符,原因是雷达天线无法取得反射较差和被遮挡的目标的回波信号。

1. 静止(固定)目标图像特征

(1)高陡河岸:清晰的亮线,标示河床岸线和水沫线的位置,这种岸线是可靠的雷达定位目标。

(2)山脉、矶头、岸嘴:粗实亮线、块状回波。

(3)孤山、明礁、石梁:明显的亮斑,其大小与目标的形状、尺寸有关。

(4)边滩、斜坡、江心洲和河漫滩:连续的或间断的点回波形状,不能反映水沫线位置。原因是其高低参差不一,雷达回波的亮度也不一样。

(5)水上架空电缆、管线:一般情况下是在与雷达波束垂直方向上的一个亮点,也会出现连续的虚实亮点线。

(6)浮标:点回波。岸标在荧屏上无回波(加装应答器的除外)。

(7)植被河岸具有明显回波特征,其图像与水沫线相符。对于居民点、房屋,回波仅能揭示靠船舶一侧的房屋平面特征。

(8)堤坝、防波堤、运河坡岸、桥梁、码头栈桥等呈相应形状的光亮实线带。

2. 运动目标图像特征

(1)船舶和顶推船队:呈大小亮斑,其形状和亮度与船舶尺度、反射角、距离以及使用的量程等有关。小量程时,船舶和顶推船队呈近似长方形;大量程时,呈圆点或弧形线。

(2)小船:点回波。

(3)吊拖船队(一条龙船队):一点一串的串状。

(4)平静的水面无回波图像。

(5)水波浪的回波为不规则的小圆点,分布在荧光屏中心点周围。波浪越大,此回波区的直径越大。

(6)小雨雪无回波图像,但强雨雪在荧光屏上呈一片非常密集的亮斑。高度较低的雨云,其回波与强雨雪回波图像相似。

(7)雾降低了目标观察视程近10%,无回波图像。

3. 回波和干扰回波

1)假回波

在雷达观测中,有时同一个目标在荧光屏上多处显示,或显示的回波并不是目标的真实位置,这种多余的、影响雷达正常观测的回波,称为假回波。常见的几种假回波的成因、特点及识别(克服)方法如下。

(1)间接反射假回波

本船上的烟囱、大桅等高大构件及附近的大船、陆上的高大建筑物等强反射体,不但能阻挡雷达波向前传播使其在后方形成阴影区,而且还能将雷达天线发射的雷达波间接反射到另外的目标,目标回波又再经反射体间接反射回天线。这样,同一个目标,雷达波可能会有两条不同的传播路径:一条是直接从天线到物标的路径;另一条是经过上述反射体间接反射后再到达目标的路径。于是,一个目标在荧光屏上可能产生两个回波亮点:除了真回波外,在上述反射体的方位上还会出现一个距离等于反射体至目标的距离与反射体至天线的距离之和的假回波,称为间接反射假回波,有时也简称为间接回波,如图 8-4 所示。间接反射假回波常常出现在扇形阴影区。

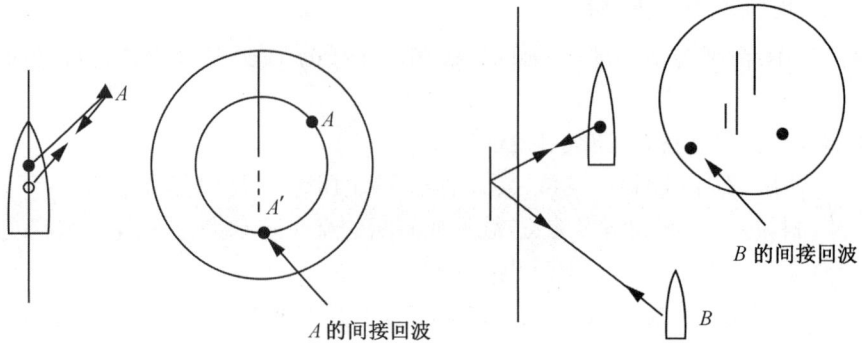

图 8-4　间接反射假回波

（2）多次反射回波

雷达波在本船和正横近距离强反射体之间多次往返反射,均被雷达天线接收而产生的假回波,称为多次反射回波。其特点是等间距、强度逐个变弱,方位与真回波一致,如图 8-5 所示。

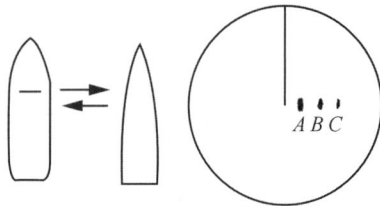

图 8-5　多次反射回波

（3）旁瓣回波

由天线波束的旁瓣扫到近处强反射目标所产生的假回波,称为旁瓣回波。由于旁瓣波束对称分布于天线主瓣波束两侧,旁瓣回波也对称分布在真回波两侧的圆弧上,如图 8-6 所示。图中 A 为真回波,D、E、B、C 为旁瓣回波。旁瓣回波的距离与真回波相同,但方位不同,而且其强度比真回波弱得多,可适当减小增益或用"海浪抑制"旋钮加以减弱。

2）干扰杂波

在雷达荧光屏上,除可能存在上述各种假回波外,还可能出现一些干扰杂波妨碍雷达的正常观测。下面介绍海浪和雨雪两种干扰杂波的成因、特征及抑制方法。

（1）海浪干扰

由海浪反射雷达波而产生的干扰杂波,在本船周围形成不规则亮斑点,如图 8-7 所示。海浪干扰有以下特点:

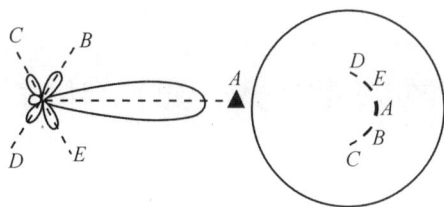

图 8-6　旁瓣回波

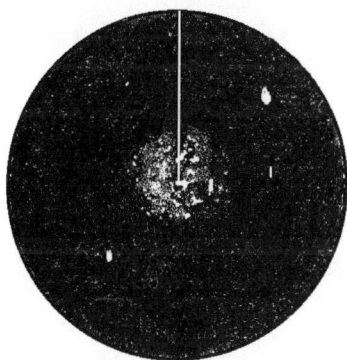

图 8-7　海浪干扰

①图像不稳定。

②上风舷方向的海浪反射强,下风舷方向弱。

③回波斑点分布于本船周围,且随距离增加迅速减弱。

使用面板上的"海浪抑制"旋钮酌情调节,达到既抑制干扰又不丢失目标的程度。

(2)雨雪干扰

由雨雪反射雷达波产生的干扰杂波,在屏上形成无明显边缘的疏松的棉絮状连续亮斑区(雨雪区)。雨雪干扰有以下特点:

①小的雨雪无回波。中雨雪在整个屏上出现密集的亮点。

②大的雨雪回波图像呈大片絮状,边缘模糊。

③暴雨及雨团呈块状亮斑,边缘较清晰,形状不断变化、移动。

为抑制雨雪干扰,可用"雨雪干扰抑制"(FTC)控钮或开关加以抑制,也可选用 S 波段(波长 10 cm)雷达。

含水量较高的云层若高度较低,被雷达波束扫到也会在屏上产生类似于雨雪干扰的连续亮斑区。其特点和抑制方法均同于雨雪干扰。

第四节 ◉ 雷达引航

一、雷达引航要点

船舶在进出港、狭水道及沿岸航行中，尤其在夜间或能见度不良的恶劣天气，使用雷达导航十分方便而有效。通常情况可以利用雷达做好如下工作。

1. 雷达船位设定

（1）利用雷达摆船位和选航线时，一要看中心亮点与岸形（或浮标）图像之间的横距是否恰当，二要看艏艉线与岸形图像轮廓线（或两浮标图像的连线）的夹角是否适当。

（2）根据雷达屏幕上反映出来的航道情况确定船位是否合适，并及时调整。

2. 雷达定位

1）雷达距离、方位测定

（1）雷达距离测定要领

①选择合适目标及包含目标的最小量程。

②使用活动距标圈与回波前沿相切。

（2）雷达方位测定要领

①选择合适目标及包含目标的最小量程。

②测量点目标方位时，应使方位标尺线通过回波中点；测量突出岸嘴、凸堤时，使方位标尺线与岸嘴、凸堤边缘相切，然后修正半个波束宽度。

2）雷达定位

在雷达荧光屏上定船位，就是确定雷达荧光屏扫描中心点（即本船）在航道中的位置。

在开阔水域，可采用雷达方位、距离定位；在狭窄水域，可采用把水道回波分为十等份，使荧光屏中心与岸保持一定的距离，以占据水道中一定比例，从而避开危险物的方法，如正中分心、四六分心等。

3. 雷达转向

1）正横距离法

正横距离法是指选用显著、孤立目标回波的正横作为转向点，当船舶达到该转向点时，应用雷达测定是否在规定的距离界限内，再转入下一航向，同时用实际航速推算出下一目标或转向点的目标回波方位、距离和时间，航行中不断进行检查，把船位保持在安全界限内；到达第二个正横转向点时，应用雷达测定是否在规定的距离界限内，再转入下一航向的引航方法。这是依据目标回波正横转向的一种引航方法。

（2）船首方位、距离法

船首方位、距离法是指选用下一航线船首方向显著、孤立目标的回波作为转向点，当船舶雷达显示该目标回波的方位、距离时即转入下一航向。

4. 雷达避险

（1）距离避险线法

为了使船舶在航行中离岸（或选定目标点）保持一定距离，确保航行安全，可采用距离避险线法。首先在海图上确定距离避险线。它由各危险点（包括浅滩、暗礁等）的安全距离圈的切线组成，如图8-8中的虚线。图中的实线表示船舶的计划航线。航行时必须使船舶始终保持在距离避险线的外侧。实际操作时，可用方位标尺线协助：将方位标尺指向航向，并用活动距标圈定出避险线距离相对应的一根平行方位标尺线（避险方位标尺线），航行时随时保持使危险目标（上述各危险点）的回波处在上述避险方位标尺线的外侧即可。

雷达安全距离，由驾驶员或船长根据当时当地的天气情况、能见度情况、流向、流速、船舶类型和密度等情况，以及本船操纵性能、值班驾驶员的技术状态等选定。

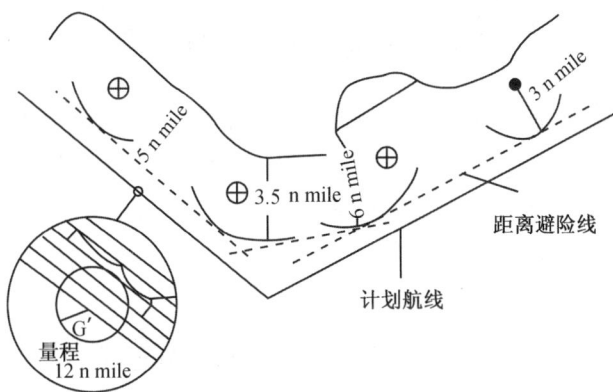

图8-8 距离避险线法示意图

（2）方位避险线法

当避险目标与危险物的连线与计划航线平行或接近平行时，为避开航线一侧的危险物，可采用方位避险线避险。

采用方位避险线避险时，应选择与危险物位于航线同一侧的显著目标作为避险目标，并根据避险目标、危险物和船舶之间的相对位置关系确定相应的避险方案。

（3）平行线避险法

利用航行附近目标可进行平行线导航，它们也同样可用于平行线避险，如图8-9所示。

平行线导航时，引导船舶始终行驶在计划航线上。但事实上，由于船舶在航行中避让操纵等的影响，船舶往往不得不暂时偏离航线。如果事先根据海图确定出船舶最大偏航距离，从而进一步确定航行中船舶与所选目标之间的最大（最小）距离，则可按平行线导航中所述方法设定避险线。航行中，只要保持目标的雷达回波始终位于该避险线的安全一侧，即可确保船舶安全地避离航线附近的危险物。

二、雷达引航注意事项

（1）认真研究和熟悉水道特征、目标回波影像，在利用雷达引航过程中，应仔细分析雷达图像与实际情况的差异，并与航行图对照比较，积累资料，总结经验。

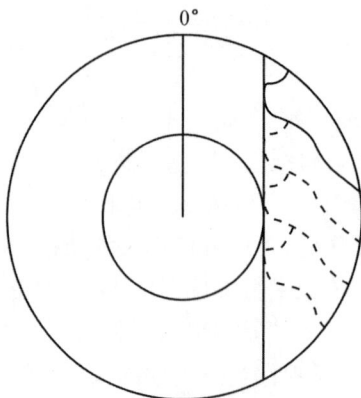

图 8-9　平行线避险法示意图

（2）在狭窄航道中航行，陆标方位变化快，应对照回波图像，并结合航行参考图，准确快速辨认和测定目标。

（3）认真识别各种回波，尤其应注意辨别小船和浮标的回波，切勿混淆。

（4）应注意雷达的局限性，不能盲目依赖雷达。雷达图像存在失真和变形，各种假回波和干扰回波对目标回波识别也会造成很大影响。

第五节 ◉ 雷达避让

在雷达引航中，采用相对运动的显示方式，可以使驾驶员视野中的所见情景与雷达图像相吻合，这样更加有利于船舶避碰。

一、判断船舶动态

利用本船与目标船之间的相对运动状况来判断目标船相对本船的运动态势。我们可以通过它们之间的运动矢量关系来确定，即：

$$v_t = v_o + v_r$$

式中：v_t —— 目标船的航速；

　　　v_o —— 本船的航速；

　　　v_r —— 目标船的相对航速。

如图 8-10 所示，在雷达屏幕或纸上，通过作运动失量图，确定他船的实际运动状态。通常用 3 min、5 min、6 min 的时间间隔来作图。通过作图，可以判断他船相对于本船处于交叉、被追越（或被尾随）、对遇或停泊等状态。

例如本船航速为 20 km/h，通过雷达观测，有一回波在本船正前方 6 km，3 min 后该回波位于正前方 5.5 km，我们可以通过作 3 min 矢量图来确定该目标的运动态势。具体步骤如下：

（1）以本船 3 min 的航程为 1 km 作运动矢量 OE_1（按比例画出）。

（2）以 3 min 回波的相对运动距离 0.5 km 作矢量 E_1E_2。

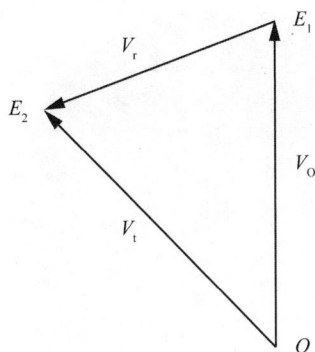

图 8-10　船舶动态的判断示意图

（3）矢量 OE_2 则代表回波的实际运动方向与速度。显然 OE_2 长为 0.5 km，表示回波 3 min 的航程为 0.5 km，换算成航速为 10 km/h，而且根据该回波判断该目标应是同向船，是一条被追越船，如图 8-11 所示。

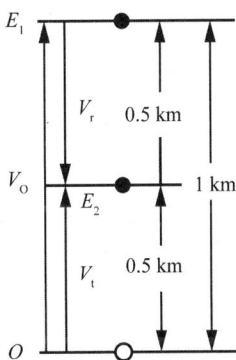

图 8-11　船舶动态的判断作图

其他各种态势也可以用同样的方法判断出来。

二、判断碰撞危险

通过上述的作图方法，既可以确定两船相互的运动态势，也可以判断有无碰撞危险，对于交叉、追越、对遇等情况，两船的距离不断逼近时，就有可能存在碰撞危险。

两船在交叉相遇时，通常可利用相对方位（舷角）变化判断碰撞危险。当两船不断逼近时，连续跟踪目标，观测其回波舷角的变化来判断有无碰撞危险，如图 8-12 所示。

①舷角变化越来越小，则可判断从本船船首通过，与本船无碰撞危险（图 8-12 中来船 A）。

②舷角变化越来越大，则可判断从本船船尾通过，与本船无碰撞危险（图 8-12 中来船 B）。

③舷角无明显变化、距离不断接近，说明两船会遇时驶达两者航向交点，则有碰撞危险（图 8-12 中来船 C）。此时应根据具体情况，按照避碰规则采取有效的避让措施，防止碰撞发生。

同时，还可以用活动距标圈设置一个距离警戒圈，判断碰撞危险程度。只要目标回波不进入警戒圈，则可以认为航行是安全的，其实上述舷角变化的①、②两种情况，严格讲应以回波通过这个警戒圈之外才算安全。

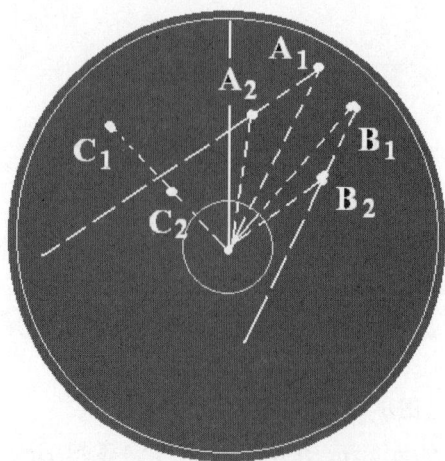

图 8-12　利用相对方位变化判断碰撞危险

三、内河使用雷达避让时的注意事项

（1）来船舷角有明显的变化，有时也可能存在碰撞危险，如他船在不断改向、两船距离过近等情况下。实际中应注意综合判断。

（2）近距离避让时，切换至小量程挡，并注意盲区的影响。

（3）避让时，应配合使用甚高频电话、望远镜、声号和灯号，必要时还要开扩音器喊话。

（4）注意辨别假像和图像失真的影响，不可盲目地依赖雷达，而忽视目视瞭望。

（5）为了消除海浪、雨雪等干扰，一些小目标可能会被抑制掉，应注意识别。

第六节 ◎ 雷达基本操作

一、船用雷达主要控钮

1. 电源开关

（1）船电开关

开关设在雷达电源间或机舱配电间。闭合此开关，雷达各分机的加热电阻通电，可用于潮湿天气时加温或驱潮。在干热天气且不使用雷达或雷达机内进行维修保养时，应拉开船电开关。

（2）雷达电源开关

该开关设在面板上，用于控制雷达中频电源的通断，一般有三个位置：

①关（OFF）：雷达电源切断。

②预备（STAND-BY）：各低压电源通电，除发射机的特高压外，全机都已供电。

③发射(ON):待磁控管阴极充分预热,发射指示灯亮后,置开关于"ON"位置,此时发射机加上特高压,开始发射。当雷达短时间不进行发射时,可将开关转换到"预备"位置,处于热备用状态。

(3)天线开关

用来控制天线驱动电机电源的通断,接通前应先检查天线上有无障碍物,切断前应先将屏幕"亮度"调至最小。有的雷达天线开关与雷达电源开关同轴安装,有的雷达在"预备"位置时天线就开始旋转,而有的雷达则在"发射"位置时天线才开始旋转,显示器才能调出扫描线。

2. 调节图像质量的控钮

(1)亮度

该控钮用来调整扫描线的亮度。开关机前或转换量程前,应先关至最小,开机后应调到扫描线刚见未见的程度。

(2)增益

该控钮用来调整接收机中的放大量,以控制回波和杂波的强弱。应调到屏上杂波斑点刚见未见的程度,但在观测远距离弱回波时可适当增大。

3)调谐

该控钮用来微调接收机本振频率,使本振频率与回波信号频率(即发射频率)之差为中频,从而使屏上回波图像最饱满、清晰。雷达开机工作稳定后或在工作过程中必要时应重调该控钮,以保持图像清晰。设有自动频率控制(AFC)电路的雷达,当"手动/自动"开关置于"自动"时,此调谐控钮无用,此时的本振频率由 AFC 电路自动控制。一般雷达还设有"调谐指示器",可用来指示调谐得好坏。

(4)脉冲宽度选择开关

该开关用来选择发射脉冲的宽度,以适应远、近量程不同的使用要求。一般设有 2~3 种宽度供选用。有些雷达则不单独设此开关,而由量程开关同轴转换。

3. 抑制杂波的控钮

(1)海浪干扰抑制

该电路又称灵敏度时间控制电路。该控钮应酌情调节,力求达到既抑制海浪干扰,又不丢失近距离海浪中的小目标回波的效果。

(2)雨雪干扰抑制控钮(或开关)

雨雪干扰抑制电路实际上是一个微分电路。同样地,微分处理对回波信号有损失,会引起失真,故应酌情调节,达到既去除雨雪干扰杂波,又不丢失雨雪中目标回波的效果,如图 8-13 所示。

4. 辅助调整控钮

(1)中心调整旋钮:用来调整扫描中心在屏上的位置。有上下和左右两个旋钮。当用中心显示(正常 PPI 显示)时,应使扫描中心与机械方位盘的中心标志相重合。

(2)船首线按钮:按此钮可暂时关掉船首线,以检查船首线方向上有无目标回波,松手就恢复显示船首线。

(3)船首线校准钮:有粗调和细调两个控钮,用于开机时校正船首线位置。

(4)刻度盘照明旋钮:用来控制显示器面板上各照明灯亮度。

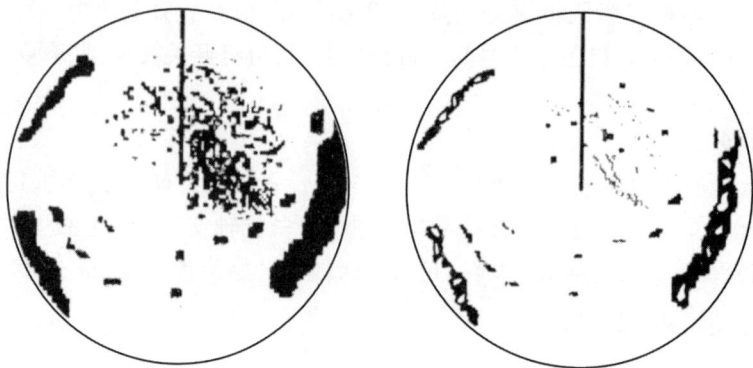

图 8-13　FTC 处理前后的图像

5. 测距控钮

（1）量程选择开关

该开关用来转换雷达观测的距离范围，一般有 7~9 个量程可供选用。通常，在狭水道、进出港时用近量程；而在开阔水域用远量程，并经常视情况换到中量程。为使目标分辨清楚及测量准确，应选择合适量程，使欲测目标显示在 1/2~2/3 扫描线长度的区域内为宜。注意：为避免在转换量程时荧光屏上扫描线太亮，在转换量程前应先将屏幕亮度调小。

（2）固定距标亮度控钮

该控钮用来调节固定距标圈的亮度。不用固定距标时应关小，以保持屏面清晰。

（3）活动距标亮度控钮

该控钮用来控制活动距标（可移距标）圈的亮度。

（4）活动距标测距器控钮

该控钮用来调节活动距标圈的距离，距离读数随之而变。平时应经常校核活动距标与固定距标的读数。若有误差，应以固定距标为准进行校正。

6. 测方位的控钮

（1）方位标尺旋钮

该旋钮用来控制刻在透明方位盘上的方位标尺线方位，用来测量目标回波的方位（或舷角）。还可用方位标尺线及其上的平行线估算距离和代作避险线等。

（2）电子方位线（EB1）控钮

该控钮通常有两个：一个控制电子方位线的有无；另一个控制其方位及读数。电子方位线主要用在偏心显示（偏心 PPI 显示）中。不用时应关掉，以免与船首线混淆。平时应在中心显示时与机械方位标尺核对其准确度。如有误差，应以机械方位标尺为准，及时校正。

（3）可动方位圈旋钮

该旋钮用来转动可动方位圈，在相对运动"艏向上"显示方式时，使可动方位圈上的航向值转到固定方位圈 0°处，则可动方位圈 0°即代表真北，在此方位圈上读得的方位即为目标真方位。在相对运动"北向上"显示方式时，固定方位圈 000°代表真北，船首线指向航向，此时将可动方位圈的 0°调到船首线处，则可在可动方位圈上方便地测目标的舷角。

7.转换显示方式的控钮

（1）显示方式选择开关（PRESENTATION）

该开关用来选择雷达图像的显示方式，通常有以下几种显示方式可供选用：

①艏向上相对运动（HU）。

②北向上相对运动（NU）。

③航向向上相对运动（CU）。

（2）新航向向上按钮

在使用航向向上图像稳定相对运动显示方式时，因本船转向时，船首线偏离固定方位刻度盘0°，故图像稳定。改向完毕，只要按一下该按钮，则船首线、图像及可动方位圈一起转动，直到船首线恢复指向固定方位刻度盘的000°为止。该按钮又被称为航向向上复位按钮。

（3）真方位/相对方位转换开关

该开关相当于上述北向上/艏向上相对运动显示方式。在真方位显示时应注意检查分罗经与主罗经的航向读数是否相符、船首线指向与分罗经航向值是否相符，如不符应立即校准。

二、一般操作步骤

1.开机前的准备工作

（1）检查以下主要开关按钮是否处于正常位置：雷达电源开关及发射开关应放在"关"位置；亮度控钮应放在逆时针到底（最小）位置。

（2）检查天线上是否有人或妨碍天线旋转的障碍物（如旗绳、发报天线等）。尤其应注意冬天雨雪后，检查天线有否被冻住。

（3）如气温太低或空气太潮湿，则应先合上船电闸刀，让机内各加热电阻通电加热后再开机。

2.开关机步骤

船用雷达具体的开关机操作步骤应按说明书中的说明进行。下面介绍的是一般雷达的基本操作步骤。

（1）开机

①接通船电开关。

②启动中频电源（如有中频电源启动开关）。

③接通雷达电源开关（或置于"预备"位置）。

④调节显示屏照明亮度。

⑤选择合适量程。

⑥选择显示方式（一般宜先选艏向上）。

⑦待"发射"指示灯亮后，开关置于"发射"位置。

⑧顺时针方向缓慢调节屏幕"亮度"旋钮，使扫描线刚见未见。

⑨调节"增益"旋钮，使屏上噪声斑点刚见未见。

⑩调节"调谐"旋钮，使回波最佳。

（2）关机

①将雷达电源开关从"发射"位置置于"预备"位置。

②将"亮度""STC"等旋钮逆时针旋到底。

③将雷达电源开关置于"关"位置。

④关闭中频电源（如有中频电源启动开关）。

⑤断开船电。

第九章
船舶自动识别系统（AIS）

船舶自动识别系统（Automatic Identification System, AIS），意为海上目标自动识别系统，是由基站、船台、AIS 网络组成的助航系统和海上安全信息系统。当船舶安装了 AIS 后，就可以与其他装有 AIS 的船舶自动交换重要的航行数据。另外，利用 AIS 的短信功能，还可以避免因发音不准确致使船舶之间产生误解而引发事故。

第一节 ◉ 船载 AIS 设备基本操作与数据输入

一、AIS 设备概况

AIS 设备包括固定式设备和移动式设备。移动式设备主要用于船舶、航空器及航标。

1. AIS 船用移动设备的分类

根据 AIS 应用的目的，AIS 船用移动设备可分为 A 类、B 类和 AIS-SART。

A 类设备符合 IMO 有关 AIS 配备的必要条件，可以接收和发射与安全有关的短消息，包括重要的航行信息和重要的气象分析警告等的航行信息。

B 类设备符合简易的不必要满足 IMO 有关 AIS 配备的必要条件，可以接收与安全有关的短消息，目前为大多内河船舶使用。

AIS-SART 可用于水上和航空搜救。

2. AIS 系统发送数据类型

无论是 A 类还是 B 类设备，AIS 发送信息或数据是一项基本功能，船舶发送的信息有以下四种类型（见表9-1）：

（1）固定或静态的信息，即在 AIS 安装后输入的信息，只要不更改船名也不进行重大船舶类型的改装就无须更改。

（2）动态信息，即除了航行状况信息外，从与 AIS 连接的船舶上其他设备自动提供更新的信息。

（3）与航次有关的信息，可能需要在航行中人工输入和更新。

（4）与安全有关的信息（B 类不强制要求）。

表 9-1　AIS 传输的信息

固定式静态信息	动态信息	与航次有关的信息	与安全有关的信息
MMSI（船舶识别号）	船位	船舶吃水	免费的消息
IMO 号（有些地方需要）	协调世界时间（UTC）	船载危险货物（类型）	
船舶呼号与船名	对地航向（COG）	目的地和预计抵达时间（ETA）	
船长与船宽	对地航速（SOG）	计划航线	
船舶类型	艏向	船员人数	
天线在船上的位置	航行状态（手动输入）		
	回旋速度（有些地方需要）		

3. 有关目标物符号说明

有关目标物符号的说明见表9-2。

表 9-2　AIS 船载设备目标物符号说明

类型	符号	说明
休眠目标		锐角等腰三角形，指向 H1 或 COG。位置在三角中心。符号小于激活目标
激活目标		图标显示，短虚线为 COG/SOG，实线为船首线，其末端折线为船舶转向。
被选目标		图标/字母数字显示目标详细数据，四角方框指示

类型	符号	说明
危险目标		CPA/TCPA 小于设置值,红色粗线条显示,确认后停止闪烁
丢失目标		十字交叉线（或被一直线交叉）,不显示矢量、HL 和转向率。符号闪烁
轮廓目标		小量程,根据目标船长、船宽和天线位置,显示实船轮廓

二、AIS 设备基本操作

以 SPAT-1000B 为例,图 9-1 是该型号 AIS 的外观图。

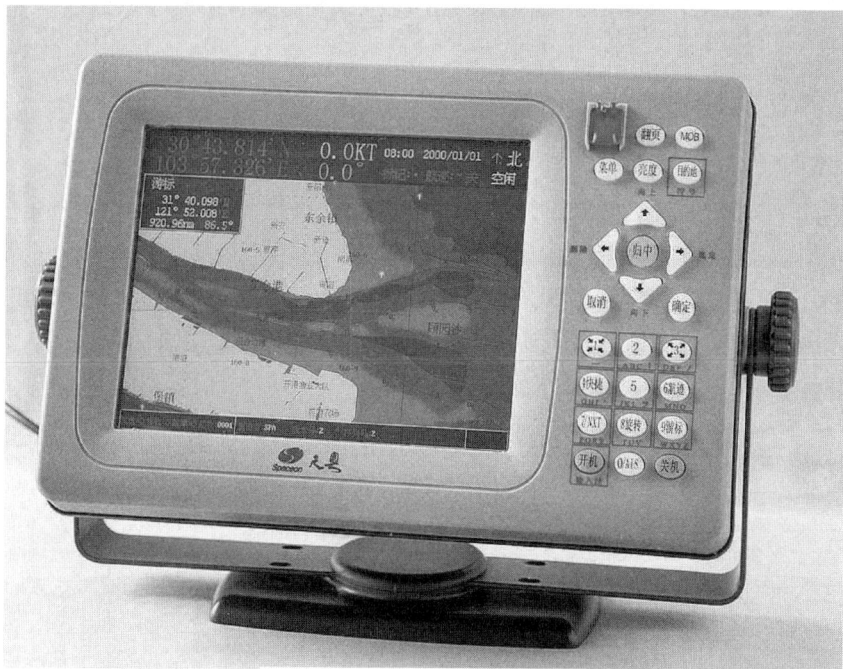

图 9-1　SPAT-1000B 型 AIS 的外观

（1）开机键。打开设备。

（2）关机键。按住 3 s,关闭设备。

（3）数字键。0~9,用于输入经纬度、区号、航点号、航线等数字信息（均为复用键）。

（4）取消键。取消或退出某项菜单选择。

（5）翻页键。用于电子罗盘屏、海图屏及卫星状态屏的切换。

（6）确定键。确认某项菜单选择,使其有效;确认某个数据输入或修改,使其有效。

（7）旋转键。每按一次将海图旋转 90°。

（8）游标键。开关游标状态。

（9）快捷键。切换航点、航线、标记、测距和空闲五种状态，在相应状态下确认键用于设置，取消键用于删除。

（10）航迹键。开关航迹。

（11）MOB 键。开关 MOB 紧急导航。

（12）缩小键。缩小海图

（13）放大键。放大海图。

（14）方向键。包括↑、↓、←、→，移动游标、海图及菜单光标。

（15）归中键。游标开启状态下，以游标为中心重新画海图；游标关闭状态下，以当前船位为中心画海图。

（16）菜单键。开/关主菜单。

（17）亮度键。调整液晶屏的亮度，共 8 级。

（18）目的地键。提取目标航点。

（19）O/AIS 键。在正常的海图屏工作状态下，按此键机器进入 AIS 工作状态，此时屏幕出现以船位为中心的 2 个圆形图案，并且显示周围接收到的目标船只。

三、AIS 的数据输入

1. 静态数据

静态数据包括 IMO 号码、呼号与船名、船长与型宽、船舶类型、船上定位天线位置。通常这些数据在 AIS 装备到船上时输入，以后无须重复操作。

输入方法：大多数设备是通过菜单键、字符键输入上述数据。如埃威 AV-1000B 型 AIS 设备，在海图界面下，按 2 次【菜单】键，在【参数设置】菜单中选择"本船 AIS 设置"，按【确定】键，出现"本船信息"窗口，如图 9-2 所示：

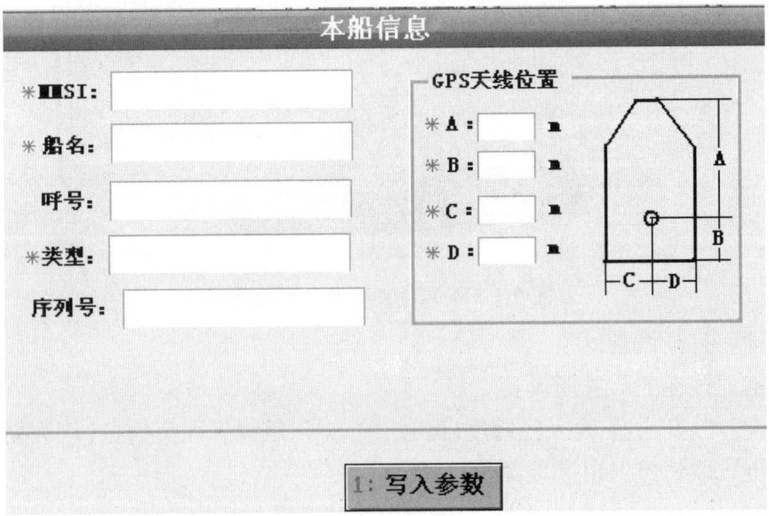

图 9-2　本船信息输入

2. 动态数据

动态数据包括协调世界时、对地航向（COG）、对地航速（SOC）、艏向、转向率、航行状态。除航行状态外这些数据通常由连接的传感器自动接入，在显示器上自动显示。航行状态一般由驾驶员手工输入，包括在航、锚泊、失控、操纵受限、吃水受限、系泊、搁浅、捕捞等。

3. 与航次相关的数据

船舶吃水、危险物品，以及由船长自主决定的：目的地、估计到达时间、航行计划、人员数量等。通常由驾驶员在航次开始前输入确认。

输入方法：与静态数据类似。

第二节 ◉ AIS 的信息获取与使用

一、AIS 获取的信息类型

1. 初始化信息

通过本船 AIS 设备获取的信息包括本船的静态数据和动态数据，AV-1000B 型 AIS 开机后，初始化界面如图 9-3 所示。

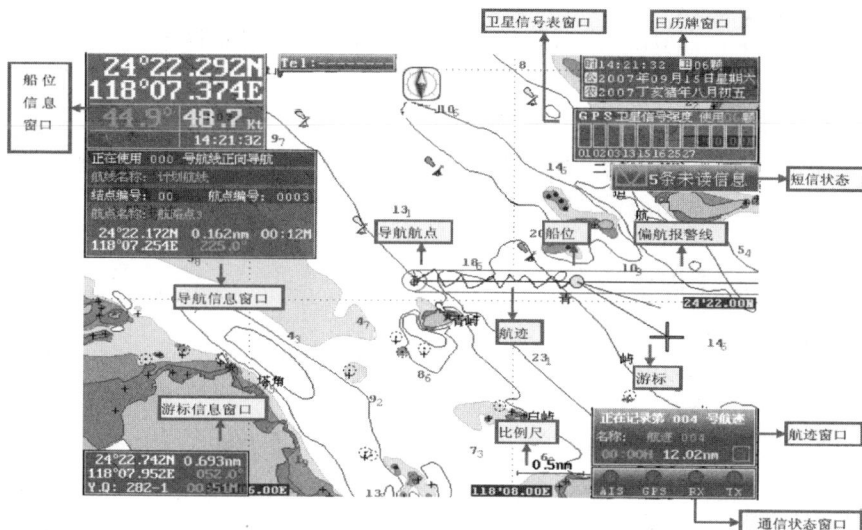

图 9-3　AV-1000B 型 AIS 初始化界面

2. 获取他船信息

如 AV-1000B 型 AIS，开机后按【菜单】键，从【主菜单】中选择【AIS 船舶信息】项，然后按【确定】键，弹出"船只列表"窗口，如图 9-4 所示。

从列表中可以看出共 80 艘船的相关信息，包括与本船的距离、目标船航速、相对本船的真方位、到达最近会遇点的时间（TCPA）和最近会遇距离（DCPA）。

如果要具体了解某条船的详细数据，可以通过↑、↓键选取目标船，如序号 33，按【确定】键，屏幕右侧即为目标船详细数据。

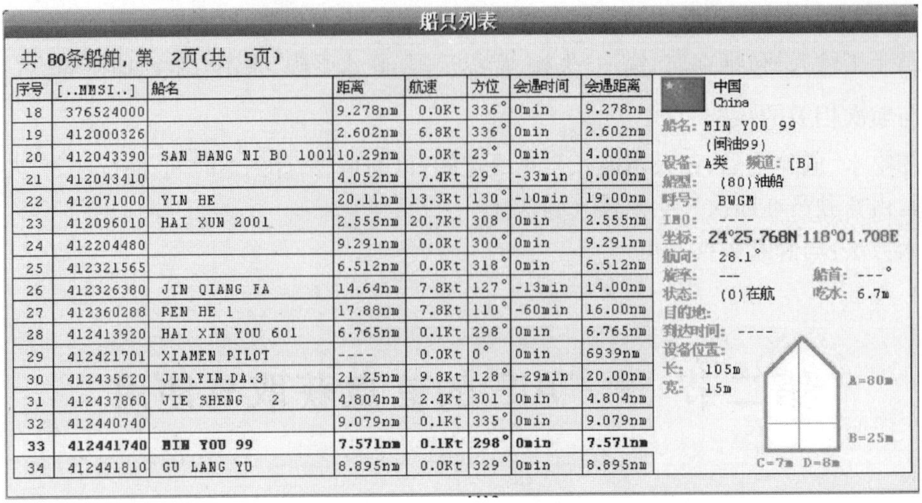

船只列表

共 80条船舶，第 2页(共 5页)

序号	[..MMSI..]	船名	距离	航速	方位	会遇时间	会遇距离
18	376524000		9.278nm	0.0Kt	336°	0min	9.278nm
19	412000326		2.602nm	6.8Kt	336°	0min	2.602nm
20	412043390	SAN HANG NI BO 1001	10.29nm	0.0Kt	23°	0min	4.000nm
21	412043410		4.052nm	7.4Kt	29°	-33min	0.000nm
22	412071000	YIN HE	20.11nm	13.3Kt	130°	-10min	19.00nm
23	412096010	HAI XUN 2001	2.555nm	20.7Kt	308°	0min	2.555nm
24	412204480		9.291nm	0.0Kt	300°	0min	9.291nm
25	412321565		6.512nm	0.0Kt	318°	0min	6.512nm
26	412326380	JIN QIANG FA	14.64nm	7.8Kt	127°	-13min	14.00nm
27	412360288	REN HE 1	17.88nm	7.8Kt	110°	-60min	16.00nm
28	412413920	HAI XIN YOU 601	6.765nm	0.1Kt	298°	0min	6.765nm
29	412421701	XIAMEN PILOT	----	0.0Kt	0°	0min	6939nm
30	412435620	JIN.YIN.DA.3	21.25nm	9.8Kt	128°	-29min	20.00nm
31	412437860	JIE SHENG 2	4.804nm	2.4Kt	301°	0min	4.804nm
32	412440740		9.079nm	0.1Kt	335°	0min	9.079nm
33	**412441740**	**MIN YOU 99**	**7.571nm**	**0.1Kt**	**298°**	**0min**	**7.571nm**
34	412441810	GU LANG YU	8.895nm	0.0Kt	329°	0min	8.895nm

图 9-4 他船信息列表

二、AIS 信息的使用

AIS 信息弥补了雷达的相关局限，而且不受天气等因素影响。装载 AIS 设备的船舶可以利用 AIS 信息：

（1）及时发现来船船名、船舶类型及其动态，并能及早建立通信联系。

（2）可以参考与目标船间的 DCPA、TCPA 数据来研判碰撞危险。

（3）可以跟踪和管理船队，实时掌握船舶位置。

（4）可以通过储存的 AIS 历史数据还原目标或（和）本船的运动轨迹，研判碰撞责任。

（5）AIS 信息也是水上救助的重要支撑。

三、AIS 设备使用注意事项

（1）要求长开机。如船长基于安全的原因关机，应将关机的原因和时间记录在相关的记录簿中。

（2）船长或船长授权人员（一般为驾驶员）要常用 VHF 对讲机或 AIS 设备的短信息功能与附近的船舶沟通，询问本船的 AIS 信息对方能否收到；同样如遇他船询问也应给予回答，并记录在相关的记录簿中（因 AIS 设备存在本船不广播 AIS 信息而能接收对方 AIS 信息、系统不报警的问题）。

（3）AIS 的信息输入问题导致其广播的信息容易被错误解读，以静态信息中的船名及航次信息输入尤甚。

①由于不同文化的差异和语言障碍的原因，真实的船名和通过 AIS 读出的船名往往有区别。

②由于 AIS 设备中船名输入有字符限制，若船名太长，会导致真实的船名和通过 AIS 获取

的船名可能不一致。

③船舶的航次信息仅仅反映本航次信息,如果没有及时更新包括吃水及目的港等航次信息,可能播发的是错误的航次信息。

（4）与雷达相比,AIS 不显示岛屿、岸线等,由于信息更新的间隔没有雷达提供的信息及时,无法提供完整的交通信息和态势,因此 AIS 仍然不能取代雷达。

（5）AIS 与船舶其他设备连接问题所导致的航向、航速、船位等动态信息可能存在误差。

第十章
甚高频无线电话（VHF）

> 船用甚高频无线电话设备，简称甚高频或 VHF，是指能在甚高频段（156～174 MHz）进行电话通信和数字选择性呼叫的无线电通信设备。它主要由天线、收发信机、话筒和数字选择性呼叫终端设备等组成。甚高频无线电话在船上用途广泛，尤其在对外联络中具有便捷、实时的特性，而且能够使用话音和数字选择性呼叫进行遇险、紧急、安全的呼叫和通信，船舶操纵所要求的呼叫和通信，以及公众呼叫和通信。

第一节 ◉ 甚高频无线电话基本性能与结构功能

一、甚高频无线电话的一般要求

（1）甚高频无线电话（以下简称 VHF）适用于近距离水上移动通信中的船舶之间及船岸之间的无线电话通信。

（2）应能在单频信道或在单频信道和双频信道上工作。在第 16 频道（156.8 MHz）上发送和接收船与船、船与岸之间的遇险和安全通信，在第 6 频道（156.3 MHz）上进行船与船之间的避让通信。

（3）VHF 应由下列部件组成：

①收、发信机（包括扬声器）。

②天线（垂直极化型）。

③带有手持按键发射开关的话筒。

④电源装置(附加)。

二、甚高频无线电话基本结构及功能

甚高频无线电话主要由双工器、收(RX)发(TX)机、控制单元、面板单元、显示器等组成，如图 10-1 所示。

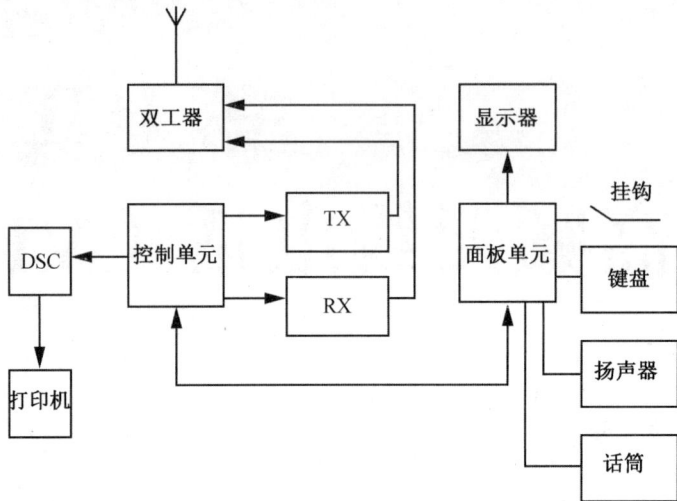

图 10-1　VHF 组成框图

1. 双工器

与 VHF 收发机相接。当 VHF 设备工作在双工方式时，双工器使收、发相互隔离地使用同一天线，以保证发射时不损坏接收机，并将发射机的干扰降低到最低限度。当 VHF 设备工作在单工方式时，双工器使收、发相互交替地使用同一天线，将收、发隔开以保证发射时不损坏接收机。

2. 收发机

(1)发射机

对话音信号进行调制、倍频，将频谱搬移到发射频率，再经过功率放大，通过双工器馈送到天线，由天线将已调的高频波辐射出去。

(2)接收机

将来自天线接收到的高频信号进行变频，中频放大，解调还原为话音信号；再将话音信号进行静噪和去加重，低频放大；最后将信号送给扬声器或者 DSC 终端。

3. 控制单元

由音频电路、微处理器和接口线路组成。面板单元通过控制单元对收发机、双工器和 DSC 终端进行控制工作。控制单元的 CPU 利用串行接口进行通信。

第二节 ◉ 船用甚高频无线电话（VHF）的操作

一、基本操作

　　船用甚高频无线电话主要功能包括日常通信、紧急和遇险通信。现以 VHF-DSC FT-805 为例介绍其基本操作，如图 10-2 所示。

　　（1）打开【电源/音量】键，调节音量。

　　（2）调节【静噪】键进行静噪控制，调整到噪声刚好消除，调整得过低将影响信号接收。

　　（3）按【频道调整】键，调整或直接输入所需要的频道进行守听或通话。

　　（4）长时间按下【菜单】键显示主菜单，进行相关信息的输入和设置。

　　（5）短时间按下【菜单】键显示 DSC 呼叫菜单，进行相关信息的输入和设置，并可以转发、应答、查询收到的遇险信息和其他信息。在测试呼叫模式下测试呼叫功能。

　　（6）船舶遇险时只要按下【遇险】键并保持 5~10 s 即可发射遇险信号，DIST 灯闪烁，同时喇叭发出报警声，信息将被发出。

　　注意：发射误报警会对附近船舶和搜救部门造成困扰或损失，因此不可以随便按下【遇险】键。如果按键 5 s 内放开，则可以中断误操作，但一旦开始发射就无法停止。由于发射速度极快，误操作后信息已经发出，这时要特别注意，发生误报警时必须采取相应的措施消除误报警。

图 10-2　甚高频无线电话

二、VHF 频道划分和使用

1. 水上移动通信 VHF 频道的划分

（1）国际上指配给水上移动通信用的 VHF 频段为 156~174 MHz。

（2）以 25 kHz 的间隔划分了 59 个频道，其中单频频道 26 个、双频频道 33 个，收发间隔为 4.6 MHz。

2. 值守频道

（1）CH16（156.8 MHz）专用于无线电话遇险和安全的通信与呼叫，也可用于船台和从事水上搜救作业的飞机电台间的通信。

（2）CH6（156.3 MHz）是船舶间安全会让专用频率，其他电台和业务不得使用。

（3）CH8（156.4 MHz）是长江航道信号台专用频率，其他电台和业务不得使用。

（4）港口工作通信首选 CH12。

（5）按双重守候（DW）按钮时，双重守候功能打开，此时 VHF 自动监听 CH16 及另一所选频道。选择该功能时，静噪控制失效，发射机停止发射。

三、操作注意事项

（1）当船舶进入特定的港口水域前，必须认真学习、了解该港口水域的 VHF 通信规则。使用船用甚高频无线电话，必须根据有关无线电管理文件的规定办理。

（2）说话应简洁，尽量缩短每次发射的时间。如用双工通信，应一直按下发射控制键，否则影响通话质量；讲话时不必大声，否则会引起话音失真，只需在嘴部距对讲机的麦克风 2.5~5 cm 处以正常音量讲话即可；注意调好音量及静噪，获取最佳收听效果。

（3）便携式手持对讲机天线不能拧下，否则在发射时容易把功率管烧坏。

（4）在贴有"关闭对讲机"标识的场合或易燃易爆场所，应关闭对讲机或使用防爆对讲机，如油码头、危险品码头、石油气-天然气码头等场所。应注意不能在易燃易爆场所等危险环境中更换电池，以及拆卸或插拔对讲机的附件（如耳机话筒），以免拆卸或插拔时产生的摩擦接触火花引起爆炸或火灾。

（5）对讲机通信在临界距离时常出现声音断断续续的现象，此时可以调整静噪等级来改善收听效果。

（6）使用 VHF 还应严格遵守《内河避碰规则》中相关条款的要求。

四、维护保养

（1）开机前，应接好天线、话筒及直流电源。

（2）每周测试一次（两套对呼，或与附近船、岸台测试），呼叫、应答、后续工作频道自动转换应符合性能标准。

（3）使用中注意防水、防潮、防震及防尘，保持清洁。

（4）一般镍氢电池正常使用的充放电次数为 500 次，锂电池为 1 000 次。在对新电池进行前 3 次充电时，应持续充电 14~16 h，以获得最大的电池容量和更好的电池性能。以后每次最好是用完再充满电,如果电池长期在"半饱"状态下工作,会缩短电池的使用寿命。在对讲机充电时,应关闭对讲机以保证电池完全充满;不充电时,不要将对讲机和电池留在充电器上,连续不断地充电将缩减电池寿命。

(5)VHF不可随意接入平台照明或其他公共电源。

第十一章

回声测深仪

回声测深仪（Echo Sounder）是船上最常用的测深仪。它是利用超声波在水中传播的物理特性而制成的一种测量水深的水声导航仪器。本章主要介绍其基本工作原理、操作方法及应用。

第一节 ● 回声测深仪的工作原理

测深仪的工作原理是利用超声波穿透介质并在不同介质表面会产生反射的现象，利用超声波换能器（探头）发射超声波，测出发射波和反射波之间的时间差来进行测量。

如图 11-1 所示，假设声波在水中的传播速度为 v，若在换能器探头上加窄脉冲声波信号，声波经探头发射到水底，并由水底反射回到探头被接收，测得声波信号往返行程所经历的时间为 t，则：

$$Z = vt/2 \tag{11-1}$$

式中：v——声速；

t——声波往返时间；

Z——从探头到水底的深度，再加上探头吃水 d 就是我们要测的实际水深 H，即 $H=Z+d$。

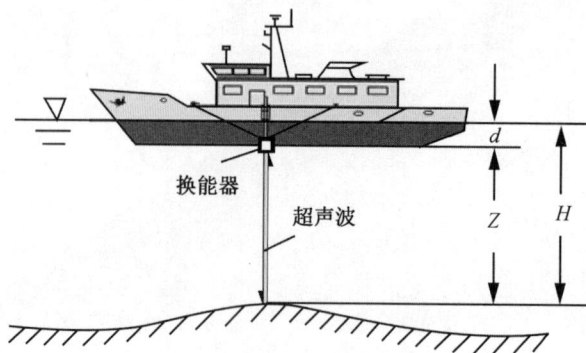

图 11-1　测深仪工作原理示意图

第二节 ◉ 回声测深仪的操作与应用

一、各开关控钮及作用

测深仪型号很多,但是操作方法类似,主要控钮(按键)的设置也大同小异。

1. 主要控钮

(1)电源/增益控钮

顺时针旋转至第一挡即接通电源,继续转动逐渐增大增益。关机时逆时针旋到底。

(2)指示-记录转换开关(旋钮):选择"闪光"或"记录"。

(3)量程转换开关(旋钮):选择测深范围。

(4)增益旋钮:改变信号放大倍数使显示清晰。

(5)衰减旋钮:衰减杂波干扰信号。

(6)零点熄灭开关:熄灭抑制零点信号以保证浅水显示清晰。通常水深小于 5 m 时熄灭零点。

(7)固定标志按钮:记录式。用途包括:记录开始与结束,检查接收系统输出,检查记录笔接触状况。

(8)报警深度选择:预置报警深度。报警深度预置,报警范围为 1~500 m 。

2. 其他控钮

(1)记录纸速度控钮:调节记录纸移动速度。

(2)时间增益旋钮:抑制浅水回波接收增益。逆时针旋到底,增益抑制作用最大。

(3)定位标志按钮:按下使记录纸上画出一条连续的直线。

(4)深度报警开关:接通或断开蜂鸣器。

(5)零位线调节:调节零位线与刻度板的零位一致。

(6)电源选择开关:选择直流或交流电源。

二、测深仪的基本操作

各种型号测深仪的基本操作方法类似。

(1)打开电源开关。开机,待自检结束后,选择合适的量程,正确估算探头处的实际吃水并将其输入。

(2)打开指示–记录转换开关,适当调整增益,使输出图形清晰。

(3)根据需要设置水深报警。

(4)根据需要读取水深数值。

三、回声测深仪的应用

(1)在情况不明的水域或浅水航区航行时,根据测深仪记录的水深数据与回波图像,判断水深的大小与变化趋势,确保航行安全。

(2)在其他导航仪器失效或能见度不良的特殊情况下,通过测量水深来辨认船位。

(3)用于航道及港口测量方面,提供精确的水文资料。

(4)现代化多功能的船用测深仪还可实现水下勘测、鱼群探测跟踪等功能。

四、测深仪操作注意事项

(1)及时更换记录纸。

(2)经常检查零点标志,修正零点误差。

(3)经常将实测水深与计算水深(图示水深与当地水位之和)比对,如存在较大出入,应查找原因并谨慎航行。

(4)船舶在大风浪中航行或倒车或变速,以及船舶摇摆时,可能导致测深不准,应注意。

(5)若船舶长期停泊,应每隔半月通电一次,时间大于 4 h,目的是驱潮、防附着水生物,进坞时应清洁表面。

第十二章

磁罗经

磁罗经是在罗盘磁针与地磁场相互作用下,罗盘磁针能指向磁北极的航海指向仪器,可以用来指示船舶航向和观测目标方位。磁罗经具有不依赖电源、指向灵敏、工作可靠、构造简单、价格低廉和管理维护方便等优点,适用于经常进行复杂机动航行的内河船舶。

第一节 ◉ 磁罗经基本结构

一般船上使用的磁罗经,均由罗盆、罗经柜和自差校正器三部分组成。

1. 罗经柜

罗经柜是用非磁性材料制成的,用来支撑罗盆和安放自差校正器。如图 12-1 所示。

在罗经柜的顶部有罗经帽,它可以保护罗盆,使其避免雨淋和阳光照射,以及在夜航中防止照明灯光外露。

在罗经柜的正前方,有一竖直圆筒,筒内根据需要放置长短不一消除自差用的佛氏铁或在竖直的长方形盒内放数根消除自差用的软铁条。

在罗经柜左右正横处有放置象限自差校正器(软铁球或软铁片)的座架,软铁球或软铁盒的中心位于罗盘磁针的平面内,并可内外移动。

罗盘放置在常平环上,以在船体发生倾斜时,罗盆保持水平。常平环通常装在减震装置上,以减轻罗盆振动。

在罗经柜内,罗盘中心正下方安装一根垂直铜管,管内放置消除倾斜自差的垂直磁铁,并可由吊链拉动在管内上下移动。

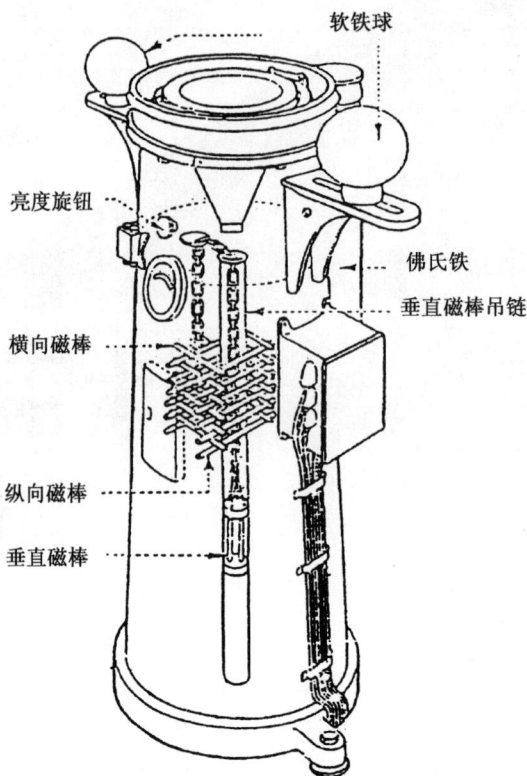

图 12-1　罗经柜

在罗经柜内还有放置消除半圆自差的水平纵横向磁铁的架子,并保证罗经中心位于纵横磁铁的垂直平分线上。

2. 罗盆

罗盆由罗盆本体和罗盘两部分组成,如图 12-2 所示。

罗盆由铜制成,其顶部为玻璃盖,玻璃盖的边缘有水密橡皮圈,并用一铜环压紧以保持水密。罗盆重心较低,以使罗盆在船摇摆时,仍能保持水平。罗盆内充满液体,通常为酒精与蒸馏水的混合液,混合液的比例为酒精 45% 和蒸馏水 55%,在温度为 15 ℃时,其比重约为 0.95。酒精的作用是降低冰点,该溶液沸点为 +83 ℃,冰点为 -26 ℃,黏度系数在温度 -20~+50 ℃不产生显著变化,有的罗经还用纯净的煤油作罗盆液体。在罗盆的侧壁有一注液孔,供灌注液体以排除罗盆内的气泡。注液孔平时由螺丝旋紧以保持水密。

在罗盆内,其前后方均装有罗经基线,安装时基线应与艏艉线平行。位于船首方向的称为首基线,其所指示的罗盘刻度即为本船的航向。

罗盘是磁罗经的核心部分,它是指示方向的灵敏部件。液体罗经的罗盘均由刻度盘、浮室、磁钢和轴帽组成。刻度盘由云母等轻型非磁性材料制成,上面刻有 0°~360° 的刻度和方向点。

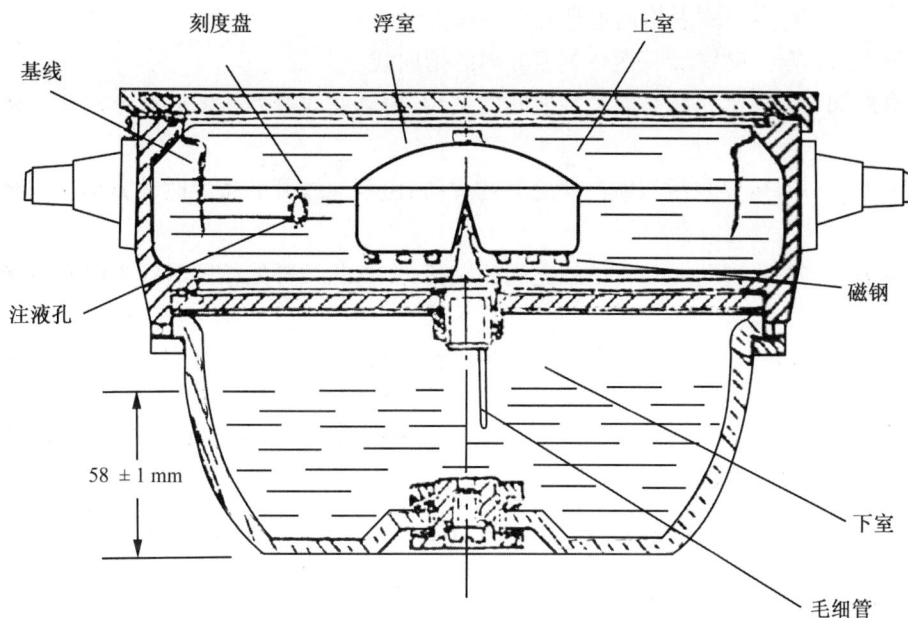

图 12-2　罗盆

第二节 ◉ 磁罗经的技术要求和应用

一、磁罗经的一般要求

（1）磁罗经的刻度盘上应有从北 000°或 360°顺时针的 360°的分度。

刻度盘直径大于 130 mm 时，分度间隔为 1°；刻度盘直径等于或小于 130 mm 时，分度间隔为 2°；刻度盘直径等于 75 mm 时，分度间隔为 5°。

（2）磁罗经应以 10° 间隔标示数码。主点方位应采用大写字母 N、E、S 和 W 表示，隔点方位如有表示，应采用 NE、SE、SW 和 NW。北方位亦可采用合适的图案表示。

（3）磁罗经罗盆的玻璃应光洁明亮，且不应有气泡；罗盆存液后应绝对水密；罗经内存液体应无色透明且不应有沉淀物。

（4）刻度盘 N、E、S 和 W 四个主点刻度误差应不大于 0.2°。

（5）操舵罗经的度盘应能在日光或灯光下从 1.4 m 距离处清晰可读，允许使用放大镜。

二、磁罗经在内河船上的应用

1. 航向与方位基本知识

（1）航向线（CL）：艏艉线向船首方向的延伸线。

（2）方位线（BL）：由观测者指向所观测目标的指向线。

（3）真北线（N_T）：由测者指向地理北极的指向线。

（4）罗北线（N_C）：磁罗经罗盘0刻度方向的指向线。

（5）真航向（TC）：真北线与航向线之间的夹角，由真北线开始按顺时针方向0°~360°度量到航向线。

（6）罗航向（CC）：罗北线与航向线之间的夹角，由罗北线开始按顺时针方向0°~360°度量到航向线。

（7）真方位（TB）：真北线与方位线之间的夹角，由真北线开始按顺时针方向0°~360°度量到方位线。

（8）罗方位（CB）：罗北线与方位线之间的夹角，由罗北线开始按顺时针方向0°~360°度量到方位线。

（9）罗经差（ΔC）：真北线与罗北线之间的夹角，罗北偏真北以东为（+），罗北偏真北以西为（-）。

真向位与罗向位之间的关系是：$TC=CC+\Delta C$，$TB=CB+\Delta C$。航向与方位的关系如图12-3所示。

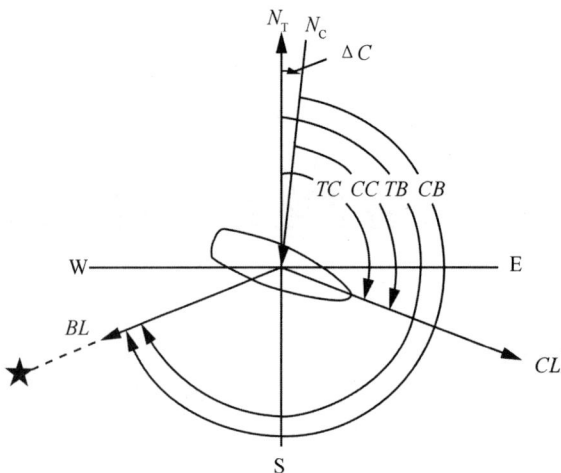

图12-3　航向与方位的关系

2.磁罗经的具体应用

（1）读取航向

在磁罗经罗盘上，可以直接读取船舶航行时的罗航向（CC）。实际中正是根据罗航向来确定船舶航行方向是否正确。

（2）观测目标方位

观测目标方位一般用到方位仪，方位仪的结构。

方位仪是一种配合罗经用来观测目标方位的仪器。通常有方位圈、方位镜、方位针等几种。方位圈有两套互相垂直观测方位的装置，其中一套装置由目视照准架和目标照准架组成，如图12-4所示。目视照准架为中间有细缝隙的竖架。在目标照准架的中间有一竖直线，其下部有天体反射镜和棱镜。天体反射镜用来反射天体（如太阳）的影像，棱镜用来折射罗盘的刻度。观测时，将方位圈套在罗盆上，转动方位圈，当测者从细缝中看到目标照准线和目标重合时,目标照准架下三棱镜中的罗盘刻度,就是该目标的罗经方位(CB)。

另一套装置由可旋转的凹面镜和允许细缝光线通过的棱镜组成,它专门用来观测太阳的方位。若将凹面镜朝向太阳,使太阳光聚成一束反射光,经细缝和棱镜的折射投影至罗盘上,则光线所照亮的罗盘刻度即为太阳的方位。

在方位仪上均有水准仪,在观测方位时,应使气泡位于中央位置,以提高观测方位的精度。

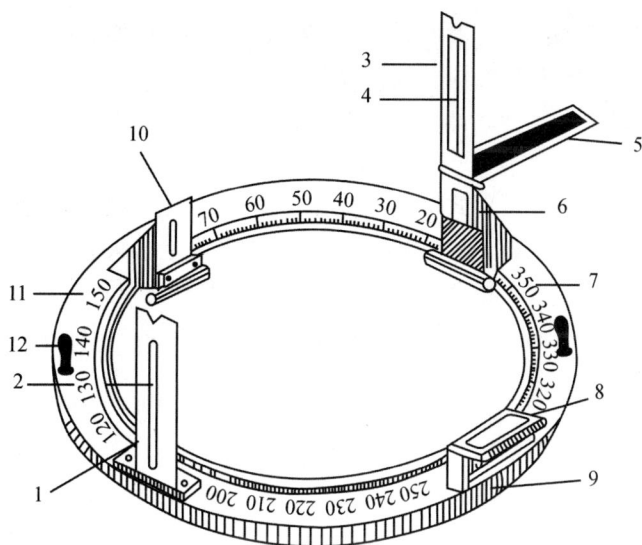

图 12-4　方位圈

1—照门;2—照门孔;3—照准架;4—照准线;5—黑色反射玻璃板;6—棱镜;
7—水准泡;8—反射镜;9—可调螺钉;10—方位匣;11—方位刻度;12—握钮

(3)利用磁罗经观测方位进行两方位定位

选取合适的两个固定目标,分别测定其罗方位 CB_1、CB_2,并计算出目标的真方位 TB_1、TB_2,然后在海图上利用平行尺和罗经花画出方位位置线 TB_1 和 TB_2,两方位位置线的交点就是观测时刻的观测船位,如图 12-5 所示。

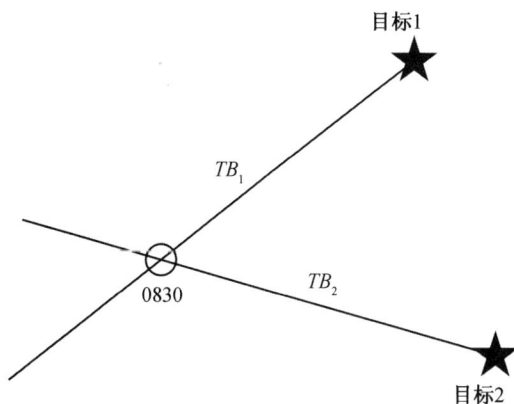

图 12-5　两方位定位示意图

四、磁罗经的日常维修保养

尽管高新仪器的发展日新月异，但磁罗经凭借特有的可靠性和使用方便等特点，至今仍被广泛应用，是船舶重要的助航仪器。船舶驾驶人员平时应加强对磁罗经的维护和保养，以保证磁罗经的正常工作。

（1）平时应盖好罗经帽并套好罗经护罩，以防风吹日晒雨淋使刻度盘变形。

（2）船靠码头，不使用罗经时，应关闭罗经照明灯。

（3）罗经轴承及常平环等活动部分应定期加润滑油。

（4）保持罗盆内液体无色透明，及时排除罗盆内气泡。

（5）应定期清洁投影式或反射式罗经的光学透镜面，以使罗盘反射的刻度清晰可见。

（6）防止软硬铁校正器生锈，备用的软铁校正器不能靠近永久磁铁。

（7）备用的校正磁棒应异名极相靠，并避免高温、剧烈振动和其他磁场的影响。

（8）方位圈不用时，应将其放在箱内保存，以防止因碰撞等原因而使方位圈变形。

第三篇
船舶操纵

　　船舶操纵就是船舶驾引人员根据外界各种条件如风、流、浪、受限水域等的影响及本船的操纵性能，通过操纵设备或操纵手段，如推进器、侧推器、舵、锚、缆、拖船等的运用去控制船舶的运动。在这一过程中，驾引人员还必须进行必要的观察、分析、判断、指挥。

　　本篇介绍了船舶操纵基本原理、船舶系离泊操纵以及船舶在特殊情况下操纵等船舶操纵的主要基础知识，为船长和驾驶员的实船操纵奠定理论基础。

第十三章
舵设备及其运用

舵设备的主要作用是改变航向或者稳定航向。本章主要介绍舵设备的组成,舵力、舵效及其影响因素,操舵的基本方法、要领与舵令。

第一节 ◉ 舵设备

一、舵设备的组成

内河船舶舵设备由操舵装置(操舵器)、传动装置、动力装置(舵机)、转舵装置和舵装置五个主要部分组成。其中舵机和转舵装置一般安装在船尾。

二、舵的种类及特点

舵是船舶设备中承受水动力以产生转船力矩的部件,一般安装在螺旋桨的后面。舵的种类较多,按照剖面形状、舵杆轴线位置、舵的支承方式等可进行不同分类。

1.按舵杆轴线位置分类

舵按舵杆轴线位置可以分为不平衡舵、平衡舵、半平衡舵,如图 13-1 所示。

不平衡舵:也称普通舵。舵的全部面积分布在舵轴的后方,水动力作用中心距离舵轴较远,故转舵力矩较大,所需舵机功率较大。舵轴上的支撑点较多,故强度较大,一般用于小型船。

平衡舵:舵宽的一部分分布在舵轴前方,水动力作用中心距离舵轴较近,故转舵力矩较

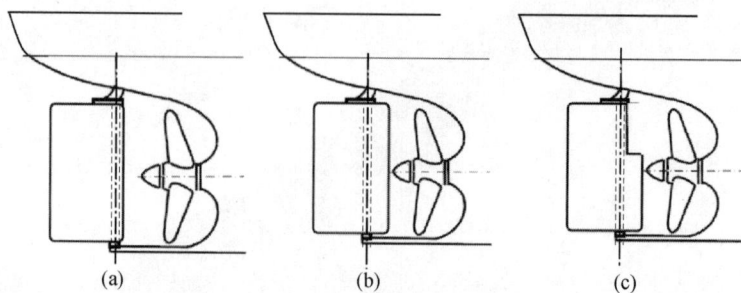

（a）不平衡舵；（b）平衡舵；（c）半平衡舵

图 13-1　典型舵的类型

小。舵轴上的支撑点较少,故强度较小。

半平衡舵:舵宽和舵高的一部分分布在舵轴之前,这种舵的性能介于普通舵和平衡舵之间。

2. 按剖面形状分类

舵按剖面形状可以分为平板舵和流线型舵。

3. 按舵的支承方式分类

舵按其支承方式可以分为半悬挂舵、悬挂舵、双支承舵和多支承舵。

4. 特种舵

某些船舶为满足在操纵上的特殊需要,如增加舵效、提高推进效率以及改善大型船舶低速航行时的操纵性能等,配备了特种性能舵。

（1）襟翼舵

襟翼舵由主舵和副舵两叶组成,转舵时主、副舵的转角不同,增加了舵剖面的拱度,能产生更大的流体动力,提高了舵效。

（2）倒车舵

近现代推船在导流管螺旋桨的前面和后面都设置了倒车舵,目的是为了使推船在正航和倒航时都有良好的操纵性。倒车舵的使用,既满足了推船要有高度的倒车能力,又能使船队做后退运动时有可靠的操纵性的要求。

此外,还有转动导流管、艏部侧推器、Z 形推进器等。

现代大中型内河船舶普遍采用流线型的平衡舵、半平衡舵、支承舵或悬挂舵。

三、操舵装置的种类与特点

操舵装置有人力舵的操舵装置和机动舵的操舵装置两种。下面分别就其作用及结构特点进行介绍。

1. 人力舵的操舵装置

人力舵适用于小型船舶及驳船。其操舵装置的作用是:由驾驶台发出操舵动作,通过传动装置直接控制舵柄或舵扇转动。

2. 机动舵的操舵装置

机动舵适用于大中型船舶。其操舵装置的作用是:从驾驶台发出操舵动作,通过传动装置遥控舵机工作。机动舵的操舵装置主要有液压操舵装置及电动操舵装置两种。

（1）液压操舵装置

液压操舵装置适用于中型船舶。它利用液油作为传递能量的介质。有人力液压操舵装置及电动液压操舵装置两种类型。其特点是工作平稳,准确性高,但当船体变形时,液管也容易变形和破裂,故其仅适用于中型船,如图13-2所示。

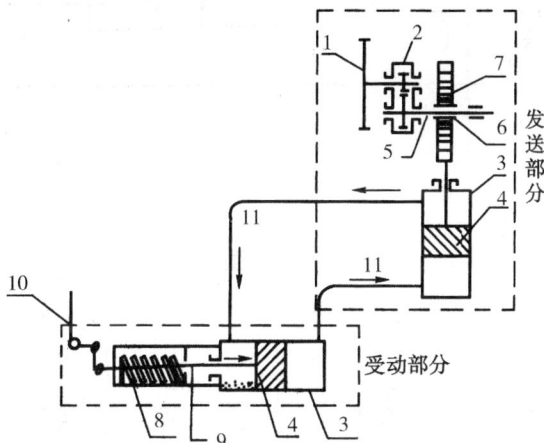

图13-2　液压操舵装置

1—舵轮;2—传动齿轮;3—操纵液缸;4—活塞;5—轴;6—小齿轮;
7—齿条;8—弹簧;9—活塞杆;10—杠杆;11—液压管路

（2）电动操舵装置

大中型船舶多采用电动操舵装置。其工作可靠,轻便灵敏,维修方便,不受船体变形的影响,并有利于操舵自动化。电动操舵装置可用于遥控电动舵机或电动液压舵机工作。

采用电动操舵装置的船舶,一般都有两套独立操舵系统的线路布置,当一套操舵系统发生故障后,立即可以转换为另一套操舵系统。这两套系统称为随动操舵系统和手柄操舵系统。随动操舵系统用于主操舵装置,手柄操舵系统用于辅助操舵装置。

①随动操舵系统

随动操舵系统是装有舵角反馈发送器,能进行随从控制的操舵系统。操舵时,转动舵轮随之转出舵角,舵轮停止转动,舵角也随之固定。这种操舵方式舵轮转动的角度和舵叶偏转的角度是一致的。

其工作原理如图13-3所示。由舵轮控制的电阻滑动触臂 L_1 可在电桥电阻 r_1 上移动,电阻 r_1 和 r_2 组成电桥。根据舵轮转向的不同,输出的控制电压分别控制继电器 $J_左$ 或 $J_右$ 工作。

②手柄操舵系统

手柄操舵系统是直接控制继电器使舵机转动的系统,如图13-4所示。它没有舵角反馈装置,操舵手柄相当于继电器的开关。操舵时,当舵角指示器的指针到达所需舵角时,要立即将手柄回复至中央位置。

3.极限舵角限位器

航行中船舶使用的最大有效舵角称为极限舵角,一般内河船舶流线型舵为35°,平板舵为45°。为了防止在操舵时实际舵角太大而超过极限舵角,在操舵装置的有关部位设置舵角限位器。舵角限位器有机械、电动等多种类型。机械舵角限位器可以设在舵叶上或下舵杆与舵柱的上部，如图13-5所示。

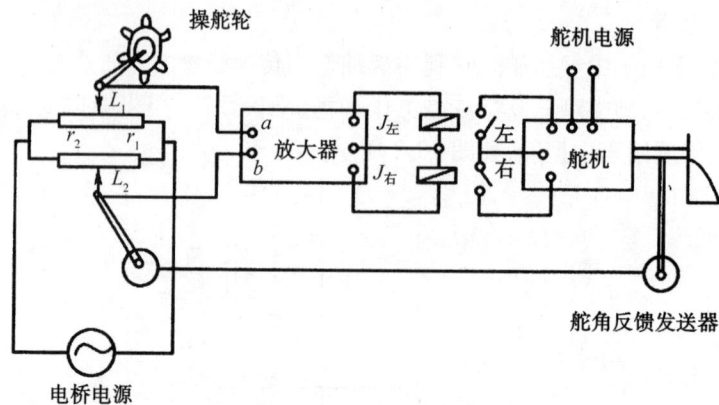

图 13-3　随动操舵系统

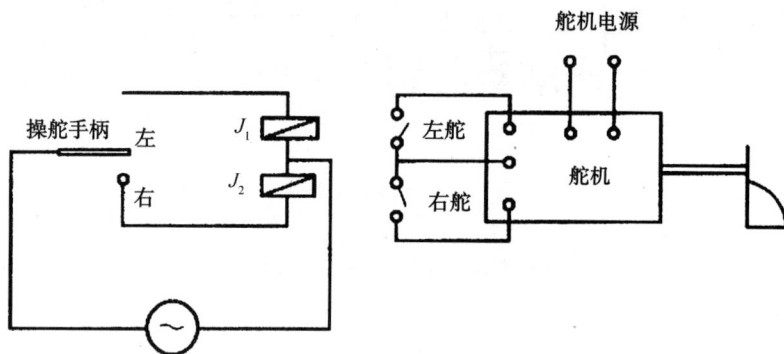

图 13-4　手柄操舵系统

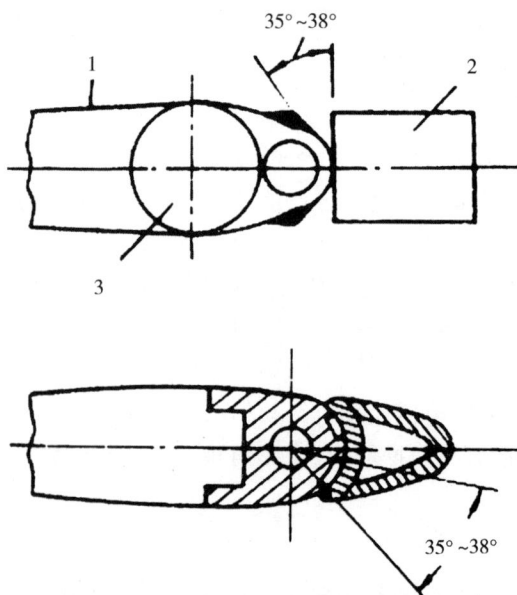

图 13-5　舵角限位器

1—舵；2—艉柱；3—舵杆

　　中华人民共和国内河船舶船员适任考试培训教材

另外,还有在舵柄两侧极限舵角位置处装设角铁架的。当舵转到满舵时,舵柄被角铁架挡住,不能继续转动。电动舵角限位器为装于舵柄两侧极限位置的开关。当舵转到满舵时,舵柄与其相连的装置使开关处于断路位置,与开关串联的舵用电机即停止向某一舷继续转动。当舵机电机反转时,舵柄或与其相连的装置和开关脱离接触,开关即在弹簧的作用下回到通路位置。

第二节　◉　舵压力及其影响因素

一、舵压力

舵压力是指水流对舵叶有冲角 α 时,舵叶迎流面与背流面的水动压力差。冲角又称攻角,是指螺旋桨、舵叶或船体切面弦线与相对水流的夹角。舵压力的大小受舵角、舵叶对水相对速度、舵叶面积以及舵叶形状、展弦比、剖面形状、厚宽比等因素的影响。

在正舵位置,即 $\alpha=0$ 时,舵叶两侧所受的水作用力相等,对船的运动方向不产生影响。当舵叶转过一个角度 α 后,水流绕流舵叶时的流程在背流面就要比迎流面长,背流面的流速也就较迎流面大,而其上的静压力也就较迎流面要小,舵叶两侧所受水压力的合力,称为舵压力 (P_α),如图 13-6 所示。船舶以速度 v 航行时,舵压力对船舶重心 (G) 产生转船力矩 (M_α),使船首向右(左)改向。

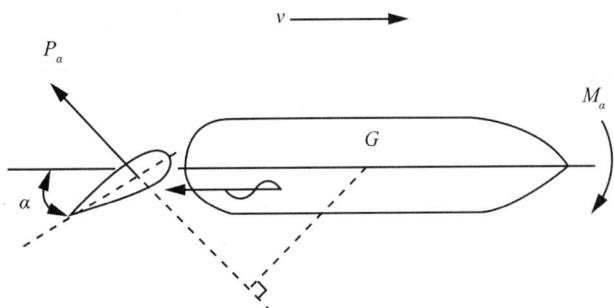

图 13-6　舵压力及转船力矩示意图

二、影响舵压力的因素

1. 舵角

舵角是指舵叶水平剖面中心线与艏艉线的夹角,舵角是产生舵压力的重要条件之一。随着舵角的增加,舵压力也随之增大,但当舵角增大到某一数值时,舵叶的背流面就会出现涡流,如图 13-7 所示,反而使舵叶两面的压力差减小,舵压力随之骤然下降。产生这一现象前的瞬间舵角称为极限舵角,亦称临界舵角、失速舵角或最大有效舵角。因此,在极限舵角范围内,舵角越大,舵压力越大。

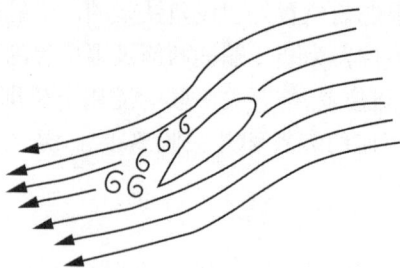

图 13-7　舵叶背流面涡流示意图

2. 舵叶对水相对速度

舵压力与舵对水速度的平方成正比,在舵角不变的情况下(极限舵角范围内),船舶航行速度越快,作用于舵叶的相对水流速度越大,舵压力急剧增加。同样,提高螺旋桨转速,螺旋桨排出流随即增加了舵的对水速度,这也是提高舵压力的有效途径。

3. 舵叶面积

船舶方向性能的优劣与舵面积的大小关系密切,舵压力的大小与舵面积成正比,旋回性能好的船舶均具有较大的舵面积。但过大地增加舵面积是不合理的,一方面会增加船舶航行阻力和舵机功率,另一方面还会增加船舶吃水。在实践中,合理的舵面积和形状通常用试验办法来确定,主要以操纵性能良好的船舶的舵面积系数作为估计合理舵面积及其形状的依据。

4. 舵叶形状

（1）展弦比

舵高与舵宽的比值称为展弦比。展弦比小,从舵叶迎流面而来的水流就会从舵的上端和下端进入舵叶背流面,形成绕流,致使舵叶两侧压力差减小,舵压力降低。展弦比越大,越有利于运用小舵角操纵船舶。

（2）舵叶的剖面形状

舵叶的剖面形状一般有平板型和流线型两种。流线型舵的外形符合水流流线的运动规律,在正常舵角下不致出现涡流,因此它产生的舵压力大些,而且在小舵角时便产生较大的舵压力,应舵时间短,水阻力也比平板型舵小 20%。目前绝大多数船舶采用流线型舵。

第三节 ● 舵效及其影响因素

一、舵效

船舶在各种不同的状态下,用舵设备操纵船舶所表现的综合效果称为舵效。通常对改向性而言,舵效是指当操一舵角后,船舶因之回转某一角度所需的时间和纵、横距。当船舶操一舵角后,如能在较短时间、较小水域内船首转过较大角度,则舵效好,反之则舵效差。

二、影响舵效的因素

1. 舵角

在极限舵角范围内,舵角越大,舵压力就越大,因而舵效越好。

2. 舵叶对水速度

舵叶对水速度即舵速。提高舵速往往是在船速较低时通过提高主机转速方法来实现,由于螺旋桨尾流速度增加,滑失比增大,从而舵效得以提高。该方法由于船速低,改向时滞距小,所需水域小,在船舶掉头、靠离码头、系离浮筒、抛起锚、进出船闸等操纵时常采用该方法来提高舵效,船员称之为"以车助舵"。

3. 舵机性能

电动液压舵机性能较好,舵来得快,回得也快,易稳舵。使用电动舵机,舵来得快,回得慢,不易稳舵。使用人力舵,舵来得慢,回得慢,稳向也慢。

4. 转舵时间

船长大于 30 m 的船舶满载、全速航行时,操舵从一舷 35° 至另一舷 30° 所需时间,称为转舵时间或操舵时间。它反映了船舶操纵的灵活性,是舵机系统的重要指标之一。转舵时间越短,船舶舵效越好。内河船舶转舵时间应满足表 13-1 的规定。

表 13-1 内河船舶转舵时间

舵机种类	船长(m)	操舵时间(s)	
		急流航区船舶	其他航区船舶
机动舵机	>30	12	20
人力舵机(舵轮手柄力不大于 147 N)	≤30	15	20
辅助人力舵机(舵轮手柄力不大于 294 N)	—	—	40

5. 船体水下侧面积

船首水下侧面积分布多或艏倾的船舶,舵效差;船尾水下侧面积分布多或适量艉倾的船舶,舵效好。

6. 吃水

船舶吃水增加,舵效变差。船舶满载时的舵效较轻载时差。

7. 横倾

船舶低速航行时,向低舷侧转向舵效较好;船舶高速航行时,向高舷侧转向舵效较好。

8. 其他因素

风中航行时,船舶向风致偏转侧转向舵效好,反之则差。逆流舵效比顺流好,常流舵效比乱流好。船舶污底严重,舵效变差。浅水中舵效较深水中差。螺旋桨正转且船舶前进时舵效好;螺旋桨反转且船舶后退时舵效差。

第四节 ◉ 操舵与舵令

船舶在航行中保持或改变航向，主要靠正确地操舵来实现。操舵作业是靠驾驶员发布舵令，舵工执行舵令来完成的。舵令应力求语词简练、含义明确、易懂易记。驾驶员和舵工都应熟悉和正确理解操舵口令，掌握操舵要领，才能正确操纵船舶。

一、操舵要领

操舵是操纵船舶的一项综合性技术。操舵人员除应熟悉船舶及舵设备本身的性能外，还应了解水流对操舵的影响，即通常所说的应知道船性、舵性、水性，尤其在水势流态较恶劣的急流航段操舵，更是一项难度较高的操作技能。

1. 一般要领

（1）掌握船的旋转惯性

船舶的旋转运动是有惯性作用的。当船要向左变换航向时，由于船原来稳定在某一航向上，应操左舵；当船首向左转动时，就应及时回舵以控制向左转动的角速度；当船将到达所要求的航向时，就应压右舵才能使船首稳住在所需的航向上；当航向稳住时，即应把舵回至中间附近，并及时纠正偏差，使航向稳定。

（2）掌握舵速与舵效的关系

舵压力的大小与舵对水的相对速度的平方成正比例。因此，船舶在向前全速航行时，舵效是很好的。在正常航行中纠正航向偏差或小角度转向时，只需用小舵角；而船舶在慢车避让他船或靠离码头、编解队等情况下，由于舵速减低，必须用较大的舵角才能产生应有的舵效。

（3）掌握流态水势对操舵的影响

当船舶在不规则水流中航行时，根据不同流态水势采取正确的操舵方法是十分重要的。比如上水航行船舶从正流水进入回流水时，航速突然增大，但舵速却突然降低，应根据航道和水流的具体情况正确操舵；当船舶将要出回流区，船首将到达正流水时，应及早将舵转向正流水推压的一侧，使船首顶住正流水的推压，以防张头。若船舶航行到浅水区时操舵不灵，应加以注意，必要时用车舵配合操纵。

（4）掌握风向风压对操舵的影响

当风从船的横向一侧吹来时，应根据船舶受风面积的分布情况及风力大小，采取压舵措施使船稳定航向。

（5）掌握不同类型船舶及船队操舵的特点

一般单船操舵的转船速度比船队操舵来得快。在单船中，双车双舵的船比单车独舵的船舵效好。在船队中，顶推船队操舵的转船速度最慢，但船队转动的惯性力大，因此当船队转动后应及时回舵，以防转动速度过快而难以控制；吊拖船队中拖船操舵的转船速度较快，但驳船队转向是靠拖缆牵动来实现的，转向速度较慢，因此吊拖船队操舵一般不能用急舵，且当拖船船首转过一定角度后，就应稳住一下，使驳船队在拖缆牵动下也跟着转向。

2.J级航段操舵要领

J级航段是指滩多流急、水势流态较恶劣的急流航段。在急流河段中操舵,最重要的技能是应根据流态水势正确用舵。因此,航行于J级航段的驾驶员和舵工,都应掌握流态水势的识别方法。

(1)J级航段操舵的特点

①用手势代替舵令

由于J级航段往往航道狭窄弯曲,流态水势复杂,必须不断用舵控制船首方向,因此驾驶员是用手势代替舵令指挥操舵的。通常用右手手势表达舵令:右手食指伸出表示右舵;食指和中指(共二指)同时伸出表示左舵;拇指伸出表示稳舵。

②根据流态水势正确操舵

舵工在操舵过程中,应针对不正常水流对船舶冲击的具体情况,自行采取操舵措施。例如船舶在航行中遇到泡水时,泡在船的一舷,当船首接近该泡时,应操舵使船首顶住泡,顶住后应立即回到正舵,待船尾接近该泡时,应操反向舵使船尾顶住泡,这种操舵法叫作"一泡三舵"。

③只看航道水势和船首动向,不看罗经

由于各种不规则水流对船舶的冲击力甚大,加上航道弯曲狭窄,靠磁罗经指引航向不能满足引航操纵的需要,舵工只能集中注意力观察航道和水势,正确操舵。

④开探照灯夜航

由于部分J级航段航道狭窄,夜航时开探照灯可看清岸边障碍物和流态水势,有利于夜航操纵。

(2)不正常水流中操舵的特殊方法

在山区河流,常常把在不正常水流中操舵的特殊方法归纳为抽(或偷)、腾、忍、让四个字。

①抽(或偷)舵

操舵者在操舵后,估计已能使船达到预定的航向时,提前适度回舵的动作称为抽舵。它是为稳向时减少用舵和巧妙地储备舵力而采取的。

②腾舵

为了储备舵力,在即将改变航向或乘迎有力的水势之前,在保持原航向的前提下提前适度用舵(即所谓舵动船向不动),力争舵随时处于舵角最小位置,以便当驾驶员叫舵时,能使舵立即发挥最大舵效。

抽舵与腾舵都是为了储备舵力,但前者是在船舶获得转势后采取的,而后者是在保持既定航向的情况下采取的。

③忍舵

在驾驶员叫舵后,根据具体情况暂停片刻再用舵或在用舵过程中暂停片刻等,以使舵效的余力发挥作用,都叫忍舵。

④让舵

主动避开泡漩等强大且又不正常的水流或障碍物而采取的操舵动作。

总的来说,在不正常水流河段航行,要针对具体情况灵活用舵。因此,在J级航段夜航时,常需打开探照灯照射水面,以便让舵工能随时看到水流情况下,采取相应措施。

二、舵令

舵令有航向舵令和舵角舵令两种。船舶在一般航道正常航行时，主要使用航向舵令，即将船首向左（或右）转到舵令所要求的航向；船舶在避让、港区航行、回转掉头及靠离码头等情况，主要使用舵角舵令，即将舵向左（或右）转动，使船首也向左（右）转动，当船首转至所要求的方向时，再发出"稳舵"口令，使船首停止转动。

1. 航向舵令

①"左（右）5 度"：使船首向左（右）转动 5°。

②"左（右）10 度"：使船首向左（右）转动 10°。

③"左（右）15 度"：使船首向左（右）转动 15°。

④"左（右）20 度"：使船首向左（右）转动 20°。

⑤"航向××度"：使船首转至所要求的航向。这个舵令通常在转向角度较大时发布。

舵工在听到上述航向舵令时，即应正确转动舵轮或操纵手柄，使船首转至所需舵向。使用航向舵令的操舵程序是：

口令→复诵口令→操舵使船首转至所要求的航向→报告航向→回答"好"。

2. 舵角舵令

①"左（右）微舵"：使船首向左（右）慢慢而连续地转动，单船一般可用舵角 5°～10°。

②"左（右）舵"：使船首向左（右）较快地转动，一般可用舵角 15°～20°。

③"左（右）满舵"：将舵向左（右）转至极限舵角，即 32°或 35°。

④"回舵"：将舵逐渐回至中间位置，使船首转动减慢。

⑤"正（中）舵"：把舵置于正中位置，舵角为 0°。

⑥"稳舵"：这时舵应向相反方向摆动一下，使船首稳定下来，稳定航向。

使用舵角舵令的操舵程序是：

口令（前三种舵令）→复诵口令→操舵使船首转动→"回舵"（或"正舵"）→复诵口令→舵回中使船首慢转→"稳舵"→复诵口令→稳住船首报告航向→回答"好"。

第十四章
螺旋桨及其运用

本章主要介绍螺旋桨的推力与船舶阻力、螺旋桨性能、单螺旋桨船与双螺旋桨船的特点。

第一节 ◉ 螺旋桨推力与转速

一、螺旋桨

　　船舶是由推进器产生推力,使其克服阻力而运动的。目前在内河应用最广泛的推进器是螺旋桨。螺旋桨常安装在船尾,在船尾部中心线处装一只螺旋桨的船为单桨船;船尾左右各安装一只螺旋桨的船为双桨船。单桨船按螺旋桨旋转方向分右旋式和左旋式两种。右旋式螺旋桨是指螺旋桨正转时,由船尾朝船首方向看,螺旋桨做顺时针旋转;反之,为左旋式螺旋桨。双桨船的螺旋桨按其旋转方向,分为内旋式和外旋式两种。外旋式两桨正转时,由船尾朝船首方向看,左舷螺旋桨左转,右舷螺旋桨右转;反之,为内旋式。一般固定螺距的双桨船采用外旋式,可调螺距双桨船采用内旋式。

　　螺旋桨旋转时,产生螺旋桨流。螺旋桨流由吸入流(或称为来流)和排出流(或称为尾流)组成,如图 14-1 所示。吸入流是指流向螺旋桨盘面的水流,其特点是:范围宽,流速较慢,流线几乎平行;排出流是指经螺旋桨诱导流离螺旋桨盘面的水流,其特点是:范围较窄,流速较快,流线具有较强的螺旋性。

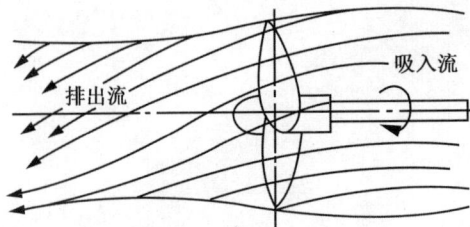

图 14-1　螺旋桨流示意图

二、螺旋桨推力

螺旋桨在船舶主机的驱动下转动，产生水动力，水动力的轴向分力即为螺旋桨推力。螺旋桨正转产生推力，推船前进；螺旋桨反转产生拉力，拉船后退。

三、螺旋桨转速

螺旋桨转速是指螺旋桨在单位时间内旋转的转数，通常用每分钟旋转多少圈表示。

四、船速与航速

1. 船速

船速是指船舶在无风、无流的静水中单位时间内航行的直线距离。在内河，船速以 km/h 为单位。对于给定的船舶，主机转速高，对应的船速就高。船速通常分为四类：

（1）额定船速

在忽略水深影响的深水中，在额定功率和额定转速条件下，船舶所能达到的静水速度称为该船的额定船速。新船试航时，额定船速通过测速测得。投入营运后，由于主机磨损及船体的老旧，额定船速会下降。额定船速是船舶在深水中可供使用的最高船速。

（2）常用船速

主机按水上常用输出功率运转时，在平静的深水域中取得的稳定转速称为水上常用转速，相应条件下的船速即为常用船速。水上常用输出功率通常为额定功率的 80% ~ 90%。

（3）经济船速

远距离航行中，以节约燃料消耗和提高营运效益为目的，根据航线条件等特点所确定的船速，称为经济船速。一般情况下，经济船速比常用船速低。

（4）港内船速

近岸航行，尤其港内航行时，由于船舶密集、水深较浅、弯道较多，用舵、用车频繁。为了防止船吸作用、浪损，以及岸推、岸吸作用，便于操纵和避让，船舶航行最高船速应较常用船速低，一般情况是将主机输出功率降为水上常用功率的一半左右，这时所得的船速即为港内船速。港内最高转速为水上常用转速的 70% ~ 80%。

2. 航速

航速又称实际航速，是指船舶在风、流和波浪的影响下单位时间内实际航行的距离，即船舶相对于河岸的速度。在内河，航速通常以 km/h 为单位。

航速与船速的概念不同,船舶顺流或逆流航行时,尽管船速一样,但顺流时的航速等于船速加流速,而逆流时的航速等于船速减流速。

第二节 ◉ 船舶阻力

船舶航行时所受到的阻力按其对操纵的影响,可划分为基本阻力与附加阻力。

一、基本阻力

船舶的基本阻力包括摩擦阻力、涡流阻力和兴波阻力。

1. 摩擦阻力

船舶航行时,船体浸水部分与水发生摩擦而产生的阻力,称为摩擦阻力。

2. 涡流阻力

由于水流存在黏性,造成船体曲度骤变处产生涡流,而涡流处的水压力下降,改变了沿船体表面的压力分布情况,导致船舶首、尾形成压力差而产生的阻力,称为涡流阻力或形状阻力。

3. 兴波阻力

船舶在水中运动时,船体周围的水形成兴波。由于兴波产生,改变了船体表面的压力分布情况,出现船首高波峰、压力增加,船中波谷,船尾低波峰、压力降低的情况,形成了首尾压力差,如图 14-2 所示。由兴波引起压力分布的改变所产生的阻力称为兴波阻力。

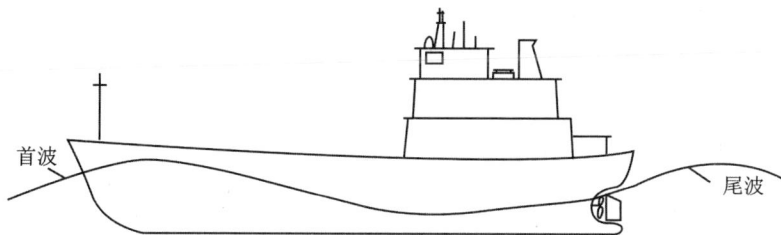

图 14-2　船体表面的波浪分布示意图

二、附加阻力

附加阻力包括附体阻力、空气阻力和汹涛阻力。

1. 附体阻力

船舶的附体设备,如舵、舭龙骨、人字架所形成的摩擦阻力或涡流阻力,称为附体阻力。

2. 空气阻力

船舶航行时空气作用于船舶水线以上部分而产生的阻力,称为空气阻力。

3. 汹涛阻力

船舶在大风浪中航行,风浪引起船舶剧烈运动,如纵摇、横摇、垂荡、拍底、甲板上浪等,导致船舶能量损失,称为汹涛阻力。

第三节 ◉ 螺旋桨性能

当主机带动车叶旋转时,由于其螺旋斜面将水推向后方,故受到水的反作用力,于是在轴线方向产生了推动船舶前进的推力。车叶在旋转过程中,除了使船舶向前或向后推进外,还影响着船舶的操纵,使船头向左或向右偏转。

内河机动船有单车船、双车船和三车船三种。双车船较为普遍。单车船进车时通常为右旋,采用左旋的极少。双车船有双车单舵船、双车双舵船、双车三舵船三种。目前的双车船多为双车双舵船。双车船形式有外旋式(前进时,右舷桨右转,左舷桨左转;反之为内旋式)和内旋式两种,现有的双车双舵船大多为外旋式。双车船的舵效应与单车船相同,车的效应则因两车使用情况而不同。

一、单螺旋桨船推力偏心效应

普通单螺旋桨机动船一般用右旋单螺旋桨,其偏转效应简述如下:

1. 静止中的船舶正舵进车时的偏转

开始动车时,船速仍较低,伴流横向力、进车排出流横向力以及推力中心偏位的影响均较小,船首在沉深横向力(侧压力)的作用下左偏。空船或轻载时,螺旋桨的沉深比 h/D 比较小,沉深横向力较大,船首左偏比较明显。重载船沉深横向力较小,几乎不出现偏转。

随着船速的提高,沉深横向力减小,伴流横向力、排出流横向力推尾向左的影响增强,将逐渐削弱甚至克服沉深横向力的作用。

船舶在静止中进车,不论出现左偏或右偏,均可用2°~3°舵角加以克服,保证船舶直航。

2. 前进中倒车时的偏转趋势

开始倒车时,船速仍较高,伴流仍很强,伴流横向力的影响使船首左偏;因船前进的速度较高,倒车排出流横向力使船首右偏的影响则较弱;尾吃水较浅的船,沉深横向力的影响使船首右偏。因此,总体而言船舶的偏转方向不定,此时用舵就能克服偏转。

随着船速降低,倒车排出流横向力的影响逐渐增强,而伴流横向力逐渐减弱,船首将出现明显的向右偏转。此时,船虽仍在前进中,但倒车排出流却大大降低了舵附近的来流速度,舵效极差,因此即使操舵也无效果。一般船舶为控制船首右转,只有在倒车开出之前先操左舵,使船先具备左转趋势,上述右偏现象才有所缓解。

3. 静止中正舵倒车时的偏转特性

静止中的船舶操正舵倒车时,伴流尚未发生,只有倒车排出流横向力及尾吃水较小时的螺旋桨沉深横向力的影响使船首向右偏转。吸入流产生的舵力因舵速较低,即使使用右满舵也不能控制这种船首右转的现象,直至船舶具有相当的后退速度后,舵与水的相对速度增大,才能产生足够的舵力转船力矩以削弱船首向右偏转的趋势。实船经验表明,后退中的舵力一般仍不能制止船首向右偏转。

随着船舶退速的提高,沉深横向力的影响相对减弱,排出流横向力的影响也将因船体左侧所受水动力的影响而作用减弱,此时船舶右转速度将自行稳定,进行船尾向左后方的大直径旋回。

4. 左、右满舵全速旋回的比较

无风流条件下,一般说来右旋定距桨单桨船,其左旋回直径较右旋回直径为小,吸入流造成的推力中心偏位有利于船舶左转。向左旋回时,左侧车叶由下而上旋转,因伴流吸入流的影响,不易失速,空气吸入空泡现象不易发生,因而较右转时有较强的舵力。

二、双螺旋桨船推力偏心效应

双螺旋桨船舶在双车工况相同时,左右螺旋桨会有横向力和推力偏心力,各自产生的力恰好方向相反、大小相等,相互抵消,船舶一般不产生偏转。单车或双车不同工况航行时,除受螺旋桨横向力影响外,推力偏心效应产生的偏转力矩更为显著。正舵时船舶偏转方向如下:一舷进车,一舷停车,船首向停车舷转动;一舷倒车,一舷停车,船首向倒车舷转动;双车不同转速航进,船首向低速舷转动;一舷进车,一舷倒车,船首向倒车舷转动。船舶在狭水道、港内掉头和系泊操纵时利用螺旋桨效应,均能获得较好的操纵效果。

三、单螺旋桨船与双螺旋桨船的优缺点

1. 单螺旋桨船的优缺点

（1）单螺旋桨船的优点

①单螺旋桨的推进效率高。在功率相同的情况下,单螺旋桨船的推进效率高于双螺旋桨船。这是因为单螺旋桨位于船尾纵中剖面上,伴流较大,而且单桨的直径较双桨大,故其效率相对较高。

②比起双螺旋桨,单螺旋桨的结构比较简单。

③车舵配合有利于船舶回转。

（2）单螺旋桨船的缺点

单螺旋桨横向力的致偏作用,影响船舶航向稳定性。

2. 双螺旋桨船的优缺点

（1）双螺旋桨船的优点

①稳定性能好。双螺旋桨船螺旋桨横向力的致偏作用互相抵消,航向稳定性好。

②回转性能好。利用两螺旋桨的进倒操作,可提高船舶回转能力,即提高操纵灵活性。

③应急性能好。其中一个螺旋桨故障,另一个螺旋桨可继续工作。舵发生故障,可暂时用双桨控制航向。

（2）双螺旋桨船的缺点

两螺旋桨在一进一倒工作时，如两舷排出流没有良好分割，则排出流与吸入流相互扰动，使附近水流变得复杂，导致舵效变差。

双螺旋桨的结构比较复杂，工艺上要求也比较高。

第十五章
锚设备及其运用

本章主要介绍锚设备的组成及锚的作用、锚链组成及标记、锚泊力及其影响因素。

第一节 ◉ 锚设备

一、锚设备的组成

锚设备由锚、锚链、锚链筒、制链器、锚机、锚链管、锚链舱等组成,如图15-1所示。

二、锚的种类与特点

船锚的种类有很多,按照结构和用途不同,可以分为有杆锚、无杆锚、大抓力锚和特种锚。一般内河船主要采用无杆锚。

1. 有杆锚

这种锚是早期锚,也被称作海军锚。有杆锚的锚干与锚爪为一浇铸整体,而锚杆是活动的。抛锚时,锚杆与锚干垂直;收藏时,锚杆可以收拢。有杆锚如图15-2所示。

有杆锚的特点:结构简单;抓重比比较大,一般为4~8;抓底稳定性比较好。但它操作不便,露出泥土朝上的锚爪当船舶因外力作用回旋时易缠住锚链,而在浅水锚地还可能刮坏过往船只的船底。其一般用于小船、帆船和渔船。

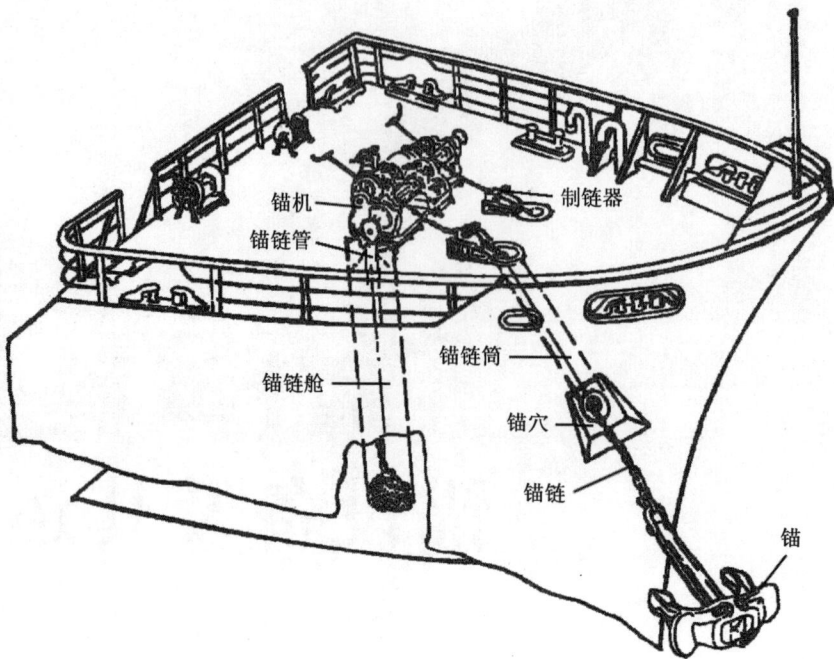

图 15-1　锚设备的组成示意图

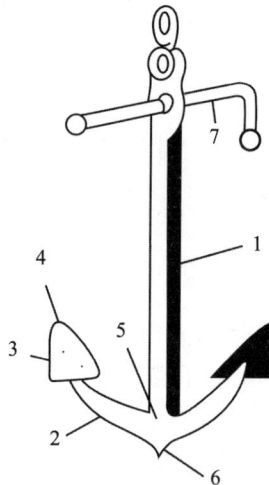

图 15-2　有杆锚示意图

1—锚干;2—锚臂;3—锚掌;4—锚爪尖;5—锚冠;6—锚冠尖;7—锚杆

2. 无杆锚

也称山字锚,常见的为霍尔锚和斯贝克锚,斯贝克锚是霍尔锚的改良型。这两种锚的锚干与锚头是活动的,用销轴连接在一起。以锚干为中心线,锚爪可以向左右各转约45°。图 15-3 所示为斯贝克锚。

无杆锚的特点:使用方便,很容易将锚从锚链筒中抛出或收进;其抓重比相对较小,一般为 2~4;当船舶偏荡时,锚爪易将泥土耙松而使锚的抓力下降。这类锚由于使用方便而广泛用作船的艏锚。

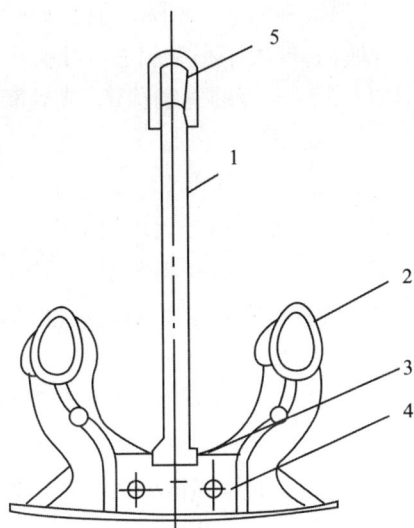

图 15-3　斯贝克锚示意图

1—锚干;2—锚爪;3—销轴;4—横销;5—锚卸扣

3. 大抓力锚

大抓力锚结合了有杆锚和无杆锚的优点,一般为有杆转爪锚。常用的有马氏锚、丹福斯锚(也称燕尾锚)。其特点是锚爪宽而长,啮土深、稳定性好,从而获得较大的抓力,抓重比可达17~34。但锚爪强度较弱,容易变形。又因出土阻力较大,一般只用于工程船,也有的用作备用锚或艉锚。图 15-4 所示为丹福斯锚。

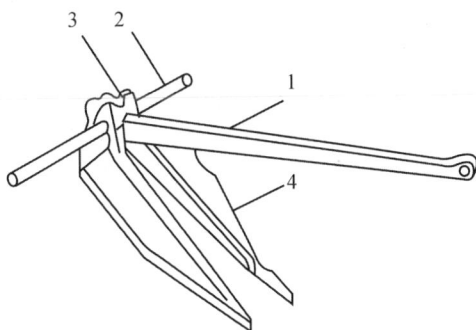

图 15-4　丹福斯锚示意图

1—锚干;2—锚杆;3—锚冠;4—锚爪

4. 特种锚

特殊用途的锚,常用于浮筒、浮标、灯船、浮船坞和浮码头等的永久性系泊,有单爪锚、螺旋锚和菌形锚。

三、锚链的组成与标记

1. 锚链的种类

锚链按其链环的结构可分为有挡锚链和无挡锚链两种。有挡锚链的链环设有横挡,在尺寸和材质相同时,有挡锚链比无挡锚链强度大、变形小,且堆放时不易扭缠,为现代大中型船舶广泛采用。无挡锚链的链环没有横挡,仅用于小型船舶。相关规范规定,当按要求配备的锚链直径不超过 17 mm 时,可以用试验负荷相等的无挡锚链,或破断负荷相等的钢丝绳或纤维绳代替。

锚链按其制造方法分,有铸钢锚链、电焊锚链和锻造锚链等。铸钢锚链强度高,刚性好,变形小,耐磨,横挡不易松动,使用寿命长,而且适于大规模生产。其缺点是工艺复杂,成本高,耐冲击性能较差。电焊锚链是用符合要求的圆钢材料弯制并焊接而成的,具有生产工艺先进、简单,成本低,质量好等优点。锻造锚链具有较好的耐冲击韧性,但制造工艺复杂,成本高,质量不稳定。

目前,电焊锚链已在商船上得到最广泛的使用。锚链几乎都以闪光焊接方法制造,较少采用铸造。除了锚链附件多为锻造件外,锻造锚链已基本被淘汰。

用于生产有挡锚链的锚链钢材等级,电焊锚链分为 M1、M2、M3 三级,铸钢锚链分为 M2、M3 两级。在相应代号前加 A(如 AM2)表示有挡链,加 B 表示无挡链。钢材级别越高,抗拉强度越大。AM1 级锚链钢为镇静钢,AM2、AM3 级锚链钢为全镇静细晶处理钢。对同一船舶,若选用强度大的钢材,链环尺寸可以适当减小。

2. 锚链的组成

一根完整的锚链先由许多锚链环相互连接组成一定长度的锚链节,再由数节锚链节通过连接链环或连接卸扣相互连接起来组成整条锚链。

锚链中链环包括普通链环、加大链环、末端链环、转环、末端卸扣、连接链环或连接卸扣等。各链环的大小以该链环的圆钢直径来表示,如图 15-5 所示。

普通链环是锚链中数量最多的链环,是表征锚链大小和强度的标准链环。锚链的大小以链径表示,链径(d)是相应锚链中普通链环的直径。有挡普通链环的尺寸比例为:直径为 d,宽 $3.6d$,长 $6d$。加大链环在锚链中主要起尺寸过渡作用,其尺寸比相应锚链中有挡普通链环增加 10%。末端链环是锚链中尺寸加大了的无挡链环,用来配合其他链环的连接并起尺寸过渡作用,其直径为 $1.2d$。

连接链环或连接卸扣用于连接前后两节锚链。连接链环是可拆卸的链环,有两种形式:一种是肯特型,又叫双半型或肯特卸扣,其直径为 d,长 $6d$,宽 $4.2d$,是我国规范和国标指定的一种链环;另一种是 C 形,又叫散合型。由于连接链环的直径与普通链环相同,故可直接与普通链环连接。连接链环在组装时,将各部分清理干净,涂上黄油防锈,连接好两侧锚链并组装后,将圆锥销插入销孔内,并用锚链冲紧固定,销尾的孔隙用铅块封固。

连接卸扣是可拆卸的 D 形卸扣。为了保证连接强度,连接卸扣的直径加大到 $1.3d$,则其两边均依次连接末端链环、加大链环,然后再连接普通链环,以保证尺寸的平顺过渡。末端卸扣在锚链最前端与锚卸扣直接连接,直径为 $1.4d$。

3. 锚链节

锚链的长度以"节"为单位。我国规定每节锚链的标准长度为 27.5 m,在实用中也有以 25 m 为一节的。一根完整的锚链都由锚端链节、中间链节和末端链节三种链节组成,如图 15-6 所示。除带有转环的链节外,每节锚链的链环数应为奇数,以保证连接链环或连接卸扣在通过锚机链轮时,都能平躺在链轮的穴座里顺利通过。

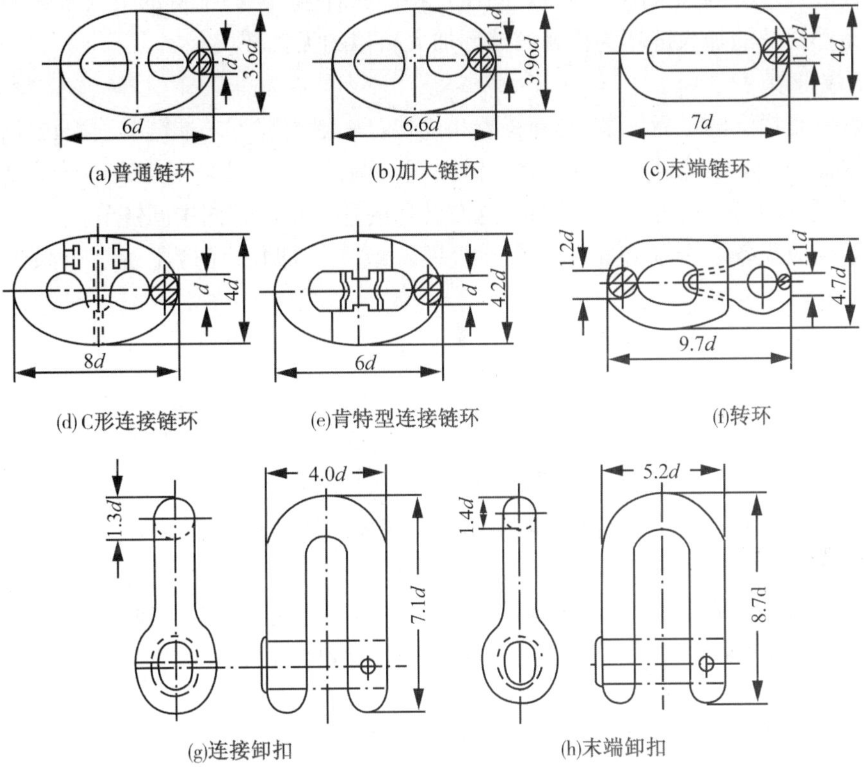

(a)普通链环　(b)加大链环　(c)末端链环

(d)C形连接链环　(e)肯特型连接链环　(f)转环

(g)连接卸扣　(h)末端卸扣

图 15-5　锚链环

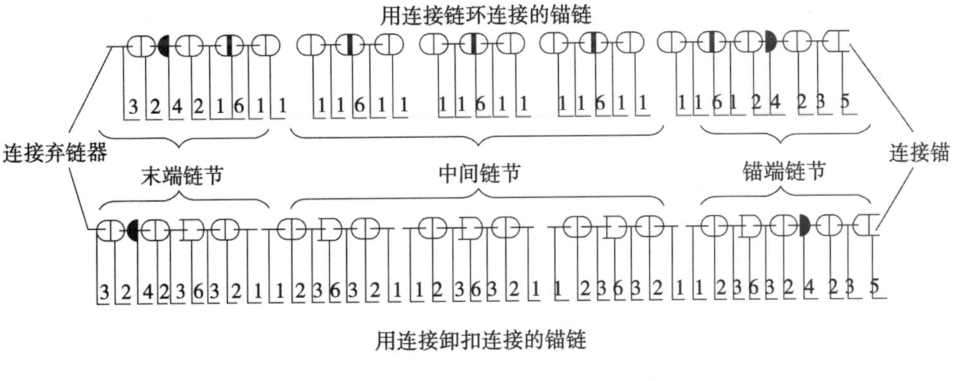

用连接链环连接的锚链

3 2 4 2 1 6 1 1　1 1 6 1 1　1 1 6 1 1　1 1 6 1 1　1 1 6 1 2 4 2 3 5

连接弃链器　　末端链节　　　中间链节　　　锚端链节　　连接锚

3 2 4 2 3 6 3 2 1 1 2 3 6 3 2 1 1 2 3 6 3 2 1 1 2 3 6 3 2 1 1 2 3 6 3 2 4 2 3 5

用连接卸扣连接的锚链

图 15-6　锚链组成示意图

1—普通链环;2—加大链环;3—末端链环;4—转环;5—末端卸扣;6—连接卸扣(连接链环)

（1）锚端链节

在锚链的前端,直接与艏锚的锚卸扣相连的一节锚链,是锚链的第一节。除了普通链环外,一般都设有末端卸扣、末端链环、加大链环和转环等锚链附件。按规定锚链在连接锚的一端应设有转环。设置转环的目的是防止在锚泊时锚链过分扭绞。转环的环栓应朝向中间链节,以减少摩擦和卡阻。现在也常采用新型的连接附件即转环卸扣。

（2）中间链节

中间链节是锚端链节和末端链节之间的各节锚链节。中间链节如果用连接链环连接,则其链环全部为普通链环。如果用连接卸扣连接,则连接卸扣的开口部分应朝向船内。我国规范和国家标准规定有挡锚链的节与节之间用肯特卸扣连接,无挡锚链的节与节之间用连接卸扣连接。无挡锚链的加大链环为比普通链环加大一挡的无挡环。

（3）末端链节

末端链节是锚链的最后一节,与弃锚器相连接。一般情况下末端链节不配转环,其末端链环连在弃锚器上。为了能够有计划地将锚链两端对调使用,也可采用与锚端链节基本相同的链环配置形式,设有转环,但无末端卸扣,这时转环的环栓也应朝向中间链节。

船上至少应配备一个锚卸扣和四个连接链环或连接卸扣,还应配备一个系浮筒用的大卸扣。

4.锚链标志

锚链标志是在连接链环（或连接卸扣）及其附近的链环上所涂的表示锚链节数的标记。它用以在抛、起锚时使操作人员及时了解和掌握锚链在船外或水中的长度。

采用连接链环连接的有挡锚链,通常用下列方法标记:

在第一与第二节之间的连接链环前后第一个链环的横挡上绕金属丝（或白钢环）,并在该两链环上涂白色水线漆,连接链环涂红漆。

在第二节与第三节之间的连接链环前后第二个链环的横挡上绕金属丝（或白钢环）,并在该两链环之间的所有链环上涂白色水线漆,连接链环涂红漆。

表示第三节至第五节的各节标志以此类推。

从第六节开始,重复第一节至第五节的方法进行标记。如图 15-7 所示为第四节与第五节之间的标记方法。

最后一至两节可涂红色或黄色漆等醒目标记以作为预示锚链将松放至末端的危险警告,以警惕丢锚。为了做了解绞锚时锚已进入锚链筒和已绞收到位的标志,一般还在锚绞收到位时所对应于链轮或制链器处的几个链环上涂白漆。

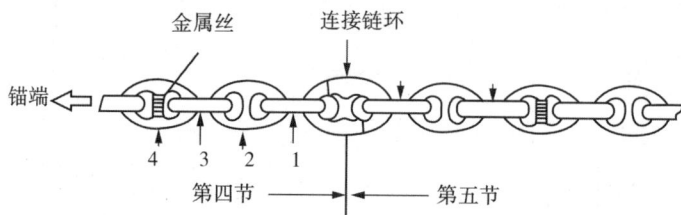

图 15-7　第四节与第五节之间的锚链标志

第二节 ◉ 锚的用途

锚的用途通常可以分为停泊（锚泊）用锚、操纵用锚和应急用锚。

一、停泊（锚泊）用锚

锚泊是指利用锚和锚链的系留力,使船安全停泊的方法。船舶为了装卸货物、避风、扎雾、等泊位等均需抛锚停泊。常见的锚泊方式有单锚泊和双锚泊。

二、操纵用锚

1. 抑制船速
驶靠码头时,若余速过大,抛锚以减小冲程和控制靠泊速度。

2. 协助掉头
在回转掉头时,为了减小旋回直径,可采用抛锚掉头。

3. 协助靠离码头
在驶靠码头时,为减小船舶横移速度而采用抛锚驶靠;在离码头时,为了便于驶离作业,可预先抛开锚、拎水锚或倒锚,以便绞锚驶离。

4. 稳住船首
船舶在风、流影响下需要后退一定距离,如移泊等,可用拖锚稳住船首。

三、应急用锚

1. 避免碰撞、触礁、搁浅
有时,开全速倒车或操满舵,仍难以避免与前方近距离的他船或障碍物碰撞或触礁、搁浅。此时在水深允许的情况下可以抛锚紧急制动。

2. 用于船舶搁浅后船体的固定及脱浅
船舶搁浅后,可抛出开锚固定船体,以防止船体受到风浪作用造成墩底、打横或向岸漂移。此外,在自力脱浅时,绞收锚链可协助脱浅。

第三节　锚泊力及其影响因素

一、锚泊力

锚泊力是指由锚和锚链产生的将船舶系留于水面的作用力,它由锚的抓力和链的抓力组成,如图15-8所示。

1. 锚的抓力
锚泊船的锚的抓力为锚的抓力系数与锚重的乘积。锚的抓力系数与河床底质有关,泥底取2~6、沙底取3~5。

影响锚的抓力大小的主要因素有:锚型、锚重、链长、抛锚方法、水深、底质和水底地形等因素。

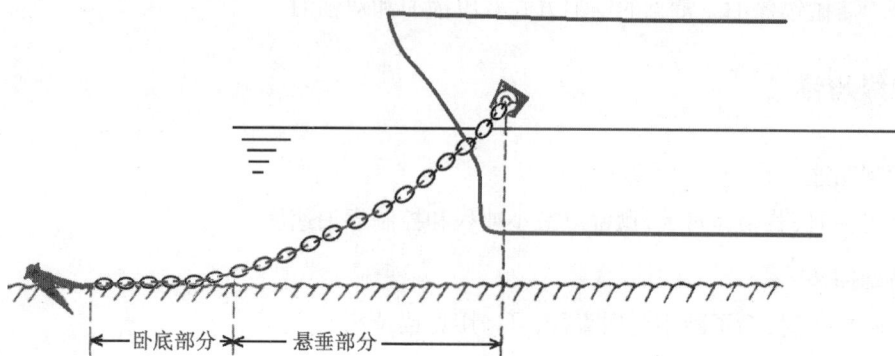

图 15-8　锚及锚链抓力示意图

2. 链的抓力

锚链的抓力为锚链抓力系数与平卧河底锚链重量的乘积。卧底锚链在锚被拖动时，提供部分抓力，该抓力是由于卧底链与河底的摩擦而产生的。

二、出链长度的确定

1. 单锚泊出链长度

单锚泊出链长度由卧底链长和悬垂链长两部分组成。悬垂链长不直接产生抓力，其作用是使锚杆仰角为零，拉力呈水平方向，保证锚能充分发挥最大抓力，同时缓冲阵发性作用在船体上的外力。卧底链长由锚泊船的锚及锚链抓力大于外力的条件确定。

锚泊时出链长度可以按照锚地水域风速、流速和水深的大小进行经验估算。一般锚地水域风速增大，锚泊船出链长度也应相应增长；锚地水域流速较大，锚泊船出链长度也应相应增长；锚地水域水深较大，锚泊船出链长度也应相应增长。

例如，长江船舶一般出链长度为 5～8 倍水深；锚地条件好且锚泊时间短，可出链长度为 3～5 倍水深。

2. 操纵用锚时的出链长度

（1）抛锚制动时的出链长度

松链可分为两个阶段：第一阶段是航速较快时，一次出链不可太多，否则易造成断链事故，但松链太短起不到制动效果，因此必须两者兼顾。内河船舶一般出链长度为 1.5 倍水深。第二阶段是确定船舶前进惯性减弱不致把锚链拉断时，如果需要，可以适当松链，或先让锚抓牢，再松链使船停住。

（2）顺流抛锚掉头时的出链长度

船舶在内河顺流抛锚掉头时的出链长度，一是能顺利完成掉头操纵，二是不致损坏锚设备而造成断链失锚。因此，在抛锚时，若航速较大，松出的链长应先短些，即内河船舶应在链长为水深的 1.5 倍左右时刹住，待船速减慢，再适当松出锚链，让锚抓牢，把船拉住，以便借水动力助船掉头。

（3）靠、离泊操纵用锚时的出链长度

单纯因靠泊而用锚，出链长度以不超过 1 节落水为宜，以便靠妥后能随时绞起。如需利用锚、缆的相互配合来控制船首横移,抵制风动力、水动力的作用,出链长度可长一些,以便使锚抓牢,发挥其作用。抛倒锚时,出链长度不宜过长,以免造成离泊操纵困难。

3. 搁浅用锚时的出链长度

无论是为了固定船身,还是为了协助脱浅,锚链或钢缆都应尽可能松长一些,这样较为有利。

三、影响锚泊力的因素

(1)河床底质不良,不能充分发挥锚抓力。如在流沙中锚泊,由于泥沙的流动而不能发挥锚抓力;在硬土层或卵石层上抛锚,则因锚爪不易抓入,而使锚不能产生有效的抓力。

(2)抛锚时松出的锚链长度不够,以致锚爪不能以较大的角度抓入河底,且向上分力也有将锚向上提出土的趋势,因而使锚抓力过小。

(3)洪水猛涨,致使卧链长度不够,影响锚泊力。

(4)不正常水流影响。由于不正常水流的流速、流向经常变化,使船舶偏荡不定,锚的系留力减小。

(5)由大风浪引起的船舶偏荡使锚爪松动,使锚的系留力减小。

第十六章
系泊设备及其运用

系泊设备主要包括系船缆、系缆设备。系缆设备则包括导缆装置、系缆装置以及附属装置。

第一节 ● 系船缆

一、缆绳种类与特点

1. 植物纤维绳

植物纤维绳是在船上使用最早的一种缆绳。一般采用三股拧绞方法搓制,这种结构方式的缆绳称为拧绞绳。拧绞绳的制法是:先将纤维拧搓成绳条(纱),再将若干绳条按其相反方向搓制成绳股,然后把三股或四股的绳股按其相反方向搓制成绳。根据其最后一次由股搓成绳的方向不同,可分为左搓绳和右搓绳,如图16-1所示。目前船上使用最多的为三股右搓绳,即最后由绳股搓成绳时是右搓的。右搓绳也称正搓绳。

船用的植物纤维绳主要有白棕绳。白棕绳是用野芭蕉纤维、龙舌兰纤维或剑麻等制成的,质量最好的为乳白色,一般为浅黄色。菲律宾出产的白棕绳称为马尼拉绳。白棕绳质轻柔软,有相当的浮力和弹性,但强度约比白麻绳小十分之一,而且受潮后会膨胀。内河船舶多用白棕绳来作系船缆、固定拖缆等。

2. 化学纤维绳

随着化学工业的不断发展,化学纤维绳(简称化纤绳)在船舶上的使用也日益普遍。化学

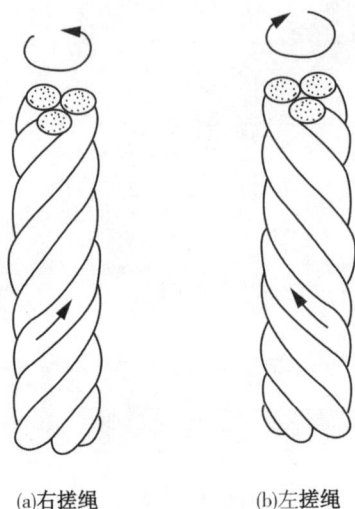

(a)右搓绳　　　　(b)左搓绳

图 16-1　拧绞绳

纤维绳是由合成的高分子化合物制成的化学纤维,经机械搓成或编成的缆绳。化学纤维绳与植物纤维绳或钢丝绳比较,有许多独特的优点,如弹性好(伸长率可达 9%～22%)、重量轻、强度大、吸水率小、不易腐烂等,对船舶的带缆等操作提供了很大的方便。但化学纤维也存在着不耐高温等缺点。

目前船舶上使用的化纤绳,根据其制造方法不同主要有以下三种不同结构形式。

（1）拧绞绳

拧绞绳是使用较早的一种化纤绳,其制造方法与白棕绳相似,由三股或四股拧制而成。这种结构的缆绳强度较大,但容易发生扭结,且受力后容易回转,使用不方便,因此目前船上使用较少。

（2）编织绳

编织绳中间有一股拧绞制成的芯子,外面包着由 8 组、12 组等编织成的一层或两层的绳网,如图 16-2 所示。编织绳有不扭结、不回转的优点,绳索柔软,使用方便。但因绳子是由内外两部分组成的,内外受力不平衡,因而强度不高。船上多用编织绳作测深绳、旗绳、撇缆绳等。

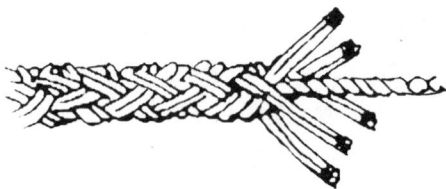

图 16-2　编织绳

（3）编绞绳

它吸取了以上两类缆绳的优点,解决了扭转、回转、强度等问题,是一种新型结构的缆绳。编绞绳是由八股分成四组组成的,每组两股平行。编绞绳的结构如图 16-3 所示。编绞的方法是把每相对的两组分别作为 1、3 组(或前、后组)和 2、4 组(或左、右组),然后将 1、3 组和 2、4

组轮流向相反的方向编绞,即两组向左交叉旋绕、另两组向右交叉旋绕编织。

图 16-3　编绞绳

编绞绳交叉的四组互相牵制,出现自然平衡,受力后保持缆绳原来结构,不会发生回转。它可顺时针方向盘放,也可逆时针方向盘放,比较柔软,操作方便。由于它每组螺距较大,与纵向受力较适应,且交叉编绞使缆绳具有缓冲作用,能抵抗突然拉力,保证缆绳的强度。因此目前船上使用的化纤绳,大都以编绞方式制成。

3. 钢丝绳

船用钢丝绳是用若干整根的镀锌钢丝绞制成的。先用钢丝绞成股,再用数股绞成绳。绳与股的捻向相反。船用钢丝绳多为右捻绳。钢丝绳比同样大小的纤维绳强度大得多,而且经久耐用,因此在船舶上使用很广。钢丝绳根据其柔软程度,通常分为硬钢丝绳、半硬钢丝绳和软钢丝绳三种。

(1)硬钢丝绳

硬钢丝绳整根钢丝绳全部由钢丝组成。它在钢丝绳中最坚硬,强度也最大,但使用不方便。它在船上多用来作静索,如桅杆、烟囱的支索。常用的有 7×7、7×19、7×37 等几种。

(2)半硬钢丝绳

半硬钢丝绳是在六股钢丝绳股中间夹一根油麻芯制成的。其特点是钢丝一般较细,根数较多,同时油麻芯含有焦油可以防锈,受力时能起到缓冲和减少内摩擦的作用,有利于缆绳的保养,使用也比较方便。船上用其作静索和动索,如支索、吊货索、拖缆等。

半硬钢丝绳结构如图 16-4 所示。例如"6×19+1",表示该钢丝绳有 6 绳股,6 绳股中间包有 1 根油麻绳芯,每绳股有 19 丝;"股(1+6+12)"表示绳股中钢丝结构为:中心为一丝,第二层为 6 丝,最外层为 12 丝。

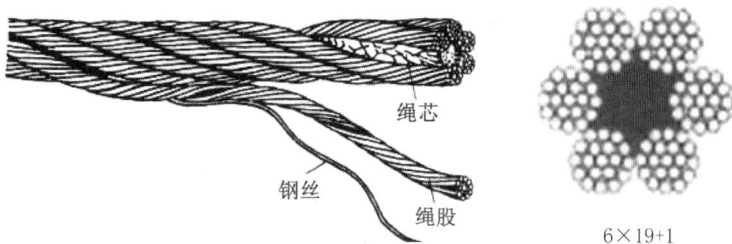

绳芯
钢丝
绳股
6×19+1

图 16-4　半硬钢丝绳结构示意图

(3)软钢丝绳

在 6 股钢丝绳中间夹一根油麻芯,每股中间也夹有油麻芯。它在钢丝绳中强度最小,但重量较轻,而且柔软,使用比较方便,在船上常用作动索,如系船缆、滑车绳、吊货索等。常用的有 6×24+7、6×30+7 等几种。

软钢丝绳结构如图16-5所示。它由6股钢丝中间夹1股油麻芯,且各股钢丝中间也都夹有细油麻芯制成。其特点是最柔软,重量轻使用方便,在钢丝绳中强度最小。

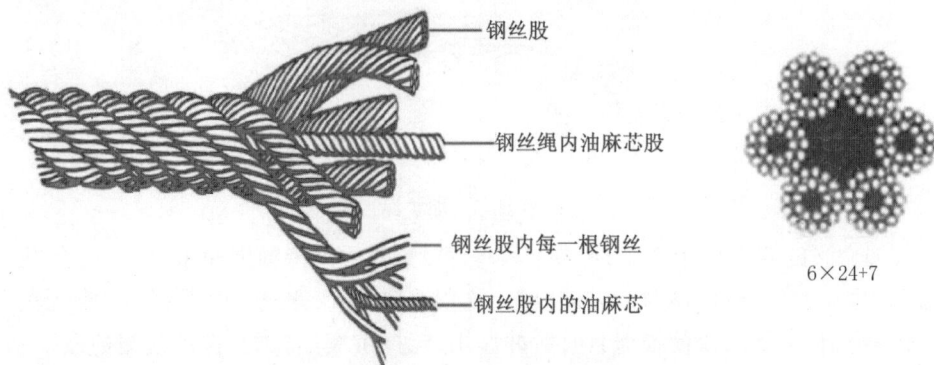

钢丝股
钢丝绳内油麻芯股
钢丝股内每一根钢丝
钢丝股内的油麻芯

6×24+7

图16-5　软钢丝绳结构示意图

二、系缆名称与作用

内河船舶靠泊码头时常用的系缆,如图16-6所示。

1. 艏缆

艏缆又称头缆,由船首向前伸出。艏缆的作用是防止船舶后移及船首外扬。

2. 艉缆

艉缆从船尾向后伸出。其作用是防止船舶向前移动及船尾外扬。

3. 艏倒缆

艏倒缆又称前倒缆,从船首向后伸出。其作用与艉缆相似。

4. 艉倒缆

艉倒缆又称后倒缆、坐缆,从船尾向前伸出。它除了具有艏缆的作用外,当采用坐缆驶离时,该缆是关键的系缆。

5. 横缆

横缆的出缆方向大致与艏艉线相垂直。一般船首、尾各出一根,船首伸出的横缆称为艏横缆,船尾伸出的横缆称为艉横缆。横缆的主要作用是防止船首(尾)外扬。

内河小型船舶靠泊时通常只带艏缆、艏倒缆和艉缆。艏倒缆根据具体情况来确定出缆方向,有时候也起到艏横缆或艏缆的作用。

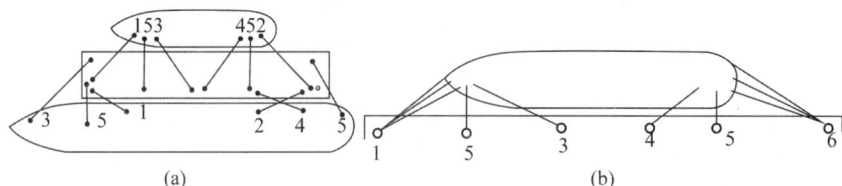

图16-6　船舶靠泊系缆示意图
1—艏缆;2、6—艉缆;3—艏倒缆;4—艉倒缆;5—横缆

第二节 ◉ 系缆设备

一、导缆装置与系缆桩

1. 导缆装置

导缆装置的作用是船舶系泊时将系船缆由舷内导引至舷外，改变缆绳的受力方向，限制其导出位置，减少缆绳磨损及加强舷墙开口处的强度。导缆装置按其具体型式有导缆孔、导缆钳、导向滚柱和滚轮导缆器，以及导向滚轮等，如图 16-7 所示。

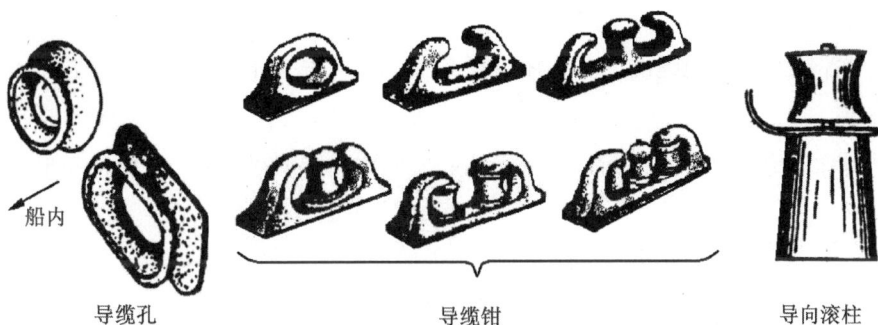

船内

导缆孔　　　　　　　　导缆钳　　　　　　　　导向滚柱

图 16-7　导缆装置

2. 系缆桩

系缆桩固定在甲板或外板上，用以系结缆索的桩柱，是系泊时的船体受力点。它包括系缆柱、带缆羊角、制索眼环等，如图 16-8 所示。

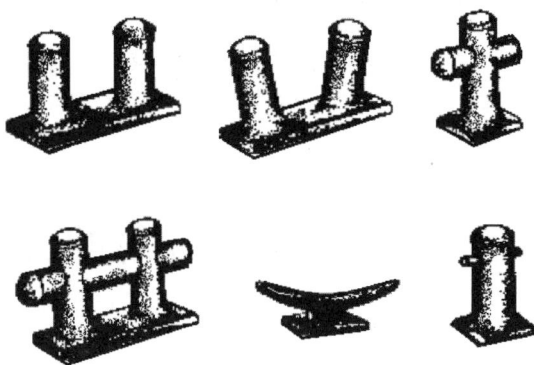

图 16-8　系缆桩

二、绞缆机械

它是指系泊动力机械，用以收绞缆索。其在船首一般兼作锚机，船尾设专用绞缆机。

三、缆索卷车

它是用于收藏缆索的滚筒。

四、附属装置

1. 制缆索

制缆索固定在缆桩附近的眼板上。船舶系缆时，缆绳绞紧后，要用制缆索在缆绳上打个止索结，防止缆绳松回，再从绞缆机上松下缆绳挽在缆桩上。

2. 挡鼠板

挡鼠板是用塑料或薄钢板制成的，其形状为圆形或伞形，扣在缆绳上，防止老鼠通过。

3. 撇缆绳

撇缆绳是用来传递缆绳的。多选用直径 6~8 mm 的编织绳制成，长度不少于 30 m。

4. 碰垫

碰垫俗称靠把或靠球。作用是用来缓冲船舶间或与码头的碰撞，以保护船舷。多用橡胶或圆木制成。

船舶系泊设备布置如图 16-9 所示。

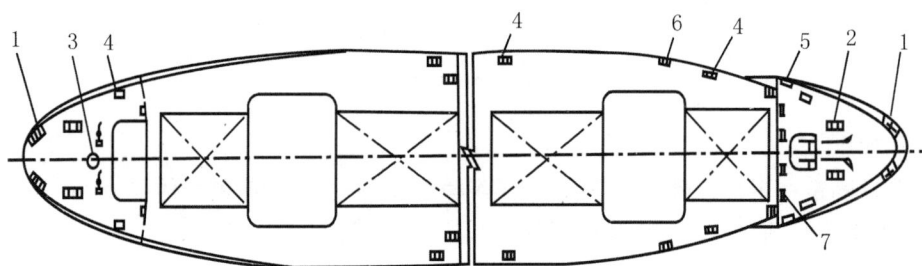

图 16-9　船舶系泊设备布置图

1—滚轮导缆钳；2,4—系缆桩；3—系缆绞盘；5—导缆钳；6—导缆孔；7—卷车

第三节 ◉ 系解缆与车舵的配合及运用

一、靠泊带缆

1. 一般情况下带缆的顺序

在有流港口，船舶多采取顶流靠泊；在静水港，一般采取顶风靠泊。所以，靠泊时一般应先船首带缆，后船尾带缆；船首应先带艏缆，而后带倒缆和横缆。

2. 吹开风或吹拢风较强时的带缆顺序

吹开风较强时,一般先带艏倒缆或艏横缆,然后带上艉缆,并尽快收紧。这样可以防止船首被吹开而陷入被动。

吹拢风较强时,一般首先带艏缆,然后再带上船首其他缆绳。这样,一旦船首贴拢码头后,又可防止船尾被风压拢过快而触碰码头。

吹开风或吹拢风时的靠泊带缆顺序如图 16-10 所示。

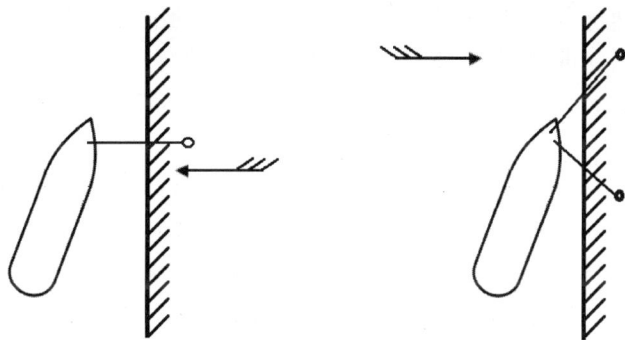

图 16-10　吹开风或吹拢风时的靠泊带缆顺序

当然,当风力较强时拖锚制动并辅以车舵,仍不失为重要的助操措施。另外,在船首与船尾靠拢码头时,应注意适时地使用碰垫。

3. 尾部出缆先后顺序

尾部出缆,通常是在船首已经带上艏缆及艏倒缆并已稳住船身后,在驾驶台示意下开始进行,以免影响动车。出缆先后顺序视具体条件确定。

(1)船舶重载、顶流较强时,为防止船身后移,应先带艉倒缆,然后带艉缆和横缆。

(2)如流较弱而风从船尾来且风力较大,则以先带艉缆为好,然后再带艉倒缆和横缆。

(3)如空载、吹开风较强,则宜先带艉横缆,以便尽快将船尾绞拢。

总而言之,带缆的顺序应从操纵全局出发,符合有利于稳定船身、平行贴靠码头的具体要求。船首、船尾应协调配合、互相呼应,使船身能与码头平行或接近平行地缓缓靠拢。

二、离泊用缆

1. 做好离泊前的准备工作

离泊前,主机备车中均要试车。为防止在进、倒车之中由于船身运动造成断缆,应在试车前收紧前后各缆绳,使之均匀受力,这一工作不可忽略。

2. 备车完毕后的离泊单绑

备车完毕后,为了离泊操纵顺利进行,需进行离泊单绑,即先解去操纵中用不着的各缆。单绑之意并非只留下一根缆绳,不可机械理解。一般情况下的离泊单绑,船首应留外档头缆及前倒缆各一;船尾部分,顺流时应留一艉缆,顶流时留艉倒缆,在静水港则根据风向确定。离浮筒单绑,是指根据实际情况适时解去单头缆,船首、尾只留回头缆。

三、离泊时倒缆的运用

静水港内，主机功率不大的中小型船舶离码头时，通常采取使船尾先摆出一定角度，然后倒车退离码头的办法，俗称艉离。

艉离前，艏倒缆应选择强度大、质量好的缆绳，尽可能地将其带于贴靠码头边，而又接近船中部的缆桩上，并将其挽牢，以使它有足够的长度，减少其所受应力。

艉离时，片刻微速进车，船稍前移即停车，在内舷船首处准备好碰垫，用内舷满舵，待船首向码头贴拢后，即用微速进车或慢速进车，松出艉部各缆并解掉，船尾即徐徐离开。为了避免使艏倒缆受顿力，艉离时，可绞进艏缆使艏倒缆缓慢受力，然后再用舵、进车。艉离情况如图16-12（a）所示。

与艉离相对应的是使用艉倒缆艏离的办法。如图16-11（b）所示，留艉倒缆并使之带力后，用外舷舵松艏缆使船首外扬，当内舷受流之后，外扬速度加快，达到一定角度后迅即解去艏缆，同时慢进以稳定船身，待艉倒缆松弛后即行解掉，收清后驶离。

若流较弱，风较强且来自船尾方向，可能出现艉倒缆不吃力、船首不外摆的现象，此时可用短暂慢倒车使艉倒缆带力，船首即可外扬。当然，也需注意，勿使艉倒缆受顿力。

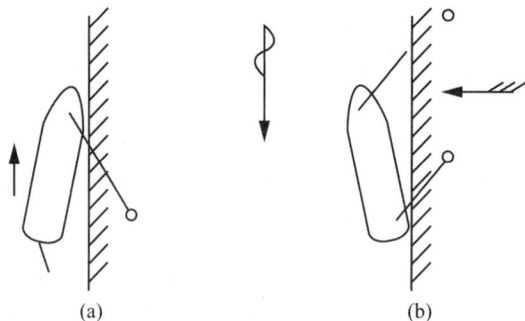

图 16-11　吹开风或吹拢风时的离泊解缆顺序

四、绞缆移泊

船舶停靠中，常由于某种原因需要向前或向后平移若干距离。这时如非风大、流急的情况，一般只要首、尾配合绞缆即可移泊。

向前移动时，松艏倒缆、艉缆，绞艏缆、艉倒缆；向后移动时，松艏缆、艉倒缆，绞艉缆、艏倒缆。通常，向前（后）移动，绞收艏（艉）倒缆比绞收艏（艉）缆方便。

一次移泊距离不够，可反复进行。移泊完成后，带好并调整各缆绳。

五、系泊用缆的注意事项

（1）停泊中各缆绳应受力均匀。停泊中受潮汐、装卸、风流等影响，原来受力均匀的各缆绳，由于出缆长度以及空间角度的不同，会出现新的受力不均匀状态，如多数处于松弛状态，只有个别缆受力，就会出现断缆问题，因此要严加防范，及时进行调整。

（2）操纵中应防止产生缆绳突然受力现象。因为船的质量大，动能也大，远超过缆绳的弹性储能范围,所以要防止已带好的缆绳突然受力而绷断。

(3)尽量减小磨损。凡出现缆绳与之摩擦的部位(如缆与缆孔、缆与码头、缆与缆之间)应及时衬垫,减小磨损。

(4)使用角度应适当。根据用缆的目的正确选择使用角度以适应具体条件,是驾驶人员应予考虑的问题。这里需要注意:各条缆绳因为大约只有水平分力为有效分力,所以各系缆俯角应选至最低处。如有可能,应力争使各缆的系缆桩远些,以便降低俯角;两条倒缆的主要作用在于防止船舶前后移动,为发挥其有效拉力,应尽可能使其与码头线平行。如在吹开风时,倒缆的主要作用在于配合艏、艉缆控制船首或船尾的位置,则应与码头线成某一角度更为有利;艏缆、艉缆与码头线的交角也要适中,大一点有利于抵抗吹开风的影响,小一点有利于抵御顶流较强的影响,可根据情况略做调整。

(5)缆绳挽桩要牢固。在双系桩上挽缆时,挽的道数要足够,以防受力而跳出,一旦滑出,非但制止不易,而在夜间又不易发现,将会影响系泊安全。尼龙缆更应注意挽牢问题,一旦滑出将严重影响强度和使用寿命。

(6)系离浮筒时系解缆问题。系浮筒时各单头缆应受力均匀,回头缆不宜吃力。前后浮筒泊位如有船舶系离,应及时检查并调整本船系缆的不均匀情况。离浮筒时,先解下流处的单头缆,后解迎流一端的单头缆。

(7)当风流的影响大而波浪的影响较小时,船的移动量较小,应使用足够强度的缆绳把船系牢;但当波浪影响明显时,系得过牢反而不好,此时系缆应选用伸长率较大的纤维缆为好。

(8)遇强风、流需增加系缆时,应尽可能使用同材质同直径的缆绳,并将缆绳尽量调整至同样的受力状态。

第十七章

船舶操纵性能及其影响因素

> 船舶对驾引人员实施操纵的响应能力,总称为该船的船舶操纵性能。船舶是否具有良好的操纵性能,对于能否安全而高效率地操纵船舶具有重要的影响,一艘操纵性能良好的船舶,应兼具方便稳定地保持运动状态和迅速准确地改变运动状态两方面的性能。船舶的操纵性能主要包括船舶的变速性能,船舶的旋回性,船舶的航向稳定性、改向性及保向性等。此外,还应充分地考虑外界环境因素如风、流、浅水和岸壁以及船舶之间相互的影响。

第一节 ● 船舶变速性能

一、启动性能

船舶在静止状态中开进车,使船舶达到与主机功率相应的稳定船速所需的时间和航进的距离,称为船舶的启动性能。

船舶从静止状态开进车,主机的转速需视船速的逐步提高而逐渐增加,因而存在一个逐步加速过程。一味求快,甚至立即把主机的转速增加很多,则会使主机转矩突然增大,使主机超负荷工作,在实际操船中应予以防止。

根据经验,从静止状态逐级动车,直至达到定常速度,满载船舶需航经 20 倍船长左右的距离,轻载时为满载时的 1/2～2/3。

二、制动性能

1. 停车冲程

船舶在全速或半速前进中停止主机,至船对水停止移动时所需的时间和滑行的距离,称为停车冲时和停车冲程。

主机停车后,推力急剧下降到零;开始时船速很高,船舶阻力也大,船速下降迅速;但随着船速的下降,船舶阻力减小,船速下降逐渐缓慢;当船速很低时,阻力很小,船速的下降极为缓慢,船舶很难完全停止下来。因此,计算船舶的停车冲程和冲时,通常以船速降低至能维持船舶舵效的速度为界限,一般万吨级船舶可取 4 km/h,小型船据此适当减小。

根据经验,船舶在常速航进中停车,降速到能维持其舵效的速度时,一般货船的停车冲程为船长的 5~10 倍。船越大,停车惯性越大。

对高速前进中的船舶突然下令停车,主机转速下降至完全停止要有一个过程。除特殊情况外,从有利于保护主机的角度出发,一般仍应采取逐级降速至停车。

2. 倒车冲程

船舶在各种速度下倒车至船舶完全停住所滑行的距离称为倒车冲程,又称紧急停船距离或最短停船距离;滑行全过程所需时间称为倒车冲时,又称紧急停船时间。

船舶紧急制动效果的好坏直接关系到船舶航行安全,在不同环境、不同条件下应采用不同的制动方法,方能取得较好的效果。

航进中的船舶,为避免碰撞或达到其他操船方面的要求,常需开出倒车,以便减速或停船。船舶驾驶员应根据本船状况并结合其他具体条件,事先了解和掌握本船的倒车停船性能。船舶主机从全速前进到全速后退,从发令开始到船对水停止移动所需的时间及航进的距离,称为倒车冲时和倒车冲程,其距离又称紧急停船距离或最短停船距离。

船舶在紧急制动时,为了避免主机应力过大而造成损坏,通常应将主机转速降至一定程度后方可将压缩空气通入气缸,迫使主机停转,再进行倒车启动。船速较慢时,可以立即完成倒车启动。

一艘 200 总吨内河船舶满载全速前进时的停车冲程为 5~7 倍船长,倒车冲程为 4~5 倍船长;慢车前进时的停车冲程为 3~4 倍船长,倒车冲程为 1~3 倍船长。

三、影响船舶冲程的因素

1. 排水量

在船速一定时,排水量越大,冲程就越大。通常空载船舶的冲程约为满载船舶冲程的 80%。

2. 船速

其他条件一定时,船速越大,冲程越大。

3. 主机倒车功率及类型

主机倒车功率大,倒车冲程就小;主机换向时间越短,倒车冲程越小。

4. 船型

船型与船舶阻力有密切关系,其中方形系数影响较大。在排水量、初速度及外界通航环境相同的条件下,方形系数大的短肥型船舶,停船冲程小;方形系数小的瘦削型船舶,停船冲程大。

5. 外界因素

船舶顺风、顺流航行时冲程增大,反之减小;在浅水域中航行的船舶,其冲程较深水中小;船体污底严重,船舶阻力增加,船舶冲程相应减小。

第二节 ◉ 船舶旋回性能

一、船舶旋回运动过程及其特征

船舶旋回性是船舶操纵性的重要指标之一,对航行于内河航道的船舶尤为重要,它是保证船舶安全操纵作业、避碰和安全航行必不可少的性能。

船舶旋回运动是指直航船舶操舵后,船舶所做的纵移、横移和回转运动的复合运动。船舶操舵旋回时,根据其旋回过程中运动特征的不同,可将旋回运动分为三个阶段。

1. 转舵阶段

转舵阶段又称初始阶段,是指船舶自转舵开始到舵转至指定舵角时的阶段。船舶在转舵阶段,由于时间较短,船舶因运动惯性仍保持直线前进,随后船首出现向操舵一侧回转的趋势,船体开始出现向操舵相反一侧横移(即偏距或反向横移),并产生向操舵一侧少量横倾(即内倾),船速也略有下降。

2. 过渡阶段

过渡阶段又称变化阶段,是指船舶从横移、回转运动时起至船舶做定常旋回运动时止的运动阶段。

在过渡阶段,作用于船体的回转力矩和水阻尼力矩不断变化,船舶一方面向操舵方向加速旋回,另一方面由机动阶段的反向横移逐渐转化为向操舵一侧的横移(即正向横移),并且船体由原来的内倾转变为向操舵相反一侧横倾(即外倾)。此外,随着旋回运动的发展,漂角逐渐增加,船速明显下降。

3. 定常旋回阶段

定常旋回阶段又称稳定旋回阶段、圆航阶段,是指船舶定常旋回做匀速圆周运动时起,整个稳定旋回运动的过程。

随着船舶旋回运动的不断进行,作用于船体的回转力矩和水阻尼力矩最终达到平衡,船舶进入稳定回转阶段。在此阶段,作用于船体的合力和合力矩为零,回转角加速度为零,角速度达到最大值;船舶旋回运动漂角的变化率为零,漂角稳定在一个定值上;船速降速达到最大;船舶向外横倾角也趋于稳定,这时船舶围绕一固定的回转中心做匀速圆周运动。

二、船舶旋回圈要素及其应用

船舶旋回圈是指船舶全速前进、以一定舵角（通常为满舵）做旋回运动时，船舶重心的运动轨迹。旋回圈的几何要素通常用反移量（L_f）、纵距（A_d）、横距（T_r）、旋回初径（D_T）、旋回直径（D）表示，如图17-1所示。

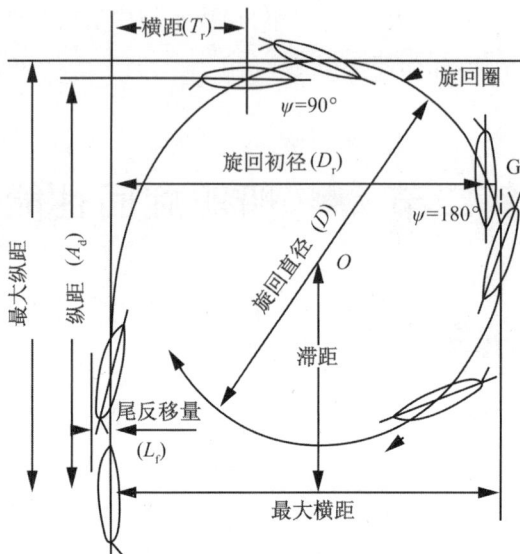

图17-1　船舶旋回圈示意图

1. 反移量

反移量又称偏距或反横距，是指操舵后船舶重心自原航向的延伸线向操舵相反方向横移的最大距离。通常船舶重心处反移量为1/2船宽，船尾反移量达1/5~1/10船长。船速快、舵角大，反移量则越大。此外，操舵速度、载重状态、船型对反移量大小也有影响。驾驶员在操纵船舶时，掌握反移量的意义是：

（1）救助落水者

航行中有人落水时，为了防止落水者被卷入船尾螺旋桨，应立即停车，并向落水者一侧操舵，使船尾摆开，以保证落水者的安全。

（2）船舶避让

在避让本船前方较近距离的小船或障碍物时，首先应立即用舵使船首让开，当估计船首已能让过时，再立即操相反方向的舵使船尾摆开以避免碰撞。

（3）离泊操纵

在驶离码头时，应特别注意反移量可能导致船尾触碰码头或他船，所以离泊时舵角不宜过大，而且还应根据实际情况及时回舵。

2. 纵距

纵距又称进距，是指船舶自操舵开始到船舶航向转过任一航向时重心所移动的任意距离。通常，船舶旋回资料给出的纵距是航向改变90°时的纵距。

纵距是判断船舶旋回过程中纵向占用水域范围的依据。当船舶航经弯曲航道、掉头操纵、避让障碍物和避碰时,它可以用来较好地把握用舵的时机。

3. 横距

横距或称正移量,是指船舶自操舵开始到船舶航向转过任一角度时船舶重心所移动的横向距离。通常,船舶旋回资料给出的横距是航向改变 90°时的横距。

横距是衡量船舶航向角变化 90°时横向占用水域范围的依据。它可以用来估算操舵转首后,船舶与岸或其他船舶是否有足够的间距。

4. 旋回初径

旋回初径或称机动直径或战术直径,是指船舶自原航向的延伸线到航向改变 180°时重心的横向移动距离。

旋回初径是衡量船舶旋回过程中横向占用水域范围的依据,可以用来估算船舶用舵旋回掉头所需水域。

5. 旋回直径

旋回直径又称定常旋回直径或稳定旋回直径,是指船舶进入定常旋回运动时的直径。

三、影响旋回圈大小的因素

1. 舵角

在极限舵角范围内,舵角增加,旋回圈减小,15°舵角的旋回直径比满舵时的旋回直径增加 130%~170%;且舵角小于 15°时,舵角增加引起旋回直径的减小值比舵角大于 15°时旋回直径的减小值大得多。

2. 舵面积系数

舵面积系数越大,旋回直径就越小。但舵面积系数不宜过大,否则,在增加舵压力转船力矩的同时,旋回阻矩也增大,旋回直径反而增大。因此,不同的船舶应有各自的最佳舵面积系数。

3. 船体水线下侧面积形状

船体水线下船首侧面积较大的船舶,旋回直径较小;船尾侧面积较大的船舶,旋回直径较大。

4. 船型系数

方形系数越大,则旋回直径相对越小。方形系数小的高速船的旋回性较肥大型船舶差。在相同舵角情况下,前者旋回初径与船长之比为后者的 2 倍左右。

5. 操舵时间

操舵时间越短,即操舵速度越快,纵距越小。

6. 船速

船速除对旋回所需时间有明显影响外,对旋回初径也是有一定的影响。在实际操船中,可以通过控制船速的增减来调整旋回直径的大小。

7. 吃水差

艉纵倾时,船的旋回直径将增大,若艉纵倾增大量为船长的 1%,旋回初径可增加 10%左右。艉纵倾时，船的旋回直径将减小，若艉纵倾增大量为船长的 1%，旋回初径可减少 10% 左右。

8. 吃水

对同一艘船舶而言，若吃水大，满载时的纵距有较大增加。但由于船体斜航中转船力矩系数的增加，旋回初径和横距有所变小，旋回性能变好。

9. 横倾

船体横倾时，由于左右浸水体积不等，船舶低速航行时，向低舷操舵回转的旋回直径较小；船舶高速航行时，向高舷操舵回转的旋回直径较小。

10. 螺旋桨旋向

对于右旋单桨船，前进中伴流效应横向力、艉流螺旋性效应横向力均使船首右偏，且大多能克服螺旋桨水面效应横向力的作用。因此，向左回转的旋回直径略小，而向右回转的旋回直径略大。同理，左旋单桨船前进中回转的情况正好相反。

11. 浅水

船舶在浅水中航行，旋回直径变大，当航道水深小于 2 倍船舶吃水时，旋回直径急剧增大。

12. 风向、流向

船舶逆风、逆流操舵回转，其旋回纵距减小；顺风、顺流操舵回转，其旋回纵距增大。

13. 污底

船体污底越严重，旋回直径越大。

第三节 ◉ 船舶航向稳定性与保向性

一、航向稳定性

1. 航向稳定性的定义

航向稳定性是指正舵前进的船舶的船首受到外力的作用发生偏转，当外力消失之后，在保持正舵的情况下，船舶的转首运动将如何变化的性质。

2. 船舶的航向稳定性判别

船舶的航向稳定性是船舶的操纵性的基本内容之一。航向稳定性的高低，直接影响到船舶保向性的好坏。船舶航向稳定性好的船舶保向性也好，直航中很少操舵也能较好地保向，当船舶操舵改向时又能较好较快地应舵，转向中也能较快地把航向稳定下来。航向的稳定性和保向性与船舶的本身船型、水下侧面积等有很大的关系。

二、船舶保向性

1.保向性的定义

船舶在直线航行过程中受到某种扰动而改变了原航向或航迹,通过操舵抑制或纠正使船舶恢复在原航向或航迹上做直线运动,这种运动性能称为船舶保向性。

2.船舶的保向性判别

通过操舵(小舵角)使船舶在短时间内能够恢复到原航向的直线运动,我们就说该船保向性好,反之则保向性差。一般来说,航向稳定性好的船舶,其保向性也相应较好,反之则保向性较差。但不具有航向稳定性的船舶,通过频繁操舵或大舵角也可能保向,但其保向性较差,即需要在长时间内才能使船舶保持新的直线运动或只能保持近似的直线运动。

影响船舶保向性的因素:

(1)船型

水下船型是决定船舶转头阻矩和惯性的重要因素,水上船型是决定船舶所受风力及风力转船力矩大小的重要因素。它们对保向性均有很大影响。表现在:

①方形系数较小、长宽比较大的瘦削型船舶,其保向性较优;浅吃水的宽体船保向性较差。

②船体侧面积在尾部分布较多者,如船尾有钝材,其保向性较好;船首水下侧面积分布较多者将降低保向性。

③较高的干舷将降低船舶在风中航行时的保向性。

(2)装载状态

装载状态的改变将导致水下和水上船型的改变,因而也影响到船舶保向性。对于同一艘船,一般的倾向是:

①轻载较满载时保向性好(受风时另当别论)。

②艉倾较艏倾时保向性好。

(3)舵角

增大所操的舵角,能明显地改善船舶的保向性。

(4)船速

对于同一艘船而言,由于船速的提高,船舶保向性将变好。

(5)其他因素

保向性因水深变浅而提高。船舶顺风浪或顺流航行中保向性降低。

第四节 ◉ 风对船舶操纵性能的影响

一、风动力及其力矩

1. 风动力及风动力矩

（1）风动力

在一定运动状态下的船舶，由于其水线以上存在一定的受风面积，从而受到空气动力作用产生一个外力，该力称作风动力。如图 17-2 所示，风动力三要素为：视风舷角（以下简称风舷角）θ、风动力 F_a、风动力角 α。

风动力的大小与风速、风舷角、受风面积等有关。

（2）风动力矩

风动力矩即风动力对船产生的转船力矩。在风动力的大小、方向、作用点确定之后，风动力转船力矩的大小应根据船舶在不同状态时的支点位置来确定。

当船舶处于漂浮状态时，以重心为支点产生风动力转船力矩；当船舶靠离泊中受风作用，如船首固定或艉离方式离泊时，船舶以船首为支点产生风动力转船力矩；当采用艏离方式离泊或船尾一端固定时，则船舶以船尾为支点产生风动力转船力矩。

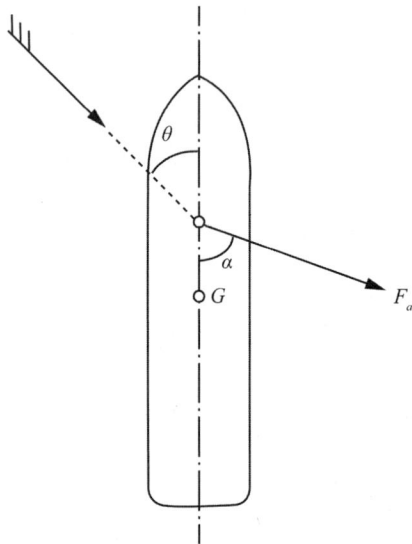

图 17-2　风动压力示意图

2. 船舶在风中的偏转规律

船舶在风中的偏转是船舶所受的风动力转船力矩和水动力转船力矩共同作用的结果。船舶的偏转情况可以分为两种，即逆风偏转和顺风偏转。所谓逆风偏转是指运动中的船舶不论是前进还是后退，其运动的前端（前进中指船首，后退中指船尾）在风的影响下向上风方向的偏转,称为逆风偏转;向下风方向的偏转,称为顺风偏转。

在定性分析船舶在风中的偏转规律时,风动力作用中心 A、船舶重心 G、水动力作用中心 W 三者的位置关系具有重要意义。船舶重心一般情况下在船中稍后。风自正横前吹来,风动力作用中心 A 一般在重心 G 之前;横风时,风动力作用中心一般在重心附近;风自正横后吹来,风动力作用中心 A 一般在重心 G 之后。

(1)船舶在静止中受风

船舶在静止中,若风从正横前吹来,风动力作用中心 A 在重心 G 之前,船舶将向下风漂移。此时,船体水下部分产生水动力,而且水动力作用中心 W 在重心 G 之后。所以,风动力转船力矩和水动力转船力矩均使船首转向下风、船尾转向上风,直至转到风从正横附近吹来时,使 A、W 均和重心 G 接近,船舶的偏转力矩之和趋于零,如图 17-3 所示。

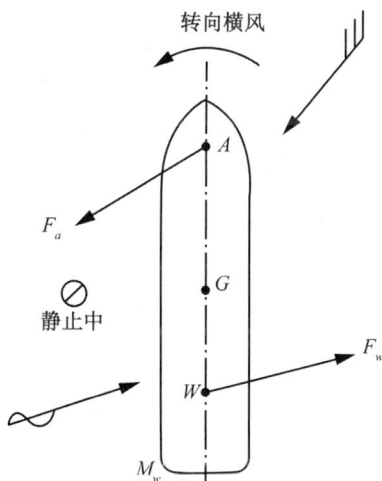

图 17-3 静止中船舶正横前来风时的偏转

风从正横后吹来,船舶同样最终也将转至接近正横受风状态并向下风漂移。

总之,船舶在静止中或船速接近于零时,船舶将顺风偏转至接近风舷角 100°左右向下风漂移。

(2)船舶在前进中

正横前来风,A、W 均在重心 G 之前,风动力转船力矩和水动力转船力矩方向相反,船首的偏转方向决定于风动力转船力矩和水动力转船力矩的代数和。慢速、空船、艉倾、船首受风面积较大的船舶,船首顺风偏转;快速、满载或半载、艏倾、船尾受风面积较大的船舶,船首将逆风偏转。

正横后来风,A 在重心 G 之后,W 在重心 G 之前,风动力转船力矩和水动力转船力矩方向相同,船舶将呈现极强的逆风偏转性,如图 17-4 所示。

(3)船舶在后退中

正横前来风,A 在 G 的前方,W 在 G 的后方,风动力转船力矩和水动力转船力矩方向相同,使船尾呈现极强的逆风偏转性,这就是我们通常所说的尾找风现象,如图 17-5 所示。

正横后来风,A 和 W 均在重心 G 之后。船尾的偏转方向决定于风动力转船力矩和水动力转船力矩的代数和。由于船尾的特点,船舶倒航时,水动力增加迅速,往往使水动力转船力矩

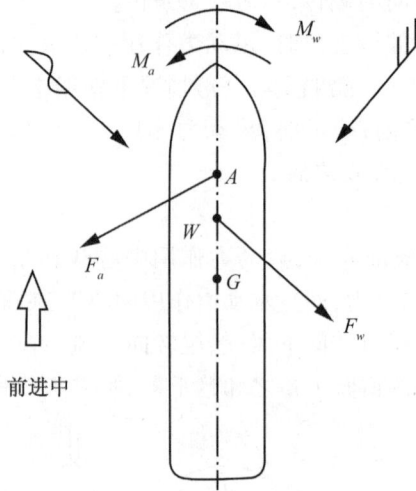

图 17-4　前进中船舶正横前来风时的偏转

大于风动力转船力矩,使船尾逆风偏转。但退速极低时,船尾不一定逆风偏转。

　　所以,在一定风速下并有一定的退速时,船舶逆风偏转。正横前来风比正横后来风显著,左舷来风比右舷来风显著。但退速极低时,受倒车横向力的影响,船尾不一定迎风,船舶的偏转与静止时的情况基本相同。

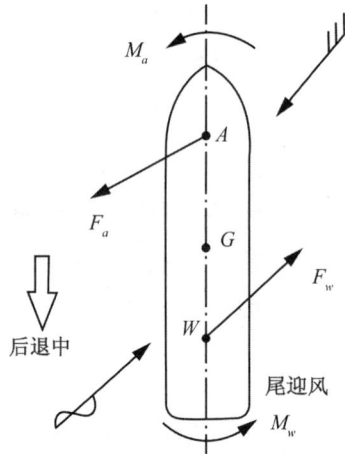

图 17-5　后退中船舶正横前来风时的偏转

4.风致漂移

　　风不但影响船舶的航行速度,而且会使船舶产生偏转、漂移及横倾,严重的还会倾覆。船舶受风作用下向下风漂移,漂移速度在船舶停止时最大。随着船速增加,船舶漂移速度反而降低。

　　不同的风向、不同的风力对船舶的影响也不相同。风从正前方来,由于风力的阻挡而降低了船舶的前进速度;风从正后方来,在风力的推动下加快了船舶的航行速度;风从前侧方吹来,由于船体前部受风的作用力大于后部,船头向下风方向偏移倾斜;风从船尾侧方来,由于船体后部受风力作用大于前部而使船尾向下风方向偏移;风从正横方向来,风压力作用于船舶水线以上的船体部分,使船体向下风方向漂移,而在漂移时浸水那部分船体受水的阻挡,风力与水阻力便构成力偶,在该力偶的作用下船舶向下风一侧横倾,若此时的风力大于船舶的抗风能力,船舶就会在风力的作用下丧失稳性而倾覆。

船在后退中,不管风从前方、后方或侧方吹来,都会使船头向下风方向偏转,使船尾迎风。若船停车,既不前进又不后退,船体便在风力的作用下不断地向下风方向漂移。

由于风对船舶有如此大的影响,驾驶员必须掌握好风对本船操纵的影响规律,以便采取相应的措施抵消风力的影响。如船在前进时应操一个适当的舵角来抵消风力的吹压,使船不偏离航路;在狭窄航道或浅滩航道上航行时应尽量靠上风一侧,以免因船舶向下风一侧偏移而搁浅;船舶在横风中航行有倾覆危险时,应立刻改变航向,若风很大,不利于继续航行,应就近选择适当的地方抛锚抗风;由于船舶在后退时有船尾逆风偏转的特点,在回转掉头和驶离码头的操纵中常加以利用。

第五节 ◉ 流对船舶操纵性能的影响

一、水动力及其水动力矩

(1)水动力

船舶自身在车、舵、锚、缆或拖船的作用下与周围的水产生相对运动,或静止中的船舶受到风、流的作用与周围的水产生相对运动时,船体所受到的水的作用力称为水动力,如图 17-6 所示。

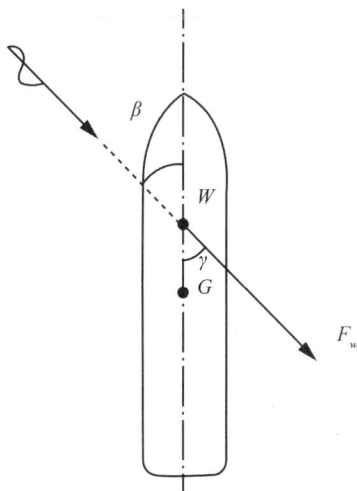

图 17-6 水动力示意图

(2)水动力矩

水动力矩即水动力对船产生的转船力矩。同样,在水动力的大小、方向、作用点确定之后,其转船力矩的大小,可根据船舶在不同状态时的支点位置来确定。

船舶在航行中以重心为支点产生转船力矩；船首、尾固定时，则以首、尾为支点产生转船力矩。

二、流对操船的影响

（1）水流对航速和冲程的影响

①水流对航速的影响

在均匀性水流中，船舶顺流航行时，实际航速等于静水船速加流速；船舶逆流航行时，则实际航速等于静水船速减流速。因此，在静水船速和流速不变的条件下，顺流航行时的对地航速比逆流航行时的实际对地航速大2倍流速。

②水流对冲程的影响

船舶逆流航行时，停车或倒车冲程较小，流速越大冲程越小；船舶顺流航行时，冲程较大，流速越大冲程越大。因此，船舶顺流航行时，针对停车后降速过程非常缓慢的特点，不论是掉头操纵还是避让，都应及早停车淌航。

（2）水流对船舶漂移的影响

航行船舶正横前受流时，流速越快，流舷角越大，船速越慢，流压差角（艏向与船舶重心轨迹切线速度方向之间的夹角称为流压差角或流压差）越大，横向漂移速度也越大；反之，流速越慢，流舷角越小，船速越快，流压差角越小，横向漂移速度也越小。驾驶员在操纵船舶时，应特别警惕横流的影响，尤其在通过急流、浅滩及桥区等航段时，应特别注意对流舷角的调整。

（3）水流对船舶旋回运动的影响

船舶在均匀水流中做旋回运动，由于受水流的影响，船舶的旋回圈变成近似椭圆，如图17-7（a）所示。

船舶顺流旋回360°，旋回圈长轴垂直于流向；船舶逆流旋回360°，旋回圈长轴平行于流向。顺流旋回圈的纵距比静水中长，逆流则相反，如图17-7（b）所示。因此，船舶在有流水道内旋回或转向时应注意：

①顺流回转掉头所需纵距为漂移距离加船舶最大纵距和安全富余距离。

②有流时掌握转向时机与静水时不同，静水中可在物标接近正横前转向，而顺流航行时应提前转向，逆流航行时应延迟转向。这样在水动力的作用下，船舶转向后船位才能落在预定的位置上。

（4）水流对船舶舵效的影响

①水流对舵压力的影响

舵压力及舵压力转船力矩与舵叶对水速度的平方成正比。因此，船舶在均匀流中航行，当螺旋桨转速不变时，不论逆流或顺流，舵叶对水的相对速度是保持不变的。在舵角等条件相同时，船舶逆流或顺流航行时的舵压力将保持不变，其舵压力转船力矩也相同。

②水流对舵效的影响

舵效是对地的概念。由于船舶逆流航行速度较顺流航行速度小，使用相同的舵角，逆流航行时能在较短的距离上使船首转过较大的角度。因此，逆流船的舵效较顺流船好。

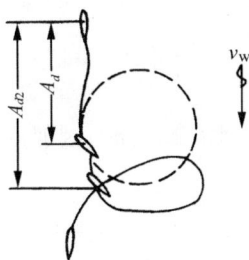

(a)船舶在均匀水流中做旋回运动的椭圆形旋回圈

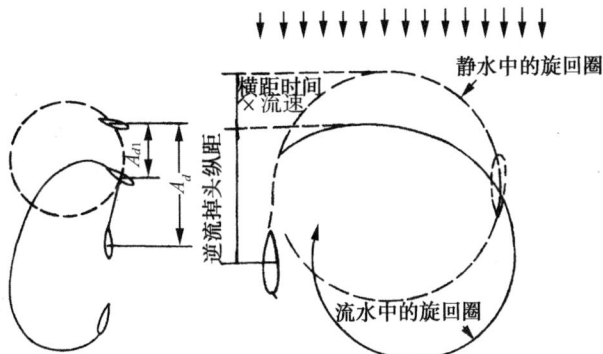

(b)船舶顺流或逆流旋回360°时椭圆长轴与流向的关系

图 17-7　水流对船舶旋回的影响示意图

A_d—船舶静水旋回纵距；A_{d1}—船舶逆流旋回纵距；A_{d2}—船舶顺流旋回纵距

第六节　●　受限水域对船舶操纵性能的影响

一、浅水效应及防控措施

1.浅水效应

船舶驶入浅水区时，将产生浅水阻力。此阻力产生时，船体和水表面上将发生一些现象。反过来，如果在船体和水表面上发生这些现象，也就说明船舶已驶入浅水区，驾引人员应采取相应措施，以避免船舶发生吸浅即船舶在不适航的浅水区航行，产生船体下沉、船底触擦河底或搁浅等事故。

（1）航速降低

当船舶驶入不适航的浅水区时，由于船底部过水断面减小，迫使水流大部分沿船舶两舷由船首向船尾流动。一是导致船舶航行阻力增加；二是船底压力下降，致使船体下沉。而船体下沉将导致船体的阻力进一步增加，使得船舶航速降低。

因此，内河船舶航行时，既要充分利用航道上的缓流区，又要避免驶入不适航的浅水区，只有这样才能保证航行船舶既安全又经济。

（2）船体下沉与跳动

①船体下沉

船体下沉是指船舶在不适航的浅水区航行时，因船底流速加快，水动压力降低，以致船舶吃水进一步增加的现象，如图 17-8 所示。

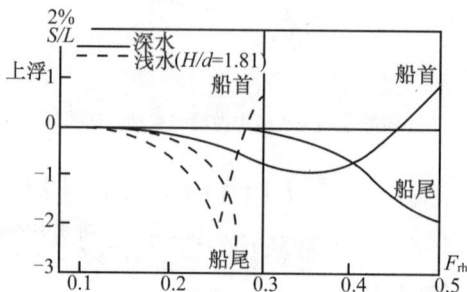

图 17-8　船舶在浅水区与深水区下沉比较示意图

②船体跳动

船舶驶入浅水域，由于浮力与船舶重力的不平衡而造成船体上、下沉浮的起伏运动现象，船员常称之为"船体跳动"。

（3）兴波变形，流水声失常

船舶从深水区刚驶入浅水区时，由于惯性作用，航速不会立即下降，而船体周围相对平均流速增加，使船首压力增加，产生的兴波和波浪声也较大。但这一段时间较短，随着浅水阻力的作用使船速下降及水深对兴波的制约，散波的高度和浪花声都将变小。船员通常说的"流水无声"就是指后一种现象。所以，船舶航行时应随时注意水声的变化。

（4）船首偏转现象

上行船舶利用缓流航道航行而驶入浅水区时，船首向深水一侧偏转的现象，船员称之为"跑舵"。为了避免搁浅，驾驶人员常让船"跑舵"，必要时降低航速，使船向深水区航行一段距离后，再调顺航向，继续航行。

（5）赶浪与拖浪

①赶浪

船舶在浅水区航行，航行波与船舶纵中剖面的夹角，随水深的减小而不断增大，波峰增高，宛如散波追赶船舶运动的现象，船员常称此现象为"赶浪"，如图 17-9 所示。

②拖浪

船舶在浅水区航行，当航速达到一定值时，航行波与船舶纵中剖面间的夹角达 90°，波峰分别位于船舶的首、尾处，两条大横波随船舶一起向前移动，船员常称此现象为"拖浪"，如图 17-10 所示。此时兴波阻力达到最大。

2. 浅水对船舶操纵性能的影响

（1）对旋回性、航向稳定性的影响

船舶在浅水区中航行，旋回性能下降，航向稳定性变好。

（2）对船舶冲程的影响

船舶在浅水域航行时，由于船体下沉，船速下降，冲程减小。

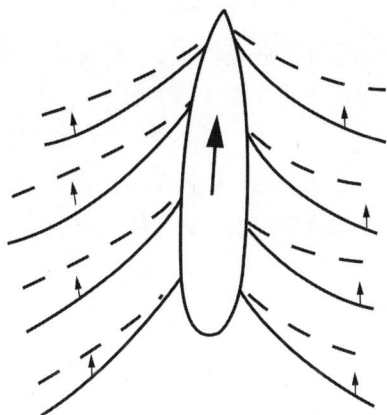

图 17-9　赶浪示意图

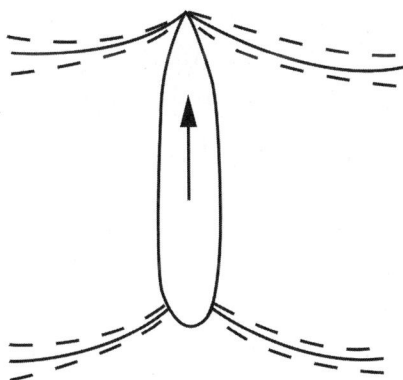

图 17-10　拖浪示意图

3. 预防浅水效应的措施

船舶进入浅区，由于出现航速下降、船体下沉、船首偏转等现象，容易发生吸浅、倒头等不安全因素，甚至导致搁浅。顶推船队可能因之发生断缆散队，而使驳船漂流造成航道堵塞。吊拖船队还可能发生驳船撞击拖船的危险。因此，船舶驶入不适航浅水域应采取如下措施：

（1）保持足够的富余水深

为了保证船舶在浅水区的安全航行，航行船舶必须留有足够的富余水深。确定富余水深应考虑船体下沉量、船体的纵倾变化、船体在波浪中的摇荡、河床的底质和航行图的精度等因素。

（2）减速行驶

船舶在浅水域快速航行，会导致浅水阻力急剧增加，对于提高航速毫无意义，且浪费燃料，加大主机磨耗，增加吸浅或搁浅的危险。若减速行驶，则可减小船舶动吃水的增量，避免上述现象的发生。

（3）连续测深

连续测深是船舶驶入不适航浅水区的必要措施。目的是用以探明航路水深，使船舶航行于深水水域。

（4）提高船舶控制能力

一是要早用舵、早回舵，用舵舵角要适当增大；二是慢车与常车要交替应用，以保证船舶拥有足够的控制能力。

（5）备锚

为防止船舶驶入不适航浅水区，因操纵灵活性降低或船舶出现"跑舵"等原因而发生"倒头"、失控等危险局面，在船舶驶入浅水区前应及时备锚应急。

二、岸壁效应及防控措施

船舶在受限水域航行，由于受航道岸壁或码头岸壁的限制，船体周围的流态必然发生变化，相应的水动力特征也随之改变。船舶运动形式不同，岸壁影响也不同。

1.岸壁效应及产生原因

（1）岸推

船舶在航道中航行时，如果过分靠近一侧岸壁航行，则船首高压在靠岸一侧受到岸壁的反射作用，压力升高，产生指向河心的压力差，使船首向河心一侧偏转。这种把船首推向河心的力称为岸推力。如把船首推向左转，即推离岸边，这一现象称为岸推现象，如图17-11所示。

（2）岸吸

在船尾处，由于过水断面较小，螺旋桨处于船尾工作，使船尾靠岸一侧的流速增大较多，压力下降较大。因此，在船尾两侧产生压力差，其方向指向岸壁一侧，有把船尾吸向岸边的趋势，这一现象称为岸吸现象，如图17-11所示。

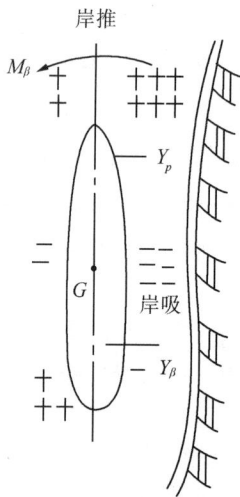

图17-11 岸壁效应示意图

岸推和岸吸同时发生，岸推现象和岸吸现象统称为岸壁效应。

2.影响岸壁效应的因素

（1）岸距

岸距即船舶与岸壁之间的距离，岸吸力和岸推力随岸距的减小而增大。

（2）船速

岸吸力和岸推力与船速的平方成正比，船速越快，岸壁效应越明显。

（3）水深与吃水比

当水深与吃水比值在 1.1～1.25 之内时，船舶将发生"岸吸"现象；当水深与吃水比值小于上述数值时，船舶将发生"岸推"现象，且岸推力矩显著增大。

3. 预防岸壁效应的措施

船在沿岸或沿码头岸壁航行时，一定要保持适当岸距，不宜距岸太近。若航宽受限或避让距离过近，应减速行驶；驶离岸壁时，应用小舵角慢慢摆开，不宜操大舵角。

第七节 ◉ 船间效应

根据船舶原理中对压差阻力的分析，船舶对水做相对运动时首、尾处流速降低，压力增高；船中处流速增大，压力下降。但由于黏性原因，尾部高压低于首部高压，形成了压差阻力。可见，航行中的船舶周围的压力分布是不均匀的。因此，船舶在对驶、追越或并进的过程中，若两船横距过近，两船之间产生的流体作用，将使船舶出现相互吸引、排斥、偏转、波荡等现象，该现象称为船间效应。船间效应是导致船舶碰撞的主要原因，在船舶操纵中应引起充分重视，以防止碰撞事故发生。

一、船间效应产生的原因

1. 船舶追越过程中的船间效应

设 A、B 两船长度相同，当 A 船追越 B 船时，A 船船首与 B 船船尾接近时，因 A 船船首与 B 船船尾都在高压区，两船相互排斥，作用在首部的排斥力大于作用在尾部的排斥力，结果 A 船向右偏转，如图 17-12（1）所示；当 A 船船首处于 B 船中部低压区时，A 船首部向里吸拢，而尾部向外排斥，如图 17-12（2）所示；当两船并进时，两船间流速加快，流压显著降低，两船内外之间形成水动压力差，使两船相互吸拢，如图 17-12（3）所示；当 A 船船尾处于 B 船中部低压区时，A 船受 B 船船首高压的排斥和中部低压的吸入，其船首右偏，如图 17-12（4）所示；当 A 船船尾处于 B 船船首时，A 船船尾与 B 船船首相互排斥，如图 17-12（5）所示。在上述追越过程中，两船相互位置在（3）位时最容易发生吸拢而碰撞。

2. 船舶对驶相遇过程中的船间效应

设 A、B 两船长度相同，对驶相遇，平行驶过，当两船船首接近时，船首高压使两船相互排斥而向外偏转，如图 17-13（1）所示；当 A 船船首处于 B 船中部时，由于船首内侧的高压区与对方低压区的相互干扰，外侧压力大于内侧，使船首向内偏转，如图 17-13（2）所示；当两船处于平行时，两船相互吸拢，如图 17-13（3）所示；当两船船尾处于对方中部时，两船船首均向外偏转，如图 17-13（4）所示；当两船船尾平行接近时，两船船首均向内偏转，如图 17-13（5）所示。

综上所述，两船并进、追越或对驶相遇时，因两船横距过近，航速过快而发生偏转和吸拢的现象,船员称之为"船吸现象"或船间效应。

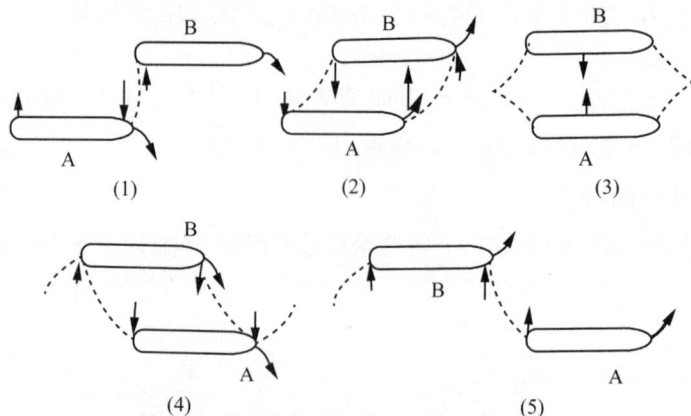

图 17-12　船舶追越过程中的船间效应示意图

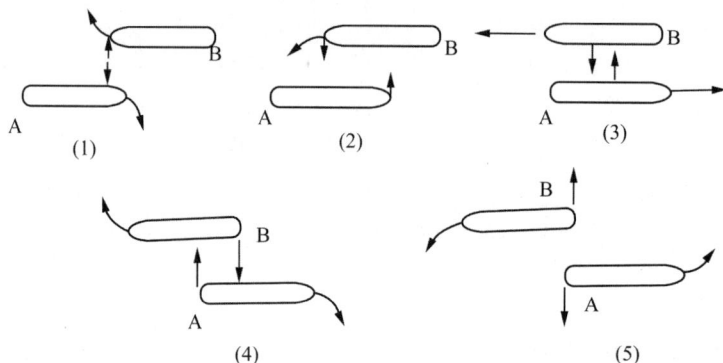

图 17-13　船舶对驶相遇过程中的船间效应示意图

二、影响船间效应的因素

1. 两船间距

两船间距越小,相互作用越大。

2. 两船航行方向

当两船对驶相遇,由于相互持续时间较短,船间效应尚未发生船已驶过,或已发生但消失很快,影响较小。而处于同向追越,由于相互作用持续时间较长,尤其当两船并行时,持续时间更长,船间效应也就更严重。

3. 航速

航速越大,船体周围压力变化越激烈,兴波也越强烈,船间效应也更为明显。船间作用力和力矩均与航速的平方成正比。

4. 排水量

船舶排水量越大,产生的船间效应越明显。两船排水量差异越大,小船受到的影响越显著。

5. 航道尺度

在浅窄的受限航道中航行,船体周围的压力变化及兴波较深敞水域中更为激烈,因此,船间效应也就比深水中更为明显。

三、预防船间效应的措施

1. 追越中预防船间效应的措施

通常在开阔水域中,追越中两船间横距应超过可能产生船间效应的距离。在受限水域近距离追越过程中,应当采取有效措施,减轻船间效应,避免碰撞事故发生。

(1)尽量避免在狭窄、弯曲、浅滩河段处追越,应选择顺直、通航密度小的允许追越的河段进行追越。

(2)应尽量保持足够的横距,在深水、宽阔航道中快速追越,两船之间的横距至少要大于较长船的一倍船长。

(3)追越前应用 VHF 电话与被追越船联系,并按照《内河避碰规则》有关规定,鸣放声号,征得被追越船同意后,方可进行追越。

(4)被追越船如果同意追越,应尽量让出部分航道,适当减速;追越船应适当加速,以缩短两船相互作用时间,及早完成追越。

(5)两船一旦出现相互作用而有碰撞危险时,追越船应采取减速或停车等措施,防止碰撞。

2. 对驶中预防船间效应的措施

两船对驶时,为避免激烈的船间效应而发生碰撞的预防措施是:

(1)应尽量避免在狭窄、弯曲等航道中会船。

(2)对驶船会遇之前应适当减速,并尽量增大两船间的横距。

(3)两船船首平行时,切忌用大舵角抑制船首向外偏转,否则将导致船首进入对方船中部低压区时加速内转而引起碰撞。正确的措施是适当加车以增加舵效,稳定艏向,减少会遇时间,尽快通过。

第十八章
船舶掉头作业

本章主要介绍船舶在航行和靠离泊作业中船舶掉头地点及掉头时机的选择，船舶掉头方向的选择以及船舶各种掉头方法。

第一节 ◉ 船舶掉头地点及掉头时机的选择

一、掉头地点的选择

船舶在航行途中或者靠泊与锚泊之前，常常需要进行回转掉头作业。

掉头之前应选好掉头位置，一般应选择足够宽、风流影响小的水域，切勿选在洲头、桥梁、石坝、礁区等的上游附近水域，以免因水流的推压而导致事故。

二、掉头时机的选择

船舶应根据当时的水流、风向和河道的具体情况，结合本船的性能，确定船舶的掉头时机。

船舶在掉头的全过程中应密切地注视周围船舶的动向，确保在对他船的正常航行不构成安全影响的情况下，迅速完成掉头作业。

在大风浪中掉头应掌握风浪的变化规律，选择在大浪过后的小浪中迅速完成掉头。

第二节 ● 船舶掉头方向的选择

正确选择掉头方向是完成掉头操纵的关键。船舶掉头方向的选择应根据本船操纵性能、航道条件、风流等影响因素来决定。

一、根据船、桨、舵效应横向力的综合作用方向选择掉头方向

1.单螺旋桨船掉头

单螺旋桨船在船、桨、舵综合效应横向力的作用下，向左或向右的回转直径不完全相等。在采用连续进车掉头方法掉头时，应向旋回圈直径较小的一舷掉头。在掉头过程中，为防止超越航道边界而采用进、倒车掉头时，右旋单螺旋桨船应选择向右掉头，左旋单螺旋桨船则应向左掉头。

2.双螺旋桨船掉头

双螺旋桨船可向任意一舷掉头，掉头方向视其他影响因素而定。

二、根据航道水流流速的分布选择掉头方向

内河航道中的断面水流速度分布不均匀，有主流、缓流之分，也存在回流、泡水等不正常水流。船舶掉头应充分利用这个特点，以获得水动力转船力矩，帮助船舶掉头，缩小掉头水域和减少掉头时间。

1.顺流船掉头为逆流船

顺流航行船舶应从主流向缓流掉头，如图18-1中1船所示。当船舶回转达90°左右时，由于船舶尾部处于主流区，首部处于缓流区，水动力所产生的转船力矩与舵压力转船力矩方向相同，加速船舶回转，减小船舶旋回直径，帮助船舶掉头。

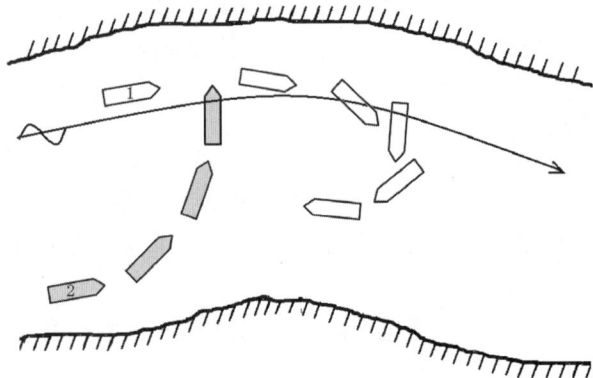

图 18-1　顺流船掉头方向选择示意图

倘若顺流航行船舶驾驶员错误地选择从缓流向主流掉头,如图18-1中2船所示,则船首驶入主流区后,水动力转船力矩的方向与舵压力转船力矩方向相反,阻碍船舶回转,使船舶掉头困难。若水动力转船力矩与舵压力转船力矩相抗衡,则会造成船舶直冲对岸而发生事故。

2. 逆流船掉头为顺流船

逆流航行船舶应从缓流向主流掉头,如图18-2中1船所示。从图中可以看出,当船舶首部驶入主流区时,水动力转船力矩与舵压力转船力矩方向相同,加速船舶回转。

如果驾驶员错误选择由主流向缓向掉头,如图18-2中2船所示,水动力转船力矩与舵压力转船力矩方向相反,阻碍船舶回转。主、缓流区流速差异越大,船舶长度越长,阻碍船舶回转越明显,甚至使船舶无法掉头。

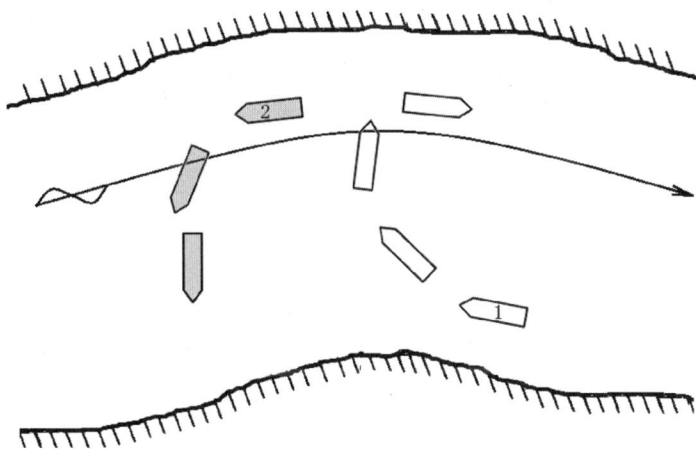

图18-2　逆流船掉头方向选择示意图

三、有侧风作用时掉头方向的选择

船舶在侧风作用时掉头,无论逆风掉头还是顺风掉头,风动力转船力矩都存在助转和碍转两方面的作用,只是出现的先后顺序不同而已。

船舶在回转掉头过程中,在风动力作用下,船舶向下风向漂移。船舶掉头方向不同,掉头水域的大小则不同。如图18-3、图18-4所示,图中虚线为船舶在无侧风作用时掉头所需的水域,实线分别为顺风掉头和逆风掉头所需的水域。

从风致漂移角度来看,逆风掉头所需水域小于顺风掉头所需水域。当船舶空载时或水线面以上侧面积与水线下侧面积比值较大且风速较大时,顺风掉头与逆风掉头两者所需的水域差值更大。因此,船舶在侧风中掉头时,一般选择逆风掉头,这样可避免船舶一旦掉头不成或掉头时间较长而发生触坡或扫岸事故。

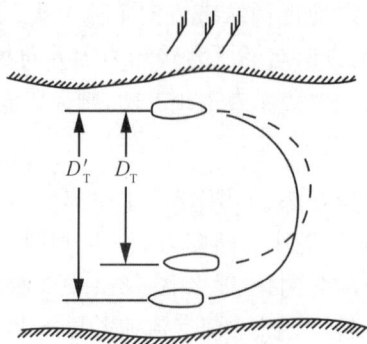

图18-3　船舶顺风掉头风致漂移示意图

D_T—船舶无风掉头时的旋回初径；

D'_T—船舶顺风掉头时的旋回初径

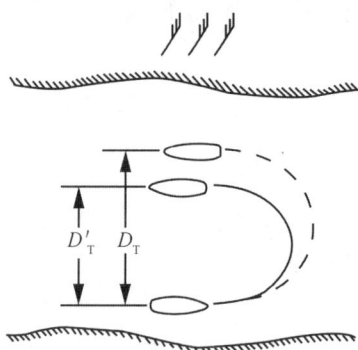

图18-4　船舶逆风掉头风致漂移示意图

D_T—船舶无风掉头时的旋回初径；

D'_T—船舶逆风掉头时的旋回初径

第三节 ◉ 常用掉头操纵方法

不同的掉头方法适用于不同的船舶和外界环境,驾驶员应根据本船的操纵性能和当时当地的客观条件,正确选用合理的掉头操纵方法。

一、连续进车掉头

1.适用条件

在航道宽度大于船舶旋回初径的条件下,可采用连续进车回转掉头的方法。该方法的特点是操作简便,需时最短。

2. 操纵要点

（1）单螺旋桨船

①单螺旋桨船，在驶抵选定的掉头地点之前，应先向掉头的相反方向操舵，拉大档子，腾出水域，以供安全回转之用（在狭窄河段中掉头更为必要）。

②降低车速以降低船速，减小回转运动的纵距、横倾和旋回初径，并增加储备功率，以备急需之用。

③向掉头方向转舵，当船首改向 35°～40°时，恢复常速，增加螺旋桨诱导速度以提高舵压力，增加舵压力转船力矩，加大船舶回转角速度。

④当掉头接近完成时，应及早回舵，必要时可操反舵，以调顺船身，防止船尾扫岸或触礁。

（2）双螺旋桨船

①首先拉大档子，腾出水域，然后两部主机同时改为慢速或中速。

②随之将舵转向回转掉头一侧，待船首改向 20°～30°时，将外侧主机增至中速或常速，以便在回转掉头过程中两部主机转速保持一个差值，形成足够的推力偏心转船力矩帮助船舶回转。

③当船舶回转改向 90°时，应减速以减小横倾和回转水域；待船舶回转改向 160°～170°时，将两侧主机开到相同转速，及早回舵，必要时可操反舵调顺船身。

二、进倒车掉头

1. 适用条件

在强风中，如果船舶前部上层建筑物受风面积大、航道宽度又较窄，多采用进、倒车进行掉头。

2. 操纵要点

（1）如船舶向右掉头，船舶在驶抵选定的掉头地点之前，先向左操舵，拉大档子，腾出水域，以供船舶安全回转之用，如图 18-5 中①、②位所示。

（2）拉开档子后，操右舵，使船首向下风岸回转，当船首转过 40°～60°时，如图 18-5 中③位所示，停车，然后开倒车。

（3）由于惯性作用，船舶仍向前移动一段距离，当船舶在螺旋桨反转拉力的作用下后退时，操左舵，此时，若是右旋单桨船，则在舵压力、尾流螺旋性效应横向力、螺旋桨水面效应横向力的共同作用下，船舶在后退的同时，船尾继续向左偏转，如图 18-5 中④、⑤位所示。

（4）待船尾退至接近航道上风侧边界时，又改为进车，右舵，继续回转，直至整个掉头作业完成，如图 18-5 中⑥位所示。

单螺旋桨船采用进、倒车掉头时，应充分考虑船、桨、舵效应横向力的影响，右旋单桨船一般应选择向右掉头，左旋单桨船应选择向左掉头。

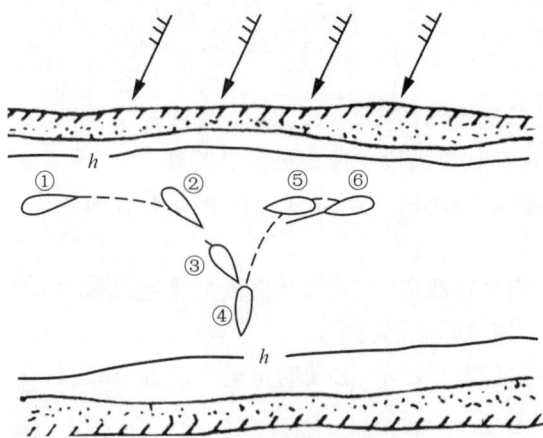

图 18-5 进、倒车掉头示意图

三、双螺旋桨正倒车掉头

1. 适用条件

船舶一进车一倒车的掉头方法称为"鸳鸯车"掉头。双螺旋桨船回转掉头,除用舵操纵船舶外,尚可采用一进车一倒车,从而产生推力偏心效应横向力和分水效应横向力,增加转船力矩和回转角速度。该方法常在航道狭窄的水域内采用。用鸳鸯车掉头,旋回初径较小,若用车得当,船舶可原地回转掉头,但掉头时间较长。

2. 操纵要点

（1）船舶在驶抵选定的掉头地点之前,先向掉头的相反方向操舵,拉大档子,腾出水域,以增加供船舶回转的水域面积。

（2）向掉头一舷操舵,将掉头一舷的车停止并开倒车,若船速过大以至于有可能逼近航道边界,应增加倒车转速,减小进车转速。

（3）待船舶回转改向 160°～170°时,将两侧主机开到相同转速,及早回舵,必要时可操反舵,以调顺船身。

四、顶岸掉头

1. 适用条件

在航道狭窄且岸边有足够水深,风、流影响较小,无水下障碍物的条件下,可采用此法进行掉头。该法更适合下行船掉头上行,因为船尾受主流作用,有利于完成掉头作业。

2. 操纵要点

（1）当船舶选择好掉头地点和掉头方向后,拉大档子,减速慢车,然后停车,以大于 45°的夹角滑行至岸边,如图 18-6 中②、③位所示。

（2）若速度过大,可略开倒车或抛拖锚,使船舶以安全速度轻抵岸边,此后操舵,开慢进车,若为双螺旋桨船,则可用一进车一倒车。此时,船舶以船首顶岸点为转心做回转运动,如图18-6 中④、⑤位所示。

（3）待一舷与岸边靠拢，约呈 45°夹角时，停车，继开倒车，操正舵，船身即可逐渐驶离岸边，当船舶驶至图 18-6 中⑥位时，掉头操纵即告结束。

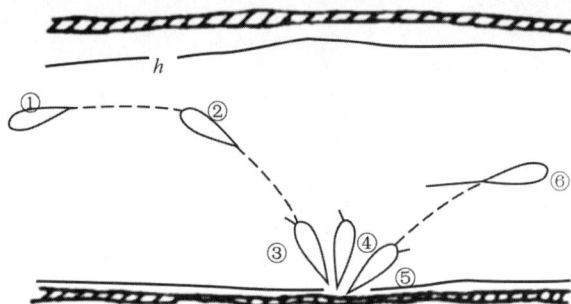

图 18-6　顶岸掉头示意图

五、利用系缆掉头

1. 适用条件

利用系缆掉头是一种与顶岸掉头相似的掉头法。系缆掉头法一般在狭窄航道中用其他方法掉头困难时才采用。采用此法从顺流掉头为逆流比较容易，因为水流帮助了船舶的回转。若是逆流掉头为顺流，流速不大还好，若是流速较大，则因水流反作用力的推压，船舶回转困难甚至无法掉头。在航道狭窄且岸边有足够水深，风、流影响较小，无水下障碍物的条件下，可采用此法进行掉头。

2. 操纵要点

以顺流左舷驶离码头为例。

（1）用缆系紧船头左缆桩及码头的码头缆桩，解去其他系缆，然后操左满舵开慢进车，而船与码头接触处放好碰垫。当系缆着力后，船尾在车、舵力的作用下离开码头，船体则以码头缆桩为中心向外回转（图 18-7 中船位 1）。

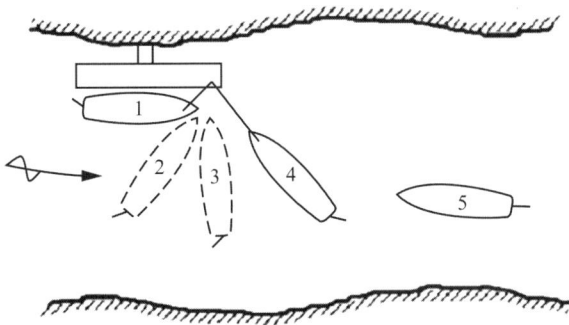

图 18-7　系缆掉头示意图

（2）当船舶回转至与码头夹角为 70°～80°时（图 18-7 中船位 2）停车松系缆，并短暂倒车，待船稍往后退时即停车，船身便在水流的推压和本身惯性的作用下，一边后退一边继续回转。

（3）当转到图 18-7 中船位 3 时，把缆移到船头右舷缆桩并系紧，让船头右舷与码头缆桩接触,待放好碰垫后开慢进车。

（4）当船舶回转到图18-7中船位4时停车并解去系缆,再操满舵倒车,待退到图18-7中船位5时停车正舵,即掉头完毕。

第十九章
船舶靠离泊作业

船舶靠离泊作业过程中,机动性大,但航速低、舵效差,水域范围又受到限制,种种不利因素给船舶操纵带来很大困难。所以在靠离泊作业前应充分做好准备工作,靠离泊作业时,要沉着冷静、胆大心细,灵活运用车、舵、缆、锚等,安全顺利地完成靠离泊作业。本章主要介绍船舶靠离泊前的各项准备工作、靠离泊作业的基本要领及各种靠离泊方法。

第一节 ● 船舶靠泊作业

一、靠泊前准备工作

为了安全顺利地完成靠泊作业,必须做好如下准备工作:

(1)准备好靠岸舷的系缆,并把琵琶头从导缆孔伸出舷外,再放到甲板上备用,准备好撇缆绳。

(2)准备好碰垫。

(3)备锚,以便应急。

(4)根据有关规定,如需要应悬挂掉头信号。

(5)根据规定鸣放靠泊声号。

二、靠泊操纵要领

1. 控制速度

船舶驶靠码头时控制速度是关键,在保持舵效的基础上,航速慢些为好。控制速度应注意以下几点:

(1)掌握好慢车、停车时机。船舶慢车和停车时机应根据船舶装载情况、船舶冲程,结合当时当地风、流方向和速度,以及本船倒车功率确定。

(2)船抵码头下端位置是控制速度的关键。可根据码头物标移动速度来判断航速的快慢,如发现航速较快,可预先用倒车抑制。

(3)吹开风较强时,为防止风压,航速要求稍大。

(4)码头边的流速比航道中稍缓慢,由航道中淌航至码头边时,会发觉航速较大,对此应有所预计。

2. 摆好船位

一般情况下,船舶驶靠码头的船位,通常是指慢车、停车时的船舶位置,用纵距和横距来衡量。

(1)纵距

纵距是指靠泊船的船首在停车淌航时至泊位上端点的纵向距离。一般情况下,纵距为2～3倍船长,视风、流情况及船舶冲程大小做适当调整。

(2)横距

横距是指靠泊船的船首在停车淌航和驶抵泊位时,正横外距码头外缘线的垂直距离。停车淌航时,船至码头的横向距离,视在风流影响的情况下选定船舶与码头夹角的大小而定。夹角大,则横距适当放宽;夹角小,则横距适当缩小。在风、流影响不大的情况下,以泊位中点为例,横距一般为1～2倍船宽;吹开风时,横距适当缩小;吹拢风时,横距适当增大,一般为3～5倍船宽。

(3)下行船舶应掌握好掉头位置,以便掉头结束后的船位恰到好处。

3. 调整好驶靠角

驶靠角是指船舶驶靠码头时,艏艉线与码头外缘线的夹角。

(1)重载船在急流港口顶流驶靠时,靠拢角度宜小,以降低驶靠横移速度,减轻船舶向码头或趸船的驶靠力。

(2)空船、缓流或吹开风时,驶靠角宜大,以减轻风致漂移,并保证有足够的驶靠速度。

(3)嵌档驶靠时,应使船到达泊位档子正横外处,使船身与码头边缘线接近相平行。

(4)在困档水水域内驶靠码头或趸船时,应将船首略向外扬,以减小艏艉线与流向的夹角。船舶在淌航过程中,反复调整驶靠角至最理想的情况,是使船接近平行地贴靠码头的关键。

(5)淌航前进中,不断调整风、流压差,并减小船与风或流的夹角,而获得较好的驶靠角。

(6)船驶近码头时,力求平行靠拢,前后位移应用缆、车、舵配合,调整适当。

三、靠泊操纵方法及注意事项

1. 滑行驶靠

（1）适用条件

滑行驶靠又称小角度驶靠或游移驶靠。主要适用于水流平缓、风力较小、码头下方水域宽敞的码头。

（2）操纵要点

①如图 19-1 中①所示的逆流船，以及如图中②、③所示的顺流船掉头后，沿着码头所在的一侧，与码头外缘线保持 0.5~1 倍船长的横距，慢车航行，视航速的大小决定停车时机。一般情况下，当船首与码头的下端点距离为 2~3 倍船长时停车，用舵对准码头上端外侧，使艏艉线与码头外缘线夹角不大于 15°，借船舶惯性滑行前进。

②当船首与码头尾端接近正横时，向外舷操舵，调顺船身。此时，应观察正横物标的后移速度，以此来测定航速，若航速过大，应适当开倒车制动；若船舶未到位，可用慢进车，调整船速。

③当船舶停下来时，递上艏倒缆，再出其余各缆。系妥各系缆后，用"完车"令通知机舱，驶靠操纵即告结束。

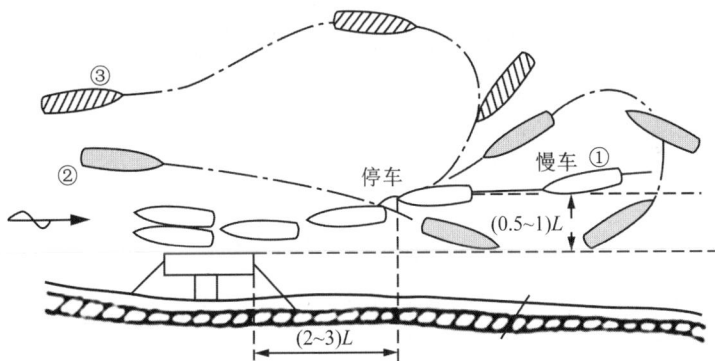

图 19-1　船舶滑行驶靠示意图

2. 横移驶靠

（1）适用条件

横移驶靠又称嵌档驶靠或平移驶靠。主要适用于码头附近水域水流较急，或泊位上、下方均有他船靠泊的情况。

（2）操纵要点

①根据水流作用的强弱和船舶冲程，及时慢车和停车，船舶借惯性滑行至靠泊码头的外档时停住船身，如图 19-2 中①位所示。

②操左舵开慢车，使艏艉线与流向成一恰当的流舷角，此时船舶在水动力和转船力矩的作用下向码头横移靠拢。若横移过快，宜减小流舷角和车速；若横移过慢，宜增加流舷角和车速。一般情况下，控制船舶的前后移动以调整车速为主；船舶横向移动速度的控制以调节流舷角的大小为主。操舵的方向及舵角的大小主要视控制船舶的流舷角的需要而定。

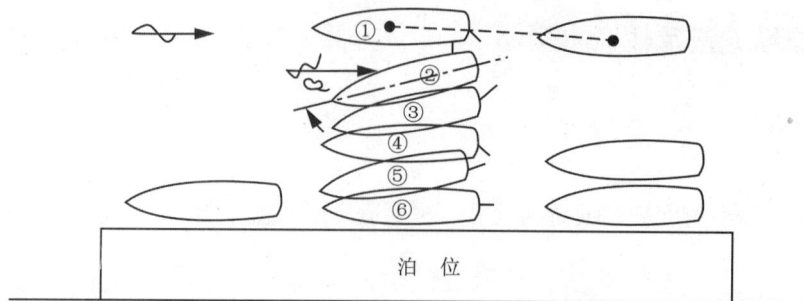

图 19-2　顶流横移驶靠示意图

③当船舶接近码头时,操纵必须格外谨慎,宜采用较小的流舷角和车速,采用边转边稳边顺身的操纵方法,如图 19-2 中③、④船位所示。

④船位达图 19-2 中⑤位时,带上艏倒缆,调顺船身,系上各缆,驶靠操纵结束。

3. 大角度驶靠

（1）适用条件

在有强吹开风情况下,或遇弱流和尾吹开风时,船舶驶靠码头的操纵较为困难,如果采用滑行驶靠和横移驶靠,船不易靠拢码头,宜采用大角度驶靠。

（2）操纵要点

①逆流航行船舶可直接从航道上以 30°~60°的角度,甚至成直角,中速对准码头的下端点驶向码头。若条件允许,艏向线应与风、流合力的方向相反。如风力不大或流速较急,可对着码头的中部驶去,使风、流对船体的动力作用相互抵消,以减小偏航,如图 19-3 中①位所示。

②当船驶距码头的距离约为 2 倍船长时,根据船舶转向 30°~60°的纵距、横距和反横距,改开慢车,向外舷操满舵,如图 19-3 中②位所示。此时船舶做曲线航行产生的惯性离心力与风压漂移相抵,使船到达码头旁边时,能与码头边线相平行。

③仔细测定航速,及时停车或倒车制动（必要时可抛锚制动）,要求船首到达码头上端点时能把船停住,如图 19-3 中③位所示。

④抛上撇缆,带上艏倒缆及相应的各缆,绞收各缆,驶靠即告结束。带好艏倒缆后,若船尾因带缆迟缓而被风吹开,可将艏倒缆固定,开慢进车（双螺旋桨船可开内档进车,外档倒车）,并将舵转向外舷,使船尾向码头靠拢。

4. 抛锚驶靠

抛锚驶靠有抛开锚、抛拎水锚、抛倒锚（背锚）等方法,下面介绍抛开锚、抛拎水锚、抛倒锚驶靠法。

（1）抛开锚驶靠

①适用条件

在强吹拢风的情况下,为了控制船舶向码头靠拢的速度,并为离泊提供方便,可采用抛开锚（即在船舶驶靠码头时,在泊位正横外侧抛下的外档艏锚）驶靠。

②操纵要点

a.船舶停车后借惯性克服水动力作用滑行至码头上端点外档 3~5 节链处,如图 19-4 中①位所示,向码头方向操舵,使船首略斜向码头一侧并且有较小的回转角速度,抛下外档艏锚。

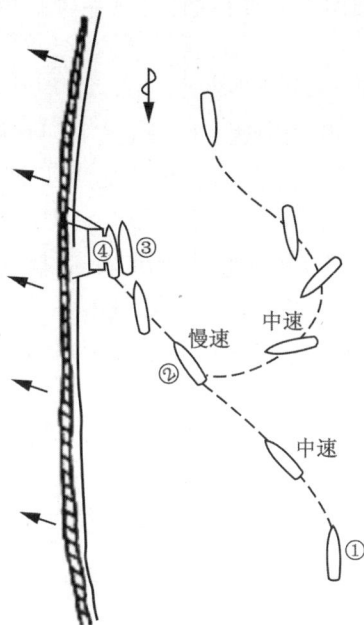

图 19-3　大角度驶靠示意图

b. 缓慢松出锚链, 船在舵压力和水动力作用下, 逐渐靠向码头。

c. 当横距约为 2 倍船宽时, 刹住锚链, 回舵调顺船身, 如图 19-4 中③位所示。

d. 用撇缆送出艏倒缆, 待系妥后即可用车、舵、锚、缆配合操纵, 使船舶前移、后退、转首、拢尾、横移及调整船舶靠拢的速度, 使船贴拢码头, 带上系缆, 驶靠即告结束, 如图 19-4 中④位所示。

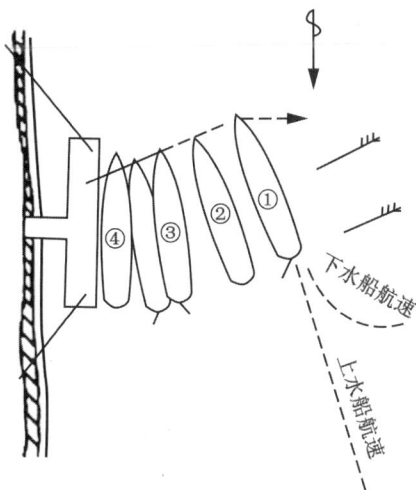

图 19-4　抛开锚驶靠示意图

（2）抛拎水锚驶靠

①适用条件

遇船首吹强拢风、困档水、急流或码头结构强度较弱的情况时, 可抛拎水锚（即船舶靠泊时,位于码头或趸船上游方向抛下的外档艏锚)驶靠,用以承受吹拢风或强流水动力的作用,以减轻码头负荷。

②操纵要点

a. 逆流船舶沿码头所在的岸边中速对码头上方某一物标行驶,如图 19-5 中①位所示。

b. 当船首驶至距码头尾 2~3 倍船长时,船体受到风、流动力的作用,向码头所在的一侧靠拢,如图 19-5 中②位所示。

c. 当船首达码头尾部时,向外舷操舵,使船舶转向风流合力的反方向上,如图 19-5 中③位所示。

d. 待船首正横码头前端时,全速倒车,待船略有后退趋势,抛上风舷艏外档锚,如图 19-5 中④位所示,使锚位位于码头上方 0.5~1 倍船长处,注意需防止本船锚爪钩住码头的锚链。

e. 然后逐渐松长锚链,船尾在风、流的作用下接近码头,如图 19-5 中⑤、⑥位所示,并在船尾放下碰垫,防止碰坏船尾。

f. 当整个船舷靠拢码头,送出所有系缆并系牢,驶靠即告结束。

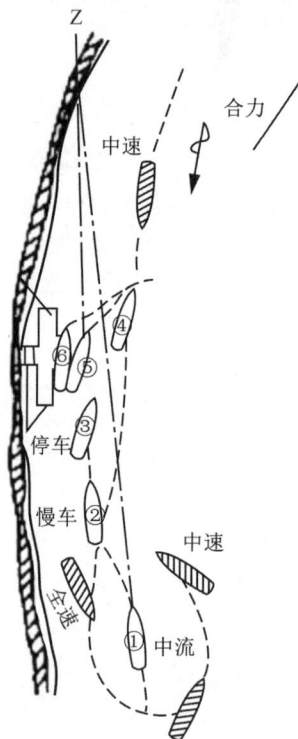

图 19-5　抛拎水锚驶靠示意图

(3)抛倒锚驶靠

①适用条件

当码头边有较强困档水、回流时,可采用抛倒锚驶靠。靠泊时,抛下外档艏锚,锚链方向指向船尾。该法通过锚控制船速,便于利用车、舵灵活操纵船舶。

②操纵要点

a. 如图 19-6 中①位所示,停车滑行,以 N 旗横距 30~40 m 为抛锚点,选定串视线。

b. 至图 19-6 中②位时,船首至抛锚点抛锚,松链 1 节入水拖锚,用车、舵稳住船首。

c. 至图 19-6 中③位时,船首约对 N 旗与上端绿旗的中间,迅速带上艏缆及艉倒缆,开进车,操外舷舵,使船尾靠拢。

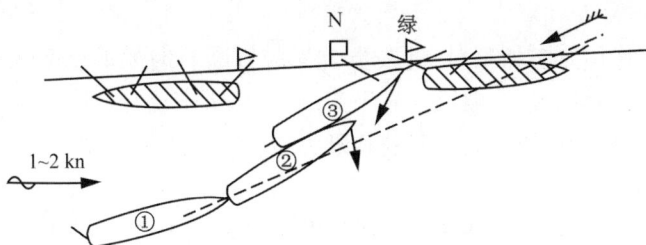

图 19-6　抛倒锚驶靠示意图

5. 顺流驶靠

（1）适用条件

在流速很小的运河中,或在涨潮末的转潮期间,或在弱回流区中,航道狭窄,为了避免复杂的掉头操纵,可采用顺流驶靠。

（2）操纵要点

①船舶驶靠前,应及早慢车、停车,降低航速,使船尽早可能利用惯性靠泊位一岸滑行前进,如图 19-7 中②位所示。

②当船接近码头时,应开倒车制动,如图 19-7 中③位所示,并尽快地送出艉缆和艏倒缆,对此两缆应做到带得快、溜得出、刹得住、解得脱。待船贴靠码头后,再带妥其余各缆,如图 19-7 中④位所示。

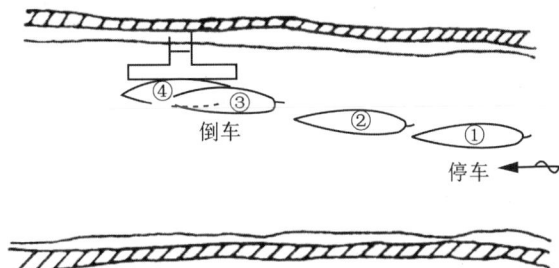

图 19-7　顺流驶靠示意图

6. 注意事项

（1）山区河流

山区河流由于水流流速大,流态紊乱,水位变幅大,码头主要以浮码头为主,结构强度差。因此,船舶驶靠码头时应注意:

①码头流速较大时,驾驶员应掌握好横距和驶靠角,控制好流舷角,减小水动力转船力矩和船舶向码头的横移速度,以减小船舶靠泊力。

②码头有较强回流时,驾驶员应掌握好船舶冲程,早停车或倒车,必要时抛倒锚控制船舶冲程。

③码头内拖水较强时,驾驶员应掌握好船舶向码头的贴困速度,通过用车、用舵减小艏艉线与流向的夹角,必要时抛开锚驶靠。

④若船舶吨位大，应采用抛拎水锚驶靠，以减小码头的承受负荷。

（2）平原河流

①风、流影响的靠泊

码头附近风、流作用方向相反时，驾驶员首先应判断当时船舶所受风压和流压究竟哪个大，若流压大于风压，则船舶顶流顺风驶靠码头；若风压大于流压，则船舶顶风顺流驶靠码头；若条件许可，则船舶应顶风、流合力方向驶靠码头。

②静水港的靠泊

在静水港靠泊，则主要考虑风的影响，通常以顶风驶靠为宜，并保持艏艉线与风向的夹角越小越好。若强吹拢风，要注意抢占上风船位，在接近码头时，应紧住开锚锚链，以防止船舶撞击码头；若强吹开风，驶靠角宜大，并控制好船舶惯性，及时撇缆，迅速带上艏缆和艏倒缆。

（3）锚和缆绳

在靠泊过程的操作中，应注意锚或系缆的受力情况，防止缆绳破断和注意锚链是否受力。若锚链不得力，船首会碰压码头；若锚链得力，船首不易被绞拢，应及时松链，在松链时，应停绞或慢绞艏缆，以免船首碰撞码头。

（4）船舶动态

船舶在驶靠码头时，要防止只顾操纵本船而忽视瞭望周围船舶的动态，尤其要注意泊位前后方船舶的动态，避免在泊位外档与他船交会。

（5）码头情况

靠泊前若发现泊位不清爽，应及早在泊位下方将船稳住，待泊位让清后再驶靠。

（6）主机的使用

对于内燃机船舶，若频繁用车，应注意机舱压缩空气是否备足，防止用车时开不出车。

第二节 ● 船舶离泊作业

一、离泊准前备工作

船舶在离开码头前必须做好如下几项工作：

（1）试车、试舵。开航之前要检查主机是否正常，在试车时要注意防止跳板的震落和缆绳的绷断。

（2）检查舵系统、锚机、绞车、车钟和汽笛等是否正常。

（3）检查船员是否到齐，检查燃料及生活用品是否短缺。

（4）了解客货装载的情况，查看船头和船尾的吃水情况。

（5）做好单绑，即收回所有不必要的系缆，只留下几根必要的系缆。

（6）了解天气、水位情况，注意附近水域是否有过往航船，泊位前后是否有妨碍车叶的障碍物；考虑是否需要掉头，用哪种方法离开码头较有利。

在做好准备工作之后，应根据当时的流向、风向及船的系泊形式等具体情况，采取相应的措施。

二、离泊操纵要领

1. 确定开首或开尾

（1）确定开首的条件

开首（或称扬头）即使船首先离开码头。若顶流、吹开风，泊位前方清爽无障碍物，而且开首时螺旋桨及舵不会触及码头，此时可采用开首驶离。

（2）确定开尾的条件

开尾即使船尾先离开码头。在顺流离泊、吹拢风，而且船尾的螺旋桨、舵有可能触及码头或尾后停泊船舶等情况下，可采用开尾驶离。

2. 掌握驶离角

驶离角的大小直接影响船舶驶离操纵的安全。常流及船首前方水域较清爽时，开首驶离的角度可小些；船首前方有他船靠泊或有吹拢风时，开首驶离的角度应大些。

开尾驶离角的大小和角速度的快慢，关系到下一步的操纵。顶流驶离，若开尾角度太小，则当船首扬出时，船尾可能甩回码头；若开尾驶离角太大，可能使船首扬不出来。顺流离泊船，开尾驶离角太大，可能使船身打横。在不同的客观条件下，对开尾驶离角大小的要求也不相同。

3. 控制船舶的前后移动

一般系泊档子前后活动余地有限，要求用车不能过大；船舶的前后移动应靠滞、溜缆绳和车、舵来控制；在驶离码头时，应考虑船舶前、后及外档的余地。

4. 防止系缆绞缠螺旋桨

解缆时应尽快收进，特别是艉部系缆，要求船尾和驾驶室之间取得密切联系，在艉缆未收清前切勿动车。在双螺旋桨船上，为防止系缆绞缠桨叶，一般应先动外舷车。

三、离泊操纵方法及注意事项

1. 小角度驶离

（1）适用条件

中、小型船舶在系靠码头的前方水域宽敞无碍、水流平稳时，可采用此法驶离。该法是驶离码头操纵中最为简便的方法。

（2）操纵要点

①一切离泊准备工作就绪，即可解去所有系缆，开慢进车，稍用外舵，使船首外扬一小角度。

②边操外舵边稳舵，使船舶慢慢离开码头。

在运用此方法离泊时，要求最初车速和舵角都不宜太大，以免船尾扫碰码头，待船尾完全驶离码头后，再常车、用舵驶进航道。

中华人民共和国内河船舶船员适任考试培训教材　　279

2. 开艉倒车驶离

（1）适用条件

开尾倒车驶离又称飞艄倒车驶离，在顺流离泊、吹拢风，或船舶前方有障碍物等，不宜使用开首方法驶离时，可运用此法驶离码头。

（2）操纵要点

①如图19-8所示，先解去各缆。

②操内舵，开慢进车，舵在螺旋桨诱导速度作用下，产生舵压力转船力矩，使船尾转离码头（双螺旋桨船可用外档进车、内档倒车，使船尾转离码头）。当船尾转离合适角度后，停车、正舵，同时开倒车，使船驶离码头。

③当船尾吹拢风太强，用上述方法未能奏效时，可利用艏倒缆，开艉倒车驶离。

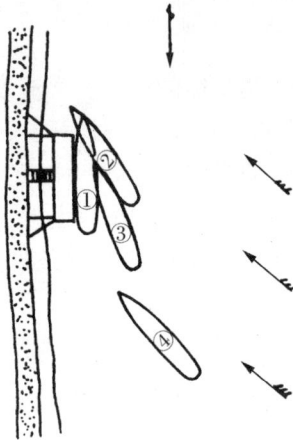

图19-8　开艉倒车驶离示意图

3. 绞锚驶离

（1）适用条件

对于抛锚驶靠的船舶，离泊时均采用绞锚驶离。

（2）操纵要点

①如图19-9所示，解掉各缆仅留艏倒缆，操内舵，开进车（双螺旋桨船可开外进车、内倒车），使船尾离开码头，如图19-9中①位所示。

②正舵，解艏倒缆绞锚，此时在锚拉力的作用下，船首离开码头，然后采取边操外舵扬头绞锚边操内舵顺船身的方法，使船尾离开码头，如图19-9中②位所示。

③根据具体情况正确用车，使船不产生过大的纵向移动，以免与上、下邻近船舶碰撞，如图19-9中③位所示。

④船至如图19-9中④位时，待锚绞离水面，即可驶离。

4. 船舶离泊注意事项

（1）离泊前除做好一切准备工作外，还应用VHF电话通报本船动态，并密切关注周围船舶动态。

（2）船舶离码头如需掉头操纵，应按规定悬挂好掉头信号。

（3）在使用艏倒缆甩尾时，应对其受力和负荷多加注意，以防一紧一松使倒缆绷断。在溜

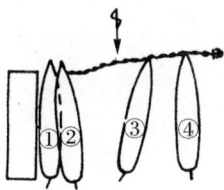

图 19-9　绞锚驶离示意图

缆时要特别注意操作人员的人身安全,要使缆绳既要溜得出,又要挽得住,确保船舶离泊操纵安全。

（4）离泊时,缆绳清解、收绞工作应迅速到位,确保船舶离泊安全。

第二十章
船舶抛起锚作业

船舶在进行等候泊位、候潮、锚地过驳或避风时，都需要锚泊。锚泊作为一种停泊方式具有作业简单、机动性较高、抗风浪能力强等特点。本章主要介绍锚地的选择，各种锚泊方式及其基本操作要领，走锚的防范以及锚链绞缠的清解等内容。

第一节 ● 锚地的选择

对于锚泊船来说，从抛锚至起锚的全过程中，锚始终能够发挥良好的系留作用，不走锚、不断链，锚泊才算成功。因此，锚地条件是否符合锚泊要求，是必须考虑的重要因素。总的来说，选择锚地应考虑以下因素：

一、水深适宜

锚地水深应根据船舶吃水、船舶配链长度、锚机功率、锚地波高等因素适当选择。水深过大，操作不便，抛出相同长度的锚链，锚抓力较小；水深过小，可能引起搁浅或锚冠划破船底，风大时，还可能在风浪的作用下摇荡而蹾底。一般锚地的最小水深应保证有 1.5 倍吃水加 2/3 最大波高；最大水深应取决于船舶所配锚机的额定负荷能力，理论上的最大水深是锚机将锚所能绞起来的水深，通常不超过一舷锚链总长的 1/4。

二、河床底质良好

1. 河床底质

河床底质与锚的抓力密切相关，一般以软硬适度的泥底、沙底和黏土质的泥底抓力最好；其次是泥沙混合底；软泥、硬泥较差；砾石、卵石底的抓力最差；石底不宜抛锚。

2. 河底形态

河底地势以平坦为好，尽量避免在河底陡坡处抛锚，因为坡度较陡将影响锚的抓力，容易发生走锚事故。

三、风、浪、流等作用力小

1. 流速平缓，流向稳定

锚地的流速平缓、流向稳定，能减小船体所受的水动力和避免锚泊船发生偏荡，增大锚抓力，从而减少走锚事故的发生。水位暴涨导致水深和流速增加，会直接危及锚泊船的安全，必须充分予以注意；在拦河坝下游锚泊时，必须注意因水电站的日调节流量而引起水位的变化，导致走锚或搁浅；在有潮汐影响的河段抛锚时，还应考虑潮汐涨落幅度和低潮时的必要水深以及潮流流向的变化。

2. 良好的避风条件

锚地应选择在可以避风和防浪的地方。一般应选择上风岸或尽可能靠上风位置，或具有天然屏障的水域。

四、有足够的回转余地

回转余地应根据锚地底质、锚泊时间长短、附近有无障碍物及水文气象条件等综合考虑后确定。

五、锚泊安全及其他注意事项

抛锚地点应让出航道，远离装卸危险品码头和水底电缆、沉船、礁石等障碍物；锚泊水域附近应有良好的定位条件；应避免遮蔽助航标志等。

第二节 ◉ 锚泊的方式、适用条件及特点

根据锚地当时的底质、水深、风流、潮汐和船舶密度，以及本船吃水、载荷、抗风力等情况，锚泊方式一般可分为单锚泊和双锚泊两种，其中双锚泊又包括一字锚、八字锚和平行锚。

不同的锚泊方式适用于不同的水域和条件，各有自身的优点及缺点。如图 20-1 所示，（a）

为单锚泊,(b)为八字锚泊,(c)为一字锚泊,(d)为平行锚泊。

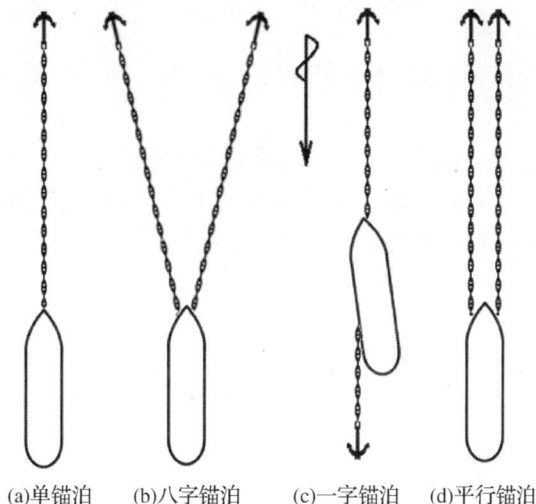

(a)单锚泊　　(b)八字锚泊　　(c)一字锚泊　　(d)平行锚泊

图 20-1　各种锚泊方式

一、单锚泊

　　船舶抛一只锚进行锚泊的方式称为单锚泊,它是应用最为普遍的锚泊方式。单锚泊一般适用于锚泊时间不长,或锚地宽敞、底质好、风浪不大,或操纵用锚等情况。

　　大风浪中为抑制船舶偏荡运动,也将另一锚抛出,呈短链拖动状态。但由于该锚并不在系留方面起主要作用,仅仅是一个止荡锚,因此仍将该锚泊方式列在单锚泊方式中。

　　单锚泊方式,作业容易,抛起锚方便,适用水域较广。不足之处是偏荡严重,回转范围较大,锚泊力较小。

二、八字锚泊

　　船舶先后抛出左右两锚,使双链保持一定夹角(一般为 60°左右)的锚泊方式称为八字锚泊。在港内锚泊水域受限时,单锚泊不足以抵御风力时均可采用此种锚泊方式。

　　八字锚泊方式,锚泊力和抑制偏荡的作用随两链交角不同而异。若以 60°夹角的八字锚泊论,较单锚泊在上述两方面均有明显的增强。其缺点是作业较为复杂,当风流方向多次改变后锚链容易绞缠。

三、一字锚泊

　　在狭窄水域内,船舶沿水域纵长方向(一般沿流向)先后抛出两锚,使双链交角保持在近于 180°的锚泊方式称为一字锚泊。在风流影响下,受外力作用较大的锚称为力锚,另一锚则称为惰锚,锚链相应地称为力链和惰链。

　　一字锚泊方式具有最大限度地限制锚泊船运动范围的优点,但作业也较为复杂,风流方向变化后缠链也较频繁。因此此方法仅适用于回旋余地较窄的水域。

四、平行锚泊

船舶同时抛下左右两锚,使双链等长并保持平行,即夹角为零的锚泊方式称为平行锚泊,也称为一点锚。

该锚泊方式可抵御强烈的风浪,也可在江河中抵御湍急的水流,是可以最大程度地发挥双锚锚泊力的一种锚泊方式。合抓力约为两倍单锚抓力,且操作较为简单。缺点是由于两锚距离较近,偏荡现象难以得到抑制,两锚链也可能出现绞缠。

第三节 ◉ 抛锚操纵要领及注意事项

一、单锚泊

抛单锚的方法分为后退抛锚法和前进抛锚法。

1. 后退抛锚法

后退抛锚法是指船舶逆流航行到达预定的泊位,待船略有后退趋势时,抛出艏锚的方法。后退抛锚法是一种最常用的抛锚方法,该抛锚法操纵安全方便、锚爪抓底过程短。其操纵要点如下:

(1)船身与外力的夹角宜小

抛锚时,艏艉线与风、流或风流合力作用线的夹角越小越好。夹角过大,船舶将受到较大的横向水动力作用,抛锚后,使锚链承受过大的负荷而被拉断。因此,锚泊时船首应顶风、顶流或顶风流合力作用方向;在空载、风强流弱时,船首应以顶风抛锚为好;满载、流强时,船首应以顶流抛锚为好。

(2)抛锚时船速宜小

为了减轻抛锚时锚链受到较大的张力,减小拖锚距离,保持锚的抓底稳定性,当船略有后退趋势时为抛锚的最佳时机。船舶完全静止时不宜抛锚,这种情况下抛锚,会使松出的锚链堆积在锚上,造成锚链缠住锚爪;船后退速度过快会刹不住锚链,紧急刹锚链时,有可能绷断锚链或拉损锚设备。

(3)抛锚时要一抛到底,不宜中途刹住

抛锚时要一抛到底,不宜中途刹住。其目的是避免锚链承受过大的动力负荷而绷断锚链。

(4)谨慎松链

锚抛到底后,松链约2倍水深时,应缓缓刹住,使锚链受力,让锚爪抓入河底,然后缓慢松链,即松一下紧一下;继续松出锚链,一次不宜松出太多,一般每次3~5 m。在急流和大风中抛锚时,为防止船舶后退速度过快,须适当用进车控制后退速度。当锚链松至预定长度时,应适当用车,使锚缓缓受力,防止锚链承受冲击负荷。

（5）密切注意锚链受力情况

锚链松出至预定长度以后，应密切注意锚链受力情况，以判定抛下的锚在河底是否抓牢。如果锚链受力抬出水面，绷紧了一阵后轻微抖动数下，又慢慢松弛下去，且船位稳定，说明锚已抓牢；如果锚链在张紧一下就立即松弛且船身断续后退，说明锚尚未抓牢，应继续放链，直到抓牢为止。

2. 前进抛锚法

前进抛锚法是指在船舶只具有微小前进速度时，抛出艏锚的方法。前进抛锚法虽然也同样能把船停住，但它不及后退抛锚法安全、可靠。因为船舶在水浅时锚刚抛下，船从其上驶过，锚爪有可能划损船底；其次当船停止前进并随水流后退的过程中，锚要翻身，即锚爪最初以逆流抓入河底，这时则又翻过身来以顺流抓入河底，在翻身过程中，容易发生锚链缠住锚爪或因锚翻转而影响抓底状态等，从而影响锚抓力。

前进抛锚法通常在顺流抛锚掉头、驶靠码头抛开锚或倒锚、紧迫危险需要等抛锚操纵船舶时才被采用。

用前进抛锚法操纵时，应严格控制船舶余速，并在锚抛下时立即下令倒车或停车，以便能较好地控制松链速度和长度。

二、双锚泊

1. 抛八字锚

抛八字锚有两种操纵方法，即顶风流后退抛八字锚和顶风流横移抛八字锚。

（1）顶风流后退抛八字锚

如图 20-2 所示，船首慢速顶流驶至①位置抛下艏锚，松链至预定长度，船退至②位置；开进车，顶流驶至③位置，抛下另一舷艏锚并松出预定锚链长度，使船退至④位置。

（2）顶风流横移抛八字锚

如图 20-3 所示，先使船首顶流驶至①位置并抛下左舷锚（双螺旋桨船或在有侧风情况下先抛外档锚或上风锚），船略后退至②位置开进车，右舵使左舷迎流，船在水动力和螺旋桨推力合力作用下，松链横移至船位③，松链长度为预定长度的 $0.5\sim1$ 倍。用舵调顺船身，抛下右舷锚，随着船体后退陆续松链至预定长度。然后调整两链长度，使两链均衡受力，直至船在④位置停泊稳妥为止。

在有风、流影响的水域抛八字锚时，首先要明确抛八字锚的目的是为了抗风或抗流，以决定两锚链之间的夹角、间距和松链长度；然后根据锚地实际风、流情况及本船浮态，决定抛锚的操纵方法，并根据本船的操纵性能，正确使用操纵设备，才能把八字锚抛好，获得良好的锚泊效果。

由单锚泊改抛八字锚时，应在强风来袭前进行。先将锚链收短至适当长度，然后开进车操舵，使船舶到达第二落锚点，抛下第二只锚，再松出两链至预定长度。

2. 抛一字锚

抛一字锚通常有两种方法，即顶流后退抛锚法和顶流前进抛锚法。

为防止两锚链绞缠，要保持两链松紧适度，在转流前将惰链绞紧，船首不能自由偏转，并将

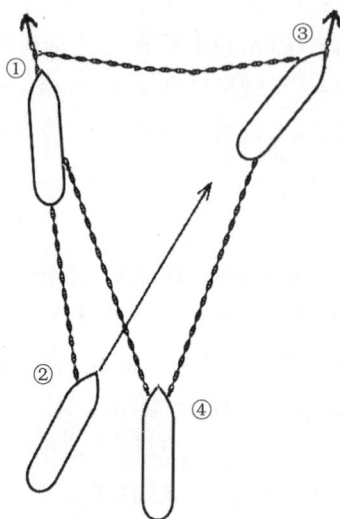

图 20-2　顶风流后退抛八字锚示意图　　　图 20-3　顶风流横移抛八字锚示意图

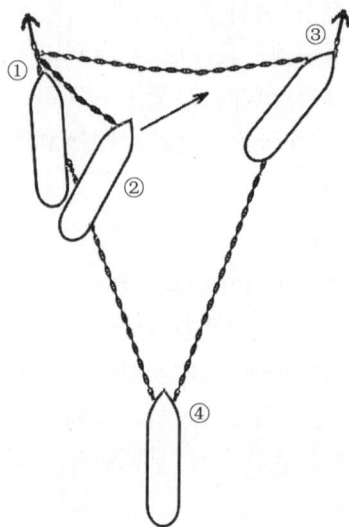

舵转向惰锚所在的一侧，以免逆转。为保证锚链绞缠时便于清解，抛锚松链时要注意把锚链卸扣留在甲板上。如有条件，清解时可用拖船协助拖带或顶推船尾，使船舶向绞缠的反方向回转。

前进抛锚法较后退抛锚法易于操纵，受风流影响时，锚位容易抛准，但船底剩余水深不大时，不宜采用。

3. 抛平行锚

平行锚在抛锚方法上比抛一字锚和抛八字锚都简便容易，只需顶流且略有后退时，将两锚同时抛出，然后松链至两锚出链长度相等即可。

在由单锚泊改抛平行锚时，应先将已抛单锚绞出水面，然后再与另一锚同时抛下。

第四节 ◉ 起锚操纵要领及锚链绞缠清解

一、船舶起锚操纵

1. 准备工作

在起锚前，驾驶员应指挥有关人员做好准备工作。首先脱开链轮检查锚机的运转情况，然后合上离合器，打开甲板掣链器，使锚机处于随时可收绞状态。同时检查船首及其附近情况，最后告知驾驶台起锚准备完毕。

2. 绞锚

船舶处于双锚泊状态，起锚操纵时应考虑当时的环境，确定起锚的先后顺序。

（1）绞一字锚时，通常先绞惰锚，同时松出力锚锚链，待绞起惰锚后再绞力锚。

(2)绞八字锚时,若双链同时受力,可适当用进车缓解锚链张力。通常在绞进左、右锚链到不走锚的长度后,可先起任意一舷锚,若风较大,应先绞起下风锚,后绞起上风锚;若水域较窄,应先绞起内档锚,后绞起外档锚。

在接到驾驶台绞锚命令后,开始绞锚。绞锚过程中,驾驶员应及时向驾驶台报告锚链出水节数、方向、长度和受力情况,以便驾驶台适时用车、舵配合,防止锚机和锚链受力过大。一般情况下,当锚链横过艏柱或船底,应放慢绞锚速度或暂时停绞,绞锚的最佳时机为锚链与水面垂直或接近垂直时。

3. 短锚链与锚链垂直

当锚链绞进至尚余 1.5～2 倍水深长度时,几乎没有卧底锚链,锚链呈斜向下方的受力状态,如图 20-4 中的①位置所示。

当锚链绞进到正好处于锚链筒的垂直下方时,如图 20-4 中的②位置所示,锚链长度大致与水深相等,锚链处于垂直拉紧状态,由于锚尚在抓底,作用于锚机上的负荷很大,应放慢绞进速度。如绞不动,可将刹车刹紧,脱开离合器,用车协助,待锚拖动后再绞。

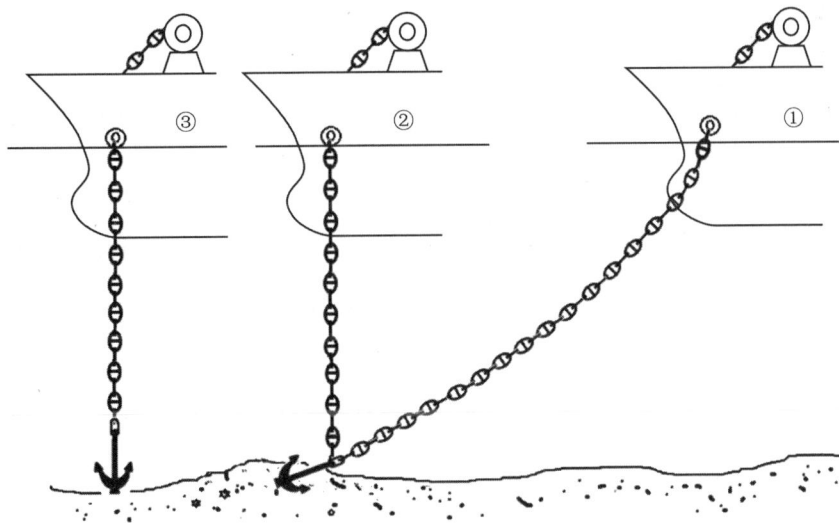

图 20-4 起锚中锚链和锚的状态示意图

4. 锚离底

锚离底是指锚链绞进至锚冠刚离河底的一瞬间,锚失去抓力,如图 20-4 中的③位置所示。判明锚离底的方法是:

(1)锚链由紧张受力拉直状态,突然出现抖动现象。

(2)锚机负荷突然降低,并可开快车绞进锚链。

(3)锚链垂直向下,锚链在水中由于锚的移动而出现摆动现象。

5. 锚出水面

锚绞至露出水面后,应查看锚上是否挂有杂物(如渔网、电缆、钢丝绳等),在确认锚"清爽"后方可将锚收进,同时报告驾驶台。如果锚被卡住或淤埋,就不宜硬绞,可刹住锚链并报告船长,视具体情况采取措施。

6. 结束工作

将锚收进锚链筒，使锚冠紧贴船壳，然后关紧刹车带，合上甲板制链器，脱开离合器，切断电源，至此起锚作业结束。

二、锚链绞缠清解

1. 锚链绞缠的基本概念

双锚泊船因风、流方向变化而向一舷回转，则两锚链易发生相互绞缠。根据两锚链绞缠数目，其分别称为：半个绞花，即锚泊船回转半圈，两锚链只交叉1次；一个绞花，即锚泊船回转一圈，两锚链交叉2次；一个半绞花，即锚泊船回转一圈半，两锚链交叉3次；两个绞花，即锚泊船回转两圈，两锚链交叉4次。

锚链绞缠将使锚和锚链受到局部弯曲和扭转负荷而引起损坏，或使抓力大为减小，并对起锚和收存造成困难，必须进行清解。

2. 锚链绞缠的清解方法

1) 锚链绞缠成半个绞花的清解方法

当锚链绞缠成半个绞花状态时，可以先绞进绞花下面的锚链，只有在锚绞起以后才可重新张开。

2) 锚链绞缠成一个以上绞花的清解方法

绞花在一个以上，清解较为复杂，如当时风、流较弱，且有拖船协助，可使船体按绞花的相反方向转头进行清解。如果当时远离港口或在港内无拖船协助，就需在风、流较弱时自力清解。主要有切断锚链自行清解法和用锚机操作自行清解法两种方法。

（1）切断锚链自行清解法

先将缠绕锚链的连接卸扣打开，再用钢缆沿相反方向绕过被缠绕的另一锚链后拉进链筒与断开的锚链相连接进行清解，最后再将断开的锚链慢慢绞上并用卸扣重新连接起来。该方法操作复杂，需人手较多，在强风、急流河段的夜间进行作业往往有一定的困难和危险性。具体步骤如下：

①备妥挂缆、保险缆、引缆、送出缆各一根和若干卸扣，备好升降坐板。如果有可能，放下一艘救生艇协助。

②绞紧"力链"使绞花露出水面。必要时用白棕绳在绞花下面系结，以防绞花下滑。

③从"惰链"一侧船舷送出挂缆和保险缆，用卸扣与惰链相连。挂缆和保险缆的另一端则收紧挽在船首部的缆桩上。

④用制链器夹住惰链，再用锚机将惰链倒出排列在甲板上，直到下一个连接链环松到甲板上。

⑤解开连接链环，在其末端链环上系妥送出缆，送出缆的另一端挽牢在缆桩上。

⑥将引缆的一端接在卸下的惰链末端链环上，另一端从惰链筒送出，在力链上按惰链缠绕的反方向绕一道，再从惰链筒收回，绕在卷筒上。

⑦打开制链器，绞引缆，同时松送出缆。惰链绕过力链解一花后，仍经惰链筒由引缆绞回到甲板上。

⑧如果为单花,则可装上连接链环,解掉引缆和送出缆,绞紧锚链后解掉挂缆和保险缆。如果为双花,可将送出缆两端交换一下位置而改作引缆,原引缆改为送出缆,重新操作一次即可。

（2）用锚机操作自行清解法

该法无须切断锚链,仅用锚机左右交替松、绞,交替变换力链、惰链,凭借锚和锚链的自重使绞花下滑,最后使绞花自行解开,如图 20-5 所示。设双链绞缠时左锚链为惰链,右锚链为力链,清解程序为:

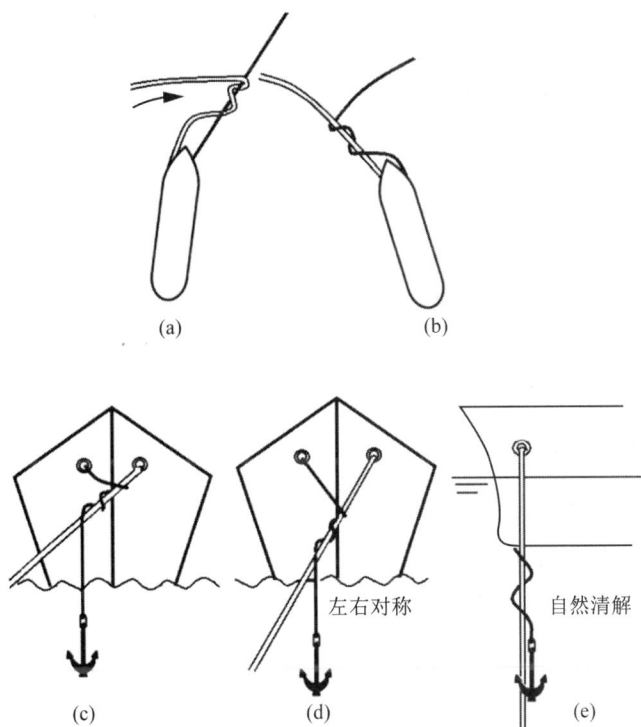

图 20-5　清解锚链绞缠作业程序示意图

①惰链缠绕在力链上,先绞惰链、松力链,这样,如图 20-5(a)、(b)所示,此时出现惰链(左链)拉直,力链(右链)呈缠绕在惰链上面的状态。

②继续绞进左链,送出右链并使之借自重下滑;如不下滑,可借助左链的松出或绞进,交互进行,或者借助于多松右链,使锚链下滑。

③当左链绞至短链状态,甚至接近锚垂直状态时,惰链绞进变得轻松;锚离底后船舶将仅靠左锚呈单锚泊状态,继续绞进左链至图 20-5(c)所示状态。

④松出左锚链,使最上部分的双链绞缠处于船首正前方,如图 20-5(d)所示。略微进车以缓解力链受力后,再将左右两链同时迅速送出,并使开始缠绕部分位于船底以下,如图 20-5(e)所示,然后将双链突然刹住,双链均处于锚链筒下方。在锚和锚链自身重量、两锚孔各自两边的分力作用下,呈自由悬垂的绞缠部分将沿相反方向转动并自行清解。

第五节 ● 走锚与守锚

抛锚完毕,应加强值班工作。锚泊中的值班,应特别注意船位的变化,防止船舶发生走锚现象。

一、走锚

1. 船舶走锚的原因

(1)本船配备的锚未按规范配足重量。

(2)抛锚时松出的锚链长度不够,以致锚爪不能以较大的角度抓入河底,且向上分力也有将锚向上提出土的趋势,因而使锚抓力过小。

(3)河床底质不良,不能充分发挥锚抓力。如在流沙中锚泊,由于泥沙的流动而不能发挥锚抓力;在硬土层或卵石层上抛锚,则因锚爪不易抓入,而使锚不能产生有效的抓力。

(4)洪水猛涨,流速水位激增,使船体承受的水动力大于锚的系留力。

(5)不正常水流影响。不正常水流的流速、流向经常变化,使船舶偏荡不定,锚的系留力减小,造成走锚。

(6)在暴风中,由风引起的船舶偏荡,使锚的系留力减小,并且风对船体产生的风动力急增,致使风动力、水动力之和大于锚的系留力而发生走锚。

(7)数船共抛一锚。本船锚泊后,他船未抛锚相靠,而且本船又未松出足够的锚链,可能使锚的系留力不足而走锚。

2. 船舶走锚的判断方法

(1)利用岸上固定物标观察

①三点一线法

白天,选取驾驶台正横方向两个固定参照物(两参照物距离尽可能大些),值班人员与两参照物成一直线,如两参照物分开,则船舶可能走锚。

②一点一线法

夜间用探照灯直射(一线)正横方向某固定参照物(一点),当艏向不变时,若参照物不断前移,则船舶有可能走锚。

(2)利用助航设备判断

利用罗经、雷达、GPS 等精确度较高的设备定位,并经常核查船位以便及时发现走锚。一般的 GPS 定位仪还设有走锚报警功能,驾驶人员可根据当时环境,如风流大小、距离他船及其他障碍物的远近等设定走锚范围的警报圈。

(3)观察偏荡情况

强风中的锚泊船,若船舶不断左右来回偏荡,说明锚抓力仍能抵御外力对船舶的作用及其造成的偏荡影响,船舶没有走锚;若船舶偏荡停止,而改为仅以抛锚舷受风状态,则可判定为船已走锚。这种方法是大风浪中判断走锚的最有效的方法。

（4）观察锚链情况

正常锚泊时，锚链常有周期性松紧、升降现象，若锚链表现为持续拉紧状态并间或突然松动的现象，用手触摸感到锚链急剧抖动，说明船舶可能走锚。

（5）利用测深锤观察

在船首下风舷将测深锤放至海底，如发现测绳一直向前拉伸，则有可能走锚。

3. 船舶走锚采取的措施

（1）应不失时机地加抛另一锚并使之受力。同时紧急备车，告知船长。

（2）谨慎松长锚链。只有在确认锚尚未翻动，松链后不致触礁或触碰他船时，方可适当松长锚链以增加抓力。

（3）开动主机以减轻锚链受力。

（4）在采取上述措施的同时，应按照避碰规则的规定，及时悬挂"Y"信号旗，并鸣放声号，或用其他通信手段如 VHF，警告他船。

（5）如开车后仍不能控制走锚，则应果断决策，另择锚地重新抛锚。

二、守锚

1. 锚泊值班注意事项

为了保证船舶的安全，锚泊船应指派专人值"锚更"，随时注意锚泊船及周围的情况，用一切有效手段进行瞭望，检查锚泊船是否走锚。锚泊时，船长可根据具体情况决定是值航行班还是值停泊班。如果船长认为必要，船舶在锚泊中也应保持连续的航行值班。锚泊值班船员应做到：

（1）锚抛下时，应立即利用岸物标或助航设备等测定船位，对锚地水深、底质、风向、流向以及周围环境情况等做到心中有数。

（2）锚泊期间，值班船员要经常利用岸物标或助航设备校核船舶是否保持在锚位上。

（3）保持正规瞭望，并注意：

①周围锚泊船的情况，尤其是位于上风或上流方向锚泊船的动态，以防他船走锚危及本船安全。

②他船来锚泊时的锚位是否与本船有足够的安全距离，若过近，应设法通知对方，并报告船长。

③若过往船舶或邻近锚泊船起锚离泊时距离本船过近，应严密注视其动态，若判断对本船有威胁，应以各种信号警告对方。

（4）以适当的时间间隔巡视全船，注意船舶吃水和动态。

（5）注意观察气象、锚位、锚链受力和船舶偏荡，必要时采取措施，防止因本船走锚酿成事故。

（6）确保主机和其他机器按照船长指示处于准备状态。

（7）在急流锚地或遇大风浪天气，除执行船长指示外，还应勤测锚位，定时巡视甲板，检查锚链和制链器是否正常。

（8）值班船员应按时升降国旗及锚球，开关锚灯和甲板照明，按规定显示或悬挂相应的号灯、号型，鸣放相应的声号。

（9）遇能见度不良时，必须认真执行《内河避碰规则》的有关规定，加强瞭望，鸣放雾号，开亮锚灯和各层甲板照明，并通知船长。

（10）锚泊中进行装卸作业，除应执行靠泊值班中有关装卸业务方面的职责外，还应特别注意旁靠船、驳的系缆、碰垫以及其他各种安全设施。

（11）根据锚地情况以及水上安全管理的有关规定，用甚高频无线电话在规定的频道上守听。

（12）严格执行防止船舶污染的有关规定，采取措施，防止船舶对水域环境造成污染。

2. 活锚

在走沙河段，长时间锚泊，会造成泥沙堆积在锚上致使锚被泥沙深埋的现象，称为淤锚。为了避免淤锚现象，应每隔一段时间把锚绞起来后重新抛下，以维持良好的锚泊状态，这种操作叫起锚检视，船员称之为"活锚"。在泥沙淤积严重的河段，一般每隔3~5天进行一次活锚。

第二十一章

大风浪中的船舶操纵

大风浪给航行中的船舶带来了危害,也给船舶操纵带来了很大的困难。船舶驾驶人员须了解风浪对船舶航行的影响,采取正确的操船措施,确保航行安全。本章主要介绍船舶在大风浪中航行前的准备、内河风浪规律及其对船舶航行的影响、大风浪中常见操作方法、大风浪中船舶掉头操纵及注意事项等内容。

第一节 ◉ 大风浪中航行前准备工作

航行船舶预测到将有大风浪来临时,必须采取相应措施,检查并保证做好以下工作:

1. 保证水密

(1)检查甲板开口封闭的水密性,必要时进行加固。

(2)检查各水密门是否良好,不使用的一律关闭拴紧。

(3)将通风口关闭,并加盖防水布。

(4)天窗和舷窗都要盖好,并旋紧铁盖。

(5)锚链管盖好,防止水流灌进锚链舱。

2. 排水畅通

(1)检查排水管系、抽水泵、分路阀等,保证其处于良好工作状态。

(2)清理污水沟,保证其畅通。

(3)甲板上的排水孔应畅通。

3.绑牢活动物件

（1）装卸货设备、主锚、备锚、救生艇筏以及一切未固定的甲板物件都要绑牢。

（2）散装货要进行平舱。

（3）舱内或甲板装有重件货物时，应仔细检查加固，必要时加绑。

4.做好应急准备

（1）保证驾驶台和机舱、船首、舵机室在应急情况下通信联系畅通。

（2）检查应急电机、天线、舵设备等是否处于良好状态。

（3）保证消防和堵漏设备随时可用。

（4）保证人身安全。

（5）加强全船巡视检查，勤测各液体舱及污水沟等。

5.空船压载

空船在大风浪中有很多不利之处，例如保向性下降、拍底增大、螺旋桨空转加剧、易发生谐摇、导致横摇加剧等。为确保航行安全，应进行适当的压载，以提高船舶抗风浪的能力和改善船舶的性能。在吃水差方面，既要防止螺旋桨空转，又要减轻拍底，一般以适当艉纵倾较为理想。

第二节 ◉ 内河风浪规律及其对船舶航行的影响

一、内河水道的风浪规律

（1）风、流相对速度小时，摩擦作用小，风浪小；风、流相对速度大时，摩擦作用也较大，风浪也较大。所以，风、流作用方向相反时，风、流相对速度大，风浪大，而且主流区的风浪比缓流区的风浪更大，有时顺流航行的船舶（船队）为了避开大浪对航行的影响，常沿着缓流区航道下驶，与逆流沿缓流上驶的船舶（船队）形成对遇局面，极易发生碰撞事故。风、流作用方向相同时，风、流相对速度小，风浪也较小。

（2）河岸对河道的遮蔽程度的大小对风浪也有显著的影响。当风向与河道呈某一夹角时，风受上风岸山包或其他高层建筑的阻挡，上风岸风浪较小，下风岸风浪则较大，船舶应选择沿上风岸航行。

（3）河道宽阔顺直，受风作用时间长，风浪则较大；河道狭窄，受风作用时间短，风浪则较小。如长江下游的风浪就比长江上游的风浪大；江阴以下的河段航道宽度大，风浪也更大。

（4）在有潮汐影响的河口段，潮水初涨时，潮波涌入河床，形成大浪，俗称转潮浪。它对航行船舶及锚泊船都有较大的影响。

二、内河风浪对船舶航行的影响

1. 顺流船顶浪航行

船舶顺流顶风航行时风浪影响最大,对船的航行主要有下列几方面的影响:

(1)拍底现象

船舶顶着大浪航行时,上浮的船首开始下沉时受到波浪上升运动的撞击,船体产生激烈的振动,并发出巨大的撞击声,大量河水涌上甲板,这就是拍底现象。拍底现象会使船体受到严重的损伤变形,船队散架,航向偏离。

(2)甲板上浪

在顶浪航行中,船首越过波谷冲入波峰时,致使大量江水涌上甲板,称为甲板上浪。甲板上浪未及时排出,容易形成自由液面,降低船舶的稳性;甲板上浪,还会造成甲板设备、货物等严重受损;在北方寒冷的江面,甲板上浪后将使水在甲板面上结冰,船舶质量增加,船体下沉,甚至导致船舶沉没。

所以,在宽阔的江面,可调整航向做偏浪航行,使船首与波浪推进的方向呈30°~40°的遭遇角。在偏浪航行时,切忌使用大舵角调整航向,以免造成更大的上浪。

(3)打空车

顺流船顶浪航行时,当船首进入波谷或整个船身在波峰时,会出现螺旋桨露出水面的工作状态,此时,螺旋桨在空气中旋转,负荷轻,在主机功率不变的条件下,转速剧增,这种现象称为打空车。打空车会使船尾产生剧烈的振动,易损伤主机,甚至使螺旋桨脱落。

(4)船舶纵摇和垂荡

船舶在顶浪航行中,同时发生纵摇和垂荡。当船舶的纵摇周期等于风浪遭遇周期时,纵摇剧烈,螺旋桨经常打空车。船长与风浪波长相等时,极易产生中垂、中拱现象,大大损伤船体强度。同样,纵摇和垂荡的结果也会导致船队散架。

2. 顺流船顺浪航行

顺流船顺浪航行是指船舶的航向、流向和风向基本一致,即上面所述的风、流同向。此时,风、流相对速度较小,风浪较小,对船舶安全航行影响不大。但是当风级高、风浪速度高于船速时,风浪冲击船尾易发生艉淹现象,致使船舶发生偏转摆动,有时用舵也控制不住。

3. 逆流船顶浪航行

这时风、流作用方向相同,风浪不大,对船舶航行无多大影响。

4. 逆流船顺浪航行

这时风、流作用方向相反,风浪较大,但船舶航行在航道边缘的缓流区,风浪相对主流区则较小,影响也不是很大。但是风力大,浪速高时,同样易造成风浪冲击船尾发生艉淹现象,船首容易偏转,难以控制。

5. 船舶横浪航行

船舶在横浪航行时将发生强烈的左右横摇运动,而且当船舶的横摇周期与波浪遭遇周期相等时,产生谐摇,使船舶横摇加剧,甚至导致船舶倾覆。

第三节 ◉ 大风浪中的船舶操纵

船舶在大风浪中航行,无论与风浪处于何种相对位置,都会给船舶带来困难和危险。船舶在大风浪中航行,应采取措施,减轻船舶的摇荡,缓和波浪的冲击,必要时采取积极措施抛锚扎风,等待水面恢复平静再续航。大风浪中船舶的操作方法主要体现在以下几个方面中。

一、顶浪航行

如前所述,船舶在顶浪航行中,受到波浪的猛烈冲击,易造成船体受损、船舶偏航。为了保证船体免受损坏和安全航行,通常可采取以下几种方法。

1. 减速

降低航速可以有效地减弱波浪的冲击力,但需注意降低航速时必须以保证必要的舵效为限度。

2. 偏浪航行

当航向与波峰正交时,波浪对船体的冲击力最大。所以,在大风浪中一般采用偏浪(通常以30°左右角度斜向迎浪)Z字航行方法,以减轻波浪对船体的冲击。

3. 变换车速

根据波浪情况,适当地交替运用快、慢车,可以收到良好效果。

二、顺浪航行

由于波浪推进方向与船舶航行方向相同,相对速度小,冲击力也小。顺浪航行中的主要问题是保障舵效并克服因尾后来风、来浪而引起的偏转。顺浪航行的方法是加大车速使航速大于浪速,避免波浪冲击船尾,同时也提高了舵效。

三、横浪航行

内河船舶一般仅在大风浪区过河航行或回转掉头中才有这种情况,而在湖泊、水库内则有可能做较长时间的横浪航行。横浪对于船舶航行的影响是很危险的,特别是当船的横摇周期与波浪周期相近时,危险性更大,有倾覆的可能。因此应尽可能避免做横浪航行,可以采取上述"偏浪航行"的方法。

四、大风浪中掉头

不论是顶浪或顺浪航行中,若要掉头必须谨慎。一般来说从顶浪转向顺浪较为容易,而从顺浪转向顶浪则比较困难和危险,尤其是空船。对于河船,在顺直河段顶浪航行中做回转掉头较为常见。

1. 根据风浪情况及变化规律选择掉头区域与时机

（1）顺直河段的风浪分布不匀，主流区浪大，缓流区浪小；上风岸浪小，下风岸浪大。

（2）波浪大小的变化是有规律的，一般情况下，连着三四个大浪之后，必接七八个小浪，俗称"三大八小"。要利用这个规律，抓紧江面较为平静的一段时间，争取在下一组大浪到来之前完成掉头。

因此在顺直河段的大风浪中掉头，应谨慎地选择掉头时机与地点，尽可能在小浪区掉头。

2. 大风浪中掉头操作及注意事项

（1）在掉头过程中，原则上要求前冲距离要小，并减小船舶在掉头中的横倾。因此，在掉头开始时宜用慢车、中舵，力求避免掉头产生的横倾角与波浪引起的横摇角叠加，导致较大的横倾，危及船舶安全。要特别注意本船的稳性，包括货物的积载和移动的可能性以及自由液面的影响等。

（2）要求尽可能缩短掉头过程的时间，在掉头中可适时用短暂的快车和满舵，以增加舵效，既可缩短船身横向受浪时间，又可安全顺利地完成掉头任务。迎风掉头，宜先减速，在进入小浪区后，为加速回转可加大车速。

（3）若因在掉头中判断失误而遇上大浪，处于危险局面时，切忌强行掉头和急速回舵，甚至操反舵。正确的措施是及时减速并缓慢回舵，恢复原航向等待时机。

（4）当船体产生左（右）倾斜时，要避免向倾斜的高舷一侧大舵角转向，以免加剧倾斜，应尽量使船首迎风浪，然后设法使船体平正。

第四篇
船舶应变部署与应急处置

　　船舶在水上航行、停泊和作业,所处环境复杂多变,各种紧急状况随时可能发生并危及船舶、人命、财产和水上环境安全。船舶应急工作是指船舶为适应各种可能发生的紧急情况(如海损事故等)而必须开展的各项应急应变工作。本篇主要介绍船舶在各种应急情况下的应变部署要求及具体的应急处置方法。

第二十二章

船舶应变部署

为有效地控制和减少事故的发生和损失,每一船舶应当根据船舶类型、人员状况、设备以及货物装卸等情况编制各种应变部署,明确规定在紧急情况下每个人的应变岗位、应变职责和应变任务,并定期进行训练和演习,使每位船员在船舶发生紧急情况时,能根据已熟悉的应变程序采取有效的措施,有效地控制危险局面,把事故损失降低到最低程度。本章主要介绍应变部署表的编制、各种应急情况下的应变部署要求及演习要求。

第一节 ● 船舶应变部署表的编制原则

一、船舶应变部署表的编制

船舶应变部署是内河航运企业管理上的重要制度。航运主管部门统一制作了应变部署表发给船舶,船舶根据本船的具体情况编排分工,填入应变部署表,公布施行。内河船舶应变部署表没有统一规格,公司和船舶可以根据具体情况编制适合自身的船舶应变部署表,二、三类货船可参考图22-1所示的货船应变部署表进行编制。

任何船员应熟悉如下信号，一旦听到报警信号，立即就位
—— 短声　　——— 长声

人落水：— — —
消防：•••••••••••••
堵漏：• — •
弃船：•••••••• —
解除警报：———

船舶应变部署表

船名 ＿＿＿＿＿＿

消防部署			弃船部署		
编号	执行人	任务	编号	执行人	任务
01	船长	驾驶台总指挥，负责通信联络，组织施救	01	船长	发布最后对外通信联络，指挥在船人员携带必要的救生器具离船，最后离船
02	轮机长	机舱总负责，确保车舵功能，使用消器材或启动消防设施	02	轮机长	按船长命令，关停机器，携带轮机日志，穿好救生衣离船
03	驾驶员	现场指挥（水龙带、水枪）	03	驾驶员	按船长命令，携带航行日志船舶证书穿好救生衣离船
04	轮机员	使用消防器材灭火（便携式灭火机）	04	轮机员	按船长命令，穿好救生衣离船
05	水手	使用消防器材灭火（黄沙箱、太平斧）	05	水手	按船长命令，穿好救生衣离船

救生部署			液货应变部署		
编号	执行人	任务	编号	执行人	任务
01	船长	驾驶台总指挥，负责通信联络，组织施救	01	船长	上驾驶台指挥，确保船上人员处于安全位置，如有液货泄漏入江，向当地政府和海事机关报告
02	轮机长	机舱总负责，确保车舵功能	02	轮机长	确保机器开启，停止液货泵，必要时指挥轮机员启动消防泵
03	驾驶员	现场指挥，抛救生圈、救生衣、救生绳	03	驾驶员	使用防污器材，防止液货泄漏入江
04	轮机员	协助放划子，抛救生圈、救生衣、救生绳	04	轮机员	协助大副排除泄漏险情
05	水手	放划子，抛救生圈、救生衣、救生绳	05	水手	协助大副排除泄漏险情

堵漏部署			
编号	执行人	任务	
01	船长	驾驶台总指挥，负责通信联络，组织施救	
02	轮机长	机舱总负责，确保车舵功能，启动排水设备，负责排水	
03	驾驶员	现场指挥，使用堵漏器材堵漏	
04	轮机员	使用堵漏器材堵漏	
05	水手	使用堵漏器材堵漏	

船长 ＿＿＿＿＿＿

图 22-1　货船应变部署表

（一）船舶应变部署表的编制原则

1. 合理分配人员

编制应变部署表时，应结合本船的船舶条件、船员条件、客货条件以及航区自然条件，具体制定符合本船实际情况的应变部署表。对人员任务应根据船员数量、技术特长、担任职务、实际能力甚至年龄结构做出最合理的安排，人员的安排应有利于应变任务的完成，可以一职多人或一人多职，关键岗位与关键动作应指派技术熟练、经验丰富的人员。

2. 人员岗位编号

船员的组成会有所变更，但应变任务及岗位职责是不变的。每个船员的应急岗位及职责取决于其编号及应变类别。故应变部署表上应列出编号及规定的岗位任务，同时列出船员姓名。即使因船员变动而使姓名改变，但编号不应改变，亦即应变卡上的岗位和职责同应变部署表上的编号所列出的任务是一致的。

3. 应变岗位与职责

应变部署表应明确指派给每个船员的应急任务及要求。在编排应变岗位时，应充分考虑船舶需要、船员能力、部门特点等情况，合理安排船员的应变岗位，保证船舶在应变时能发挥船员最大的力量。分配给船员的具体应变任务，应与其日常工作相似。例如，甲板部人员的应变任务是准备水带及救生艇，轮机部人员的应变任务是准备机舱内的消防软管。

4. 统一的应变信号

应变部署表应明确规定各种应变部署的应变信号，通常采用汽笛、钟声或警铃等发出应变信号均应由驾驶台加以控制。

5. 审核与公布

开航前填写完应变部署表后，交船长审查，船长签字后，应变部署表生效，同时告知全体船员。应变部署表应张贴或布置于驾驶台、机舱、餐厅、主要走廊和其他人员集合场所。根据应

变部署表中船员的任务和职责,制成应变任务卡,置于船员的床头或显要位置。船员上船后应熟悉应变任务,做到听到应变部署信号即能迅速完成应变部署规定的任务。如人员变动较大或船舶某些设备有重大变动,应对应变部署表进行修订,必要时重新编制。

二、船舶应变部署表的内容

以货船应变部署表为例,一般应变部署表应包括以下内容:

(1)船名、船公司、船舶识别号。

(2)各类应变警报信号。

(3)救生设备(包括救生衣、救生服、救生圈、双向无线电话等)所在位置。

(4)消防设备(包括消防员装备、二氧化碳间、手提式泡沫枪、消防栓与消防水龙、应变消防泵、手提灭火器、消防控制站等)所在位置。

(5)船员姓名、编号、职务。

(6)弃船救生动作及执行人。

(7)降放救生艇动作与任务及执行人。

(8)救生部署、消防部署。

(9)关键人员受伤后的替换者。

(10)船长签署及公布日期。

三、船舶应变部署表的布置及应变须知

1.船舶应变部署表的布置

(1)应变部署表应配备张贴在船上人员经常聚集或活动的场所,如通道、走廊、餐厅、活动室、会议室、旅客舱室等场所。

(2)应变任务卡应按照应变部署表中的对应要求,由主管人员在开航前填写并告知船员本人。应变任务卡应每个船员一张,放置在船员房间内的明显位置。应变任务卡必须填写船员姓名、编号、职务,遇有人员变动时,必须重新填写。应变任务卡如图 22-2 所示。

(3)客船上每位旅客的床头也应配备一张应变任务卡。旅客使用的应变任务卡只填写任务,不需要填写姓名、编号。

2.应急须知

(1)每个船员应有一张应变任务卡,详细说明其应履行的特殊职责。船员上船到职时,应立即熟悉其应变岗位的位置与职责。

(2)听到应变演习信号时,全体船员应按指示履行其特定职责,航行值班船员仍应正常值班。

(3)应变人员听到警报信号时,应立即携带相应设备到集合点,准备行动。参加弃船演习的每一个人都应穿救生衣。

(4)救生演习时,客船上管事部人员应指挥旅客穿好衣服及救生衣,到登救生艇地点集合。

应变任务卡						
编号	职务	姓名	弃船搭乘筏号			
1	船长		艇号		筏号	
消防时	总指挥					
弃船时	携带船舶证书及重要文件登筏					
人落水	驾驶室内总指挥,值班、通信及指向					
堵漏时	驾驶室内,总指挥					
溢油时	船用油溢油/供油溢油:驾驶台/溢油现场,总指挥,对外联系,执行应急计划					
应变警报信号	消防	·········连续短声	溢油		·——·一短两长一短	
	弃船	·······—七短一长	防海盗		——一长声 30 s	
	人落水	———三长声	解除		——一长声 6 s	
	堵漏	——·两长一短声	岸电话		12395	

图 22-2　应变任务卡

（5）船舶发生火灾时,发现失火的人员要立即报警、通知驾驶台,做好防护和隔离,并就地取用消防设备进行灭火。消防队员听到失火应变信号时,应立即启动消防水泵,关闭通风筒,并停止所有风扇及鼓风机工作,消防水带立即引至失火地点。

（6）听到"人落水"信号,应抛出救生圈,停车,派人到高处瞭望。放出下风舷救生艇,准备救援。

第二节　● 船舶应变警报信号

船舶应变警报信号通常用警铃或汽笛发送,客船上还必须用广播通知旅客。

1. 消防

一阵船钟（警铃或汽笛短声）后,再加不同次数短声指明火灾区域,连放 1 min,另用扬声器指出火灾的区域。

（1）一阵船钟（警铃或汽笛短声）后,敲一响（鸣一声）,表示船舶前部失火。

（2）一阵船钟（警铃或汽笛短声）后,敲二响（鸣二声）,表示船舶中部失火。

（3）一阵船钟（警铃或汽笛短声）后,敲三响（鸣三声）,表示船舶尾部失火。

（4）一阵船钟（警铃或汽笛短声）后,敲四响（鸣四声）,表示船舶机舱失火。

（5）一阵船钟（警铃或汽笛短声）后,敲五响（鸣五声）,表示船舶上甲板失火。

2. 进水堵漏

警铃或汽笛两长一短声（——·）,连放 1 min。

3. 人员落水

警铃或汽笛三长声（———），连放 1 min。

（1）右舷有人员落水：警铃或汽笛三长声一短声（———·），连放 1 min。

（2）左舷有人员落水：警铃或汽笛三长声两短声（———··），连放 1 min。

4. 弃船

警铃或汽笛七短声继以一长声（·······—），连放 1 min。

5. 救生

警铃或汽笛一长一短一长一短（—·—·），连放 1 min。

6. 油污

警铃或汽笛一短二长一短（·——·），连放 1 min。

7. 解除警报

警铃或汽笛一长声（—），持续 6 s，或以口令宣布。

第三节 ◉ 各种应变部署要求

　　船舶各种应变部署要求是船舶发生紧急情况后参加应变的船员的职责和对应采取的应变措施所做的明确分工和规定，主要包括船舶消防、救生、弃船、人落水以及油污应变部署的要求。

一、消防应变部署

　　消防应变部署见表 22-1。

表 22-1　消防应变部署

船员编号	职务	负责部位	职责
1	船长	驾驶台	总指挥，操纵船舶对外联络，执行应急计划
2	驾驶员	火灾现场/驾驶台	现场指挥，机舱火灾现场协助指挥人员；驾驶台值班，协助船长对外联络；管理操纵二氧化碳灭火系统，按船长命令释放
3	轮机长	火灾现场/机舱	机舱火灾现场指挥，在非机舱火灾现场协助指挥人员
4	轮机员	火灾现场/机舱	管理机舱设备，操纵主机；管理操纵辅机和应急发电机，控制有关阀门，切断有关电路，关闭风机、防火门窗、舱口、孔道、通风筒；管理操纵应急消防泵，隔离火场附近易燃物
5	其他人员	火灾现场	消防员，携带手提灭火器材，穿着探火服探火；关闭防火门窗、舱口、孔道、通风筒，隔离火场易燃物；检查厨房火情，关闭有关通道。救护队，带急救箱，抬担架进行救助

二、救生、弃船应变部署

救生、弃船应变部署见表22-2。

表 22-2　救生、弃船应变部署

船员编号	职务	负责部位	职责
1	船长	驾驶台	总指挥,操纵船舶对外联络,弃船时携带船舶证书、国旗、重要文件最后上救生艇
2	驾驶员	救生甲板	清点艇员人数,指挥放艇,携带双向 VHF;释放遇险求救信号,携带有关航行日志等重要资料,协助船长工作;操纵艇内自动脱钩手柄,使艇与吊钩脱开
3	轮机长	机舱/救生甲板	弃船前负责机舱工作,携带轮机日志到救生艇;检查登乘人员救生衣穿着情况
4	轮机员	机舱/救生甲板	关闭有关机器,操纵遥控阀门,操纵主机;管理机舱设备;弃船前协助轮机长工作;关闭所有通往机舱的门窗、天窗,停止所有机械设备;随艇下,管理救生艇艇机
5	其他人员	救生甲板	操纵救生艇架释放装置,释放救生艇;负责关闭水密门、防火门、阀、泄水孔、舷窗、天窗等其他类似开口;打开艇索脱钩,稳索,协助释放救生艇;携带额外食品、毛毯、保温服

三、人落水应变部署

人落水应变部署见表22-3。

表 22-3　人落水应变部署

船员编号	职务	负责部位	职责
1	船长	驾驶台	总指挥,操纵船舶对外联络,执行应急计划
2	驾驶员	救生甲板/驾驶台	指挥放艇,清点艇员人数,携带双向 VHF,操纵艇内自动脱钩手柄,使艇与吊钩脱开;驾驶台值班,协助船长做好记录
3	轮机长、轮机员	救生甲板	随艇下,管理救生艇艇机
4	其他人员	救生甲板	操纵救生艇架释放装置,释放救生艇;管理吊艇索、艏缆、止荡索,带艏、艉缆,打开救生艇脱钩。投放救生圈,搜救落水人员;协助落水人员登乘;救护落水人员

四、船舶堵漏应变部署

船舶堵漏应变部署见表 22-4。

表 22-4　船舶堵漏应变部署

船员编号	职务	负责部位	职责
1	船长	驾驶台	总指挥,操纵船舶对外联络,执行应急计划
2	驾驶员	堵漏现场	现场指挥;堵漏队员,携带堵漏器材,听从现场指挥安排;驾驶台值班,协助船长做好记录
3	轮机长	机舱堵漏现场	机舱漏水时的现场指挥
4	轮机员	堵漏现场	堵漏队员,携带堵漏器材,听从现场指挥安排
5	其他人员	堵漏现场	携带堵漏器材,听从现场指挥安排

五、船舶溢油应变部署

船舶溢油应变部署见表 22-5。

表 22-5　船舶溢油应变部署

船员编号	职务	负责部位	职责
1	船长	驾驶台/溢油现场	总指挥,操纵船舶对外联络,执行应急计划
2	驾驶员	溢油现场	甲板溢油现场指挥,机舱溢油现场协助指挥人员清除溢油;准备消防器材、救生艇,协助指挥放艇,随艇下回收清除溢油;驾驶台值班,协助船长做好记录
3	轮机长	溢油现场	机舱溢油现场指挥,在甲板溢油现场协助指挥人员清除溢油
4	轮机员	机舱/溢油现场	关闭通风、油路,回收清除溢油;采取应急措施,控制有关阀门,防溢油扩散;携带应急防污器材如棉纱、吸油毡,回收清除甲板溢油,协助放艇,操作艇机
5	其他人员	溢油现场/ 回收现场	检查甲板排水孔,关闭有关通道;携带防污器材,协助放艇,回收清除溢油

第四节　◉　船舶应变部署演习规定及注意事项

船舶应变部署应根据应变性质和船员的职务、工作能力、特长等来安排每个人的岗位和职责。船长始终是船舶各类应变部署的总指挥。

一、船舶应变演习准备工作

1.编制应变演习计划

根据本船的类型、配员情况等,编制相应的应变计划,包括船舶应变部署表、船舶油污应变部署表、应变任务卡、船舶应变响应计划等。船舶应变部署表等按规定在船上有关场所张贴布置。

2.制定应变反应程序

结合本船的类型、航线、挂港、货物情况等,制定相应的应变反应程序,包括船舶火灾应变反应程序、船舶爆炸应变反应程序、船舶碰撞应变反应程序、船舶触礁/搁浅应变反应程序、船舶破损进水应变反应程序、船舶油污应变反应程序、弃船应变反应程序、人员落水应变反应程序、货物移动应变反应程序、船舶严重倾斜应变反应程序、临近战争危险/遭遇保安威胁应变反应程序等。

3.熟悉应变岗位职责

通过制订船舶应变计划和应变反应程序,明确规定船员的应变岗位和应变职责,并采取船舶应变演习等适当的方法,使船员熟悉各自的应变岗位和应变职责。

4.应变训练和授课

按照规定对船员进行船舶救生、消防设备用法的船上训练,并向船员讲授船舶消防、救生设备用法和水上救生须知方面的课程。

5.保持应变设备和器材的有效

按照维护保养计划对船上的应变设备和器材进行维护保养、检查和试验,确保这些应变设备和器材处于有效、随时可用状态。

6.组织各种应变演习

按照有关规定,以一定的时间间隔应变演习,包括消防演习、人落水演习、弃船演习、油污演习、应变操舵演习、保安演习。通过应变演习,使船员提高安全意识,熟悉应变岗位与职责,熟悉掌握各种应变设备的操作技能,同时检验各类应变器材、设备的技术状态。

二、各类船舶应变部署演习要求

1.消防演习

(1)每次消防演习应包括:

①去集合地点报到,并执行应变部署表中规定的任务。

②检查是否按规定携带指定的器材。

③检查消防员装备和其他人员的救助设备。

④启动一个消防泵,要求至少射出两股水柱,以表明该系统处于正常的工作状态。

⑤检查有关通信设备。

⑥检查演习区域内水密门、防火门、防火闸和通风系统的主要进、出口的操作情况。

⑦检查供随后弃船用的必要装置。

（2）消防演习应根据消防演习计划进行。在制订消防演习计划时,应充分考虑船型和载货等船舶的实际情况。

（3）每次消防演习时,可分别模拟机舱着火、厨房着火、生活区着火、货舱着火,进行相应的火灾报警、鸣放警报信号、集合、关闭通风、组织探火、灭火等消防程序的演练,以及演习结束后的讲评,最后宣布演习结束。

2. 弃船演习

（1）每次弃船演习应包括的内容:

①先使用报警系统,然后通过公共广播或其他通信系统宣布进行演习,将乘客和船员召集至集合站,并确保他们知道弃船命令。

②向集合地点报到,并执行弃船规定的任务。

③查看船员和旅客穿着是否合适,是否正确穿好救生衣。

④完成必要的准备工作后,至少降下一艘救生艇。

⑤启动并操作救生艇发动机。

⑥操作降落救生筏所用的吊筏架。

⑦模拟搜救几位被困于客舱中的乘客。

⑧介绍无线电救生设备的使用方法。

（2）按计划进行弃船演习,每艘救生艇应每3个月在弃船演习时降落下水一次,并指定操作的船员进行水上操纵。在这样的演习中,救生艇降放时可不乘载操作的船员。

（3）航行中降落救生艇演习时,应在遮蔽水域进行,并在有演习经验的驾驶员监督下进行。

（4）每次弃船演习应试验供集合和弃船用的照明系统。

（5）在每次进行弃船演习时,应进行鸣放弃船信号,完成弃船前的甲板和机舱自我保护动作、集合、放艇（筏）前的检查、放艇（筏）、回收艇筏等弃船程序的演练,以及演习结束后的讲评,最后宣布演习结束。

3. 人员落水演习

（1）在船上举行的人落水演习应包括的内容:

①向船长报告,鸣放人落水警报信号,模拟观察和抛掷救生圈。

②向集合地点报到,执行应变部署表中规定的任务。

③检查是否按规定携带指定的器材。

④做好放艇准备。

⑤检查参加演习的人员是否熟悉相应的应变职责,能否按应变部署表中规定进行人落水应变操作。

（2）按计划进行人落水演习,在每次进行人落水演习时,应进行鸣放警报信号,操船甩尾,模拟观察和抛掷救生圈、集合、模拟放艇等人落水应变程序的演练,以及演习结束后的讲评,最后宣布演习结束。

4. 油污演习

（1）在船上举行油污演习应包括的内容:

①检查、试验有关油污警报和通信系统。

②发出油污警报，去集合地点报到，执行规定任务。

③检查参加演习人员是否熟悉自己油污应变职责，能否按应变计划中规定进行油污应变操作。

④模拟向公司及有关主管机关报告。

⑤演练关闭阀门、堵塞甲板排水孔、甲板围栏和收集溢油、清除溢出舷外的溢油等油污应变行动。

（2）在制订油污演习计划时，应充分考虑油污应变计划中的要求；油污演习可以和其他演习联合进行。

（3）在每次油污演习时，应进行鸣放警报信号，集合、关闭阀门、堵塞甲板排水孔、模拟收集溢油等油污应变程序的演练，以及演习结束后的讲评，最后宣布演习结束。

5. 应急操舵演习

（1）每次在船上举行应变操舵演习应包括的内容：

①在舵机间对舵机的直接控制。

②驾驶台与舵机间的通信程序。

③转换动力供应的操作。

④应变操舵演习应按计划进行。

（2）每3个月至少进行一次应急操舵演习试验，每次演习前应对应变操舵装置各部件进行检查，在演习中应模拟舵机故障及故障检查和排除、在舵机间进行应变操舵、在驾驶台与舵机间进行通信、进行操舵装置的动力转换的演练。演习结束后应进行讲评，最后宣布演习结束。

三、船舶应变演习注意事项

（1）应急演习应当以适当的时间间隔进行，既要保证全船处于良好的可随时应急的状态，又不至于干扰船上的正常工作。船长可根据情况和需要，酌情增加应急演习。

（2）结合演习检验消防、救生、堵漏、油污染处置等各种器材与设备是否处于良好的状态，全体船员是否能熟练地操作和使用各种器材与设备。

（3）所有适用内河船舶法定检验技术规则的船舶应该进行演习，消防演习一般每月一次，高速船舶每周一次；救生演习客船一般每月一次，其他船舶每季度一次。在一港换船员时，若25%以上的船员未参加上个月的演习，应在离港后24 h内举行弃船、消防演习。

（4）客船每周进行一次弃船和消防演习，每次演习不必全体船员都参加，但每位船员应每月参加弃船和消防演习各一次；船舶防油污应变演习、应急操舵演习每3个月进行一次，堵漏演习每6个月进行一次；主机失灵、全船失电、碰撞、搁浅、人员伤病、防海盗、货物移动等的演习每年进行一次。

（5）演习前5 min应悬挂演习信号（"UY"信号旗组）。

（6）在施放应急警报信号后，参加演习的船员应在2 min内到达指定地点集合；消防演习时，消防泵5 min内出水；弃船演习时，5 min内将艇放至水面。

（7）演习的起止时间、地点、演习内容和有关情况，如实正确地记入航行日志的重大记事栏内。

（8）演习时一定要从实际出发,可以是单项的,也可以是综合的。演习不但要在白天进行,而且还要在黑夜进行。

（9）演习结束后,演习中所使用过的应急设备应立即恢复到原状。

第二十三章
应急处置

发生各种危及船舶、人命和环境安全的紧急事件时,船长(驾长)应尽最大努力采取自救行动。船舶应急处置就是指在船舶发生各种意外事故和紧急情况时按照应变部署的要求采取紧急处置方法和措施,各种应急处置情况均应按规定记入航海日志、轮机日志中。本章主要介绍碰撞、搁浅与触礁、火灾、救生、弃船、舵失灵、车叶绞缠、主机失灵、走锚及油污应急处置等。

第一节 ● 船舶应变行动基本程序

不论船舶发生哪种紧急情况需要应变、船舶在应变时采取哪种具体的应变方案,其应急行动的基本程序大体相同。

一、初级阶段的应变行动

在船舶应变的初始阶段,应变行动的基本程序为:
(1)发现险情者报警。
(2)对险情进行初步控制。
(3)确定紧急情况的性质。
(4)通过一定手段获得与险情有关的信息以及应急所需要的信息。
(5)组建应急反应小组,准备应急设备与器材。
(6)确定应急方案。

(7)召集船员按应急预案或商定的应急方案进行应变行动。

二、应变阶段的应变行动

在船舶应变阶段,应变行动的基本程序为:

(1)实施应变预案或商定的应变方案。

(2)对实施应变预案或商定的应变方案的效果予以评估。

(3)及时调整应变方案和应变行动。

(4)必要时寻求外部援助。

(5)必要时,为保护人命安全而采取某些特别行动(如弃船等)。

三、善后阶段的应变行动

(1)监控事故现场,详细检查现场,确认事故隐患已经消除,应急人员方可撤离现场。

(2)使用过的应急设备恢复正常状态。

(3)做好事故过程相关记录,向公司、附近海事部门报告船舶状况。

(4)恢复船舶的正常航行或停泊状态。

第二节 ◉ 船舶各种应急处置

一、船舶碰撞应急处置

(一)船舶碰撞应急程序

船舶(队)发生碰撞事故后可能会造成断缆散队、货物泄漏、污染环境、火灾/爆炸、人员伤亡、船体损坏进水直至沉没等事故,船舶可以采取下列应变措施。

(1)船舶发生碰撞后,驾驶台应立即报告船长和通知机舱。船长应立即向公司和附近海事部门报告。

(2)船长应组织全体船员尽力自救;在不严重危及自身安全的情况下,根据船长指示救助对方船上的船员及旅客,并设法尽量减轻对方船舶因碰撞而造成的损失。

(3)如碰撞造成油污、火灾、人落水等,应立即发出油污、消防、人落水等应变警报信号。有关船员应根据发出的警报信号,按应变部署表中规定的分工和职责,携带指定的器材到现场参加应变。

(4)船长要及时与对方船舶进行联系,了解对方船舶是否有沉没危险和人员伤亡等情况,并尽可能向其提出抢险建议。当对方船舶发生沉没时,船长应立即组织本船船员搜救他船落水人员并进行救助。

(5)现场指挥到达现场后应立即与驾驶台取得联系。指挥有关人员连续测量观察淡水舱、污水沟(井)、各油舱(柜)、干隔舱等有无进水以及水位变化情况;测量船舶周围水深,尤其是船首、尾的水深变化情况;检查货物有无移位、倒塌。如本船装有遇水燃烧或吸水膨胀的货物,应根据具体情况及时妥善处理(包括抛弃货物)。

(6)如碰撞导致船体结构损坏、船壳破损、进水等紧急情况,应立即组织力量排水、堵漏,进水严重时应设法抢滩。如碰撞引起火灾,应立即启动消防应变部署。如碰撞引起油污染,应立即按船上的油污应变部署和油污应变计划进行应变。如碰撞后导致人员受伤,应立即组织抢救。如本船有沉没危险,应根据船长的命令迅速发出求救信号,并做好弃船准备。

(7)与相碰撞船舶互通报船名、国籍、船籍港、始发港、目的港;迅速向海事部门报告;采取措施,设法保持或恢复船舶的续航能力,并按要求到达指定地点。

(二)船舶堵漏

当船舶由于碰撞、触礁、搁浅、爆炸等原因而使船体破损进水时,有可能导致船舶丧失稳性而沉没。因此,当船舶发生海损事故,造成船体破舱进水时,只要有可能,应及时采取正确堵漏抢险措施,避免更大损失。

1. 堵漏器材的种类

船舶堵漏器材,根据船舶破损情况及堵漏方法的不同,常用的有如下几种:

(1)堵漏毯

堵漏毯又称防水席,船舶破损时,用以从舷外遮挡破洞,限制进水流量,是为进一步采取堵漏措施而使用的临时应急器材。堵漏毯有轻型和重型两类。尺度规格一般有 2 m×2 m、2.5 m×2.5 m 和 3 m×3 m 等。轻型堵漏毯由三层 2 号帆布重叠,按经纬缝法制成,堵漏毯一面缝有油麻绒,堵漏时将有麻绒的一面贴在破口处增加水密。其四周有白棕绳,并嵌有眼圈供连接绳索用。备有四根钢管,必要时可插入堵漏毯中特制的夹袋内,使用时防止堵漏毯被压吸入破洞。重型堵漏毯是用钢丝编制成的正方形网,两面都用帆布缝牢,四周有钢丝绳。重型堵漏毯大而重,操作不便。一般船上都备有 2.5 m×2.5 m 的轻型堵漏毯,如图 23-1 所示。

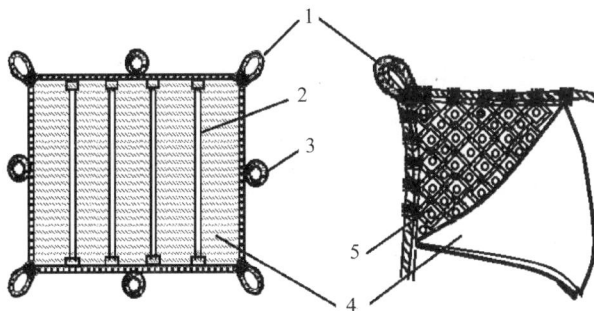

图 23-1　轻型堵漏毯
1—绳环;2—钢管;3—眼圈;4—帆布;5—钢丝网

(2)堵漏板

堵漏板是用来堵周围平整的中小型破洞、裂口的板件,由两层木板以纹理纵横交叉的方式重叠钉成。其规格大小不一,但宽度须小于肋骨间距,厚度应随规格的增大而增大,一般船舶备有 300 mm ×300 mm ×10 mm 以下的用木板制成的堵漏板。堵漏时,应在板和破洞间放置软垫,以增加水密程度。也可在板中先钻好孔,然后用堵漏螺丝杆扣紧在破损部位。因结构不同,堵漏板分为软边堵漏板、活页堵漏板等,如图 23-2 所示为软边堵漏板,图 23-3 所示为活页堵漏板。

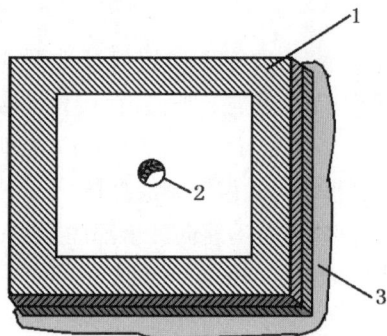

图 23-2　软边堵漏板
1—堵漏板；2—孔眼；3—软垫

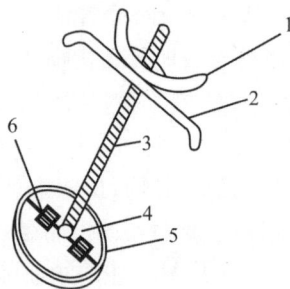

图 23-3　活页堵漏板
1—蝶形螺帽；2—撑架；3—活动
螺杆；4—橡皮衬垫；5—堵漏
板；6—铰链

（3）堵漏盒

堵漏盒是用木材或钢板制成的无底方盒，开口的四周镶有橡皮垫，上盖板中间开有小孔以便与螺丝杆连接，适用于船舶破洞向舱内翻卷的洞口。使用时将堵漏盒盖住洞口，并用支柱或螺丝杆固定。钢板堵漏盒必要时可用角铁焊牢在船体上。堵漏盒如图 23-4 所示。

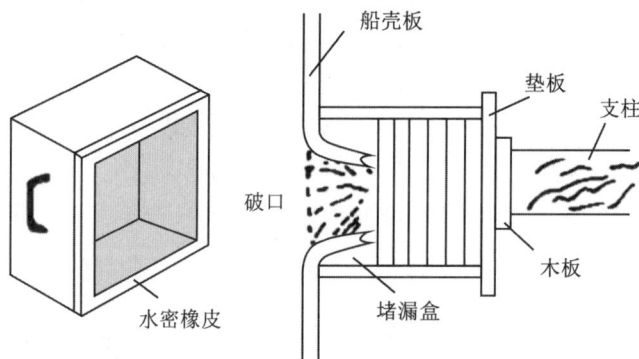

图 23-4　堵漏盒

（4）堵漏螺丝杆

堵漏螺丝杆是在船舶破损堵漏时，用以固定和扣紧堵漏板或堵漏盒的螺杆夹紧器。其有下列几种：

①T 形堵漏螺丝杆

有固定和活动两种螺丝杆。活动 T 形堵漏螺丝杆，在螺杆一端装设活动横杆，使用时，可以折合后插进不同形状的破洞，一般螺丝杆与横杆的长度均为 600 mm，其特点是操作方便；固定 T 形堵漏螺丝杆，横杆垂直固定于螺杆，一般长度仅为 500 mm，其用途与活动螺丝杆相似，缺点是横杆不能活动，操作不便，堵塞漏洞的大小亦受限制，如图 23-5 所示。

②钩头堵漏螺丝杆

螺杆前端弯成钩形。使用时，用结实木板或铁板垫上软垫子，选几个适当的位置钻孔，将钩头穿出孔外，钩在漏洞外周围的船壳钢板上，上紧螺帽。其特点是便于堵塞卷边向舷外的漏洞，如图 23-6 所示。

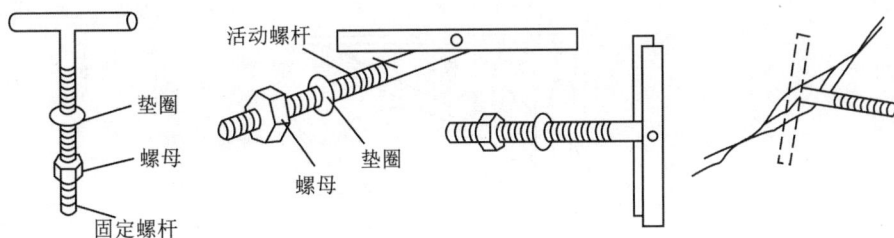

图 23-5　T 形堵漏螺丝杆

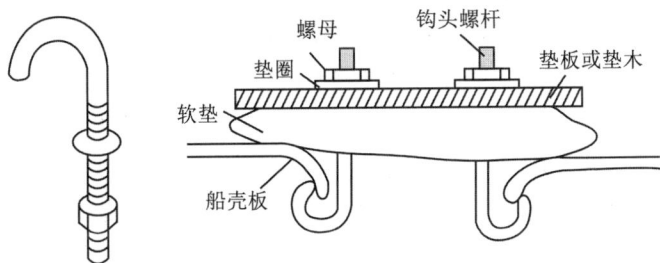

图 23-6　钩头堵漏螺丝杆

（5）堵漏木塞和木楔

堵漏木塞是以质软、不易劈裂的橡木或杉木制成，用来堵塞 5~150 mm 的圆形或近似圆形的破洞、铆钉孔或破损管的器材，使用时便于打紧，被水浸泡膨胀后将卡得更紧，不易滑脱；堵漏木楔是用以垫塞支撑柱两端和船体结构间的空隙、加固堵漏器材或堵塞船体裂缝的木楔，用松木等轻质木料制成。堵漏木塞、木楔分平头和尖头两种，顶角以 5° 为宜，如图 23-7 所示。

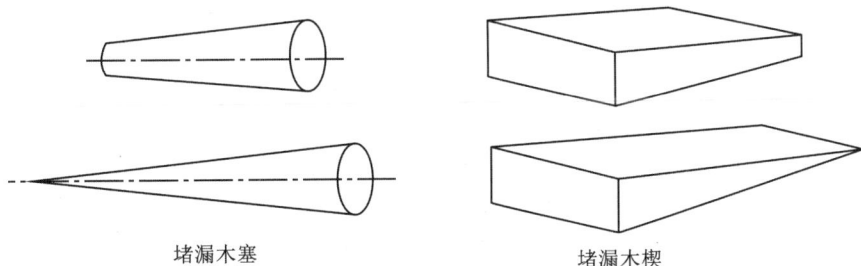

图 23-7　堵漏木楔和木塞

（6）堵漏支撑柱

堵漏支撑柱是用于临时支撑堵漏器材的木柱，一般与堵漏垫木、堵漏木楔等配合使用。堵漏支撑柱一般为用松木制成的圆形或方形的长条木材，要求干燥、无裂缝、无虫伤、端部平整，如图 23-8 所示，

（7）堵漏垫板

堵漏垫板是垫在堵漏器材背面或下面的木板，一般厚 25~50 mm，如图 23-8 所示。

其作用是加强堵漏用具的强度，并使支撑柱顶端的力平均分布在堵漏用具上；或使支撑柱底端力平均分布在甲板及其他支撑结构上。

2. 堵漏方法

船舶堵漏分为舱内堵漏和舷外堵漏，视船舶破损情况选择使用，提高堵漏效率。舱内堵漏

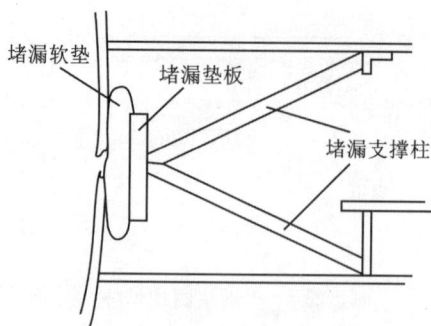

图 23-8　堵漏支撑柱

必须正确对舱内进水量进行估算,并同时采取排水、隔离和保持船舶平衡相关措施。

（1）进水量及孔洞水压力估算

破损进水位置、进水量及孔洞水压力,可用听、看、测等方法来判断:

①双层底舱进水,空气管和测水管会有出气声;大舱进水可从舱口听到流水声;邻舱进水可根据敲击舱壁板发出的声音来判定水位。

②在舱内可查看到水位的动向;当进水水位超过破口时,水面会冒出气泡,从气泡的位置可确定破口的肋骨号数;由气泡的大小和间隔时间可推测破洞的大小。

③全面测量各污水沟和压水舱,可确定何舱进水。如舱内装满了货物,无法测定破口的确切部位,则可用带长柄的寻漏网或薄铁板在舷外水面下探测破口位置。

寻漏网又称漏洞探测器,是从舷外探查船体漏洞准确位置的工具,如图 23-9 所示。它以直径 5 mm 的铁丝做成直径 0.5 m 的圆圈,用帆布缝成平面并固定于刻有深度标记的长竹竿上。使用时,从甲板上顺着船舷把漏洞探测器置于舷外水面以下,紧贴船壳板上下左右移动,感觉有吸扰现象时,即为漏洞所在,根据标记高度还可估算出孔洞水压力大小。

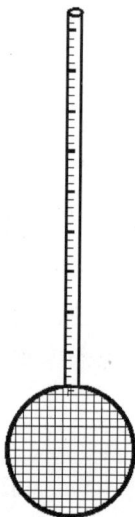

图 23-9　寻漏网

中华人民共和国内河船舶船员适任考试培训教材

（2）排水和保持船舶平衡的方法

①排水方法

发现船体破损进水后，应立即通知机舱对破损舱室进行排水。一般舱底水系统的排水能力由排水总管的内径大小来确定。平时应对排水总管单位时间的排水能力有明确的数据概念，以方便应急时进行估算。

②保持船舶平衡的方法

船体破损进水后如发生过大的横倾或纵倾，易使船舶丧失稳性而发生倾覆的危险。船舶驾驶人员必须密切注视是否发生倾斜，及早采取措施，保持船舶平衡。通常有下列三种方法：

a. 移载法

利用燃油和水来调整倾斜，即将油水驳到破漏的相反一侧。这种方法不消耗储备浮力，但必须配备强大的动力，否则效率较低。

b. 排出法

用抛弃燃油和水来调整倾斜，即将倾斜一侧油舱或水舱内的油、水排出。这种方法同样需要强大的动力。抛弃时首先考虑上层的和自由液面较大的燃油和水，以保证稳性。

c. 灌注法

向破损舱室对称位置的舱室内灌水。此法效率高，但损失储备浮力，只适用于水密分舱多的船舶。灌注时，先灌低的、小的舱室。

以上三种方法也可先后采用或同时采用，进行综合平衡。当船舶处于紧急倾覆危险状态，宁可消耗储备浮力以换取稳性来赢得时间，以便抢救文件和贵重物品以及放下救生工具救助人员脱险。

（3）堵漏方法与要点

①舷外堵漏法

a. 堵漏毯堵漏法

先将堵漏毯的正面朝上铺在破口上方的甲板上，将堵漏毯底索（附有链条）自船首套到船底，沿两舷拉到破漏处。前后张索由舷侧绕过船首与船尾并固定在船首、尾的甲板上。将底索的一端和堵漏毯一角的眼环相连，在相对的一舷绞收底索的另一端，使堵漏毯沿船舷缓缓沉入水中。此时堵漏毯另一角的管制索控制毯的下沉深度，直到盖住破洞处，然后固牢管制索，并收紧底索和前后张索即可阻止水进舱内。堵漏毯堵漏法如图23-10所示。

b. 空气袋堵漏法

空气袋用坚韧的橡胶帆布或等效材料制成，有球形和圆柱形两种。袋面有突出的打气气嘴，使用时把袋塞入漏洞，利用潜水空气泵将空气打入袋内，空气膨胀后即将漏洞口严密地堵住。

c. 瓦斯袋堵漏法

瓦斯袋是用坚韧的橡胶帆布或其他等效材料制成的，为圆球形，袋里有一个产生 CO_2 气体的药筒，当受到摇动后立即放出 CO_2，将瓦斯袋膨胀起来以堵住漏洞。为了预防瓦斯袋因压力过大而破裂，袋上还装设有一安全保险阀。

②舱内堵漏法

a. 螺丝杆堵漏垫堵漏法

将一个直径360 mm、厚140 mm的圆形软垫和两块同样直径的厚木垫板穿在一根活动螺

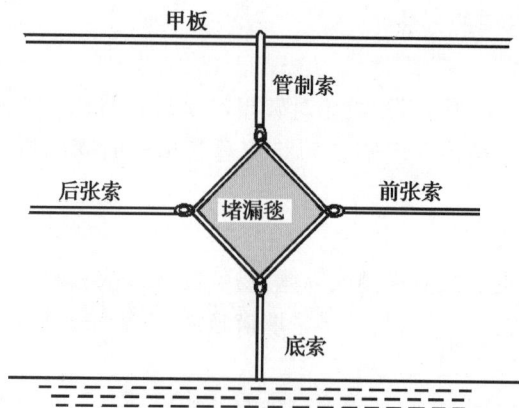

图 23-10　堵漏毯堵漏法

丝杆上,将螺丝杆的横杆与螺丝杆并拢成一直线,伸出漏洞外,再使横杆张开,紧靠外板,旋紧螺帽,压紧软垫以堵塞漏洞,如图 23-6 所示。

b. 活页堵漏板堵漏法

活页堵漏板如图 23-3 所示,可用来堵塞卷边向内的破洞。先将堵漏板折叠起来送出漏洞外,然后打开堵漏板拉紧,并将螺丝杆套上撑架,旋紧蝶形螺丝帽即可将漏洞堵塞。该法一般用于直径 300 mm 以下的圆形或近似圆形的漏洞。

c. 支撑堵漏法

支撑堵漏法是在破洞处填上棉絮或床垫等,再压以垫板,然后用撑木撑紧。支撑方式按破洞位置和舱内纵横构件的具体情况而定。必须注意,凡支撑木柱两端要以面连接,不能以线连接,否则撑不紧固。图 23-8 所示就是支撑堵漏法的一种。

d. 水泥堵漏法

水泥堵漏法是目前船上使用最广泛的堵漏方法,不仅适用于前述各种破洞堵塞,而且对于舱角、角钢等难以堵塞的破漏也能解决。水泥凝固后有良好的水密性和一定的强度。水泥堵漏时,先排除积水,再用前述各种方法堵塞破洞。然后,以 400 号或 500 号优质水泥、黄沙、盐或小苏打,按三者 1∶1∶1 的比例加水调拌成水泥浆,倒入特制的水泥模板框箱内捣固。倒入时,可择水弱处先填,逐步包围,形成一股或二股水时,用竹筒斜插进去,作泄水管,把水引出箱外;而后将箱内水泥捣实,待约 24 h 后水泥凝结或竹筒中余水流净,用木塞裹上棉絮把竹筒堵死即告完成。

e. 各种小洞堵漏法

较小的洞,可以用布或棉絮包住木塞,塞住洞口或裂缝,用木槌打,在敲打时,不能用力过大,以防打碎;较小的裂缝,先在裂缝两端各钻一个小孔,再用浸过油漆的破布或棉絮包裹木楔,然后用锤子一个一个沿缝顺次打入裂缝;较大的洞口,先用各种较大的木塞或木楔塞住洞口,再用小的塞紧,如图 23-11 所示。

3. 堵漏器材的保管要求

船舶配备的堵漏器材必须常备不懈,妥善保管。

(1)对堵漏器材的保管实行"三专",即指定专人负责保管和保养各种堵漏器材;堵漏器材存放在专门规定的地点;任何堵漏器材专用于船舶堵漏,平时不准移作他用。

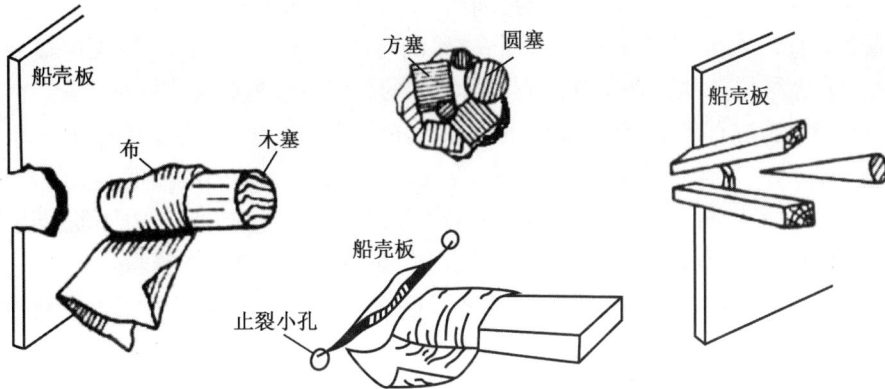

图 23-11　各种小洞堵漏法

（2）对铁制堵漏器材，应经常保养，防止生锈，活动部分应经常加润滑油，以保持灵活。

（3）所有纤维材料，如堵漏毯、帆布、麻絮、棉絮、破布等，要经常暴晒、通风，保持干燥，防止霉烂。

（4）木质器材，如木楔、木塞、木支柱等，不可存放在高温或潮湿的地方，以防烘脆和霉烂。

（5）水泥应放在空气畅通的干燥地方，以防受潮变质。每 6 个月检查一次，发现变质应立即更换，并制订定期更新计划确保实施。

（6）橡胶部分不可涂油。沙子要保持纯净，防止被油脂污垢所污染。

（三）抢滩

船舶碰撞后大量进水，排水速度跟不上进水速度，又无法进行堵漏，且预计有沉没危险而附近有浅水区时，可考虑采取抢滩措施，以减少损失。

选择抢滩地点应注意的事项：

（1）抢滩处河床底质：泥、沙、沙砾底均可，但软泥底应注意防止船体下陷；礁石底不可抢滩。

（2）抢滩处坡度：若条件许可，应尽量选择适合于该船的坡度，一般小型船选择 1∶15、大型船选择 1∶17 的坡度。

（3）抢滩处水深：抢滩后船体主甲板应露出水面。

（4）抢滩处风、流和波浪：若条件允许，抢滩处流速应较缓，风和波浪的影响应较小。

（5）抢滩处周围环境：应有利于系固船舶，且尽可能远离航道，便于出滩和施救作业。

二、船舶搁浅与触礁应急处置

（一）船舶搁浅与触礁应急程序

船舶（队）发生搁浅/触礁事故后可能会造成断缆散队、碰撞、人员伤亡、船体损坏进水至沉没、货油泄漏污染、火灾/爆炸等严重后果，船舶可以采取下列应变措施。

（1）航行中，船舶发生触礁或搁浅后，值班驾驶员应立即停车并发出警报召集船员，立即报告船长和通知机舱。为防止损失进一步扩大，应避免盲目用车、舵。

（2）判断触礁、搁浅部位及船舶和货物受损害的程度，检查船体是否损坏进水。如有油污、船体进水、人落水等,应立即发出应变警报信号,按应变部署采取应变行动。

(3)驾驶台值班人员应详细记录触礁、搁浅的时间,连续测定船位,按规定显示号灯、号型,检查货物有无移位、倒塌,立即报告公司和附近的海事主管机关。

(4)吊拖船队应立即解队,将未搁浅的驳船拖往附近安全地带锚泊,再迅速对搁浅触礁船舶施救。顶推船队严禁松开缆绳以避免未搁浅触礁的驳船因无动力继而发生搁浅触礁。用车无法脱浅时,上水船队可将未搁浅触礁的驳船艏缆松开,利用内侧水流压力协助船用车舵力量脱浅,必要时可将未搁浅触礁船送到安全地带抛锚,再对搁浅触礁船舶施救。

(5)指挥甲板有关人员测量舱室水位变化、船舶六面水尺、船体周围水深,了解搁浅部位、船体左右倾斜及变化情况。指挥机舱人员检查主机、副机、舵机是否受损,能否正常工作。

(6)船舶如已进水,首先应组织力量排水,同时应判断是否立即动车脱浅。如搁浅程度较严重,本船不能脱浅时,应请求联系救助脱浅。对搁浅触礁船舶施救时,缆绳以软绳为宜,长短适宜,松、收缆时应防止绞缠车叶,松缆时要清理拖缆。缆绳系好后,所有人员必须离开缆绳附近,用车切忌猛增车速,防止绷断缆绳。脱浅时注意浅船冲势,避免碰撞。

(7)船舶脱浅后,船长要组织人员定时对船舶以及所拖驳船进行检查,查找搁浅后可能会发生的船体裂缝或损坏。

(二)搁浅情况调查

1.测定船位

船舶发生搁浅后,首要的任务是弄清船舶搁浅的船位,要利用可靠物标测出搁浅船位和状态,并定时测定,以判断船位的变化情况。

2.查清船底破损及进水情况

测量清水舱,压载舱,双层底,艏、艉尖舱的水深以及油舱的液位,以判断船舶是否破损或进水。若船舶破损,必须找出破损的位置,补好漏洞,将水排出(具体见本章船舶碰撞应急中的堵漏和排水)。

3.测定船舶吃水和周围的水深及底质

根据船舶的吃水和周围的水深可判定搁浅的部位,决定船舶脱浅的方向,为他船前来救助提供安全路线。

测量搁浅船周围附近水深可自船首向两舷每隔 10 m 测一个点,把所测得的水深及底质标明在平面图上,如图 23-12 所示。

测量船体周围水深的方法是,从船边开始以辐射方向进行,如图 23-12 所示。测量时应记下时间、水位或潮高及高、低潮时间。

4.观察水位与潮汐

船舶搁浅后,应准确把握水位的涨落变化趋势,为选择脱浅时间做好准备。船舶在受潮汐影响的河段搁浅,应根据潮汐资料预测当天和未来几天的高低潮潮时、潮高及潮流的方向和大小。搁浅船应随时注意风、流的大小和方向,防止搁浅船舶受风、流的影响而扩大损失。

5.查清螺旋桨、舵及其他动力情况

查清船舶搁浅后,螺旋桨、舵等操纵设备是否受到严重损坏,若损坏严重,船舶将失去动力,无法利用本船动力自行脱浅。查清船舶供水、供电设施是否完好,它们对绞锚脱浅或卸载

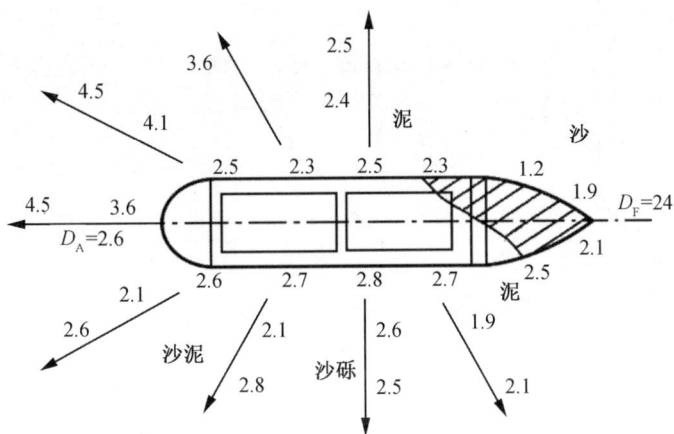

图 23-12　搁浅船附近及周围的水深和底质示意图

脱浅具有决定性作用。因此,船舶搁浅后应尽可能保证这些设备处于良好状态。

6. 关注未来天气情况

及时收听近期天气预报,力争在天气变坏前救船脱浅,否则应立即采取措施,防止因风、流、浪的影响而使船舶搁浅更加严重。

(三)保护船体

1. 搁浅后可能出现的危险情况

(1)墩底

搁浅船舶在浪涌起伏作用下,船底与海底碰击产生墩底,将损坏船壳甚至使船体断裂。

(2)向岸漂移

搁浅船舶在风、流、浪和潮水升降的作用下,船体易出现摆动及移位而向岸漂移。

(3)打横

船首或船尾某一端搁浅时,在外力的作用下,船体以搁浅处为支点发生转动,导致船体打横。

(4)船体倾斜

船舶搁浅处如坡度较大,且潮差也大,落潮后船体会发生倾斜,或是迎流舷船底泥沙被水流淘挖成槽,致使船体倾斜。严重时可使船舶倾覆。

(5)船体承受过大应力

在墩底及船中部搁浅或触礁时,船体局部将受到很大的应力,易造成船体变形甚至折断。

2. 固定船体

船舶搁浅后可能发生上述现象,因此,搁浅后应设法固定和保护船体。

搁浅后可利用本船所配备的锚、锚链、各种缆绳及装卸索具来固定船体。当搁浅船舶的船身与岸线垂直或接近垂直时,应从船尾两边各向 45°方向抛出主锚固定船体;当搁浅船舶的船身与岸线平行时,应从首、尾向外各向 45°方向抛锚固定船体,如图 23-13 所示。

当搁浅船舶的船身与岸线平行,且河底坡度较大时,若水位下降,船身可能大幅度倾斜甚至倾覆。因此,必须向岸一边运锚或向岸上带缆,或用空驳系于搁浅相反一舷来固定船位,如图 23-14 所示。

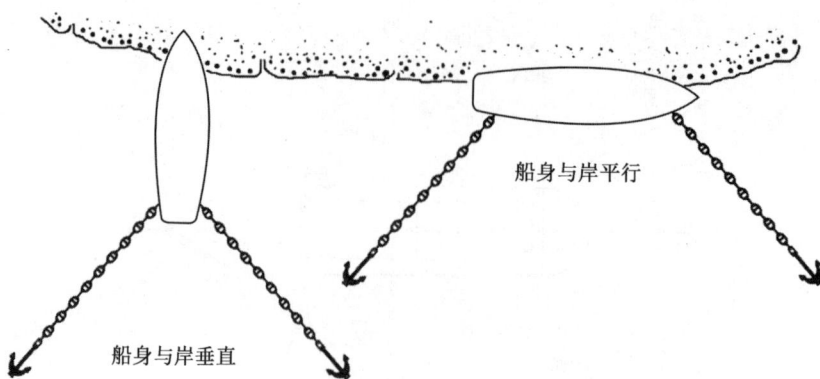

图 23-13　船舶搁浅后抛锚固定船体

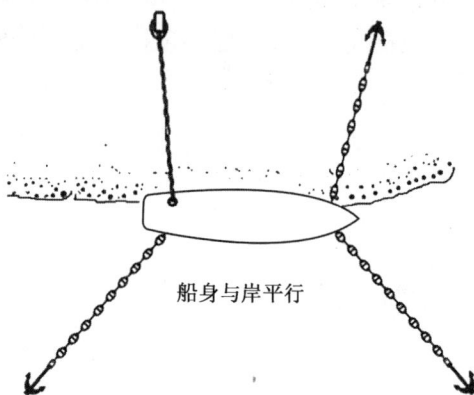

图 23-14　岸上加固船体

固定船体用的锚链和缆绳应尽可能长些、远些，同时应根据地形，充分利用陆地上的树木、建筑物等来系住缆绳。

3. 坐礁时的船体保护

如果船舶搁在礁石上，为了防止受波浪作用发生纵摇、垂荡进而产生墩底使船底造成破洞，除按上述方法固定船体外，还应将各压载水舱注满水，使船能牢固地坐于河底。如果用注满水舱的办法还不能达到目的，则应考虑将部分货舱注水。采用局部货舱注水时，还应注意相邻舱壁的加强。

（四）搁浅后的脱浅方法和脱浅救助的注意事项

1. 脱浅方法

（1）自力脱浅

①倒车脱浅

若船舶搁浅后其程度甚微，船尾部有足够的水深，可在确定脱浅线路后，运用主机倒车脱浅。

倒车时，一般应从慢速逐渐增至快速，当快倒车无效时，可改用半速车并配合左、右满舵来扭动船体；若是双螺旋桨船，则可开一进车一倒车，使船舶左右摆动，减少船底与河底间的接触面积和摩擦力,然后再快倒车;如底质是泥沙,倒车时应注意泥沙可能在船体周围堆积妨碍脱浅。

②移载脱浅

船舶的一端或一舷搁浅,另一端或另一舷有足够的水深,可考虑用调整和转移压载物的方法脱浅。

采用移动船用燃料油、淡水、压舱水、货物或旅客的方法,减轻搁浅一端(或一舷)的压力,再配合用主机使船脱浅,如船首搁浅,可将首部的压舱水或燃料油移至船尾,使船首浮起而脱浅。移载时,要进行计算,以免脱浅后产生较大的纵倾或横倾,使船舶发生危险。若船舶一舷搁浅而河底坡度陡,不宜使用此法。

③绞锚脱浅

若绞锚产生的拉力足以使船舶脱浅,则可采用绞锚脱浅法。

用小艇将主锚或预备锚运出抛投,出锚的方向要根据在船舶周围测深的情况、船体和浅滩相对位置、风向和流向来确定。锚索最好连接在绞辘上,开动锚机或绞车,通过绞辘绞锚,同时配合用车脱浅,图23-15所示。

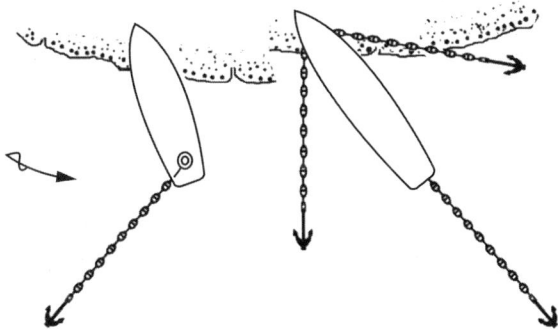

图23-15 绞锚脱浅

绞锚的缆最好用一节锚链加钢缆组合,钢缆的长度要视抛锚点与船的距离而定,但必须保持足够的垂直度,使锚的抓力充分发挥。绞辘在船上的着力点,必须是可靠的舱口或甲板室的围壁。为了防止失锚,抛锚前必须在锚环上系一根钢丝做好锚浮标,如绞锚时锚缆绷断,则可以通过浮在水面的锚标,重新将锚绞起。在施绞过程中配合使用车、舵时,应防止锚缆打损车、舵。

④卸载脱浅

如经移载调整及其他方法仍不能自行脱浅,在无外援的情况下,可适当卸载。

为了减轻搁浅船舶的载重,减小船舶吃水,增加浮力脱浅,可利用附近港口调来船队协助,采用卸货的办法脱浅。卸货过驳前应认真进行估算,即卸哪些舱的货物效果大,卸哪些货种最迅速、方便,应卸多少等。卸出的重量应是船舶本身拉力、拖船拉力及绞锚拉力或移载等不足的数量。一般先卸去多余的燃油、压载水,再卸货物。

(2)他船协助脱浅

在船体破损严重,已失去漂浮能力,或螺旋桨、舵损坏,无法操纵船舶,或经过计算,船舶本身无法自行脱浅,或船舶搁浅后水位陡退,要求尽快脱浅等情况下,应请求救助船协助脱浅。救助船到来后,搁浅船应向救助船提供以下资料:

①主要船图、主要尺度、原来载重量吨数、加载后首尾吃水差变化等。

②货种、质量及分舱图，油、水的数量及部位。如有危险货物，则应特别详列舱位、吨数和注意事项。

③搁浅前的航向、航速及搁浅时间，现在的艏向。

④搁浅前后的吃水，以及搁浅后吃水是否出现变化。

⑤主机、甲板机械的功率及现时技术状况。

⑥搁浅后曾采取的措施和收到的效果以及对援助工作的建议。

⑦本船船位，船边水深、底质，当地潮汐情况等。

救助船拖带脱浅主要有两种方法，即拖曳并绞锚脱浅和拖曳脱浅，如图 23-16 所示。施拖时搁浅船也要同时开倒车和绞开锚来配合脱浅。如不能立即脱浅，可左右摆动，使搁浅船逐渐下滩。

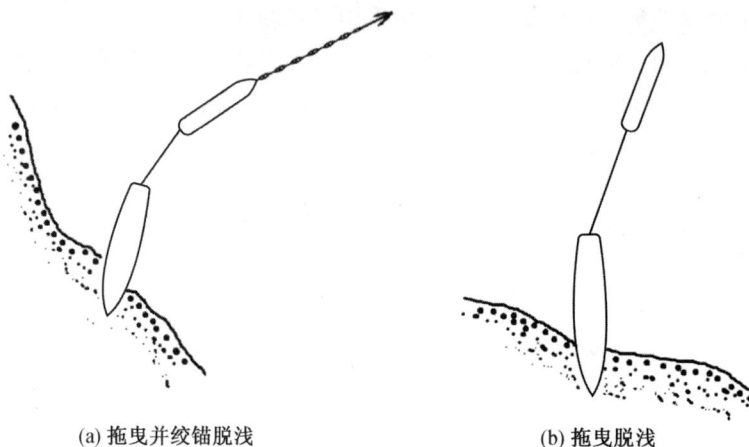

(a) 拖曳并绞锚脱浅　　　　　　　　(b) 拖曳脱浅

图 23-16　拖船拖带脱浅

2. 脱险救助的注意事项

（1）注意拖缆互带装置和系缆柱的强度是否可靠，在使用"急动脱浅法"时，常拉断拖缆和系缆柱，所以应注意人身的安全和钢丝绳缠绞螺旋桨桨叶。

（2）应注意所抛出的流锚位置，防止锚链打损螺旋桨。

（3）应向深水区一侧拖带，拖缆应带在搁浅船上离搁着点最远的位置，以产生最大的摆动力矩，使船脱浅。

（4）救助船在用车前，应观察拖缆的松弛程度，拖缆切忌骤然受力。

（5）掌握恰当时机敲钩脱缆。拖船敲钩脱缆时要果断，力争一锤成功，并将拖缆安全收回。

（6）搁浅船脱浅后，应防止碰到救助船。

三、船舶人员落水应急处置

船舶（队）在大风浪中、人员夜间过档口时、作业过程中、未拉安全网时、栏杆未封闭时、违章饮酒以及船舶发生海损事故时易发生人员落水，如不能及时施救，可能会导致发生危及生命的严重后果。

1. 船舶人员落水应急程序

（1）发现有人落水时，应立即就近投下救生圈并大声呼喊，并以最快方法通知驾驶台说明落水部位。

（2）驾驶台应迅速发出人落水警报信号，立即呼叫船长上驾驶台，并派人到高处瞭望，夜间应加强照明。根据人落水的具体部位，操纵船舶避开落水人员，防止落水人员被吸入螺旋桨中；用甚高频电话通告附近船舶，提出协助观察的请求；船舶向公司和附近的海事主管机关报告。

（3）船员听到人落水警报后，按应变部署指定的任务，穿好救生衣立即到艇甲板，按船舶应变部署表的规定做好放艇准备。操纵船舶驶向落水者的上风一侧，准备释放下风舷的救生艇。

（4）做好放艇前的准备工作后，2 人登艇，放艇时艇员集中于艇的中部，按规定降放救生艇。在救生艇降落下水前，发动艇机，以便艇降落至水面后迅速驶离。

（5）救生艇最好从落水者下风一侧接近，将落水者置于上风侧，利用救生圈或网具将落水者救至艇内，然后送上本船（施救船）。

（6）落水人员救起时，如有伤情或神志不清等危及生命的情况，船舶应全力抢救，并按"船舶人员伤病时的应变处置"措施进行处理。

2. 驶近落水者的操纵方法

人落水后，值班驾驶员除应采取以上措施外，还应根据当时航道、水流、气象等客观条件结合本船的操纵性能，在保证船舶安全的情况下，操纵船舶迅速回到落水者附近，与此同时，准备好放艇工作。船舶回到落水者附近，通常有一次转向法和返回原航迹法。

（1）一次转向法

该方法适合驾驶台人员刚发现落水者时，采取的行动。

①如发现有人从右舷落水，如图 23-17 中位置①所示，应立即停车（双螺旋桨船右停车，右满舵）。

②至如图 23-17 中位置②时，双进车，使船向落水者一舷回转。在回转过程中，可根据流的影响使用倒顺车或进车差速回转，以减小前进速度，加快回转掉头。

③待船首接近落水者（落水者约在 15°舷角处），应提前回舵，双停车，如图 23-17 中位置④所示。船以惯性驶向落水者，操纵船舶停在有利于施救的位置上（不得从落水者的上游接近）进行施救。

（2）返回原航迹法

若发现落水者较晚，无法确定落水者的位置，可采用返回原航迹法寻找，如图 23-18 所示。船舶常速前进，向任意一舷操满舵，当航向改变 60°时（图 23-18 中②位置），下令向相反方向操满舵，一般在航向改变 90°时（图 23-18 中③位置），船即开始向相反方向回转。当回转至 180°时（图 23-18 中④位置），立即稳舵，保持船位在这一航向上，沿着原航迹寻找落水者。

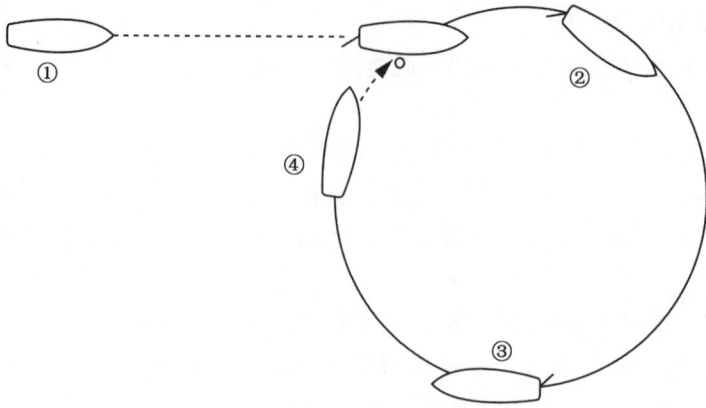

图 23-17　一次转向法

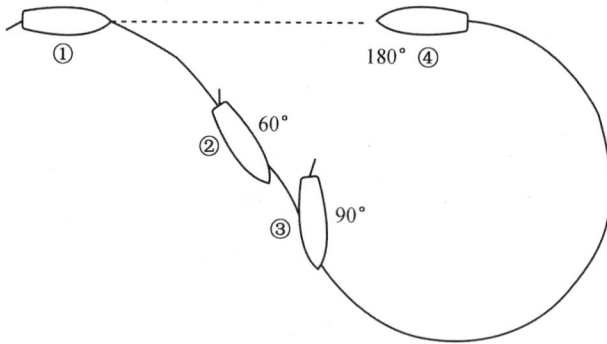

图 23-18　返回原航迹法

四、船舶火灾应急处置

船舶（队）发生火灾/爆炸后可能会造成断缆散队、人员伤亡、船体损坏进水至沉没、货油泄漏污染环境等严重后果，化学品船火灾爆炸还可能产生有毒有害物质，危害船员身体健康。发生火灾时船长首先要考虑保证船员安全、控制船舶和货物受损、防止污染环境。船舶可以采取下列应变措施。

（1）火灾发现者应大声呼叫报警，并按下就近的火灾报警装置，向全船报警。如火势不大，可用就近的灭火器材进行扑救。

（2）航行中，驾驶台接到火灾报警后，应立即发出消防应变警报信号。船长根据当时情况及时向公司和附近海事主管机关报告，并操纵船舶将火灾部位置于下风处。

（3）有关船员应立即按应变部署表规定的分工和职责，携带指定器材赶到火灾现场。

（4）派出熟悉现场的探火员，着消防员装备，携带必要的消防员用具，进入火场探明火情。探明火源及火灾的类别、火势、起火部位、火场周围情况、有无人员受困等。如有人员受困火场,应在控制火势的同时及时设法解救。

（5）确定具体的扑救应变方案,组织实施部署。在控制火势的同时,立即展开灭火。在确认着火处无人时应切断通风,关闭防火门窗;切断通往火场的电源、油路;转移或隔离火场周围的可燃物、贵重物品;喷水降低火场周围的温度;做好固定灭火系统的准备。

（6）如使用固定灭火系统,应立即示警撤出舱内人员,开启固定灭火系统,一次性足量施放灭火剂。释放灭火剂后至少要封舱 24 h,开舱前必须派探火员探火,确认火已经被扑灭。

（7）如火势不能控制,危及船舶安全,应备妥救生艇筏,船长和驳船驾长应做好弃船准备。

（8）火情扑灭之后,应派人全面检查现场,检查紧靠火场的区域,确定是否蔓延到其他地方。及时发现和扑灭余火以及隐蔽的燃烧物,防止死灰复燃。清点全船人数,组织人员监视火场,在确认无复燃可能后,消防人员和器材方可撤离。

五、全船失电应急处置

全船失电是指船舶电站突然中断对船舶主要设备及系统的电力供应,导致其无法正常运行的故障情况,如主机停车、舵机失灵、助航设备失灵等,继而可能造成船舶（队）失控,发生碰撞、搁浅、断缆散队等严重后果,船舶可以采取下列应变措施。

（1）全船失电后,值班人员应立即报告驾驶台,通知船长上驾驶台和轮机长下机舱。

（2）船长要立即上驾驶台进行指挥,同时通知周围船舶要求远离本船。

（3）轮机长应迅速带领轮机部人员,奔赴机舱现场查找原因并采取应变措施。根据设备失灵的具体情况及时启动备用或应急发电机。

（4）当班驾驶员、水手长、驾长到船首备锚,驳船备舵。

（5）船长充分利用船上的正常设备控制船位,保证船舶不发生危险局面。

（6）若船舶故障一时无法排除,船长应选择安全地点抛锚,并向公司和海事主管机关报告。

六、弃船时的应急处置

船舶（队）发生事故后造成火灾/爆炸、船体损坏进水等严重后果,经积极抢险仍无效,确已无法保全船舶,如不采取弃船措施,就会危及船上人员生命,船长经周密和慎重的考虑后可发出弃船警报信号,同时应立即向公司和附近海事主管机关报告。

（1）在决定弃船的情况下,船长应亲自发出弃船信号或宣布弃船命令。

（2）听到弃船信号或接到弃船命令后,除值班人员外,全体船员应立即穿着救生衣,按应变部署表中规定的职责到甲板做好弃船准备。

（3）有关船员应检查并携带航行日志、轮机日志、车钟记录簿、船舶证书等重要文件,以及便携式双向 VHF 无线电话、救生圈等物品,准备登乘艇筏。

（4）机舱值班人员在听到警报信号后仍应坚守岗位,完成弃船前规定的保护动作,直至船长通知撤离后,在轮机长领导下,抓紧做好关机、停电等弃船安全防护工作,弃船后携带规定物品撤离机舱,轮机长最后离开机舱。

（5）在登救生艇筏前,各艇筏负责人做好救生艇筏的降放准备,船长应通知值班人员撤离至救生艇筏登乘甲板,登艇筏前清点人数。

(6)释放救生艇筏,所有船员必须服从指挥,有秩序地登乘艇筏,船长应最后一个离船。人员弃船顺序为:在客船上,先儿童和妇女,后成年男性;先旅客,后船员,最后船长。弃船过程中,每位船员和指挥人员应保持镇定,所有人员都必须正确穿着救生衣。

(7)艇筏入水后迅速离开难船适当的安全距离待救,防止大船下沉对艇筏产生影响。

七、船舶舵机失灵及损坏时的应急处置

船舶舵机失灵是指船舶在航行中,舵机无舵效或虽有舵效但不能达到设计舵效要求时的舵机故障。船舶舵机失灵可能导致船舶无法完成规定的转向动作或转向速度无法满足要求。发生舵机失灵后可能会造成船舶(队)失控、碰撞、搁浅、断缆散队等严重后果,船舶可以采取下列应变措施。

(1)航行中舵机失灵后,驾驶台应先转换为辅助操舵系统,并立即报告船长和机舱值班人员,航行中悬挂船舶失控号灯号型。若应急舵无效,应立即停车。

(2)机舱值班人员立即启动辅助或应急操舵装置,同时通知轮机长。

(3)船长立即上驾驶台进行指挥,按照舵机的损坏情况指挥船舶的应急操纵,同时通知周围船舶远离本船。轮机长应迅速带领轮机部人员到舵机房,查找原因并进行相应的操作和抢修。

(4)在舵机应急操纵过程中,值班轮机员应按照车令操纵主机,执行船长和轮机长的命令。船长安排一名驾驶员和水手到舵机房,负责接听驾驶台的舵令,配合轮机员操纵舵机。

(5)当班驾驶员、水手长、驾长到船首备锚,驳船备舵。

(6)船长充分利用船上的正常设备控制船位,保证船舶不发生危险局面。

(7)若船舶故障一时无法排除,船长应选择安全地点抛锚,并向公司和海事主管机关报告,必要时要求港方派拖船协助。

八、船舶缆绳或其他漂浮物绞缠车叶时的应急处置

船舶缆绳绞缠车叶是由于船舶在靠离码头、拖带、顶推船舶时,由于操作不当而使缆绳落入水中绞缠车叶。航行中车叶也可能被其他水上漂浮物所绞缠。

(1)发现缆绳等绞缠车叶时首先应立即停车、抛锚、控制船舶。

(2)若缆绳绞缠,应将留在船上的一端绳头系固,切不可松放下水。在船舶停车控制住后,到机舱用人力将地轴反转,每转一周船尾的缆绳头收紧一次,多次反复可解脱。

(3)若漂浮物绞缠车叶,在确保船舶安全和当时水域环境条件许可的情况下,可试着开反转车退脱漂浮物。

(4)若上述措施无效,需要潜水员下水检查清解,再无效时只有进行吊尾或进坞修理。

九、船舶主机损坏时的应急处置

(1)主机损坏后,机舱值班人员应立即通知驾驶台值班驾驶员和轮机长。轮机长应立即向船长报告,并通知机舱有关人员迅速到位。

(2)船长立即上驾驶台进行指挥,通知周围船舶远离本船。利用淌航速度用舵避让避险,

控制好航向,尽可能操纵船舶于航道边沿较浅的水域或缓流区航行,尽量避免搁浅和碰撞事故的发生。

(3)轮机长应迅速带领机舱有关人员,奔赴机舱现场查找原因,根据具体情况采取应变措施。

(4)当班驾驶员、水手长、驾长到船首备锚,驳船备舵,测量水深,显示号灯号型。

(5)船舶通过大桥、浅险航道或有碰撞、搁浅危险时,应立即抛下双锚控制船舶前进,以减少损失。如搁浅在所难免,应采取措施尽量使船平搁在航道边坡上,尽量避免船尾搁浅。

(6)若船舶故障一时无法排除,船长应选择安全地点抛锚。锚泊后,组织机舱人员尽力抢修,并向公司和海事部门报告。

十、船舶溢油事故的应急处置

船舶在发生碰撞、火灾/爆炸、搁浅/触礁等事故造成船体损坏以及装卸油作业时,可能会造成货油泄漏、污染水域环境的严重后果。

(1)当船舶发生船体损坏及装卸油作业过程中造成货油泄漏时,船长/驾长应按"船上油污应急计划"中的要求组织应变,迅速组织人员进行抢险堵漏,控制货油向外泄漏的速度。

(2)立即停止有关操作,通知供油船或供油设施停止供油作业,关闭管系上的所有阀门。

(3)发出溢油报警信号,实施最初的溢油应变反应程序。

(4)核实并确定甲板排水孔已堵塞,甲板溢油不至于流出舷外。

(5)船舶溢油后,应立即采取相应的措施,防止继续溢漏,组织人员清除污染,将事故减小到最低程度。

(6)将泄漏油舱中的油驳入空油舱或其他未满舱,必要并可能时,将油转驳到他船或岸上设施。

(7)一旦出现溢油,首先要防止溢油扩散,如溢油溢出船舷外,应组织人员放艇,布置围油栏,防止扩散。

(8)如污染事故较大,船上还应制订清污计划,采取一切措施组织全体船员按计划实施清污,船长/驾长应立即向公司和附近的海事主管机关、环保部门及时报告。如需当地清污机构协助,则应通过海事主管机关。清污工作完毕还应报海事主管机关检查,船舶应做好记录并报公司。

十一、船舶走锚应急处置

船舶走锚是指在外力作用下离开锚泊位置而持续拖动的现象。锚泊船走锚的根本原因是外力大于锚泊力。具体讲,走锚是由多种原因造成的,这些原因包括锚地底质不佳、抛锚方法不当、出链长度不足、外力增大(大风、急流、浮冰等)以及偏荡运动等。锚泊船走锚可能造成搁浅、碰撞等事故,因此,必须采取有效措施防止走锚。

(1)值班人员一旦发现走锚或怀疑走锚时,立即报告船长或值班驾驶员。

(2)值班驾驶员立即通知机舱备车,值班轮机员到机舱启动主机备用。值班驾驶员通知船头做好抛起锚准备,及时悬挂"Y"信号旗,并用 VHF 等通信手段及时发出警告。

(3)如果锚地水域狭窄,距离岸、障碍物或他船较近,单锚泊船一旦发生走锚,立即加抛另一锚使之受力,尽量少用或不用松链法,防止船舶由于走锚距离过大而发生搁浅、碰撞等事故。

（4）如周围水域宽阔、水面情况良好,待主机备妥,起锚后重新选择锚地抛锚。

（5）如走锚的突发事件较严重,应向公司和海事部门报告。

附录

附录一　内河助航标志

一、航行标志

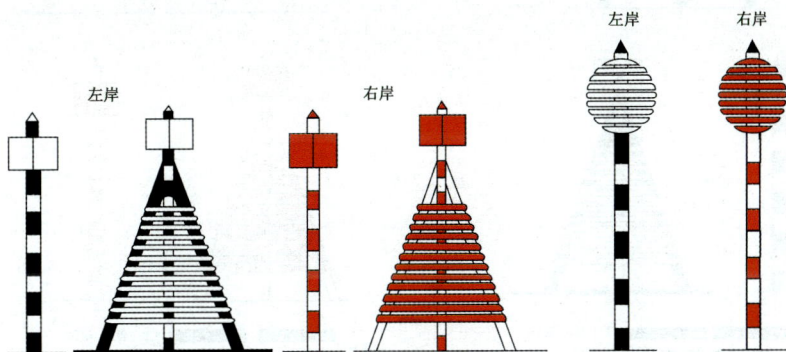

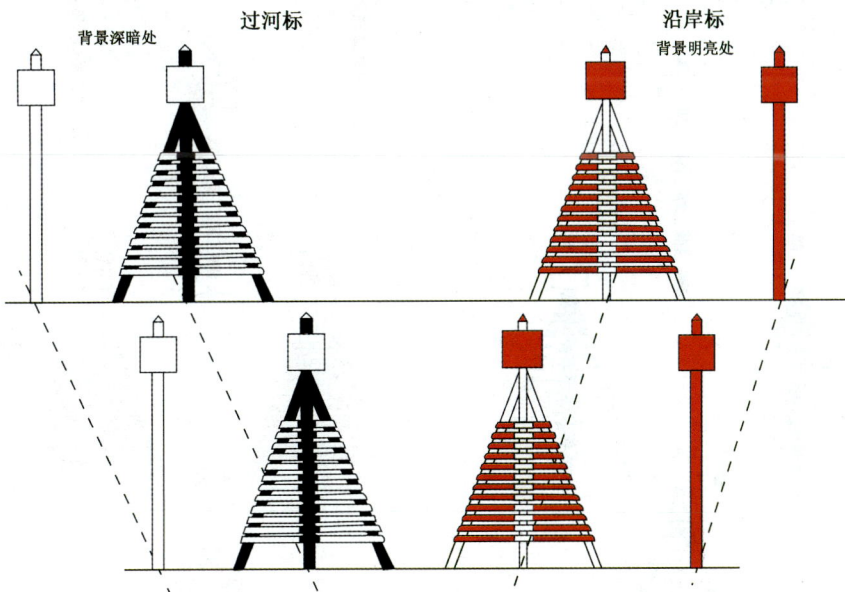

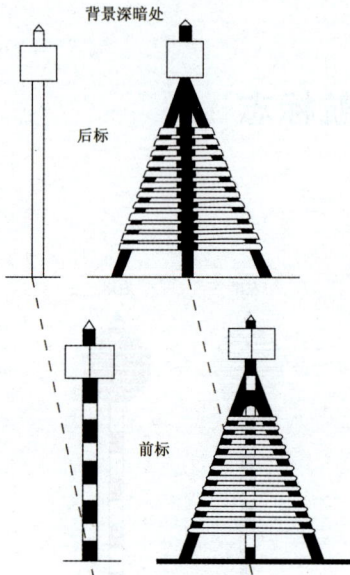

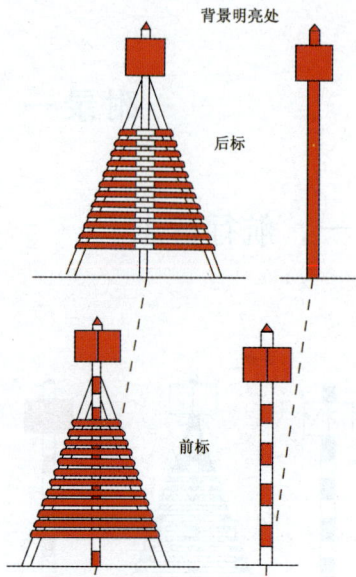

过渡导标

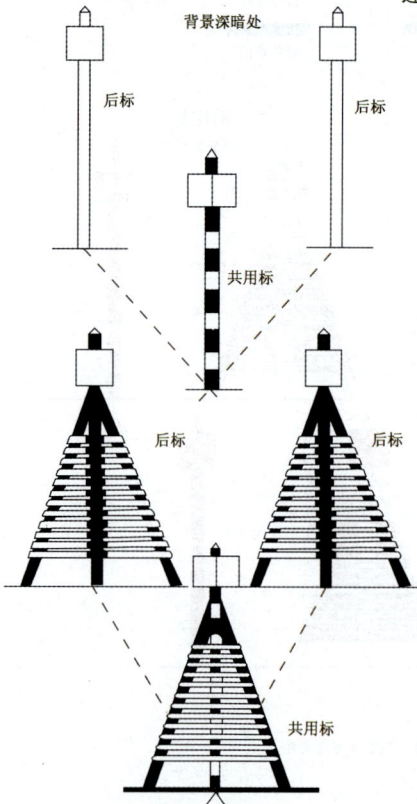

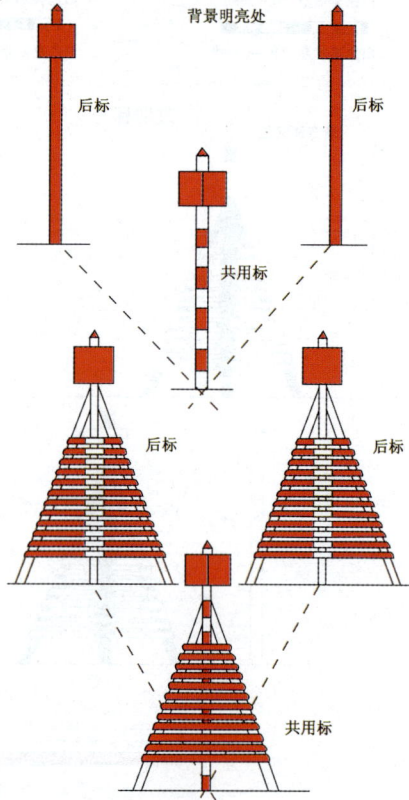

首尾导标

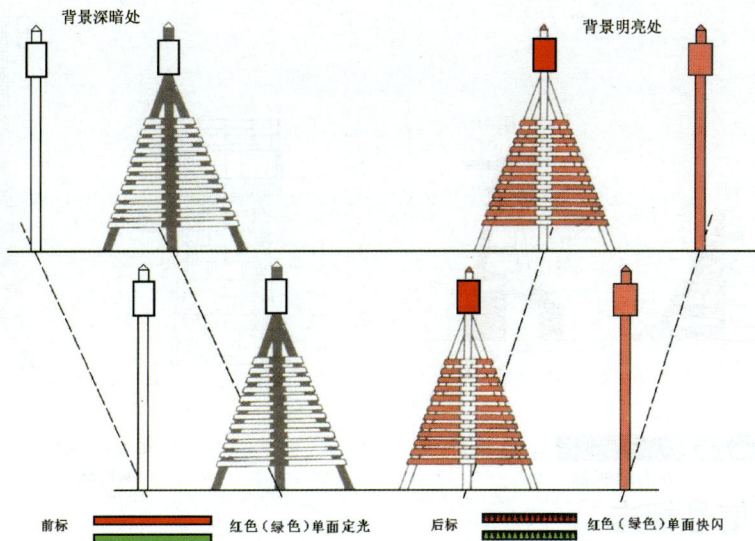

背景深暗处　　　　　　　　　　　　背景明亮处

前标　　　　　　　　　红色（绿色）单面定光　　后标　　　　　　　红色（绿色）单面快闪

间接导标

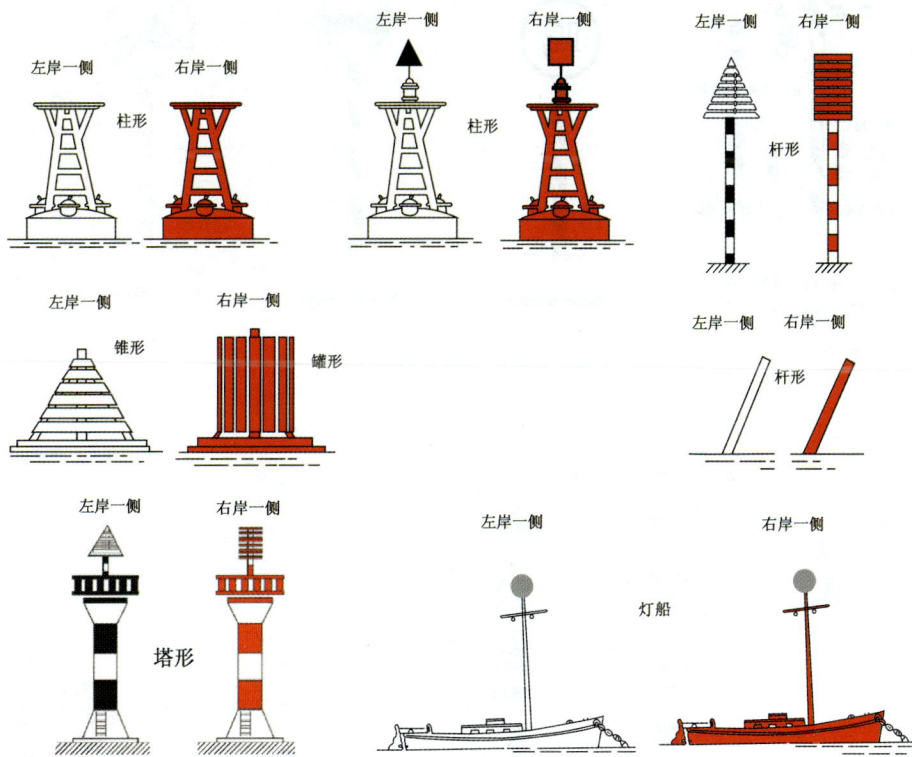

左岸一侧　　右岸一侧　　　　　　左岸一侧　右岸一侧　　　　左岸一侧　右岸一侧

柱形　　　　　　　　　　柱形　　　　　　　　　杆形

左岸一侧　　右岸一侧

锥形　　　　　　　罐形　　　　　　　　　　　左岸一侧　右岸一侧

杆形

左岸一侧　　右岸一侧　　　　　　左岸一侧　　　　　　　右岸一侧

塔形　　　　　　　　　　　　灯船

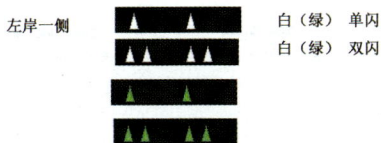

左岸一侧　　　　　　　白（绿）单闪　　　　　右岸一侧　　　　　红　单闪
　　　　　　　　　　　白（绿）双闪　　　　　　　　　　　　　红　双闪

侧面标

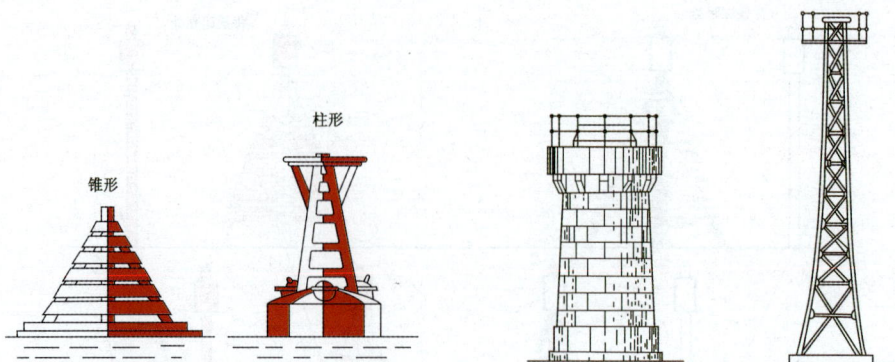

锥形   柱形

左右通航标   白（绿）三闪

莫尔斯 白、绿或红色
示位标

二、信号标志

允许下行船通航

禁止通航   允许上行船通航

● 红色定光
● 绿色定光

通行信号标

绿色快闪

鸣笛标

红色快闪

界限标

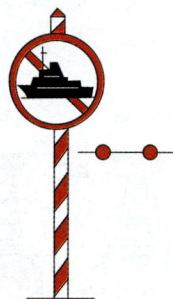

● 红色定光

节制闸标

水深2.6米

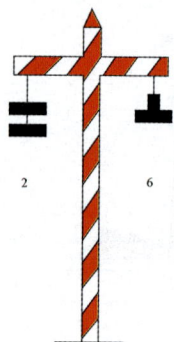

2   6

数字	号型	号灯	数字	号型	号灯
1	▬	○	6	⊥	●
2	▬▬	○○	7	⊥	●○
3	▬▬▬	○○○	8	⊥	●●○
4	✕	●	9	✕	●●○
5	✕	●○			

● 红色 定光
● 绿色 定光

水深信号标

左岸一侧   右岸一侧

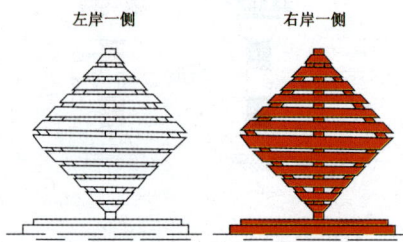

绿色明暗光（顿光）   红色明暗光（顿光）

横流标

航道信息标

(a) 标志上游或下游两段范围

(b) 标志上游或下游一段范围

航道整治建筑物提示标

三、专用标志

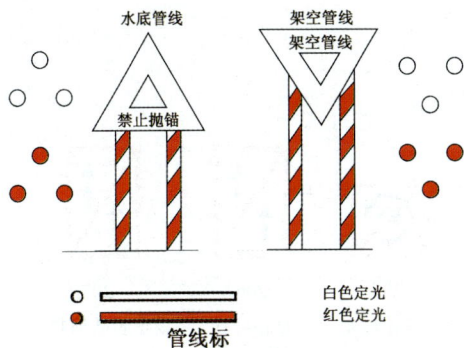

管线标

专用标

四、警示标志

禁止抛锚标

危险水域标

附录二 内河交通安全标志（摘选）

警告标志：

108 反向急弯	 113 紊流	 114 取水口

115 排水口	 120 事故易发区	 122 注意危险	 116 渡口	 117 高度受限

禁令标志：

201 禁止通行	 202 禁止驶入	 203 禁止向左转弯	 205 禁止掉头	 206 禁止一切 船舶追越	 207 禁止船队追越

208 禁止会船	 209 禁止并列行驶	 213 禁止停泊	 214 禁止用锚	 301 解除禁止掉头	 302 解除禁止追越

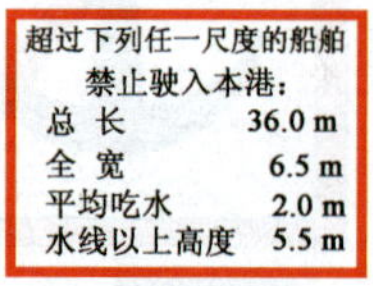

超过下列任一尺度的船舶
禁止驶入本港：
总　长　　36.0 m
全　宽　　6.5 m
平均吃水　2.0 m
水线以上高度　5.5 m

401 限制宽度	404 限制高速	405 限制低速	 409 限制靠泊范围	410 限制船舶尺度或吨位

指令标志：

608	609	614	615
分道通航	停航让行	停航受检	横越区

提示标志：

701	702	703	710
靠泊区	锚地	掉头区	航道尽头

主标志附加
辅助标志：

B15m	2×150t	1000m▶	顶推船	▲1000m

参考文献

［1］谢世平,陈金福. 船舶驾驶与管理. 大连:大连海事大学出版社,2016.

［2］范晓飚,黄永亮. 航道与引航. 大连:大连海事大学出版社,2016.

［3］刘元丰. 船舶操纵. 大连:大连海事大学出版社,2016.

［4］刘明俊,陈金福. 航道与引航. 武汉:武汉理工大学出版社,2015.

［5］谢世平. 船舶结构与设备管理. 北京:人民交通出版社,2004.

［6］龚雪根. 船舶操纵. 北京:人民交通出版社,2000.

［7］刘明俊. 航道与引航. 北京:人民交通出版社,1999.

［8］古文贤. 船舶操纵. 大连:大连海运学院出版社,1993.

［9］缪德刚. 航海雷达. 大连:大连海运学院出版社,1990.

［10］中华人民共和国住建部,质检总局. 内河通航标准. 北京:中国计划出版社,2014.

［11］中国标准化管理委员会. 内河交通安全标志. 北京:中国标准出版社,2019.

［12］水运技术词典编委会. 水运技术词典. 北京:人民交通出版社,2000.

［13］中华人民共和国交通运输部. 内河助航标志. 北京:中国标准出版社,1994.

［14］中华人民共和国交通运输部. 内河航标技术规范. 北京:人民交通出版社,2020.